Umstrittene Umbrüche

Schriftenreihe der Beauftragten des Landes Brandenburg
zur Aufarbeitung der Folgen der kommunistischen Diktatur
Band 15

Dr. Peter Ulrich Weiß, Historiker bei der Beauftragten des Landes Brandenburg zur Aufarbeitung der Folgen der kommunistischen Diktatur und Sprecher des Fachgremiums Erinnerungskultur der Landeshauptstadt Potsdam.
Dr. Irmgard Zündorf, Historikerin am Leibniz-Zentrum für Zeithistorische Forschung Potsdam und Studienkoordinatorin an der Freien Universität Berlin.
Florentine Schmidtmann, Kulturwissenschaftlerin und Ausstellungskuratorin am Haus der Brandenburgisch-Preußischen Geschichte in Potsdam.

PETER ULRICH WEISS · IRMGARD ZÜNDORF · FLORENTINE SCHMIDTMANN
(HRSG.)

Umstrittene Umbrüche

Das Ende der SED-Diktatur und die Transformationszeit in Brandenburg

METROPOL

In Kooperation mit
der Brandenburgischen Gesellschaft für Kultur und Geschichte gGmbH und
dem Leibniz-Zentrum für Zeithistorische Forschung Potsdam

BRANDENBURGISCHE GESELLSCHAFT FÜR KULTUR UND GESCHICHTE
Haus der Brandenburgisch-Preußischen Geschichte

Leibniz-Zentrum für Zeithistorische Forschung Potsdam

Umschlagabbildung:
Arbeiter beim Abbau der ehemaligen Grenzanlagen
auf der Glienicker Brücke in Potsdam am 19. November 1990.
Bundesarchiv, Bild 183-1990-1119-307 / Fotograf: Karl-Heinz Schindler

ISBN: 978-3-86331-727-0

Ansbacher Str. 70
D–10777 Berlin
www.metropol-verlag.de

Druck: AALEXX Druckproduktion, Großburgwedel

Inhalt

Vorwort

Der Systemwechsel von 1989/90 war eine Epochenzäsur. Innerhalb kurzer Zeit wurden nach dem Ende der kommunistischen Herrschaft und der Einführung freiheitlich-demokratischer Grundordnungen die alten Verfassungen, Strukturen und Institutionen in den Staaten des aufgelösten sowjetischen Machtbereichs abgeschafft, verändert und neu gebildet. Gleichzeitig wurden die bestehenden Sinnhorizonte, Wert- und Moralvorstellungen infrage gestellt und durch andere ersetzt.

In vielen Bereichen wie dem der Politik geschah die Transformation schnell und umfassend. In anderen dauerte der Wandel länger, denn Vergangenheitsprägungen und Kontinuitätslinien erwiesen sich häufig als langlebige Einflussfaktoren. Für die meisten Brandenburgerinnen und Brandenburger, die genug hatten von Unfreiheit und Unterdrückung, Einparteienherrschaft und Überwachung, Planwirtschaft und Konsummangel, Eintönigkeit und Stillstand, war 1989/90 ein historischer Moment der Befreiung und des Glücks. Die Beteiligung am Prozess politischer Willensbildung und am gesellschaftlichen Umbau war hoch, die Hoffnungen und Erwartungen an das Kommende ebenso.

Die rasch einsetzenden Veränderungen verliefen vielerorts radikal und führten auf individueller Ebene bisweilen zu schmerzlichen Einschnitten und tiefen Verunsicherungen. Etablierte Arbeits- und Lebensweisen gerieten für viele Menschen ins Wanken, ohne dass sich sogleich Alternativen oder Neuanfänge auftaten. Diese Entwicklung nach dem politischen Umbruch erzeugte nicht nur Zustimmung, sondern auch vielfache Enttäuschungen. Nicht wenige Menschen in Brandenburg teilten untereinander das Gefühl, einer „Abstiegsregion" anzugehören. Angst, Wut, Kränkung, Pessimismus und Fatalismus griffen um sich und beeinflussten mitunter die Einstellungen gegenüber Politik und Staat, wie auch die Bejahung von rechts- oder linkspopulistischen Narrativen und Verhaltensweisen anzeigte. Verklärungen der Vergangenheit nahmen zu und führten zu bisweilen heftigen Debatten, die sich bis in die Gegenwart ziehen. Im Rückblick wird deutlich, wie sehr ein Teil der gegenwärtigen Problemlagen ihren Ursprung in der Verknüpfung der Geschehnisse der Jahre vor, aber auch nach dem Systemwechsel haben.

So bestätigten auch die Expertisen und der Abschlussbericht der 2019 von der Bundesregierung eingesetzten Kommission „30 Jahre Friedliche Revolution und Deutsche Einheit" langfristige Effekte und Folgewirkungen auf die gesellschaftspolitische Stimmungslage im Land. Der Anteil der Menschen, die vor dem Hintergrund der Erfahrungen des „Transformationsschocks" aktuell dem etablierten Politikmodell und der Praxis des Parlamentarismus skeptisch bis ablehnend gegenüberstehen sowie mit dem Funktionieren der Demokratie unzufrieden sind, ist in Ostdeutschland prozentual größer.

Einerseits bewertet die deutliche Mehrheit der Befragten in Ost wie West die Deutsche Einheit eher als Gewinn, und die Wahrnehmung, dass Ostdeutsche Menschen zweiter Klasse seien, nimmt in beiden Landesteilen tendenziell weiter ab. Andererseits herrschen Unmut und Frustration über fortwährende Ungleichheiten und Unterschiede zwischen Ost und West, beispielsweise über die anhaltende Unterrepräsentanz von Bürgerinnen und Bürger ostdeutscher Herkunft in führenden Positionen in Deutschland. Mit der Übernahme zentraler Strukturen und Institutionen der „alten" Bundesrepublik im „Beitrittsgebiet" der vormaligen DDR verband sich im Aufbauprozess zwar notwendigerweise ein erheblicher Elitentransfer von West nach Ost, der durchaus dem Mehrheitswillen der Ostdeutschen entsprach, rasch und umfassend in die Bundesrepublik eingegliedert zu werden. Aber es kam zu einer Schieflage, denn umgekehrt besetzten Ostdeutsche kaum Schlüsselpositionen im vereinten Deutschland. Diese Schieflage hält bis heute an. Noch immer sind Ostdeutsche in keinem einschlägigen Bereich – bis auf den der politischen Repräsentationseliten – entsprechend ihrer Bevölkerungsstärke repräsentiert.

Dies ist problematisch. Wo die Vertretung von Teilgruppen fortwährend zu gering ausfällt, untergräbt dieser Zustand die Zustimmung der sich als unterrepräsentiert wahrnehmenden Gruppen zur gesellschaftlichen Gesamtordnung. Das führt zur Entfremdung zwischen Bevölkerungsteilen und gesellschaftlichen Führungsgruppen und beeinträchtigt die Identifikation mit dem Gemeinwesen.

Insofern ist es notwendig, die Jahre der Transformation – immer auch im Kontext der davorliegenden Diktaturerfahrungen – umfassend aufzuarbeiten. Denn die erinnerten Erfahrungen und Gefühle von damals prägen den politischen Diskurs und das familiäre bzw. kollektive Gedächtnis heute. Die konkreten Folgen und Konsequenzen wirken bis in die Gegenwart und trüben nicht selten den einstmals viel kritischeren Blick auf die DDR.

Bei der notwendigen Auseinandersetzung mit Problemen und Fehlern der Transformationszeit gilt es, das Unrechtsgeschehen in der DDR nicht aus dem Blick zu verlieren und die Transformationszeit in den Kontext der Vorgeschichte zu stellen. Als Aufarbeitungsbehörde des Landes Brandenburg haben wir in unserer Arbeit vor allem mit Menschen zu tun, die in der SBZ/DDR Unrecht, Ausgrenzung und Benachteiligung erfahren haben und daran bis heute leiden. Dabei handelt es sich nicht nur um direkt betroffene Opfer, sondern vielfach auch um deren Angehörige, die ebenfalls mit Langzeitfolgen umzugehen haben. Sie bilden zusammen ein besonders schweres Erbe der SED-Diktatur, mit dem sich die Gesellschaft weiterhin auseinandersetzen muss.

In Brandenburg dauerte es lange, bis die Defizite im historischen Erforschen, gesellschaftlichen Erinnern und juristischen Aufarbeiten erkannt und angegangen wurden. Das hing mit politischen Vorbehalten und fehlenden Entscheidungen ebenso zusammen wie mit mangelndem regionalgeschichtlichem Wissen über die Zeit vor und nach 1989/90. Der vorliegende Band soll dazu beitragen, den Erkenntnisstand zu erweitern und Impulse zu geben für die aktuellen Diskussionen über die jüngste Vergangenheit.

Allen Autorinnen und Autoren sowie dem Herausgeberteam danke ich für ihre Beiträge und die Erarbeitung des Bandes mit seinem umfangreichen Themenspektrum. Ein weiterer Dank geht an Nadine Domhardt, Christin Haubenreißer und Josephine Eckert für das Korrektorat sowie an Nicole Warmbold und Friedrich Veitl vom Metropol Verlag für die Fertigstellung und Drucklegung des Buches.

Maria Nooke
Beauftragte des Landes Brandenburg
zur Aufarbeitung der Folgen der kommunistischen Diktatur

1990 wurden im ganzen Land die alten Parteisymbole,
Staatswappen und Hoheitszeichen der DDR entfernt.
Bundesstiftung Aufarbeitung / Günter Bersch, Bild 001-A027-2017

PETER ULRICH WEISS · IRMGARD ZÜNDORF

Systemwechsel in Brandenburg

Einleitende Überlegungen

Gesellschaftliche Umbrüche sind elementare Bestandteile der Brandenburger Zeitgeschichte. Fünf politische Systeme bzw. vier Systemwechsel durchlebten die Bewohnerinnen und Bewohner dieser Region allein im 20. Jahrhundert. Das prägte maßgeblich die politischen Landschaften wie auch die kollektiven Erfahrungen und Gedächtnisse. Die Zäsur von 1989/90 gehört dabei historisch zu den besonders bemerkenswerten: Unerwartet schnell und überraschend gewaltarm erfolgten das Ende der SED-Diktatur und der Beitritt zur bundesdeutschen Gesellschaftsordnung – und alles erreicht mit demokratischen Mitteln. Das sorgte dafür, dass die Identifikation mit diesem Ereignis hoch war, insbesondere im Vergleich zu den Umwälzungen 1918/19, 1933 und 1945 bzw. 1949.

Daher erstaunt es, dass nach mehr als 30 Jahren vereinigtes Deutschland sowie Tausenden Artikeln und Büchern das öffentliche Interesse und kritische Diskussionsbedürfnis über DDR- und ostdeutsche Transformationsgeschichte nicht abzuebben scheint, sondern eher größer wird. Dafür sorgten zuletzt auch Publikationen, Streitschriften und medial angeheizte Debatten, die – so erscheint es bisweilen – durch die Brille akuter Transformationsprobleme nach 1990 auf die Zeit davor schauen und so einen eigens gefärbten Blick auf Diktatur und Alltag in der DDR entwickeln. Zum zweiten stimulieren gegenwärtige demokratiegefährdende Problemlagen und Politikeinstellungen in der (ost)deutschen Bevölkerung verstärkt Überlegungen, die einen Kausalzusammenhang zwischen diesem aktuellen Entwicklungstrend und vorherigen Fehlentwicklungen im Zuge der deutschen Vereinigung herzustellen suchen. Häufiger Diskussionspunkt stellt dabei die Frage nach der damaligen Dominanz westdeutscher Akteure, Strategielegungen und Handlungsmächte in diesem Prozess dar. Weitere Kontroversen ergeben sich aus der Erfahrung ungenügender Wertschätzung und Berücksichtigung ostdeutscher Lebenswege und Kompetenzen sowie aus gegenseitigen Negativwahrnehmungen in Ost und West.

Die Problemlagen der Transformationszeit beschäftigten die Brandenburger Bevölkerung sowie Politik, Wissenschaft und Medien seit mehr als 30 Jahren intensiv. Die großen Streitthemen fanden auch hier ihr Echo und ihren Widerspruch, sei es, es ging um vermeintliche „Jammerossis" und „Besserwessis", den Umgang mit Stasi-Belastungen, die Ursachen der rechtsextremen Gewaltwellen, den Erhalt von Architektur der Ostmoderne oder auch gegenwärtig um den „Osten als westdeutsche Erfindung".[1] Jenseits der legitimen Gegenwartsbezogenheit bestimmter Sichtweisen auf und Infragestellungen von Vergangenheit offenbart sich dabei allerdings seit Jahren ein ungedeckter Bedarf an weiterführender Forschung, Aufarbeitung und Auseinandersetzung, die sich speziell mit den brandenburgischen Verhältnissen befassen. Hier möchte der vorliegende Band ansetzen, indem er Einsichten zu ausgewählten Themen und Gesellschaftsbereichen bündelt und Entwicklungslinien über die Zäsur von 1989 hinaus aufzeigt. Dabei steht auch der viel zitierte Brandenburger Weg immer wieder im Fokus der Beiträge: Gab es ihn wirklich, bezieht er sich nur auf die Politik oder kann er auch auf die Wirtschaft und Kultur übertragen werden? So vielfältig wie die Erfahrungen und Wahrnehmungen waren, so vielseitig (und unvollständig) sind die Blickwinkel und Deutungen, die dieses Buch dazu versammelt.

Aufstand gegen die SED-Herrschaft

Im Jahr 1989 war die DDR am Ende: Dauerwirtschaftskrise, Reformstau und fehlende Demokratie lähmten die eingeschlossene Gesellschaft seit Langem. Die Fälschung der Kommunalwahlergebnisse, die unkontrollierbare Flucht- und Ausreisebewegung und das fortgesetzte Ignorieren der Staatskrise durch die SED-Führung brachten das Fass zum Überlaufen. Zuerst und am öffentlichkeitswirksamsten in der Messe- bzw. „Heldenstadt" Leipzig, wo Anfang September die landesweiten Montagsdemonstrationen ihren Anfang nahmen. Wie ein Flächenbrand breitete sich die revolutionäre Bewegung aus und sorgte – für alle überraschend – für den schnellen Zerfall der SED-Herrschaft.[2] Dieser war Teil und Folge eines Systemzusammenbruchs im gesamten kommunistischen Ostblock. Mindestens fünf Ursachen waren dafür verantwortlich: der Glaubwürdigkeitsverlust von Ideologie und Herrschaft der kommunistischen Parteiführungen; der Stillstand und die Modernisierungsunfähigkeit der Planwirtschaft; das Verblassen der militärischen Drohkulisse durch die Aufgabe der „Breschnew-Doktrin" und die sowjetische Entspannungspolitik unter Michail Gorbatschow; sowie das Wirken von Gegenöffentlichkeiten, oppositionellen Bewegungen und subkulturellen Strömungen inner- und außerhalb der Kirchen, die unabhängige Diskurse bildeten und gegen die

1 Dirk Oschmann, Der Osten: eine westdeutsche Erfindung, Berlin 2023.

2 Ilko-Sascha Kowalczuk, Endspiel – Die Revolution von 1989 in der DDR, München 2009; Wolfgang Schuller, Die deutsche Revolution 1989, Berlin 2009.

SED-Diktatur opponierten.[3] Hinzu kam eine stetig wachsende Flucht- und Ausreisebewegung, die ebenfalls zur Herrschaftserosion beitrug.

Der Flächenbrand erfasste das ganze Land – wirklich das ganze Land? Im Frühherbst 1989 schien Brandenburg in Teilen noch davon ausgenommen, wie ein stilles Land. So oder ähnlich muss ein Reisender die Atmosphäre in bestimmten brandenburgischen Dörfern und Städten empfunden haben. Während sich im Süden der DDR bereits Hunderttausende auf der Straße gegen die SED-Diktatur erhoben, ging in den damaligen Bezirken Cottbus, Frankfurt (Oder) und Potsdam vieles noch seinen gewohnten Gang. Lediglich 21 Brandenburger Orte wurden im Oktober von der landesweiten Demonstrationswelle erfasst. DDR-weit waren es dagegen 330.[4] Ganz verwunderlich ist das nicht: Durch ihre Grenzlage zu West-Berlin sowie zu Polen, den überlebenswichtigen „Kohlebezirk" Cottbus und den Sitz der sowjetischen Besatzungsstreitkräfte in Wünsdorf hatte sich die Region sowohl militärisch als auch kadermäßig eher zu einer Herrschaftsbastion der SED entwickelt. Auch der Partei- und Sicherheitsapparat konnte im Frühsommer 1989 in den Bezirken kein ernsthaft destabilisierendes Gefahrenpotenzial ausmachen.[5]

Dennoch waren die brandenburgischen Bezirke keine „Überlebens-Inseln" für das SED-Regime.[6] Auch hier, wenngleich etwas langsamer als in anderen Regionen, breitete sich die Protestbewegung aus.[7] Den Startschuss in der späteren Landeshauptstadt Potsdam gab die von 3000 Leuten besuchte Informationsveranstaltung der damals noch illegalen Bürgerbewegung Neues Forum in der dortigen Friedrichskirche am 4. Oktober – fünf Tage vor dem landesweiten „Fanal" der gewaltlosen Montagsdemonstration in Leipzig, die zum Meilenstein der Friedlichen Revolution wurde.

3 Ehrhart Neubert, Geschichte der Opposition in der DDR. 1949–1989, Bonn 1997; Konrad H. Jarausch, Zehn Jahre danach. Die Revolution von 1989/90 in vergleichender Perspektive, in: Zeitschrift für Geschichtswissenschaft 48 (2000) 10, S. 909–924.

4 Uwe Schwabe, Der Herbst '89 in Zahlen – Demonstrationen und Kundgebungen vom August 1989 bis zum April 1990, in: Eberhard Kurth/Hannsjörg F. Buck/Gunter Holzweißig (Hrsg.), Opposition in der DDR von den 70er Jahren bis zum Zusammenbruch der SED-Herrschaft, Opladen 1999, S. 719–735, hier S. 721 ff.

5 Armin Mitter/Stefan Wolle (Hrsg.), Ich liebe euch doch alle! Befehle und Lageberichte des MfS Januar – November 1989. Berlin 1990, Dok. 21, S. 113–138; Detlef Kotsch, Die Bezirke Potsdam, Frankfurt (Oder) und Cottbus in der DDR (1952 bis 1990), in: Ingo Materna/Wolfgang Ribbe (Hrsg.), Brandenburgische Geschichte, Berlin 1995, S. 727–794, insb. S. 771 ff.

6 Maria Nooke, Für Umweltverantwortung und Demokratisierung. Die Forster Oppositionsgruppe in der Auseinandersetzung mit Staat und Kirche, Berlin 2008.

7 Heinz Petrick/Peter Ulrich Weiß, Das Neue Forum und die Deutsche Forumpartei im Bezirk Cottbus 1989/90, Potsdam 2001.

Die drei Bezirksstädte Frankfurt (Oder), Potsdam und Cottbus entwickelten sich zu regionalen Zentren der Protestbewegung in den vorrangig ländlich-kleinstädtisch geprägten Gebieten. Die dortigen Großdemonstrationen mit jeweils 30 000 bis 40 000 Teilnehmern am 30. Oktober (Cottbus), 1. und 4. November (Frankfurt (Oder) und Potsdam) gerieten zu endgültigen Weckrufen für die bislang ruhigen „Ecken" der Bezirke. Danach drang die Revolutionsbewegung mit nur geringer zeitlicher Verzögerung bis in die hintersten Dörfer Brandenburgs vor.[8]

Das lag zum einen daran, dass die tiefe Wirtschafts- und Gesellschaftskrise flächendeckend war. Eine Tatsache, die wiederum erklärt, warum 1989 der innere Loyalitätsabfall unter der Bevölkerung auch in politisch unauffälligen Orten hoch sein konnte. So hatten beispielsweise am 7. Mai 1989 im Bezirk Frankfurt (Oder) mehrere Tausend Bürger gegen den Kommunalwahlvorschlag der Nationalen Front votiert, obwohl laut MfS-Beobachtungen nur eine einzige beachtenswerte Oppositionsgruppe im Bezirk existierte.[9] Zum anderen sorgte neben der Reaktionsunfähigkeit der SED das oppositionelle Engagement von Gruppen, informellen Personenkreisen und Einzelpersönlichkeiten in Brandenburg dafür, dass sich die Massenprotestbewegung rasch ausbreitete.[10]

Dass die Revolution weitgehend friedlich verlief, war keineswegs selbstverständlich und lässt sich auch nicht für alle Geschehnisse behaupten. Noch am 7. Oktober, dem 40. Jahrestag der DDR, zeigte die Staatsmacht, dass sie auch anders konnte: So ging die Polizei in mehreren Brandenburger Städten und Gemeinden gegen „feindliche Ansammlungen" und „Ruhestörer" vor. In Potsdam, wo sich rund 2000 Reformanhänger in der Innenstadt versammelt hatten, endete der Protestzug mit einer Hatz auf Demonstranten und der Festnahme von über 100 Personen.[11]

Eine Unterstützung für das zusammenbrechende Regime blieb aus. Der SED gelang es nicht, ihre Parteibasis und das Funktionärskorps zu mobilisieren, um dem Machtverlust und der Auflösung der sozialistischen Ordnung entgegenzuwirken. Es

8 Peter Ulrich Weiß, Vom Herrschaftszentrum zum Revolutionsherd. Die DDR-Bezirksstädte im Umbruch 1989/90, in: Frank Bösch/Martin Sabrow (Hrsg.), ZeitRäume. Potsdamer Almanach des Zentrums für Zeithistorische Forschung 2012/13, Potsdam 2013, S. 190–207; ders., Aufbruch in der Provinz. Anpassung, Widerständigkeit und Revolution in Brandenburg, in: Jutta Braun/Peter Ulrich Weiß (Hrsg.), Agonie und Aufbruch. Das Ende der SED-Herrschaft und die Friedliche Revolution in Brandenburg, Brandenburgische Landeszentrale für politische Bildung, Potsdam 2014, S. 304–333.

9 Mit 2,7 % wurde im Bezirk Frankfurt (Oder) die offiziell zweithöchste Nein-Stimmenanzahl im Land nach Leipzig gezählt. Zu den Frankfurter Entwicklungen: Reinhard Kusch, Kollaps ohne Agonie. Das Ende des SED-Regimes im Bezirk Frankfurt/Oder, Frankfurt (Oder) 1999.

10 Braun/Weiß (Hrsg.), Agonie und Aufbruch.

11 Peter Ulrich Weiß/Jutta Braun, Im Riss zweier Epochen. Potsdam in den 1980er und frühen 1990er Jahren, 2. Aufl., Berlin 2019, S. 254 ff.

Potsdam: Massendemonstration für Demokratie und Reformen in der DDR am 4.11.1989.
Bundesarchiv, Bild 183-1989-1108-406 / Fotograf: Manfred Haseloff

herrschte weitgehende Schockstarre in den Brandenburger SED-Bezirksleitungen, was ebenfalls den untergeordneten Machtapparat lähmte. Nach dem erzwungenen Auszug der SED aus den Betrieben zerfiel nicht nur die alte Organisationsbasis der „Arbeiter- und Bauernpartei". Auch der gefürchtete Sicherheitsapparat wurde nach den Besetzungen der MfS-Bezirksverwaltungen und -Kreisdienststellen in Cottbus, Frankfurt (Oder) und Potsdam Anfang Dezember bald entmachtet.[12]

Neue Instanzen erlangten Bedeutung: Die Mitte Dezember 1989 ins Leben gerufenen Brandenburger Runden Tische etablierten sich schnell zu Institutionen der Revolution. Ihre Vertreter, die aus allen politischen Richtungen kamen, sicherten den gewaltlosen Verlauf des Umbruchs, die Auflösung des MfS sowie die Durchführung der vereinbarten Wahlen. Als Kontrollinstanzen und „Schulen der

12 Justus Werdin (Hrsg.), Unter uns: Die Stasi-Berichte der Bürgerkomitees zur Auflösung der Staatssicherheit im Bezirk Frankfurt (Oder), Berlin 1990; Thomas Wernicke, Auflösung der Staatssicherheit in Potsdam, in: Bürger machen Politik. 200 Jahre Stadtverordnete in Potsdam. Schriftenreihe des Fördervereins des Potsdam-Museums, Potsdam 2009, S. 68–107; Peter Ulrich Weiß/Elena Demke, Verbunkerte Akten. Die Auflösung der Staatssicherheit im Bezirk Cottbus, in: Jens Schöne (Hrsg.), Revolution. Die DDR im Jahr 1989, Berlin 2010, S. 71–109; Rainer Eckert, Revolution in Potsdam. Eine Stadt zwischen Lethargie, Revolte und Freiheit (1989/1990), Leipzig 2017, S. 358 ff.

Demokratie" verhinderten sie ein drohendes Machtvakuum und prägten das Entstehen einer neuen politischen Kultur.[13]

Regimeende und Abwahl der DDR

Der unerwartete Mauerfall vom 9. November 1989 versetzte viele Brandenburger in einen Freudentaumel. Hunderttausende von ihnen fuhren in den folgenden Wochen nach West-Berlin und in die Bundesrepublik und kehrten beeindruckt zurück. Vorstellungen von einer reformierten DDR verloren nun rasch an Zuspruch. Stattdessen wuchs vor dem Hintergrund unverminderter Ausreiseströme, eines drohenden Wirtschaftsbankrotts sowie des Wunsches nach freiheitlich-demokratischen Strukturen die Zahl der Fürsprecher der deutschen Einheit – ein Wunsch, der, auch wenn dies vergessen zu sein schien, die getrennten Gesellschaften der beiden deutschen Staaten über Jahre und Jahrzehnte bewegt und beschäftigt hatte.

Die politische Ost-West-Verflechtung begann auch in Brandenburg schon früh. Das Neue Forum war im Herbst 1989 zunächst die mit Abstand wichtigste oppositionelle und politische Kraft in der Region. Sie wurde jedoch in dem Moment von der in Schwante (Kreis Oranienburg) gegründeten Sozialdemokratischen Partei abgelöst, als im März 1990 die ersten freien Wahlen zur Volkskammer ausgerufen wurden. Dabei erhielt diese maßgebliche Unterstützung von der nordrhein-westfälischen SPD. Die Allianz war dabei keine Zufälligkeit des Vereinigungsprozesses. Nach dem Mauerfall wurden zahlreiche Verbindungen reaktiviert, die bereits zu DDR-Zeiten angebahnt worden waren: So rührte die traditionell enge Verbindung zur nordrhein-westfälischen SPD in nicht geringem Maße aus den regelmäßigen Kontakten, die der Evangelische Konsistorialpräsident für Berlin-Brandenburg Manfred Stolpe mit dem damaligen nordrhein-westfälischen Ministerpräsidenten und Landesverbandsvorsitzenden der SPD Johannes Rau gepflegt hatte.

Die Volkskammerwahlen am 18. März 1990 konnte die CDU-geführte „Allianz für Deutschland" überraschend deutlich für sich entscheiden. Die Brandenburger Kommunal- und Landtagswahlen am 6. Mai bzw. 14. Oktober 1990 dagegen endeten mit einem klaren Sieg der SPD. Erster Ministerpräsident des Landes wurde Manfred Stolpe, der einer Koalition aus SPD, FDP und Bündnis 90 vorstand. Dass mit der SPD und Bündnis 90 zwei grundlegend neue, oppositionelle Parteien in die Landesregierung gewählt worden waren, war gleichermaßen außergewöhnlich

13 Francesca Weil, Verhandelte Demokratisierung. Die Runden Tische der Bezirke 1989/90 in der DDR, Dresden 2011; Gerlinde Grahn, „Wir bleiben hier, gestalten wollen wir". Der Runde Tisch im Bezirk Potsdam 1989/90 – Forum des gesellschaftlichen Dialogs, Schkeuditz 2006.

Wahlkundgebung der „Allianz für Deutschland“ in Cottbus
mit Bundeskanzler Helmut Kohl am 13.3.1990.
Lausitzer Rundschau / Adi Wawro (Desk)

wie gegen den Trend: Alle anderen neuen Bundesländer wurden von der CDU regiert.[14]

Dies lag vor allem an der Verbindung von personalisiertem Wahlkampf und überdurchschnittlicher Popularität, die SPD-Spitzenpolitiker wie Manfred Stolpe genossen. Weit mehr als die Hälfte aller Wähler gaben im Vorfeld an, Stolpe zum Ministerpräsident haben zu wollen. Dagegen galt CDU-Gegenkandidat Peter-Michael Diestel selbst in den eigenen Reihen als umstritten. Stolpes Erfolg sorgte auch deshalb für Aufmerksamkeit, weil die SPD nur in Brandenburg und Sachsen-Anhalt mit ostdeutschen Kandidaten ins Rennen gegangen war. Mit diesem Wahlsieg wurde eine bis heute anhaltende landespolitische Kontinuität begründet, in der die SPD stets die mehrheitsführende Regierungspartei sowie den Ministerpräsidenten stellte. Die Wahl Nordrhein-Westfalens als westdeutsche Partner-Region für Brandenburg hatte dafür weitreichende Folgen, da eine starke, sozialdemokratisch geführte NRW-Landesregierung auch die regionale Aufbauhilfe beförderte.[15]

14 Manfred Görtemaker/Michael C. Bienert/Robert Dambon, Das Bundesland. Wiedervereinigung und Entwicklung seit 1990, in: Friedrich Beck/Manfred Görtemaker/Kristina Hübener/Klaus Neitmann (Hrsg.), Brandenburg. Neues altes Land – Geschichte und Gegenwart, Berlin 2010, S. 128–195.

15 Zur Entwicklung der SPD: Weiß/Braun, Im Riss zweier Epochen, S. 346–364.

Auszählung der Stimmen des Volksentscheids vom 14.6.1992 über die Annahme der neuen Verfassung des Landes Brandenburg. Die zuvor geführten Verfassungsdebatten im Parlament waren geprägt durch einen partei- und fraktionsübergreifenden Kooperations- und Konsenswillen. Das auf Ausgleich und Kompromiss bedachte Vorgehen wurde zu einem Merkmal des sogenannten „Brandenburger Wegs".
Landtag Brandenburg

Für gewisse Ernüchterung sorgte die rasch abnehmende Bereitschaft, sich nach den erkämpften demokratischen Mitsprachemöglichkeiten auch tatsächlich an Wahlen oder Volksabstimmungen zu beteiligen. So lag bereits im Oktober 1990 die Wahlbeteiligung bei den ersten Brandenburger Landtagswahlen bei nur noch 67 Prozent, bei der Abstimmung zur neuen Landesverfassung im Juni 1992 gaben gar nur 48 Prozent der Wahlberechtigen ihre Stimme ab. Zudem beunruhigte der erhebliche Stimmenanteil, den antidemokratische, rechtsradikale Parteien wie die DVU, Republikaner oder NPD erzielten. So entfielen auf dieses Parteienspektrum beispielsweise bereits bei den Brandenburger Landtagswahlen 1990 über 16 000 Zweitstimmen, 1999 über 66 000.[16]

16 Gemeinsames Statistisches Amt in Berlin (Hrsg.), Wahl zum Landtag von Brandenburg am 14. Oktober 1990, Berlin 1990, S. 11; Landesamt für Datenverarbeitung und Statistik Brandenburg (Hrsg.), Landtagswahl 1999. Wahl zum 3. Landtag Brandenburg am 5.9.1999, Potsdam 1999, S. 9; Astrid Lorenz/Hendrik Träger, Rechte Parteien im „roten" Brandenburg.

Mit der Vereinigung Deutschlands und der damit verbundenen Neubildung des Landes Brandenburg war der politische Macht- und Systemwechsel vorläufig abgeschlossen. Auch wenn es im Nachhinein selbstverständlich erscheint, gehörte zu den wichtigen Resultaten dieser Phase die friedliche und demokratische Abwahl der ehemaligen Staatspartei, die im Unterschied zu anderen osteuropäischen Ländern nicht verboten worden war. Damit blieb sie ein bedeutsamer politischer Faktor. Denn der Brandenburger SED/PDS gelang es im „Wende-Jahr" trotz Politbüro-Skandale und implodierender Parteistrukturen, rund ein Fünftel ihrer ehemals 250 000 Mitglieder zu halten. Das Bundesland Brandenburg wurde sogar zu einer ihrer Wählerbastionen im vereinigten Deutschland. Die SED-Nachfolgepartei erzielte über die gesamten 1990er-Jahre in Brandenburg hohe Stimmengewinne und transformierte sich quasi ohne große Störung zu einer neuen etablierten Kraft. Ehemalige SED-Parteifunktionäre wie Heinz Vietze wurden als neue Parteivorsitzende und parlamentarische Volksvertreter akzeptierter Teil des Brandenburger Politikbetriebs.[17] Auf diese spezifisch brandenburgische politische Entwicklung mit ihren Kontinuitätslinien, aber auch Brüchen, geht Jens Gieseke in seinem Beitrag über den „Brandenburger Weg" ein.

Wie stark das Wählerpotenzial war – sei es, dass das Kreuz auf dem Wahlzettel aus Protest oder aus Gefolgschaft gemacht wurde –, zeigte sich auf alarmierende Weise 1993 bei den Oberbürgermeisterwahlen in der Landeshauptstadt Potsdam. Der Kandidat der PDS erhielt im ersten Wahlgang rund 45 Prozent aller Stimmen, während der bisherige SPD-Oberbürgermeister mit 29 Prozent abgeschlagen auf Platz zwei landete. Nur durch ein parteiübergreifendes Bündnis konnte die Wahl des ehemaligen SED-Parteifunktionärs Rolf Kutzmutz knapp verhindert werden.[18] Potsdam, das erst wenige Wochen zuvor seine 1000-Jahrfeier aufwendig begangen hatte, offenbarte sich als politisch gespaltene Stadt. Brandenburger Umfragewerte und Wählerverhalten spiegelten allerdings auch wider, dass die Menschen weniger die Vergangenheit, als vielmehr die schwierigen, von Verlustängsten und -erfahrungen begleiteten Wandlungsprozesse der Gegenwart beschäftigten.

Organisation, Wahlergebnisse und gesellschaftliche Verankerung seit 1990, in: Gideon Botsch/Christoph Schulze (Hrsg.), Rechtsparteien in Brandenburg. Zwischen Wahlalternative und Neonazismus, 1990–2020, Berlin 2021, S. 23–50.

17 Roland Schirmer, Die Linke in Brandenburg, in: Jakob Lempp (Hrsg.), Parteien in Brandenburg, Berlin 2008, S. 125–150; Astrid Lorenz/Andreas Anter/Werner Reutter, Politik und Regieren in Brandenburg, Wiesbaden 2016, S. 59 ff., 73 ff. Allgemein siehe: Thorsten Holzhauser, Die „Nachfolgepartei". Die Integration der PDS in das politische System der Bundesrepublik Deutschland 1990–2005, Berlin 2019.

18 Statistischer Informationsdienst der Landeshauptstadt Potsdam Nr. 3/2010, S. 4.

Übergangszeit und Transformationsgesellschaft

Dass mit „1989" eine Epoche und damit das „kurze 20. Jahrhundert" endeten, ist mit Blick auf die politische Verfasstheit der DDR und anderer Ostblockländer gut begründbar. Innerhalb weniger Monate stellten die Beschlüsse zur Einführung von parlamentarischer Demokratie, sozialer Marktwirtschaft, kommunaler Selbstverwaltung und zur Privatisierung von Betrieben sowie Grund und Boden die bislang gültigen Ordnungsprinzipien auf eine völlig neue Basis. Wichtiger Teil des gesellschaftspolitischen Sofort-Umbaus war dabei die Rückkehr der Länderstrukturen und die Einführung des Föderalismus: Bereits seit der Jahreswende 1989/90 stand in der Noch-DDR eine Neukonstituierung von Bundesländern zur Debatte, und ebenso rasch fanden Partnerregionen wie Brandenburg und Nordrhein-Westfalen zusammen.

Dieser politische Prozess der Transition von einem Staats- und Wirtschaftsmodell zum nächsten verlief entlang fixer Zeitpläne und Wegmarken, die in Bonn oder Berlin festgelegt wurden. Schaut man jedoch auf andere Bereiche, etwa Kultur oder Gesellschaft, geht die Trennschärfe dieser Zäsur verloren. Anstelle klar sichtbarer Einschnitte eröffnen sich dem Betrachter eher Übergangsphasen, die geprägt sind von jeweils unterschiedlich verlaufenden Entwicklungen und Kontinuitätslinien, die teilweise von den 1980er-Jahren (und davor) bis weit in das Folgejahrzehnt hineinwirkten.[19]

Erfahrungs- und Deutungszäsuren gingen hierbei vielfach auseinander. Gerade 1990/91 sahen sich große Teile der Brandenburger Bevölkerung einer doppelten Zeiterfahrung zwischen Ende und Anfang ausgesetzt: Während sich die „große Politik" in raschen Schritten fortbewegte, blieb die individuelle Lebenssituation bisweilen noch seltsam bewegungsarm und unentschieden, bis sie sich sprunghaft veränderte. In der Arbeitswelt dominierten anfänglich noch Zwischen- und Übergangslösungen, gekoppelt an die Hoffnung auf persönliche Weiterbeschäftigung.

19 Helmut Wiesenthal, Die Transformation der DDR. Verfahren und Resultate, Gütersloh 1999; Karin Bock/Werner Fiedler (Hrsg.), Umbruch in Ostdeutschland: Politik, Utopie und Biographie im Übergang, Wiesbaden 2001; Karl Ulrich Mayer/Heike Solga, Lebensverläufe im deutsch-deutschen Vereinigungsprozess, in: Peter Krause/Ilona Ostner (Hrsg.), Leben in Ost- und Westdeutschland. Eine sozialwissenschaftliche Bilanz der deutschen Einheit 1990–2010, Frankfurt a. M. 2010; Ralf Ahrens/André Steiner, Wirtschaftskrisen, Strukturwandel und internationale Verflechtung, in: Frank Bösch (Hrsg.), Geteilte Geschichte. Ost- und Westdeutschland 1970–2000, Göttingen 2015, S. 79–115; Winfried Süß, Soziale Sicherheit und soziale Ungleichheit in wohlfahrtsstaatlich formierten Gesellschaften, in: ebenda, S. 153–193. Siehe auch die Beiträge zu DDR/Ostdeutschland in: Martin Sabrow/Tilmann Siebeneichner/Peter Ulrich Weiß (Hrsg.), 1989 – Eine Epochenzäsur?, Göttingen 2021.

Auf dem Wohnungsmarkt waren die alten Mietverhältnisse durch Kündigungsschutz ebenfalls noch abgesichert. Auch die Übernahme demokratischer Institutionen vollzog sich zwar formal sehr schnell, aber vielerorts erschwerten gewachsene Mentalitäten, dass sie mit Leben gefüllt wurden.[20] Gerade in den Amtsstuben waren die Angestellten vielfach die alten. Skeptische Abwarte- und hoffnungsfrohe Erwartungshaltungen wechselten einander ab. Zugleich spürten immer mehr Menschen einen Verlust von Vorhersehbarkeit und die „Gleichzeitigkeit der Unsicherheiten".[21] Das Gefühl, man würde in einem gesellschaftlichen Zwischenstadium leben, teilten viele.

Das Hinübergleiten von einem Übergangszustand in die Transformationsphase der 1990er- und 2000er-Jahre war fließend und je nach Person und Bereich unterschiedlich. Je mehr Zeit verging, desto klarer zeichneten sich jedoch fundamentale Umwälzungen ab.[22] Auf die Zerschlagung und Auflösung alter Fundamente folgte die Einführung neuer Infrastrukturen, neuer Verfassungsgebote, neuer intermediärer Instanzen sowie eines neuen Finanzwesens samt neuer Währung.[23] Doch was sich für die einen als Umbau darstellte, betrachteten andere als Zerstörung. Kein Wunder: Mitte der 1990er-Jahre war nur noch jeder vierte Ostdeutsche auf dem Arbeitsplatz beschäftigt, den er 1989 besetzt hatte. Mit der Schließung und Abwicklung von DDR-Betrieben stieg die Arbeitslosenquote in dem Flächenland Brandenburg bis zum Jahr 2004 kontinuierlich wie dramatisch auf 20,4 Prozent an. Besonders Frauen waren von Arbeitslosigkeit betroffen: Mitte der 1990er-Jahre war deren Quote doppelt so hoch wie die der Männer.[24]

20 So die Beobachtung bei Sighard Neckel, Waldleben. Eine ostdeutsche Stadt im Wandel seit 1989, Frankfurt a. M. 1999, eine anonymisierte Ortsbeschreibung, die jedoch in vielem an Eberswalde erinnert.

21 Kerstin Brückweh/Clemens Villinger/Kathrin Zöller, Die lange Geschichte der „Wende". Ein Schriftgespräch zu unseren Forschungsergebnissen, in: dies. (Hrsg.), Die lange Geschichte der „Wende". Geschichtswissenschaft im Dialog, Berlin 2020, S. 21–66, hier S. 32.

22 Martin Sabrow/Ralph Jessen/Klaus Große Kracht (Hrsg.), Zeitgeschichte als Streitgeschichte. Große Kontroversen seit 1945, München 2003.

23 Lorenz/Anter/Reutter, Politik und Regieren in Brandenburg, S. 123 ff.

24 Die höchste Arbeitslosenquote in einem Berichtsmonat gab es im Februar 1998 mit 20,9 Prozent (umgerechnet: 258.500 Arbeitslose). Jahresbericht 2004. Operationelles Programm Brandenburg 2000–2006, https://www.brandenburg.de/media/bb2.c.453829.de [13.8.2023]; Pressemitteilung der Staatskanzlei vom 24.8.2015: 25 Jahre Arbeitsmarktpolitik im Land Brandenburg: https://www.brandenburg.de/cms/detail.php/bb1.c.413745.de [13.8.2023]; Christa Klaue, Haupttendenzen von Beschäftigung und Arbeitsmarkt im Land Brandenburg 1998, in: Amt für Statistik Berlin-Brandenburg (Hrsg.), Daten + Analysen 5/1999, S. 11–20, hier S. 19; Wolf-Rüdiger Knoll, Die Treuhandanstalt in Brandenburg. Regionale Privatisierungspraxis 1990–2000, Berlin 2022, S. 555–561.

Blick in den Maschinensaal der Zellglasabteilung des Zellstoff- und Zellwollewerkes Wittenberge im Mai 1990. Ab dem Sommer wurden die Anlagen abgeschaltet. Ein Teil der 120 Beschäftigten der Abteilung wechselte in anderen Betriebsbereiche, der übrige Teil wurde in den Vorruhestand versetzt.
Bundesarchiv, Bild 183-1990-0502-001 / Fotograf: Wolfried Pätzold

Mit der Schließung von Betrieben setzten massive urbane Schrumpfungsprozesse ein, wie die bekannte Wittenberge-Studie aufzeigte: Nachdem das dortige Nähmaschinenwerk, die Zellstofffabrik und die Ölmühle geschlossen wurden, verließ ein Drittel der Wittenberger die Brandenburger Kleinstadt – kein Einzelfall, wie Wissenschaftler betonten.[25] Dass sich der Wandel der Industrie auf eine Region auswirkte, zeigt auch der Beitrag von Marius Krohn am Beispiel des Stahlwerks in Brandenburg an der Havel. Er geht dabei auch auf die damit verbundenen Einzelschicksale früherer Mitarbeiterinnen und Mitarbeiter ein.

Den Schließungen stand die Gründung Tausender Handwerksbetriebe und Selbstständigkeiten gegenüber, mit denen an alte Traditionen angeknüpft oder neue begründet wurden wie Ronny Grundig im vorliegenden Band darstellt. Gerade in

25 Heinz Bude/Thomas Medicus/Andreas Willisch (Hrsg.), ÜberLeben im Umbruch. Am Beispiel Wittenberge. Ansichten einer fragmentierten Gesellschaft, Hamburg 2011.

der ersten Hälfte der 1990er-Jahre bestand angesichts der vorherigen infrastrukturellen Mängel und Dienstleistungsdefizite sowie umfangreicher staatlicher Förderung ein Auftragsboom, von dem viele Brandenburger Betriebe und Beschäftigte profitierten. Das betraf ebenfalls ostdeutsche Geschäfte, Händler und Unternehmen, die die Konsumwünsche der Brandenburger zu erfüllen suchten (auch wenn die großen Gewinnmargen vor allem westdeutsche Firmen und Konzerne verbuchten). Es war längst nicht so, dass sämtliche Betriebe, die die Brandenburger Treuhandanstalt zu privatisieren hatte, danach in den Konkurs gingen. Eine substantielle Anzahl überlebte in verkleinerter Form – nicht zuletzt auch durch interventionistisches Handeln der Landesregierung.[26] Beispielhaft wird dies im Beitrag von Marcus Böick und Wolf-Rüdiger Knoll anhand der Privatisierung des Chemiefaserwerks in Premnitz nachgezeichnet.

Die Umwälzung erstreckte sich nicht nur auf die Arbeitswelt, sondern auch auf Land und Boden. Nach dem Mauerfall erlebte das Berliner Umland als Umgebung und Nachbarschaft der künftigen Bundeshauptstadt eine rasante Neuverortung und Neubewertung, denn die sozialistische Eigentumsordnung löste sich mit dem Ende des SED-Regimes rasant auf.[27] Gerade für den ehemaligen Grenzbezirk Potsdam waren die sozialen Folgen ambivalent: Einerseits wurde das verhasste Grenzregime aufgelöst, andererseits machten bald frühere – häufig enteignete – Grundstückseigentümer aus dem Westen ihre Ansprüche geltend und drängten auf Immobilienrückgabe und Mieterkündigung. Ehemals zusammenhängende Ost-West-Kulturlandschaften wurden wiederentdeckt und verbunden, zugleich erfuhren gut gelegene Ortschaften, Grundstücke und Gebäude plötzlich eine hohe Wert- und Preissteigerung. Miet- und Kaufpreise wurden schrittweise an Lage und Qualität gekoppelt. Etliche Brandenburger Städte und Orte gerieten so zum umkämpften Terrain in- wie ausländischer Investoren.[28] Dies löste Ängste, Unsicherheit und Nöte aus und erzeugte politische Unzufriedenheit, wie Christopher Banditt in diesem Band darlegt.

Eigene Erfahrungen im Rahmen „versetzter Transformationen"[29] machten auch kulturelle Vorzeigeinstitutionen. Brandenburger Wissenschaftseinrichtungen sahen sich von den restriktiven Fesseln der Parteizensur und Gängelung befreit, mussten nun jedoch ihre Institutionen in neue Rechtsformen überführen. Das war begleitet von einer unbekannt scharfen Konkurrenzsituation mit renommierten Stand-

26 Knoll, Die Treuhandanstalt in Brandenburg. Zur Entwicklung des Mittelstandes allgemein auch: Max Trecker, Neue Unternehmer braucht das Land. Die Genese des ostdeutschen Mittelstands nach der Wiedervereinigung, Berlin 2022.

27 Kerstin Brückweh, Wissen über Transformation. Wohnraum und Eigentum in der langen Geschichte der Wende, in: Zeithistorische Forschungen 1 (2019), S. 19–45.

28 Weiß/Braun, Im Riss zweier Epochen, S. 389 ff.

29 Begriff bei Bösch (Hrsg.), Geteilt und verbunden, S. 34.

orten in der alten Bundesrepublik und im Ausland.[30] Die Pädagogische Hochschule als einstige DDR-Lehrerschmiede wurde erst Brandenburgische Landeshochschule, bevor sie schließlich 1991 zur Universität Potsdam erklärt wurde.[31] Lara Büchel, Dorothea Horas und Axel-Wolfgang Krahl ordnen diese Entwicklung in die damalige Brandenburger Hochschul- und Wissenschaftspolitik ein und problematisieren dabei die Integration der ostdeutschen Mitarbeiterinnen und Mitarbeiter.

Theater oder Kabarett, im Sozialismus zuverlässige Magnete, verloren nach 1990 in Windeseile ihr Publikum. Die Bühne bot den Zuschauern nicht mehr die begehrte Ersatzöffentlichkeit für politische Botschaften.[32] Der hochgezüchtete Spitzensport wiederum musste sich von der gewohnten privilegierten Ausstattung verabschieden. Jedoch wurden, wie Jutta Braun in ihrem Beitrag darlegt, gerade hier langfristig, etwa mit den Eliteschulen des Sports, Bausteine des alten DDR-Systems in die neue Zeit überführt, sodass in diesem Feld tatsächlich der Osten bzw. Brandenburg als Experimentierfeld für später einzurichtende gesamtdeutsche Modelle fungierte.

Auch die Alternativkultur und ihre Szene orientierte sich um: So verloren etliche etablierte Cafés oder Kneipen ihren bisherigen Kultstatus. Neuer Anziehungspunkt für viele junge Brandenburgerinnen und Brandenburger war das vereinigte Berlin, das sich als Kulturmetropole im Herzen von Brandenburg zu einem bunten Mekka subkulturellen Lebens sowie alternativer Lebensformen entwickelte. Aber auch in Brandenburg entstanden neue Orte, die fortan die Jugend- bzw. Subkultur beherbergten und Alternativmilieus entstehen ließen – oft im Rahmen von Hausbesetzungen. Diese gerieten allerdings wiederum zu „Hassobjekten" der sich ausbreitenden Neonaziszene, wie Jakob Warnecke in seinem Beitrag ausführt.

Nicht nur die Jugendkultur allgemein, sondern vor allem auch die Jugendsubkultur erlebte einen ungeahnten Aufschwung und einen bemerkenswerten Professionalisierungs- und Kommerzialisierungsschub. In der Musik erreichten der Techno und seine Spielarten ebenso wie Grunge ein Millionenpublikum. Immer mehr Heavy-Metal- und Hardcore-Bands bereicherten die Stilrichtungen harter Musik. Ska und Reggae gewann an Popularität, wie das ins Leben gerufene internationale Ska-Festival in Potsdam zeigte – aber eben auch Rechtsrock, den Christoph Schulze

30 Bärbel Dalichow, Das letzte Kapitel. 1989–1993, in: Ralf Schenk (Red.), Das zweite Leben der Filmstadt Babelsberg – DEFA-Spielfilme 1946–1992, hrsg. vom Filmmuseum Potsdam, Berlin 1994. S. 329–353.

31 Barbara Marshall, Die deutsche Vereinigung in Akademia: West- und Ostdeutsche im Gründungsprozess der Universität Potsdam 1990–1994, Berlin 2016; Manfred Görtemaker (Hrsg.), 25 Jahre Universität Potsdam. Rückblicke und Perspektiven, Berlin 2016.

32 Jutta Braun/Michael Schäbitz, Von der Bühne auf die Straße. Theater und Friedliche Revolution in der DDR. Begleitband zur Ausstellung, Berlin 2016.

in diesem Band untersucht. Dabei verweist er auf Wurzeln des um sich greifenden Rechtsextremismus, die in der DDR der 1980er-Jahre lagen.

Altes im Neuen und umgekehrt

Neben realen oder empfundenen Zwischen- und Übergangslösungen[33] entstand auch viel Neues. Jahrelang vor sich hergetragene Wünsche und Bedürfnisse konnten in kurzer Zeit erfüllt, Projekte aus dem Boden gestampft und umgesetzt werden. Insofern war neben Stilllegung und Warten ebenso Macher-Enthusiasmus, Aktionslust und Vorwärtsbewegung anzutreffen – etwas, über das man in historischen Transformationsstudien bislang zu wenig erfährt. Handlungsimpulse dafür lieferten bisweilen auch Negativereignisse: Als 1997 das Oder-Hochwasser ausbrach, entwickelte sich aus dem gemeinsamen Kampf gegen die Fluten und der bis dahin nicht dagewesenen überregionalen Solidaritätswelle ein „Geist von 1997", den viele Akteure und Beobachter als erstes emotionales Wir-Ereignis seit der deutschen Wiedervereinigung feierten, als praktisch erlebtes Gefühl wirklicher Zusammengehörigkeit.[34] Dies war umso bemerkenswerter, als der gerade erst 1996 klar gescheiterte Volksentscheid über die Länderfusion von Berlin und Brandenburg allen gezeigt hatte, wie sehr politische Eliten und Bevölkerung, Hauptstadt und Region, Ost und West voneinander getrennt waren.

Orientierung und Umgang mit Negativereignissen waren aber nicht nur hier gefragt. Für viele Brandenburger stand der ostdeutsche Transformationsprozess in einem Spannungsverhältnis zum zeitgleichen Entwicklungsstatus der alten Bundesrepublik, aber auch des restlichen Europas, was im Ergebnis zu ganz unterschiedlichen Wahrnehmungen der 1990er-Jahre führte.[35] Die regionale Umbruch- und Aufbruchsstimmung wurde teilweise konterkariert von gegensätzlichen Erscheinungen außerhalb der Landesgrenzen, die das Wertegefüge all derjenigen, die nach dem „Wunder der Friedlichen Revolution" auf Gewaltlosigkeit und gerechtes Miteinander setzten, auf die Probe stellten.

So kehrten nach dem Ende des kommunistischen Ostblocks und der erfolgreich verhandelten deutschen Einheit unerwartet Kriege und Bürgerkriege zurück nach Europa. Nationalismus und nationalistischer Extremismus brachen hervor oder

33 Martin Sabrow, Die historische Herausforderung der deutschen Einheit, in: ders. (Hrsg.), Die schwierige Einheit, Göttingen 2016, S. 9–23.

34 Matthias Platzeck, Zukunft braucht Herkunft: deutsche Fragen, ostdeutsche Antworten, Hamburg 2009, S. 102.

35 Franz Walter, Veränderung und Stillstand. Zur Ambivalenz der 1990er Jahre, in: INDES. Zeitschrift für Politik und Gesellschaft 1 (2015), S. 5–17.

Flutstein in Erinnerung an das Oderhochwasser 1997 und den Kampf Zehntausender Helferinnen und Helfer gegen die Flut, gestiftet vom Lions Club Frankfurt (Oder).
Foto: Coradolin, https://commons.wikimedia.org/wiki/File:Oderhochwasser_1997.JPG

wurden reaktiviert.[36] Während der Vertrag von Maastricht und die friedliche Auflösung der benachbarten Föderation ČSSR 1992 ein Beispiel für eine vernunftgetragene Neugestaltung der europäischen Staatenwelt nach Ende des Kalten Krieges und des Ostblocks abzugeben schienen, zeigten die Tschetschenien- oder Jugoslawien-Kriege und die darin begangenen Gräueltaten wie das Massaker von Srebrenica 1995 mehr als deutlich, dass in Europa kein übergreifender zivilisatorischer und menschenrechtlicher Konsens existierte. Und auch darüber hinaus blieb mit dem Zweiten Golfkrieg 1990/91 und dem Völkermord in Ruanda 1994 sichtbar, dass Kriege und Menschheitsverbrechen weiterhin die Weltgeschichte prägten und nicht der Vergangenheit angehörten.

„Globalisierung" und „Postmoderne" wurden, obwohl inhaltlich keinesfalls neu, zu gern verwendeten Begrifflichkeiten, um die gleichermaßen pluralen wie

36 Philipp Ther, Die neue Ordnung auf dem alten Kontinent. Eine Geschichte des neoliberalen Europas, Frankfurt a. M. 2014.

unübersichtlichen Welt-Wahrnehmungen nach dem Ende der bipolaren Systemkonfrontation und der „Meistererzählungen" zu beschreiben. Zudem entwickelte sich, wenn auch zunächst vor allem außerhalb Europas, die Religion zu einem wichtigen Faktor von Politik und Identitätsbildung. Francis Fukuyamas „Ende der Geschichte" wie auch Samuel Huntingtons „Kampf der Kulturen" lieferten den Stoff für Debatten, die über die Fachgemeinschaft hinausgingen.[37] Vor diesem Hintergrund wurden die 1990er-Jahre bisweilen auch als Zeit von Renaissancen rezipiert, in der Krieg und Gewalt wieder als probates Mittel für Konfliktlösungen gesehen wurde und in der Deutschland auch militärisch neuerlich eine Rolle spielte.

Umgang mit Diktaturgeschichte und Brandenburg-Lücken

Die sich plötzlich verändernde Welt beförderte ein wachsendes Interesse an der Zeitgeschichte. Ungewöhnlich stark frequentierte Ausstellungen, Besucherandrang in Museen, eine Vielzahl historischer Filme, Fernsehserien, Presseberichte und Magazine mit historischen Themen markierten einen neuen Geschichts- und Aufarbeitungsboom. Hinzu kam eine bisweilen politische, moralische und emotionale Aufladung von ungeahnter Stärke. Dabei waren es vor allem Themen für die Zeit zwischen 1933 und 1989, die die Menschen in ganz Deutschland und so auch in Brandenburg bewegten – und die Kontroversen auslösten. Ein Teil der Debatten drehte sich um Diktaturbelastung und Mitschuld an den Verbrechen des Nationalsozialismus, ausgelöst durch die Reaktionen auf die 1995 gezeigte erste Wehrmachtsausstellung „Vernichtungskrieg. Verbrechen der Wehrmacht 1941 bis 1944", das 1996 erschienene Buch von Daniel Goldhagen „Hitlers willige Vollstrecker: Ganz gewöhnliche Deutsche und der Holocaust" oder die Walser-Bubis-Kontroverse 1998 sowie die Diskussionen um NS-Verstrickungen von Historikern. Auffällig war, dass es sich, was das Erregungspotenzial und die Diskutanten betraf, vor allem um westdeutsch geführte Kontroversen handelte.

Ein anderer Teil der Debatten befasste sich mit DDR- und ostdeutschen Themen – unter Beteiligung aus Ost und West.[38] Zunächst einmal wurden nach 1989 die bisherigen Forschungen zu Politik und Geschichte der SBZ/DDR einer Prüfung unterzogen und bislang etablierte Befunde, Thesen und Interpretationen anhand der

37 Francis Fukuyama, Das Ende der Geschichte. Wo stehen wir?, München 1992; Samuel P. Huntington, Kampf der Kulturen. Die Neugestaltung der Weltpolitik im 21 Jahrhundert, München/Wien 1996.

38 Siehe dazu auch: www.erinnerungsdebatten.de.

nun zugänglichen Akten abgeglichen, verworfen oder modifiziert.[39] Die rasche Öffnung der MfS-Akten für die Wissenschaft, für die Presse und für Betroffene, die noch von der letzten DDR-Volkskammer beschlossen worden war, ermöglichte einen intimen Blick in die Machtstrukturen der SED und ihres Geheimapparats der Staatssicherheit. Allein von Betroffenen gingen 1992, im ersten Jahr der Öffnung des Archivs, über 520 000 Anträge zur persönlichen Akteneinsicht ein, 2004 waren es dann schon 2,2 Millionen und 2015 sogar 3 Millionen.[40] Die DDR-Forschung erlebte einen Boom – mindestens 1000 Forschungsvorhaben und 500 Wissenschaftlerinnen und Wissenschaftler wurden allein für die 1990er-Jahre gezählt.[41] Frühzeitig wurden nicht nur Ursachen und Charakter des Umbruchs 1989/90 diskutiert (von „Implosion" über „protestantische Revolution" und „Refolution"[42] bis zu „nachholende Revolution"), sondern auch übergreifende Begrifflichkeiten, um den Wesenszug der langjährigen SED-Herrschaft einzufangen (von „totalitärer Diktatur" über „Unrechtsstaat" bis zu „Fürsorgediktatur" und „Konsensdiktatur").[43] Das Detailwissen über Machtmechanismen, Unrecht und Geheimdienstarbeit, aber auch über Alltag oder Außenpolitik nahm dabei sprunghaft zu.

Totalitarismus-theoretische Ansätze zur Erklärung der kommunistischen Herrschaft erlebten ebenso eine Konjunktur wie die Frage nach der Vergleichbarkeit von autoritären Regimen und diktatorischen Systemen, insbesondere von Stalinismus und Nationalsozialismus.[44] Dabei fällt im Rückblick auf, dass vor allem die Unterschiede thematisiert und betont wurden, verbunden mit der deutlichen Warnung, dass die NS-Verbrechen und der Holocaust nicht relativiert werden dürften, wenn

39 Jens Hüttmann, DDR-Geschichte und ihre Forscher. Akteure und Konjunkturen der bundesdeutschen DDR-Forschung, Berlin 2008; Frank Möller/Ulrich Mählert (Hrsg.), Abgrenzung und Verflechtung. Das geteilte Deutschland in der zeithistorischen Debatte, Berlin 2008.

40 Geschichte des Stasi-Unterlagen-Archivs, in: www.stasi-unterlagen-archiv.de, https://www.stasi-unterlagen-archiv.de/ueber-uns/geschichte-des-stasi-unterlagen-archivs/#c3046 [13.8.2023].

41 Zur Entwicklung der Forschung in den ersten 10 Jahren nach der Vereinigung siehe auch: Rainer Eppelmann/Bernd Faulenbach/Ulrich Mählert (Hrsg.), Bilanz und Perspektiven der DDR-Forschung, Paderborn 2003.

42 Eine Wortschöpfung aus Reform und Revolution des britischen Historikers Timothy Garton Ash, Ein Jahrhundert wird abgewählt. Aus den Zentren Mitteleuropas 1980–1990, München 1990, S. 399.

43 Konrad H. Jarausch, Realer Sozialismus als Fürsorgediktatur: zur begrifflichen Einordnung der DDR, in: Historical Social Research, Supplement, 24 (2012), S. 249–272; Torsten Diedrich/Hans Ehlert, „Moderne Diktatur" – „Erziehungsdiktatur" – „Fürsorgediktatur" oder was sonst? Das Herrschaftssystem der DDR und der Versuch seiner Definition, in: Potsdamer Bulletin für Zeithistorische Studien 12 (1998), S. 17–25.

44 Eckhard Jesse (Hrsg.), Totalitarismus im 20. Jahrhundert. Eine Bilanz der internationalen Forschung, Baden-Baden 1996; Alfons Söllner (Hrsg.), Totalitarismus. Eine Ideengeschichte des 20. Jahrhunderts, Berlin 1997.

der Diktaturenvergleich angestellt und kommunistische Regime und ihre Verbrechen interpretiert werden. Das betraf auch die teils heftigen deutschen Debatten, die rund um das 1997 erschienene „Das Schwarzbuch des Kommunismus. Verbrechen, Terror, Unterdrückung" entstanden, eine Aufsatzsammlung, die Herausgeber Stéphane Courtois anlässlich des 80. Jahrestags der Oktoberrevolution 1917 publiziert hatte.[45] In Osteuropa hingegen, wo die doppelte Diktaturerfahrung tiefe Spuren hinterlassen hatte, stieß das „Schwarzbuch" auf vielfache Zustimmung.

Die Region Brandenburg selbst wurde in den ersten zehn, fünfzehn Jahren seit der deutschen Einheit kaum zu einem zeitgeschichtlichen Untersuchungsgegenstand. Die verschiedenen Deutungskonzepte, Analyseperspektiven und Arbeitsmethoden der SBZ/DDR- und Osteuropa-Forschung wurden nur selten auf Themen angewendet, die einen direkten Bezug zu regionalen Orten, Ereignissen und Personen hatten. Das lag zum einen an vorerst noch beschränkten Archivgutzugängen, zum anderen am gering entwickelten landesgeschichtlichen Interesse unter Zeithistorikerinnen und -historikern.[46]

Zu den Besonderheiten der Auseinandersetzung mit der deutschen Geschichte nach 1945 allgemein gehörte, dass sich in ihr die Perspektiven auf die zur Geschichte erklärten DDR und auf die ostdeutsche Gegenwart bisweilen miteinander mischten, somit Geschichtsbetrachtung und Geschichtsaufarbeitung intellektuell und emotional mit zeitweilig unterschiedlichen Zielsetzungen verwoben wurden. Das zeigte sich in den heftigen Diskussionen um Strafverfahren gegen ehemalige Politbüro-Mitglieder sowie Täter von SED-Unrechtshandlungen, um die Öffnung der Stasi-Akten für die Öffentlichkeit und Forschung, um den Umgang bei Entlarvung von Hauptamtlichen und Inoffiziellen Mitarbeitern der Stasi oder auch um die Entfernung von Ideologie und Propaganda aus öffentlichen Räumen durch Straßenumbenennungen oder Denkmalabbau.

Für frühe öffentlich-politische Aufmerksamkeit sorgten die Publikationen der 1992 und 1995 eingesetzten ersten und zweiten Enquete-Kommission des Bundestages zur „Aufarbeitung von Geschichte und Folgen der SED-Diktatur in Deutschland" und zur „Überwindung der Folgen der SED-Diktatur im Prozess der deutschen Einheit" mit jeweils 18 bzw. 17 Bänden und zusammen mindestens 30 000 Seiten Analysen, die 1995 bzw. 1999 veröffentlicht wurden. Angesichts des

45 Jens Mecklenburg/Wolfgang Wippermann (Hrsg.), „Roter Holocaust"? Kritik des Schwarzbuchs des Kommunismus, Hamburg 1998; Horst Möller (Hrsg.), Der Rote Holocaust und die Deutschen, München/Zürich 1999.

46 Dies änderte sich auch nicht sofort, als 1993 mit dem Forschungsschwerpunkt Zeithistorische Studien, aus dem 1996 das Zentrum für Zeithistorische Forschung (ZZF) wurde, ein zentrales außeruniversitäres Forschungsinstitut mit Fokus auf die DDR-Geschichte nach Potsdam zog.

Ziels, „Beiträge zur politisch-historischen Analyse und zur politisch-moralischen Bewertung zu erarbeiten“, wurden beide Gremien als eine Art Wahrheitskommission im Prozess der *Transitional Justice* eingestuft.[47]

In Brandenburg dauerte es dagegen bis 2009/10, um, wie ein Vorwurf lautete, die bis dato gepflegte geschichtspolitische „Kultur des Verschweigens“ zu durchbrechen und eine eigene Enquete-Kommission zur „Aufarbeitung der Geschichte und Bewältigung von Folgen der SED-Diktatur und des Übergangs in einen demokratischen Rechtsstaat im Land Brandenburg“ sowie eine Aufarbeitungsbeauftragte einzusetzen. Die Gutachten der Enquete-Kommission belegten dabei ein erhebliches Maß an personellen Kontinuitäten und Diktaturbelastungen unter politischen Eliten und Amtsträgern sowie an unterlassener Aufarbeitung.[48]

Frühzeitig meldeten sich hingegen zahlreiche Opfer kommunistischer Gewaltherrschaft zu Wort und forderten Aufarbeitung und Gedenken. Gerade an Orten mit doppelter Diktaturvergangenheit wie beispielsweise die Gedenkstätte Sachsenhausen führte das – angesichts befürchteter Erinnerungskonkurrenz und Relativierung von NS-Verbrechen – zu schwierigen Debatten und Auseinandersetzungen um das angemessene Gedenken an die Opfer der sowjetischen Speziallager.[49] Nicht zufällig entstand in dieser Zeit die bekannte Faulenbach-Formel, wonach NS-Verbrechen

47 Andrew Beattie, Playing Politics with History: The Bundestag Inquiries into East Germany, New York 2008; Anne K. Krüger, „Keine Aussöhnung ohne Wahrheit“. Die Enquête-Kommissionen zur „Aufarbeitung“ und „Überwindung der SED-Diktatur“, in: Susanne Buckley-Zistel/Thomas Kater (Hrsg.), Nach Krieg, Gewalt und Repression. Vom schwierigen Umgang mit der Vergangenheit, Baden-Baden 2011, S. 131–149

48 Siehe die Gutachten für die Enquete-Kommission „Aufarbeitung der Geschichte und Bewältigung von Folgen der SED-Diktatur und des Übergangs in einen demokratischen Rechtsstaat im Land Brandenburg“ vom 7.6.2011 (Manfred Kruczek, Personalpolitik im öffentlichen Dienst des Landes Brandenburg seit 1990, speziell die Überprüfung auf Kooperation mit Nachrichtendiensten unter Berücksichtigung der Stadtverwaltung und Stadtverordnetenversammlung Potsdam), 19.8.2011 (Ehrhart Neubert/Mario Niemann/Christoph Wunnicke, Personelle Kontinuität und Elitenwandel in den Parteien Brandenburgs) und 11.7.2011 bzw. 29.3.2012 (Christian Catenhusen/Gisela Rüdiger, Personelle Kontinuität und Elitenwandel in Landtag, Landesregierung und -verwaltung des Landes Brandenburg). Früher dazu bereits: Helmut Müller-Enbergs, Die Vergangenheit holt die Zukunft ein. Die Brandenburger Bürgerbewegung und ihre Auseinandersetzung mit dem Erbe der Staatssicherheit, in: Ulrike Poppe/Rainer Eckert/Ilko-Sascha Kowalczuk (Hrsg.), Zwischen Selbstbehauptung und Anpassung, Formen des Widerstandes und der Opposition in der DDR, Berlin 1995, S. 377–402; ders., Das Schweigekartell. Die Aufarbeitung der SED-Diktatur, in: Uwe Rada (Hrsg.), Bürgerland Brandenburg. Demokratie und Demokratiebewegungen zwischen Elbe und Oder, herausgegeben von Kulturland Brandenburg, Leipzig 2009, S. 79–91.

49 Dazu Petra Haustein, Geschichte im Dissens. Die Auseinandersetzungen um die Gedenkstätte Sachsenhausen nach dem Ende der DDR, Leipzig 2006.

durch die Auseinandersetzung mit den Verbrechen des Stalinismus nicht relativiert werden und umgekehrt die stalinistischen Verbrechen durch den Hinweis auf die NS-Verbrechen nicht bagatellisiert werden dürften, die in der brandenburgischen Gedenkstättenarbeit aber auch darüber hinaus zum vielzitierten Mantra wurde.

Erst nach und nach ließen Forschung und Aufarbeitung die Menge der Opfer und das Ausmaß der Folgen kommunistischer Herrschaft zutage treten: angefangen von den Zehntausenden Toten der sowjetischen Speziallager und den Opfern des DDR-Grenzregimes über Hunderttausende politische Häftlinge und Heimkinder bis zu Millionen Flüchtlingen sowie Ausgereisten und den unzähligen Überwachungen und Bespitzelungen durch Polizei und Staatssicherheit. Viele der von Unrecht Betroffenen und deren Angehörigen hatten mit erheblichen physischen und psychischen Langzeitfolgen sowie beruflich-sozialer Schwächerstellung zu kämpfen, was für sie nicht selten materielle Nachteile in Lohn und Rente über 1990 hinaus bedeutete.[50] Die Fälle von Vertreibung, Enteignung und Verstaatlichung gingen ebenso in die Zehntausende wie Umweltverschmutzung und Staatsschulden riesige Ausmaße erreicht hatten. Zwölf Prozent des DDR-Territoriums waren militärische Sperrgebiete, davon unterhielten in Brandenburg allein die sowjetischen Streitkräfte 320 Liegenschaften für 200 000 Militärangehörige. Als diese schließlich 1994 endgültig abzogen, hatten die Brandenburger Regierung und Kommunen mit zurückgebliebenen devastierten und kontaminierten Landflächen, Ortschaften und Gebäudekomplexen umzugehen.[51]

Der zeitgenössische Umgang mit den Belastungen aus der Zeit der SED-Diktatur bildete ein besonderes Kapitel im Umgang mit dem DDR-Erbe. Besonders schwierig gestaltete er sich dort, wo es um eine frühere Tätigkeit als Inoffizieller Mitarbeiter des MfS ging. Seit Öffnung der Stasi-Akten war insbesondere die erste Hälfte der 1990er-Jahre angesichts des Bekanntwerdens eines gewaltigen Umfangs des Überwachungsapparates und seiner brutalen Arbeitsmethoden sowie ständig neuer Enthüllungen von IM-Tätigkeiten prominenter und weniger prominenter Personen der ostdeutschen Gesellschaft von regelmäßigen Schockwellen geprägt. Insbesondere wenn Verstrickung, Zuarbeit und Verrat aus Bereichen und Milieus vermeldet wurden, die als eher parteifern oder politisch-alternativ galten. Dies sorgte für eine Reihe von skandalisierenden Berichterstattungen in den Medien, wie beispielsweise im Fall des SPD-Spitzenpolitikers Ibrahim Böhme oder des Szene-Dichters

50 Vgl. Berliner Institut für Sozialforschung, Studie zu aktuellen Lebenslagen von Menschen aus dem Land Brandenburg, die in der SBZ/DDR politisch verfolgt wurden oder Unrecht erlitten und deren mitbetroffenen Familien, herausgegeben von der Beauftragten des Landes Brandenburg zur Aufarbeitung der Folgen der kommunistischen Diktatur, Berlin 2020.

51 Ilko-Sascha Kowalczuk/Stefan Wolle, Roter Stern über Deutschland: Sowjetische Truppen in der DDR 1945 bis 1994, Berlin 2001.

Anfang 1990 wurden im Schmachtenhagener Forst bei Oranienburg Massengräber mit Opfern des sowjetischen NKWD-Speziallagers Nr. 7 (Nr. 1) in Sachsenhausen entdeckt. Helfer des Mot.-Schützenregimentes Oranienburg legten am 30.3.1990 zahllose Skelette frei.
Bundesarchiv, Bild 183-1990-0330-029 / Fotograf: Bernd Settnik

Sascha Anderson. Der Komplex aus Verrat, Enttäuschung und Wut spaltete unzählige Betroffenengruppen in Brandenburg, zerstörte Freundschaften und entfremdete Gemeinschaften.

Dass die Bewertung von Schuld oder Unschuld zu heftigen Kontroversen führen konnte, zeigte ausgerechnet der „Fall Stolpe“. Auslöser waren die medialen Anschuldigungen Anfang der 1990er-Jahre gegenüber dem neuen brandenburgischen Ministerpräsidenten Manfred Stolpe, nicht nur Kontakte zum MfS unterhalten zu haben, sondern in seiner Zeit als Konsistorialpräsident der Ostregion der Evangelischen Kirche Berlin-Brandenburg auch als IM für die Stasi gearbeitet zu haben.[52] Die Frage, welche Maßstäbe anzulegen sind für die Beurteilung der früheren Kontakte und Beziehungen zum MfS, führte zur landespolitischen Zerreißprobe und zur Spaltung der brandenburgischen Öffentlichkeit, die über Jahre fortwährte.

Ein Nebeneffekt der öffentlich-medialen Fokussierung auf den MfS-Komplex war, dass hinter der Geheimdienstarbeit der übergeordnete SED-Machtapparat, seine Lenker und deren Verantwortung zeitweilig in den Hintergrund gerieten. Das langjährige Wirken eines SED-Bezirkssekretärs erschien bisweilen politisch-moralisch weniger belastend, als eine kurzzeitige IM-Tätigkeit. Auch in der historischen Forschung brauchte es lange, bis, sieht man einmal vom Politbüro und Zentralkomitee ab, die ehemalige Staatspartei zu einem Untersuchungsgegenstand wurde.[53]

Den Lasten und Leiden der Diktatur auf der einen Seite standen Wahrnehmungen und Empfindungen von Ostdeutschen auf der anderen gegenüber, die bestimmte „Errungenschaften“ aus der Zeit vor 1989 wie Arbeitsplatzsicherheit und Kinderbetreuung oder hohe Frauenerwerbsquote und das Recht auf Abtreibung positiv-fortschrittlich deuteten und die es ablehnten, ihr bisheriges Leben nur als fremdbestimmtes Dasein in einer Diktatur zu erinnern. Gerade ab Ende der 1990er-Jahre wuchs in der Bevölkerung, aber auch in Wissenschaft[54] und Medien die Beschäftigung mit

52 Jens Gieseke, “Different shades of gray”. Denunziations- und Informantenberichte als Quellen der Alltagsgeschichte des Kommunismus, in: Zeithistorische Forschungen 7 (2010) 2, S. 287–295.

53 Jens Gieseke/Hermann Wentker (Hrsg.), Die Geschichte der SED. Eine Bestandsaufnahme, Berlin 2011; Hans-Hermann Hertle/Gerd-Rüdiger Stephan (Hrsg.), Das Ende der SED. Die letzten Tage des Zentralkomitees, Berlin 2013; Andreas Malycha, Die SED in der Ära Honecker. Machtstrukturen, Entscheidungsmechanismen und Konfliktfelder in der Staatspartei 1971 bis 1989, Berlin 2014; Rüdiger Bergien, Im „Generalstab der Partei“. Organisationskultur und Herrschaftspraxis in der SED-Zentrale (1946–1989), Berlin 2017. Zu den wenigen Studien mit diesbezüglichem Brandenburg-Bezug gehören unter anderem: Andrea Bahr, Parteiherrschaft vor Ort. Die SED-Kreisleitung Brandenburg 1961–1989, Berlin 2016; Sabine Pannen, Wo ein Genosse ist, da ist die Partei!. Der innere Zerfall der SED-Parteibasis 1979–1989, Berlin 2018.

54 Thomas Lindenberger (Hrsg.), Herrschaft und Eigen-Sinn in der Diktatur. Studien zur Gesellschaftsgeschichte der DDR, Köln u. a. 1999.

Phänomenen des DDR-Alltags, der Kultur, des Sports oder auch des Soziallebens, verbunden mit der Frage nach den vergangenen Leistungen und Erfolgen sowie dem Aufkommen einer ersten (N)Ostalgiewelle.[55] Trabbi, FKK und Sandmännchen standen auf einmal scheinbar gleichberechtigt neben Stasi, Mauer und ABV. Im Rückblick irritiert dieses Nebeneinander. Doch es lässt sich nicht nur als konkurrierendes Ringen um Deutungshoheit interpretieren, sondern auch als Ausdruck ungleicher Alltagserinnerungen und Lebenserfahrungen quer durch die Bevölkerung und Jahrzehnte.

Zum Sammelband

„Transformation" beschreibt den ergebnis- und zeitoffenen Übergang von einer Gesellschaftsordnung zur nächsten bzw. von einem gesellschaftlichen Systemtyp zum folgenden.[56] Dabei vollzieht sich mitunter mehr Umformung als Neuformung bzw. ‚Neues' entsteht im ‚Alten'.[57] Es ist ein Prozess, der die Grundsatzfrage nach dem Wechselverhältnis von Kontinuität und Wandel im Angesicht gesellschaftspolitischer Großzäsuren und begrenzter Veränderung vor Ort aufwirft[58] sowie nach den Folgen für die „Transformationsbiografien" der betroffenen Menschen.[59]

Die Erforschung von Transformationsprozessen hat eine lange Geschichte. Doch erst mit dem Sturz der kommunistischen Regime 1989/91 erlebte dieser Zweig seine Konjunktur. Die politik- und sozialwissenschaftlich sowie soziologisch orientierte Wissenschaft hat sehr frühzeitig umfangreiche Untersuchungen zu Fragen von

55 Thomas Ahbe, Ostalgie. Zum Umgang mit der DDR-Vergangenheit in den 1990er Jahren, Erfurt 2005.

56 Raj Kollmorgen, Wende – Umbruch – Beitritt. Die ostdeutsche Transformation und ihre Verortung im postsozialistischen Raum, in: Thomas Großbölting/Raj Kollmorgen/Sascha Möbius/Rüdiger Schmidt (Hrsg.), Das Ende des Kommunismus. Die Überwindung der Diktaturen in Europa und ihre Folgen, Essen 2010, S. 151–175.

57 Everhard Holtmann, Signaturen des Übergangs, in: Aus Politik und Zeitgeschichte 28 (2009), S. 3–9; Rolf Reißig, Gesellschafts-Transformation. Eine theoretisch-konzeptionelle Fundierung, Erklärung und Deutung, in: Thomas/Busch (Hrsg.), Transformation im 21. Jahrhundert, S. 73–114, hier S. 75.

58 Hans-Jürgen Wagener, Transformation als historisches Phänomen, Frankfurt/O. 1996; Wolfgang Merkel, Systemtransformation. Eine Einführung in die Theorie und Empirie der Transformationsforschung, 2. Aufl., Wiesbaden 2010, S. 128 ff; Michael Thomas/Ulrich Busch (Hrsg.), Transformation im 21. Jahrhundert. Theorien-Geschichte-Fallstudien, Berlin 2015.

59 Gabriele Andretta/Martin Baethge, Zwischen zwei Welten: Berufliche Transformationsbiographien in den neuen Bundesländern, in: L. Clausen (Hrsg.), Gesellschaften im Umbruch: Verhandlungen des 27. Kongresses der Deutschen Gesellschaft für Soziologie in Halle an der Saale 1995, Frankfurt a. M. 1996, S. 706–721.

Umbruch und Transformation in Ostdeutschland und den Ländern des ehemaligen sowjetischen Machtbereichs durchgeführt.[60] In Frankfurt (Oder) wurde dafür eigens ein Institut für Transformationsforschung (F.I.T.) an der Europa-Universität Viadrina ins Leben gerufen. Historikerinnen und Historiker haben erst deutlich später die Zeit nach 1990 zu einem Forschungsgegenstand gemacht.[61] Vor allem seit Mitte der 2010er-Jahre, also eine Generation nach dem Ende der DDR, nimmt die Zahl derjenigen Studien, die aus historischer Perspektive auf die Transformationszeit blicken, stetig zu, was nicht zuletzt auch an den verbesserten Zugängen zu Archivquellen liegt. Etablierte Großprojekte wie die „Geschichte der langen ‚Wende'"[62], die Geschichte der Treuhandanstalt[63], Forschungsverbünde wie „Das mediale Erbe der DDR"[64], „Diktaturerfahrung und Transformation"[65] und „Das umstrittene Erbe von 1989"[66] oder auch das seit 2020 aufgelegte „Jahrbuch Deutsche Einheit"[67] und der Doppelband „(Ost)Deutschlands Weg 1989–2021. 80 Studien zur Lage des Landes"[68] stehen neben zahlreichen Einzelstudien stellvertretend für das stark angewachsene Forschungsinteresse.[69] Auch der Beschluss der Bundesregierung von 2022 zur

60 Dazu Marcus Böick, Die Erforschung der Transformation Ostdeutschlands seit 1989/90. Ansätze, Voraussetzungen, Wandel, in: Docupedia-Zeitgeschichte, 18.10.2022 http://docupedia.de/zg/Boeick_transformation_v1_de_2022 [13.8.2023].

61 Raj Kollmorgen, Zwischen „nachholender Modernisierung" und ostdeutschem „Avantgardismus". Ostdeutschland und deutsche Einheit im Diskurs der Sozialwissenschaften, in: ders./Frank Thomas Koch/Hans-Liudger Dienel (Hrsg.), Diskurse der deutschen Einheit. Kritik und Alternativen, Wiesbaden 2011, S. 27–65; Kerstin Brückweh, Das vereinte Deutschland als zeithistorischer Forschungsgegenstand, in: Aus Politik und Zeitgeschichte, 28/29 (2020), S. 4–10. Vgl. auch Marcus Böick, Die Erforschung der Transformation Ostdeutschlands seit 1989/90. Ansätze, Voraussetzungen, Wandel, Version: 1.0, in: Docupedia-Zeitgeschichte, 18.10.2022.

62 https://zzf-potsdam.de/de/forschung/linien/die-lange-geschichte-der-wende-lebenswelt-systemwechsel-ostdeutschland-vor-waehrend.

63 https://www.ifz-muenchen.de/aktuelles/themen/geschichte-der-treuhandanstalt; Dierk Hoffmann (Hrsg.), Transformation einer Volkswirtschaft. Neue Forschungen zur Geschichte der Treuhandanstalt, Berlin 2020; Andreas Malycha, Vom Hoffnungsträger zum Prügelknaben. Die Treuhandanstalt zwischen wirtschaftlichen Erwartungen und politischen Zwängen 1989–1994, Berlin 2022.

64 https://medienerbe-ddr.de/.

65 https://verbund-dut.de/.

66 https://www.erbe89.de/forschungsverbund/.

67 Marcus Böick/Constantin Goschler/Ralph Jessen (Hrsg.), Jahrbuch Deutsche Einheit, Berlin 2020 ff.

68 Ilko-Sascha Kowalczuk/Frank Ebert/Holger Kulick (Hrsg.), (Ost)Deutschlands Weg. 1989 bis 2021 – 80 Studien und Essays zur Lage des Landes, Berlin 2021.

69 Aus der Menge der Publikationen seien hier genannt: Thomas Großbölting/Christoph Lorke (Hrsg.), Deutschland seit 1990. Wege in die Vereinigungsgesellschaft, Stuttgart 2017; Marcus Böick, Die Treuhand. Idee – Praxis – Erfahrung 1990–1994, Göttingen 2018; Stefan Creuzberger/Fred Mrotzek/Mario Niemann (Hrsg.), Land im Umbruch. Mecklenburg-Vorpommern

Errichtung eines „Zukunftszentrums für Deutsche Einheit und Europäische Transformation", das in Halle (Saale) aufgebaut werden soll, spiegelt den diagnostizierten Bedarf an der Auseinandersetzung mit dahingehenden Fragestellungen wider.

Diesem in den letzten Jahren stetig vergrößerten Wissensbestand stehen regionale Wissensdefizite gegenüber, die es den Brandenburger Leserinnen und Lesern erschweren, allgemeine Befunde mit den lokalen Gegebenheiten abzugleichen und die Entwicklung vor Ort historisch einzubetten. So ist die jüngste Zeit- und Gegenwartsgeschichte des Landes Brandenburg in Bezug auf die Friedliche Revolution und die sich daran anschließende Transformationszeit der 1990er- und 2000er-Jahre längst nicht umfassend erforscht und dargestellt.[70]

Im Wintersemester 2020/21 hat das Haus der Brandenburgisch-Preußischen Geschichte (HBPG) in Kooperation mit der Universität Potsdam und dem Leibniz-Zentrum für Zeithistorische Forschung (ZZF) die Ringvorlesung „30 Jahre Brandenburg" durchgeführt. Die Veranstaltung fand in Ergänzung zur Sonderausstellung des HBPG „Mensch Brandenburg. 30 Jahre, 30 Orte, 30 Geschichten" statt, die Florentine Schmidtmann kuratierte. Sie berichtet in diesem Band über ihre Erfahrungen mit einer Ausstellung zur Transformationszeit in einem Interview mit Peter Ulrich Weiß. Die Ringvorlesung präsentierte eine breite Palette von Themen zu Umbruch und Transformation in Ostdeutschland und im Land Brandenburg, angefangen mit dem Wandel politischer Kultur und sozialer Ungleichheiten in der Bevölkerung, Rechtsextremismus und Rechtsrock über Umstrukturierungen der Medien- und Hochschullandschaft bis hin zum Wirken der Treuhand. Da die Resonanz auf die einzelnen Vorträge wie auch die Ringvorlesung als Ganzes positiv

nach dem Ende der DDR, Berlin 2018; Steffen Mau, Lütten Klein. Leben in der ostdeutschen Transformationsgesellschaft, Berlin 2019; Ilko-Sascha Kowalczuk, Die Übernahme. Wie Ostdeutschland Teil der Bundesrepublik wurde, München 2019; Marcus Böick/Kerstin Brückweh (Hrsg.), Weder Ost noch West. Ein Themenschwerpunkt über die schwierige Geschichte der Transformation Ostdeutschlands, in: Zeitgeschichte-online, März 2019, https://zeitgeschichte-online.de/themen/weder-ost-noch-west; Brückweh/Villinger/Zöller (Hrsg.), Die lange Geschichte der „Wende"; Thomas Großbölting, Wiedervereinigungsgesellschaft. Aufbruch und Entgrenzung in Deutschland seit 1990, Bonn 2020; Judith C. Enders/Raj Kollmorgen/Ilko-Sascha Kowalczuk (Hrsg.), Deutschland ist eins: vieles. Bilanz und Perspektiven von Vereinigung und Transformation, Frankfurt a. M. 2021; Ilko-Sascha Kowalczuk/Frank Ebert/Holger Kulick (Hrsg.), (Ost)Deutschlands Weg. 45 Studien & Essays zur Lage des Landes. Teil I – 1989 bis heute, Berlin/Bonn 2021; dies. (Hrsg.), (Ost)Deutschlands Weg. 35 weitere Studien, Prognosen & Interviews. Teil II – Gegenwart und Zukunft, Berlin/Bonn 2021; Detlev Brunner/Günther Heydemann, Die Einheit und die Folgen. Eine Geschichte Deutschlands seit 1990, Bonn 2021; Marcus Böick/Christoph Lorke, Zwischen Aufschwung und Anpassung. Eine kleine Geschichte des „Aufbau Ost", Bonn 2022; Clemens Villinger, Vom ungerechten Plan zum gerechten Markt? Konsum, soziale Ungleichheit und der Systemwechsel von 1989/90, Berlin 2022.

70 Zu den Ausnahmen gehören jüngst: Knoll, Die Treuhandanstalt in Brandenburg.

ausfiel und Bedarf an vertiefenden Studien zu diesem Zeitabschnitt der Geschichte Brandenburgs besteht, entstand die Idee, die Ergebnisse in einem Sammelband mit Lesebuchcharakter zu veröffentlichen und dafür weitere Beiträge anzufragen.

Im Sinne einer Zeitgeschichte als Problemgeschichte der Gegenwart widmen sich die Autorinnen und Autoren aus historischer Perspektive den Bereichen Politik, Wirtschaft, Gesellschaft, Kultur und Medien und ihrer Transformation nach 1989/90. Folgende Leitfragen dienten ihnen als Orientierung für ihre Beiträge:

1. Welche Veränderungen ergaben sich für die Menschen vor Ort und das Zusammenleben mit der Einführung von parlamentarischer Demokratie und sozialer Marktwirtschaft als neues politisches und wirtschaftliches Ordnungssystem?
2. Wie stellt sich in den einzelnen Untersuchungsfeldern das Spannungsverhältnis von Zäsur und Kontinuität in Bezug auf die Zeit vor und nach 1989 dar?
3. Welche Problemlagen und Belastungen verbinden sich mit der Überwindung der kommunistischen Herrschaft im Land Brandenburg und wie gestaltete sich der Umgang mit dem DDR- bzw. Diktaturerbe?

Jede Autorin und jeder Autor hat sich auf jeweils eigene Weise mit einer oder allen Fragestellungen auseinandergesetzt. Die Pluralität der Perspektiven ist gewollt und spiegelt die historische Komplexität wider, die die Transformationsprozesse auszeichnen. Ein Teil der Abhandlungen geht dabei auf laufende oder gerade abgeschlossene Forschungsprojekte zurück. Zum Transformationsbegriff bestanden dabei unterschiedliche Haltungen: Während die einen ihn bewusst nicht verwenden, nutzen ihn andere, um den Untersuchungszeitraum einzugrenzen oder die Art des Wandels zu umschreiben. Dabei konnten die Darlegungen und Argumentationen eher wissenschaftlich ausfallen oder mehr essayistisch entwickelt werden. Dies findet seinen Niederschlag in bisweilen unterschiedlicher Stilistik sowie in verschieden umfänglichen Anmerkungsapparaten. Auch die Entscheidung über die genderspezifische Schreibweise wurde jeder Autorin und jedem Autor überlassen.

Hinzuzufügen bleibt, dass eine Reihe wichtiger Themen keine Berücksichtigung finden konnte, sei es, weil es an Expertentum fehlte, sei es, weil angefragten Autorinnen und Autoren eine Mitarbeit nicht möglich war. Insofern verweist der Band auch auf mögliche Anschlussprojekte. Wünschenswert wären zum Beispiel Studien zum ländlichen Wandel, zur Migrationsentwicklung, zur Rolle des Militärs oder zur Baugeschichte. Der vorliegende Band versteht sich damit als Bündelung verschiedener Perspektiven auf die Transformationszeit in Brandenburg, die hoffentlich in den nächsten Jahren durch weitere Forschungen ergänzt werden.

Politischer Neuanfang und wirtschaftliche Herausforderungen

Ministerpräsident Manfred Stolpe an seinem Schreibtisch
in der Staatskanzlei des Landes Brandenburg in Potsdam, 27. Dezember 1993.
Märkische Allgemeine / Michael Hübner

JENS GIESEKE

Brandenburger Wege in die Demokratie

Politische Kultur in Ostdeutschland von 1980 bis 1990

Die Anfänge der 1990er-Jahre haben sich mittlerweile so weit entfernt, dass sich auch Historiker für ihre Betrachtung und Interpretation zuständig fühlen. Am Leibniz-Zentrum für Zeithistorische Forschung Potsdam geschieht dies seit einigen Jahren unter dem Label und methodischen Zugriff einer „Langen Geschichte der ‚Wende'". Wissenschaftler blicken gezielt nicht nur darauf, was seit 1989/90 passiert ist, sondern setzen es in Beziehung zur Phase davor.[1] Dies wird bewusst getan, um sich der Neigung zu widersetzen, 1989/90 nur als fundamentalen Bruch, als völligen Neuanfang zu sehen. Da setzt die folgende Analyse an, in der ich versuche, die „Vorgeschichte des Postkommunismus" zu betrachten, also die Verhältnisse der späten DDR und deren Bedeutung für die Art und Weise, in der Politik und Demokratie in den 1990er-Jahren in Ostdeutschland und in Brandenburg im Allgemeinen gemacht und gesehen wurden. Ein genauerer Blick unter die Oberfläche des politischen Lebens in der späten DDR gibt dabei vielfältige Hinweise auf Verhaltensweisen und Haltungen zum „Politischen", die ab dem Herbst 1989 zunächst eruptiv hervorkamen und sich dann prägend auf den Aufbau des demokratischen Gemeinwesens auswirkten – in Brandenburg, in Ostdeutschland insgesamt und im weiteren Sinne auch in der gesamten Welt des postkommunistischen Ost- und Ostmitteleuropas.

Ausgangs- und Kontrapunkt dafür ist die bekannte Formulierung des wohl westdeutschesten aller westdeutschen Intellektuellen, Jürgen Habermas, der bereits im März 1990 von einer „nachholenden Revolution" sprach: „Nachholen will man, was den westlichen Teil Deutschland vom östlichen vier Jahrzehnte getrennt hat – die politisch glücklichere und ökonomisch erfolgreichere Entwicklung", begleitet vom „eigentümlichen Zug", „den fast vollständigen Mangel an innovativen, zukunftsweisenden Ideen."[2] Damit verbunden ist die Vorstellung, dass die DDR-Gesellschaft mit

1 Vgl. Kerstin Brückweh/Clemens Villinger/Kathrin Zöller (Hrsg.), Die lange Geschichte der „Wende". Geschichtswissenschaft im Dialog, Berlin 2020.

2 Jürgen Habermas, Die nachholende Revolution, Kleine Politische Schriften, Bd. VII, Frankfurt a. M. 1990, S. 181.

Revolution und Beitritt zum liberaldemokratischen Nachbarland damit den vielbeschworenen „Langen Weg nach Westen“[3] – eben „nachholend“ – abschloss.

Dreißig Jahre und diverse Krisen später lohnt ein frischer Blick auf diese Gedankenfigur. Denn sie ist nicht grundsätzlich falsch, aber eben doch nur die halbe Wahrheit. Notwendig ist ein Rückblick auf die Voraussetzungen, die die vormaligen DDR-Bewohner in den frühen 1990er-Jahren dafür mitbrachten, und die – so die hier verfolgte Ausgangsthese – ausgesprochen bedeutsam dafür waren, wie dieser Prozess ablief: scheinbar nachholend und insofern mit einer gewissen Zwangsläufigkeit.

Dies soll, bevor einige Bemerkungen zur Situation der frühen 1990er-Jahre erfolgen, anhand von vier Problemstellungen beleuchtet werden:

1. Die Bedeutung von Wahlen und Demokratisierung vor und nach 1989,
2. das Schicksal und der Verbleib älterer politisch-sozialer Traditionsmilieus, die, wie in der zeitgenössischen Bundesrepublik, für Parteibindungen sorgten,
3. der Umgang mit dem höchst ambivalenten Erfahrungsschatz aus dem restriktiven Politikbetrieb der DDR und
4. die damit zusammenhängende Frage, in welchem Maße und auf welche Weise sich eine Repolitisierung in der DDR-Gesellschaft der achtziger Jahre vollzog.

Ziel ist es, die schwer greifbare „politische Kultur“ der DDR und ihr Erbe fassbarer zu machen, wobei unter politische Kultur nicht die Kultur des offiziellen politischen Systems verstanden wird, sondern die Summe der persönlichen Erfahrungen im politischen Alltag, die sich als eine bestimmte Haltung zum „Politischen“ in den späten Jahren der SED-Diktatur und im revolutionären Umbruch manifestierte.[4]

Freie Wahlen als Befreiungstheorem: Vom „imaginary West“ zur ostdeutschen Praxis

Zunächst zu einer scheinbaren Selbstverständlichkeit der Situation 1989/90, nämlich dem Ziel der „Freien Wahlen“. Bereits am Morgen des 17. Juni 1953 forderten bekanntlich die streikenden Arbeiter „Freie Wahlen“.[5] In dieser frühen Phase war

3 Heinrich August Winkler, Der lange Weg nach Westen. Deutsche Geschichte vom Dritten Reich bis zur Wiedervereinigung, Deutsche Geschichte, Bd. 2, München 2000.

4 Zum weiteren Kontext vgl. meine Überlegungen zur DDR und Ostdeutschland in Frank Bösch/Jens Gieseke, Der Wandel des Politischen in Ost und West, in: Frank Bösch (Hrsg.): Geteilte Geschichte. Ost- und Westdeutschland 1970–2000, Göttingen 2015, S. 39–78.

5 Ministerium für Staatssicherheit (MfS), [ohne Datum], Bericht über die Ereignisse in Berlin und in der Republik am 17. Juni 1953 bis 19.30 Uhr [Meldung Nr. 1/53], Bundesarchiv [BArch], Ministerium für Staatssicherheit [MfS], Sekretariat des Ministers [SdM] 249, Bl. 267–281. Siehe die weiteren Berichte im Juni und Juli 1953 auf www.ddr-im-blick.de.

zudem diese Forderung immer auch gedacht als „gesamtdeutsche Wahlen“. Diese Idee einer freien, das heißt konkurrenzbasierten und geheimen Wahl zieht sich durch die gesamte DDR-Geschichte. Bei jeder Wahl in Westdeutschland, und auch bei jeder Volkskammer- oder Kommunalwahl in der DDR taucht dieser Topos in Äußerungen aus der Bevölkerung wieder auf – nicht mehr dominant als Massenforderung wie im Juniaufstand, aber doch als vernehmliche und zuverlässig jedes Mal auftretende Stimme. Als ein Beispiel soll hier ein Bericht der Staatssicherheit aus dem Vorfeld der Volkskammerwahlen im Juni 1981 dienen. Darin notierten die Auswerter:

„Die Unterschätzung der Bedeutung der Wahl durch eine Anzahl von Bürgern kommt in solchen Meinungsäußerungen zum Ausdruck, wonach

- die Wahlen nichts verändern würden, da das Ergebnis – unabhängig von der Wahlbeteiligung – bereits feststehe,
- der demokratische Charakter und das Prinzip der Freiwilligkeit nicht gewährleistet seien (Fehlen verschiedener Parteien und entsprechender Kandidaten; indirekter Zwang zur Wahlbeteiligung),
- nur mit einer ‚Parteienwahl‘ ein echtes Spiegelbild der ‚Meinung des Volkes‘ gewährleistet wäre.“[6]

Wahlen als Hochmessen der Demokratie waren durch Radio und Fernsehen der Bundesrepublik medial stets präsent, aber auch in der propagandistischen Berichterstattung der DDR-Medien, die den eigenen Wahlakten nicht weniger Aufmerksamkeit zukommen ließen.[7] Bei diesem intensiven Interesse am westdeutschen Geschehen ist allerdings nicht zu übersehen, dass sich damit eine Eigendynamik verband, die sich mit einem Begriff des Anthropologen Alexej Yurchak als „Imaginary West“ bezeichnen lässt.[8] Die westdeutsche Demokratie war nicht einfach nur „an sich“ präsent in der DDR, sondern entwickelte ein Eigenleben in der ostdeutschen Vorstellungswelt, das einerseits auf dem Input westlicher Fernseh- und Rundfunksendungen, ggf. auch der ablehnenden DDR-Berichterstattung, basierte, das sich andererseits an den spezifischen Interessen und Sichtweisen der DDR-Bürger ausformte.

6 MfS, Zentrale Auswertungs- und Informationsgruppe (ZAIG): Erste Hinweise zur Reaktion der Bevölkerung der DDR in Vorbereitung auf die Wahlen zur Volkskammer, zur Stadtverordnetenversammlung der Hauptstadt der DDR und zu den Bezirkstagen am 14. Juni 1981, 1.6.1981; BArch, MfS, Zentrale Auswertungs- und Informationsgruppe [ZAIG] 4161, Bl. 2–8, Zitat Bl. 5.

7 Zu Wahlen in nichtdemokratischen Gesellschaften vgl. Ralph Jessen/Hedwig Richter (Hrsg.), Voting for Hitler and Stalin. Elections under 20th Century Dictatorships, Frankfurt a. M. 2011.

8 Alexey Yurchak, Everything Was Forever, Until It Was No More. The Last Soviet Generation, Princeton 2005, S. 158–206.

Die Hauptfunktion der Forderung nach „Freien Wahlen" lag in der Negation der bestehenden DDR-Verhältnisse: „Freie Wahlen" galten als der entscheidende Hebel, das politische Monopol der SED und die sowjetische Hegemonie loszuwerden. Es sind in den zeitgenössischen Berichterstattungskanälen über die politischen Haltungen der DDR-Bevölkerung in den 37 Jahren seit 1953 nur sehr wenige Äußerungen zu finden, was das Ergebnis von freien Wahlen in einem Konkurrenzsystem sein würde, welche Parteien und welche weltanschaulichen Kräfte aus einer solchen Wahl siegreich hervorgehen würden. Die Aussicht auf den Akt der politischen Selbstbestimmung selbst überstrahlte also das Vakuum zur berühmten Sonntagsfrage: „Welche Partei würden Sie wählen, wenn am nächsten Sonntag Wahlen wären …". Genau diese Frage konnte unter DDR-Bedingungen nicht wirklich diskutiert werden, denn es fehlte dafür an zwei wesentlichen Komponenten: einer Wahldemoskopie, die ihre Ergebnisse öffentlich zur Diskussion und Reflexion stellte, und an einem öffentlichen Raum, in dem Politiker, Journalisten oder auch einfache Bürger die Politikangebote diskutieren und ihre Wahlentscheidungen im Diskurs fällen konnten. Entsprechend überraschend und unwägbar fielen dann die ersten Umfragen ab November 1989 und Wahlergebnisse 1990 aus.[9]

Zum anderen gab es immer einen spezifisch ostdeutschen Blick auf die Wahlen im Westen. Die Begleitmusik der Wahlkämpfe und die Instrumentalisierung politischer Vorhaben zum Zwecke des Wahlgewinns trafen durchaus auf eine gewisse Skepsis, an die die SED in ihrer eigenen Medienwelt anzuknüpfen versuchte. Die DDR-Bürger waren also – alles in allem – mit hoher Kontinuität an dieser Dimension des politischen Lebens der Bundesrepublik beteiligt, allerdings nur als Zaungäste, nicht als aktive Teilhaber der „Diskussionslust", wie die Historikerin Nina Verheyen diese Atmosphäre so treffend genannt hat.[10]

Zu dieser erzwungenen Passivität gehörte – ausweislich etwa der Stasi-Berichte über die sogenannten „Reaktionen der Bevölkerung" – eine starke Aufmerksamkeit für handlungsmächtige Akteure in der westdeutschen Politik, die sich für das Schicksal der DDR-Bürger erkennbar interessierten und die für handgreifliche Verbesserungen ihrer Situation einstanden. Diese war weitgehend unabhängig von parteipolitischer Zugehörigkeit. Sie kulminierte in einer starken Präferenz für Willy Brandt, der 1972 laut einem denkwürdigen MfS-Bericht in der DDR-Bevölkerung als „großer Arbeiterführer und Staatsmann" bezeichnet wurde. Aber auch Konrad Adenauer in der zweiten Hälfte der 1950er-Jahren genoss ähnliches Ansehen.

9 Peter Förster/Günter Roski, DDR zwischen Wende und Wahl. Meinungsforscher analysieren den Umbruch, Berlin 1990.

10 Nina Verheyen, Diskussionslust. Eine Kulturgeschichte des „besseren Arguments" in Westdeutschland, Kritische Studien zur Geschichtswissenschaft, Bd. 193, Göttingen 2010.

Helmut Kohl wurde 1983 zunächst skeptisch betrachtet, gewann dann aber ebenfalls Reputation, nachdem er klargestellt hatte, dass er die dialogorientierte Deutschlandpolitik der sozialliberalen Koalition in den Grundzügen fortsetzen würde und zudem – zumindest rhetorisch – die nationale Karte auch bewusst spielte.[11] Das Ergebnis dieser Präferenz bei den Volkskammerwahlen 1990 ist bekannt. Ebenso erklärt sie die bekannten Erfolge von Politikerfiguren wie Manfred Stolpe oder Kurt Biedenkopf kurze Zeit später.

Was wurde aus den traditionellen weltanschaulichen Sozialmilieus?

Ein zentraler Punkt jeder Demokratiegeschichte ist die Frage nach den sozialen Milieus, die die gesellschaftliche Grundlage für politisch-weltanschauliche Strömungen und damit auch Parteien bildeten. Diese Dimension verlor unter den Bedingungen der SED-Diktatur bis in die 1970er-Jahre hinein jedoch weitgehend den gesellschaftlichen „Unterbau".

Wie die Auswertung von Quellen aus dem Inneren der DDR-Gesellschaft zeigt, gab es seit spätestens den 1970er-Jahren kaum noch Spuren von parteipolitischen Traditionsmilieus. Besonders markant ist das für die sozialdemokratisch orientierte Arbeiterschaft. Letzte Spuren des „Sozialdemokratismus", wie die SED ihn nannte und fürchtete, finden sich noch bis in die 1960er-Jahre hinein in den Reihen der SED-Mitglieder und vor allem in der betrieblichen Gewerkschaftsarbeit.[12] Etwas zugespitzt kann man sagen, dass das Schrumpfen der Sozialdemokratie in der postindustriellen Welt hier vorweggenommen wurde, obwohl es weiterhin eine personalstarke klassische Industriearbeiterschaft in der DDR gab. Ähnliches lässt sich auch für klassische liberale oder konfessionell-politische Milieus sagen, die für die Parteiengeschichte der Bundesrepublik Bedeutung hatten. Für Brandenburg schließlich ist hinzuzufügen, dass auch der traditionell starke Gutsbesitzeradel von vor 1945, also die sprichwörtlichen nationalkonservativen „Junker", keine

11 Für diese summarischen Eindrücke vgl. die MfS-Berichterstattung, dokumentiert in: Daniela Münkel, Bundesbeauftragte für die Stasi-Unterlagen (Hrsg.), Die DDR im Blick der Stasi. Die geheimen Berichte an die SED-Führung, Göttingen 2011, https://www.ddr-im-blick.de/. Auf detaillierte Einzelnachweise muss hier aus Umfangsgründen verzichtet werden.

12 Christoph Kleßmann, Arbeiter im „Arbeiterstaat" DDR. Deutsche Traditionen, sowjetisches Modell, westdeutsches Magnetfeld (1945–1971), Geschichte der Arbeiter und der Arbeiterbewegung in Deutschland seit dem Ende des 18. Jahrhunderts, Bd. 14, Bonn 2007; Peter Hübner, Arbeit, Arbeiter und Technik in der DDR (1971–1989). Zwischen Fordismus und digitaler Revolution, Geschichte der Arbeiter und der Arbeiterbewegung in Deutschland seit dem Ende des 18. Jahrhunderts, Band 15, Bonn 2014.

erkennbare Rolle mehr spielte, auch wenn einige von ihnen die Verbindung zu „ihrem" Dorf hielten und ab 1990 dorthin zurückkehrten und als moderne Agrarunternehmer (und gelegentlich auch als neu-alte Herren im Dorf) agierten.[13]

Die Formierung parteipolitisch gebundener Milieus ab 1989 geschah also anhand anderer, neuer Kriterien. Was im Westen als langsame, aber stetige Schwächung solcher Bindungen auftrat, äußerte sich hier in durchweg geringen Bindungskräften, was man etwa an den Mitgliederzahlen aller politischen Parteien in den postkommunistischen Gesellschaften ablesen kann. Dieser Wandel strahlte mittelfristig auch in die westdeutsche Gesellschaft zurück, in Bezug auf gesamtdeutsche Wahlergebnisse, aber auch auf die Strategien der Wählergewinnung und -mobilisierung in den Parteizentralen. Die insbesondere auf kommunaler Ebene auch im Westen stärkere Tendenz zu Freien Wählergruppen und personenzentrierten Wahlentscheidungen setzte sich hier fort. Sie lässt sich bis heute als Muster im ostdeutschen Wahlverhalten bei Landes- und Bundeswahlen erkennen. An die Stelle einer relativ festen Parteibindung tritt hier ein höheres Maß an taktischem Wahlverhalten, wenn etwa Wählerinnen und Wähler der jeweils absehbar stärksten Partei des demokratischen Spektrums ihre Stimme geben, um zu verhindern, dass die AfD zur stärksten Kraft oder gar Regierungspartei werden würde. Dies führte bei den Wahlen der letzten Jahre zu starken Wählerbewegungen zugunsten der SPD (Mecklenburg-Vorpommern, Brandenburg), der CDU (Sachsen, Sachsen-Anhalt) und der Linkspartei (Thüringen).

Effekte des kommunistischen Politikmodus

Das Verschwinden traditioneller Politikmilieus war eine Folge des kommunistischen Politikmodus insgesamt, der den Anspruch auf „richtige" politische Entscheidungen in der Hand der SED monopolisiert hatte. Damit einher ging die Vorstellung, dass das Volk an der Gestaltung des Gemeinwesens nach eben diesen Regeln „mitwirkte", aber nicht im umfassenden Sinn partizipierte.

Dieser Politikmodus hatte mehrere Effekte: Zum einen bedeutete er, dass er relativ unabhängig davon funktionierte, wie stark oder weniger stark die tatsächliche Zustimmung zur konkreten Politik war. Dies gilt selbst für die 1970er-Jahre, in denen etwa die Aufstiegsmöglichkeiten, das Wohnungsbauprogramm oder die Frauenerwerbstätigkeit durchaus auch Sympathien fanden. Aber auf die Frage, ob sich für die Politik der SED eine Mehrheit in der Bevölkerung fand oder nicht, kam es in der diktatorischen verfassten Ordnung nicht an – jedenfalls solange die Ordnung

13 Vgl. Ines Langelüddecke, Alter Adel – neues Land. Die Erben der Gutsbesitzer und ihre umstrittene Rückkehr ins postsozialistische Brandenburg, Göttingen 2020.

nicht durch Erosion der Machtstruktur gefährdet war. Das prägende Element war vielmehr die Beseitigung jeglichen Handlungsrahmens für unabhängige Partizipation und die damit verbundene nahezu vollständige Ritualisierung jeder Form von öffentlicher Politik, mit der gleichzeitig eine tiefgreifende Depolitisierung verbunden war, verstanden als Rückzug aus den „großen Fragen" der Politik.

Dies führte zu einer scheinbar paradoxen Dynamik im Politikverständnis der DDR-Bewohner. Das westdeutsche Meinungsforschungsinstitut Infratest kam in seinen Stellvertreterbefragungen, in denen westdeutsche DDR-Besucher zu den Ansichten ihrer ostdeutschen Gastgeber (der sogenannten Person X) befragt wurden, in den frühen 1970er-Jahren zu dem überraschenden Befund, dass DDR-Bürger das Leben in der DDR als weitaus „politischer" verstanden als das in der Bundesrepublik, weil die Verpflichtung zur Teilnahme am rituellen Politikleben viel stärker war als die Freiheit im Westen, sich von Politik fernzuhalten und ein angenehmes privates Leben zu führen.

Dieser an sich relativ stabile Zustand geriet dann seit der zweiten Hälfte der 1970er-Jahre ins Rutschen. Die rituelle Politik der DDR wurde zunehmend nur noch als lästige Pflicht begriffen, während die Zahl derjenigen zunahm, die die Bundesrepublik als politisch-partizipative Gesellschaft wahrnahmen. Dies galt von der Tendenz her auch für jene Teile der DDR-Bevölkerung, die als eher parteiloyal eingestuft wurden. Ende der 1980er-Jahre galt die Bundesrepublik schließlich als die „politischere" der beiden deutschen Gesellschaften.

Übersicht: Infratest – Haltungen zum ‚Politischen'.
„Rege Anteilnahme am politischen Leben ist nach Ansicht der Person X eher gegeben in der DDR/der BRD (in Prozent)[14]

	1973/74	1978	1983	1988	1989
DDR	73	44	44	35	30
Bundesrepublik	10	28	29	37	42

14 Zusammengestellt aus den jeweiligen Jahrgängen des Befragungsprogramms Infratest München: Einstellungen und Verhaltensweisen der Bevölkerung in der DDR 1968–1989, unveröffentlichtes Material, Institutsarchiv Infratest. Fehlende Prozente zu 100 %: kein Unterschied zwischen DDR und BRD. Zum weiteren Kontext vgl. Jens Gieseke, Auf der Suche nach der schweigenden Mehrheit Ost. Die geheimen Infratest-Stellvertreterbefragungen und die DDR-Gesellschaft 1968–1989, in: Zeithistorische Forschungen/Studies in Contemporary History, Online-Ausgabe, 12 (2015) H. 1, S. 66–97; https://zeithistorische-forschungen.de/1-2015/5182, DOI: https://doi.org/10.14765/zzf.dok-1460.

Zugleich war die offizielle Politikwelt der DDR wohl zu keinem Zeitpunkt so entpolitisiert wie in genau dieser Zeit, jedenfalls dann, wenn man Politik als Prozess versteht, in dem die Chance besteht, selbstbestimmt Einfluss auf die Gestaltung des Gemeinwesens zu nehmen.

Die DDR-Bewohner hatten vielmehr schon seit den 1970er-Jahren einen eigenen Stil der Regelung aller praktischen Aushandlungsfragen kultiviert, der auf der Ebene informeller Kommunikation in Netzwerken und im persönlichen Umfeld angesiedelt war. Dort gab es am ehesten Handlungsräume, um etwas zu erreichen, was wiederum dazu führte, sich auf lokale oder ganz persönliche Problemlösungen zu konzentrieren. Berichte aus dieser Zeit sind voll von den bekannten Fällen, dass DDR-Bürger nur dann zur Wahl gehen würden, wenn ihre Heizung endlich repariert werden würde oder sie eine neue Wohnung bekämen. Diese Konzentration auf den Nahraum und die informelle Regelung prägte das „angewandte" Politikverständnis der DDR-Bürger tiefgreifend.

Indizien der Repolitisierung in den 1980er-Jahren

Anders als etwa im Polen der 1980er-Jahre erscheinen die politischen Verhältnisse in der späten DDR als völlig erstarrt. Die geballte Staatsmacht war darauf ausgerichtet, unabhängige Partizipation zu verhindern. Der genauere Blick lässt aber verschiedene Indikatoren eines Prozesses erkennen, der als Repolitisierung bezeichnet werden kann. Dabei geht es nicht in erster Linie um die bekannten Oppositionellen, deren Zahl relativ klein war und deren Verankerung in der breiten Bevölkerung eher schwach ausgeprägt war. Aber auch der breite Blick lässt Indizien einer Repolitisierung erkennen:

Zunächst ist schon seit Anfang der 1980er-Jahre eine höhere Bereitschaft zu erkennen, politisch Position zu beziehen. So kam es etwa im Zuge der Stationierung neuer Atomwaffen in Europa durch die USA und der Gegenstationierung der Sowjetunion erstmals wieder zu einer Welle von über 400 – wie das MfS sie nannte – „pseudopazifistischen" und „neutralistischen" Eingaben, darunter über hundert Unterschriftensammlungen mit rund 4000 Beteiligten. Die Initiatoren hätten diese Formen selbst als „gewaltfreien Widerstand" definiert, also eine Politikform, die gerade im Westen im Zusammenhang mit den „neuen sozialen Bewegungen", also der Friedensbewegung, praktiziert wurde. Dies geschah allerdings interessanterweise geradezu „knospend" aus den Formen der ritualisierten Politik, nämlich als Eingaben an den Staatsratsvorsitzenden Erich Honecker.[15]

15 Zitate aus dem Bericht des MfS, ZAIG: Weitere Hinweise zur Reaktion der Bevölkerung der DDR auf die Gegenmaßnahmen der Staaten des Warschauer Vertrages und in diesem Zusam-

Weniger sichtbar, aber durchaus bedeutsam für die schleichende Belebung des politischen Raums war zudem die Ausbreitung von Ansätzen zu neuen Organisationsformen von unten. Das konnte die Naturschutzarbeit in der Gesellschaft für Natur und Umwelt (GNU) unter dem Dach des Kulturbundes sein oder die Anwohnerinitiative zur Rettung von Altbauten. Typisch ist, dass dabei staatliche Organisationen mit neuem Leben gefüllt wurden und es gleichzeitig zu personellen Überschneidungen mit Gruppen unter dem Dach der Kirche kam.

Vor allem aber stehen diese „kleinen" Formen unterhalb echter Dissidenz für die Rückgewinnung von „Agency", also der Erprobung von Handlungsmacht. Diese neue politische Kultur erwies sich 1989 als wirksam und danach als prägend für die Art und Weise, wie in Ostdeutschland Politik gemacht wurde und wird.

Dies führt auch noch einmal zur Rolle der Kirchen, vor allem der evangelischen Kirchen, zurück. Ihre Bedeutung lag, das wird bei dem Blick auf die politischen Akteure ab 1989 besonders deutlich, nicht darin, immer noch oder wieder ein homogenes politisch-konfessionelles Milieu zu formen. (Für den Katholizismus ist das anders, aber der spielt in Brandenburg nur eine begrenzte Rolle.[16]) Auffällig ist vielmehr, dass sich in den 1980er-Jahren dort Akteure sammelten, die damals latent und später akut in unterschiedlichste politische und weltanschauliche Richtungen strebten, von klassischen Block-CDU-Mitgliedern über die Vertreter der Amtskirche bis hin zu mehr oder weniger religiös inspirierten Pfarrern und Basisgemeindemitgliedern, die auch Beziehungen zur organisierten Opposition unterhielten.

Ein ähnliches Vermischen der Trennlinien zwischen staatlichen Institutionen und einem unabhängigen Kreativgeist jenseits politscher Vorgaben lässt sich spätestens seit der Auflösung einer erkennbaren kulturpolitischen Linie nach der Biermann-Ausbürgerung 1976 auf dem Feld von Theater, avantgardistischen Performances und anderen Kunstformen erkennen. Padraic Kenney hat diese Aktionsformen – vorwiegend für Polen – als „Anti-Politik" charakterisiert, also eine Handlungsweise, die die politischen Vorgaben der Diktatur nicht mehr zum Maßstab und Gegenstand der Aktivitäten machte, und anders als die klassische Opposition nicht mal in der Gegnerschaft zu ihnen.[17]

Diese sich repolitisierende Szene war wichtig für die Einübung partizipativer und zivilgesellschaftlicher Politikformen, die sich dann wiederum an den Runden

menhang getroffene Aussagen auf der 7. Tagung des ZK der SED sowie auf damit im Zusammenhang stehende Eingaben, Petitionen u. ä. Schreiben, 10.1.1984, BArch, MfS, ZAIG 4172, Bl. 9–19, hier 14.

16 Vgl. Christian Stöber, Rosenkranzkommunismus. Die SED-Diktatur und das katholische Milieu im Eichsfeld 1945–1989, Berlin 2020; Bernd Schäfer, Staat und katholische Kirche in der DDR, Köln 1998.

17 Padraic Kenney, A Carnival of Revolution. Central Europe 1989, Princeton 2002.

Tischen des Herbstes 1989 und im Parlamentsbetrieb der 1990er-Jahren materialisierten. Eine Voraussetzung dafür war die eben schon angesprochene schwindende Durchgriffskraft der SED in die Gesellschaft und in ihrem eigenen Milieu. Die angesprochene Ritualisierung öffnete zugleich einen Raum für das Eindringen fremder Politik- und Lebensentwürfe, die etwa in privaten Lese- und Diskussionsrunden debattiert wurden.

Man wird genauer untersuchen müssen, wie breit und tief diese Trends tatsächlich wirkten. Es lag noch bis in den Sommer 1989 hinein außerhalb jeder Vorstellungskraft, als aktiver Teilnehmer solcher Kreise ein Jahr später wählen zu können oder selbst in politische Verantwortung gewählt zu werden. Aber es bildete sich eine Art protopolitische Schicht heraus, die durch die Restriktionen des SED-Systems geprägt war und doch über sie hinauswies. Für diese Schicht spielte auf vielfältige Weise der Blick nach Westen ebenso eine Rolle wie die Prägung durch die eigene Erfahrungswelt und die damit verknüpften Interessen und Bedürfnisse.

Die Formierung der Politik in Brandenburg in der ersten Hälfte der 1990er-Jahre

Als 1989 die Betondecke der SED-Politik aufbrach, ergab sich zunächst eine hochgradig unübersichtliche Situation, in der sich die politische Willensbildung sowohl in Hinblick auf die Verfahren als auch die programmatischen Angebote nach und nach neu formierte und zwar – zumindest äußerlich und insofern tatsächlich „nachholend" – hauptsächlich entlang der Linien des Parteienspektrums der Bundesrepublik. Dieser Prozess bildete sich auf verschiedenen Ebenen ab: in den Wahlergebnissen, der Herausbildung einer neuen Szenerie von politisch Aktiven und der Ausprägung politischer Konzepte und Selbstdeutungen, von denen eines der „Brandenburger Weg" war.

Mit der Volkskammerwahl vom 18. März 1990 löste sich das bereits angesprochene Rätsel, für welche Parteien sich die DDR-Bürger im Falle einer freien Wahl entscheiden würden. Das Ergebnis war eine doppelte Überraschung. Die CDU siegte entgegen zahlreicher Prognosen, die davon ausgingen, dass sich bei den DDR-Bürgern, und zwar insbesondere in den mitteldeutschen Urlanden der Arbeiterbewegung, ein sozialdemokratischer Milieukern bewahrt hätte. Dem war bekanntlich nicht so. Die Überraschung in der Überraschung lag darin, dass in dem Gebiet des späteren Landes Brandenburg, genauer gesagt in den Bezirken Potsdam und Frankfurt (Oder) ein sehr viel stärkeres Ergebnis für die SPD zustande kam. Es gibt bis heute keine tragfähige Erklärung für diese Abweichung vom ansonsten relativ

Übersicht: Ergebnisse der Volkskammerwahl am 18.3.1990; DDR gesamt sowie Bezirke Cottbus, Frankfurt (Oder), Potsdam (in Prozent).[18]

Wahlergebnis 18.3.1990	**DDR**	**Cottbus**	**Frankfurt**	**Potsdam**
CDU	40,8	42,8	27,8	31,2
DSU	6,3	4,8	3,5	2,9
DBD	2,2	3,4	2,9	2,2
DA	0,9	0,8	0,7	0,8
SPD	21,9	19,3	31,9	34,4
PDS	16,4	17,9	22,1	16,6
Liberale	5,3	5,2	4,2	4,9
Bündnis 90	2,9	2,7	3,2	3,8
Grüne Partei – UFV	2,0	2,0	2,2	2,1
Sonstige	0,9	0,9	1,1	0,6
Gesamt	100	100	100	100

gleichmäßigen republikweiten Trend. Manfred Stolpe, der später beliebte sozialdemokratische Landesvater, war zum Zeitpunkt der Wahl nicht mal in die SPD eingetreten, geschweige denn ein sichtbarer Kandidat. Die SPD präsentierte sich in ihrem gesamtdeutschen Erscheinungsbild höchst widersprüchlich: Die frisch gegründete SDP zählte zu den neuen Organisationen, die sich aus der kirchlich geprägten Szene der Bürgerrechtler gebildet hatte; die westdeutsche SPD unter Oskar Lafontaine ging auf Distanz zum Regierungskurs einer schnellen Einheit. Es ist also fraglich, ob tatsächlich das programmatische Politikangebot der Sozialdemokratie hier besondere Anziehungskraft entwickelte. Möglicherweise war es auch die Nähe zum sozialdemokratisch regierten Westberlin oder die Strahlkraft von Willy Brandt, die hier ihre Wirkung entfalteten. Alle diese Überlegungen haben eine gewisse Plausibilität, doch fehlt es bislang an empirischer Evidenz.

18 Wahlkommission der DDR, Amtliches Endergebnis der Wahlen zur 10. Volkskammer am 18. März 1990, https://www.wahlrecht.de/ergebnisse/volkskammerwahl-1990.htm.

Entstehung einer neuen politischen Klasse

Wie stand es mit dem politischen Personal, dass seit 1990 die Landesregierung und das Landesparlament prägten? Die Topfiguren sind gut bekannt, allen voran Manfred Stolpe und Regine Hildebrandt, später auch Matthias Platzeck. Sie standen – mit verteilten Rollen – für die verschiedenen Dimensionen des skizzierten Politikverständnisses vor 1989: Der „starke" Landesvater und erfahrene Kompromissmanager Manfred Stolpe, der sich als Konsistorialpräsident viele Jahre lang warmgelaufen hatte für eine solche Führungsaufgabe; die zupackende, immer auf praktische Lösungen und soziale Nöte schauende „Mutter Courage" Regine Hildebrandt, zu DDR-Zeiten Naturwissenschaftlerin mit christlichem Milieuhintergrund; und schließlich der mit halboppositionellem Nimbus auftretende Umweltingenieur Matthias Platzeck, der 1989 noch kurzzeitig zur LDPD strebte, dann über die Grüne Liga zur Grünen Partei und zum Bündnis 90 kam, das er bei der Fusion mit den Grünen 1993 wieder verließ und sich nach einem Intermezzo bei einem „Bürgerbündnis" 1995 schließlich entschloss, künftig Sozialdemokrat zu sein. Hinzu kamen aus den anderen Parteien etwa der Offizierssohn und Jurist Peter-Michael Diestel (DSU/CDU), der reformkommunistische Filmwissenschaftler Lothar Bisky (PDS) und die früheren Bürgerrechtler Marianne Birthler und Günter Nooke (Bündnis 90).

Die verteilten Rollen und Konflikte zwischen ihnen sind gut bekannt. Sie waren – dies war eine Besonderheit in den ostdeutschen Ländern – durchweg Ostdeutsche, das heißt, es gab auf der Ebene der wichtigsten prägenden Figuren keine „Westimporte". Sie stammten überwiegend aus unterschiedlichen Rollen innerhalb des Milieus der evangelischen Kirchen sowie aus der zweiten Reihe von Leitungspositionen in der DDR und aus den Naturwissenschaften.

Ein Blick auf die weniger prominente Ebene ist ebenso aufschlussreich. Eine Auszählung auf der Grundlage der (nicht ganz vollständigen) Kurzbiografien der Abgeordneten des Brandenburger Landtages in der Wahlperiode 1990 bis 1994 zeigt einige interessante Befunde (siehe die Übersicht auf Seite 54).

Stärker als die führenden Exponenten stammten die Abgeordneten aus der „Mitte" der DDR-Gesellschaft. Die mit Abstand stärkste Berufsgruppe waren Ingenieure (mit 34 der 100 Abgeordneten), gefolgt von Lehrern (11), Ärzten und Veterinären (8) und Naturwissenschaftlern (8). Diese vier Gruppen stellten auch allein 28 der 40 SPD-Abgeordneten, also der stärksten Regierungsfraktion. Viele von ihnen hatten zu DDR-Zeiten kleine bis mittlere Leitungspositionen in Wirtschaft und Verwaltung, wie auch einige Ökonomen, LPG-Vorsitzende usw., meist mit Blockparteihintergrund.

Das Kabinett Stolpe I bildete vom November 1990 bis zum Oktober 1994 die Landesregierung von Brandenburg. Am 13.11.1990 erhielten zwei Ministerinnen und acht Minister ihre Bevollmächtigung vom Ministerpräsidenten. Vorne v.l.: Marianne Birthler, Ministerpräsident Manfred Stolpe, Regine Hildebrandt, Walter Hirche, Edwin Zimmermann. Dahinter v.l.: Matthias Platzeck, Hans Otto Bräutigam, Alwin Ziel, etwas dahinter Klaus Dieter Kühbacher, Jochen Wolf und Hindrich Enderlein.
Bundesarchiv, Bild 183-1990-1113-026 / Fotograf: Karl-Heinz Schindler

Übersicht: Frühere Berufe und Parteizugehörigkeit der Abgeordneten des Brandenburger Landtags 1990–1994[19]

Beruf/Tätigkeit	**Gesamt**	**SPD**	**CDU**	**PDS**	**B90**	**FDP**	**Sorben**
Ingenieure u. ä.	34	14	15	1	1	2	1
Lehrer	11	6		1	1	3	
Ärzte/Tierärzte	8	4	2	1	1		
Naturwissenschaftler	8	4	2		2		
Ökonomen u. ä.	6	1	3	2			
Juristen	5	2	2	1			
Kultur- und Gesellschaftswissenschaftler	5		1	3	1		
Kirchenmitarbeiter, Pfarrer	5	4			1		
LPG-/VEG-Vorsitzende	4		4				
Handwerker	4	1	1	1	1		
Bürgermeister, Leitende Funktionäre beim Rat des Kreises u. ä.	4			3		1	
Arbeiter	2	1			1		
Journalisten, freischaffende Übersetzer	2	1			1		
Studenten	2	2			1		
Summen	100	40	30	13	10	6	1

19 Zusammengestellt und errechnet auf der Grundlage der Angaben in der Parlamentsdokumentation des Landtages Brandenburg, , https://www.parlamentsdoku mentation.brandenburg.de/starweb/LBB/ELVIS/servlet.starweb?path=LBB/ELVIS/SAMT.web [2.4.2022].

Übersicht: Parteizugehörigkeiten vor 1989, konfessionelle Bindungen und Geburtsjahrgänge der Abgeordneten des Brandenburger Landtages 1990–1994 (nach aktueller Parteizugehörigkeit)[20]

Partei bis 1989	Gesamt	SPD	CDU	PDS	Andere
Parteilos (oder ohne Angabe)	59	35	8	4	7
Blockpartei	28	0	22	0	6
SED	11	0	0	11	0
Austritte/Ausschlüsse SED/Blockpartei	2	1	0	0	1
Konfessionen					
Katholisch	8	0	8	0	0
Evangelisch	24	11	10	0	3
Geburtsjahrgang					
Bis 1931	4	4	0	0	0
1932–45	44	20	14	4	6
1946–60	42	14	13	6	11
Ab 1961	10	2	3	3	2

Ein detaillierteres Bild ermöglichen die Angaben zur politischen Vorgeschichte, zu religiösen Bindungen und zu den generationellen Lagen der Abgeordneten: 54 Abgeordnete, also mehr als die Hälfte, gaben an, bis 1989 keiner Partei angehört zu haben, darunter wiederum alle Abgeordneten der SPD-Fraktion (mit Ausnahme von Gustav Just, der 1957 aus der SED ausgeschlossen worden war und einem Abgeordneten, der 1973 kurzzeitig in der NDPD war). Von den alten DDR-Parteien war am stärksten die Block-CDU mit 17 Abgeordneten vertreten, gefolgt von der SED mit 11 Abgeordneten sowie den anderen Blockparteien mit zusammen ebenfalls 11 Abgeordneten. Die höchste Quote an „Altparteimitgliedern" hatte damit die PDS mit der SED, gefolgt von der CDU, die 22 Abgeordnete aus CDU, DBD und NDPD hatte. 32 Abgeordnete, also etwa ein Drittel, gaben in ihren Selbstauskünften eine konfessionelle Bindung an, davon waren die acht Katholiken alle bei der CDU, die 24 Protestanten relativ proportional verteilt über SPD, CDU, Bündnis 90 und FDP.

20 Ebenda.

Bemerkenswert ist schließlich die Altersstruktur: Die tragende DDR-Funktionärsgeneration der Jahrgänge um 1929 (und älter) war praktisch gar nicht mehr vertreten, nur vier Abgeordnete waren älter als Jahrgang 1932. Der stärkste Jahrgang waren die im Jahr 1941 Geborenen mit allein 11 Abgeordneten. Insgesamt 44 Abgeordnete gehörten zu den Jahrgängen bis 1945. Weitere 42 Abgeordnete gehörten zu den Jahrgängen 1946 bis 1960, die in die DDR hinein aufwuchsen und politisch sozialisiert wurden.

Deutlich ist also die Auflösung der politischen und generationellen Blockade der SED-Diktatur zu erkennen. Dies gilt bis in die PDS selbst hinein, deren Abgeordnete zwar überwiegend bereits in der SED gewesen waren, aber meist den Geburtsjahrgängen der Nachkriegszeit entstammten, die ihr erwachsenes Leben in der (Nach-Mauerbau-)DDR gelebt hatten. Deutlich zu erkennen ist eine Generation von in der Regel technisch-naturwissenschaftlich und akademisch gebildeten Neu-Politikern, flankiert von einer Reihe „mittlerer leitender Kader" aus alten DDR-Zeiten, überwiegend mit Blockparteihintergrund. Oppositionelle im engeren Sinne waren nur in wenigen Fällen vertreten, Arbeiter auch nur in zwei Fällen. Ein hohes Ungleichgewicht ist in Hinblick auf die Geschlechterverteilung zu erkennen: die 21 Frauen entsprachen nur etwa einem Fünftel der Abgeordneten.

Markant ist vor allem die Zusammensetzung der stärksten Regierungsfraktion der SPD. Wie bereits erwähnt, bestand sie fast durchweg aus vormals Parteilosen, darunter die besagten Ingenieure, mehrere Lehrer sowie allein vier Tierärzte. Es waren nur zwei Pfarrer darunter, obwohl Vertreter dieser Berufsgruppe maßgeblich die SDP in Schwante 1989 neu gegründet hatten. Diese eigentümliche Mischung unterstreicht noch einmal das Verschwinden des traditionellen sozialdemokratischen Milieus und zugleich die Entstehung eines neuen, in dem sich in einer schwierigen Umbruchsituation höher gebildete und oft konfessionell als evangelische Christen aktive DDR-Bürger mittleren Alters daranmachten, auf diesem Weg für das Gemeinwesen aktiv zu werden.

Mit den hier verwendeten Daten lässt sich keine tiefere Motivforschung bei den Abgeordneten betreiben oder nach den intergenerationell vererbten Erfahrungswelten aus der Elterngeneration fahnden. Es ist aber offenkundig, dass sie einen breiten Erfahrungsschatz aus ihrem Berufsleben und möglicherweise auch Erfahrungen im sozialen Umfeld mitbrachten, der zu ihrer Art Politik zu machen wesentlich beitrug. Dazu gehörte erstens die pragmatische Orientierung am jeweils Machbaren, zweitens bei einem wesentlichen Teil das Selbstverständnis, gleichsam aus dem Nichts in verantwortliche politische Positionen gekommen zu sein, drittens wiederum bei einem Teil die Herkunft aus dem kirchlichen Raum, der in der damaligen Situation teils als Rückzugsraum, aber auch als Erprobungsraum für eigenständiges politisches Denken und Handeln fungiert hatte. Hinzu kam, viertens, besonders bei Repräsentanten der technischen Intelligenz, ein Selbstverständnis als kompetente Akteure in der wirtschaftlichen Transformation, die schnell die zunächst dominanten Themen des revolutionären Umbruchs von 1989 überlagerte.[21]

Der „Brandenburger Weg"

Untrennbar mit dieser Szenerie verbunden ist der Begriff „Brandenburger Weg". Damit gemeint ist ein Konzept der sozialdemokratisch geführten Landesregierungen ab 1990 von bürgernaher Politik, das auf der Integration möglichst breiter Bevölkerungskreise und der Idee eines nicht nach Parteilinien sortierten Politikstils basierte. Man kann den Brandenburger Weg aus zwei verschiedenen Perspektiven diskutieren: mit dem Blick zurück auf die Aufarbeitung des SED-Regimes und mit dem Blick auf die Herausforderungen der postkommunistischen Ära bis in die Gegenwart.

Hinsichtlich der Aufarbeitung der SED-Diktatur war der Brandenburger Weg absichtsvoll doppeldeutig: Zwar war klar, dass die maßgeblichen Repräsentanten der Brandenburger Politik den Bruch mit dem DDR-System und der Führungsriege der SED verkörperten. Aber zugleich stand dieser Weg für einen gesellschaftspolitischen Kurs, der auch auf die Integration von Tätern des SED-Regimes und die DDR-Eliten insgesamt in die neuen Verhältnisse zielte. Dafür gibt es aus den 1990er-Jahren viele Beispiele, wie etwa die Präsenz ehemaliger Offiziere der Staatssicherheit in den Fortbildungs- und Beschäftigungsangeboten des zweiten Arbeitsmarktes. So brachte es ein ehemaliger Professor für „Politisch-Ideologische Diversion" der Stasi-Hochschule in Potsdam-Golm immerhin auf Vorschlag des Sozialministeriums zu einer UN-Auszeichnung für seine Verdienste im sogenannten „Arbeitslosenverband" Brandenburgs, einer von MfS-Leuten dominierten Auffangorganisation.[22] Unübersehbar war auch ein gewisses Desinteresse gegenüber den Verfolgten aus DDR-Zeiten, symbolisiert etwa durch die langjährige Weigerung, einen Landesbeauftragten für die Stasi-Unterlagen bzw. für die Aufarbeitung der SED-Diktatur als Opferberatungsstelle und Einrichtung der politischen Bildung zu schaffen. Dahinter stand der dezidierte Versuch, einen Bogen um die Rolle des Ministerpräsidenten Stolpe und seine Gespräche mit Vertretern des MfS in seinen Funktionen als

21 Sehr empfehlenswert in diesem Zusammenhang ist der Band von Andrea von Gersdorff/Astrid Lorenz, Neuanfang in Brandenburg, Potsdam 2010, in dem sie einige markante Stimmen dieser ersten Politikergeneration aus den frühen 1990er-Jahren eingefangen haben.

22 Vgl. Robert Ide, Ostdeutsche Verbände intervenieren bei den Vereinten Nationen gegen Auszeichnung des „Arbeitslosen-Anwalts" Dietrich Fischer, in: Der Tagesspiegel, 26.10.1999; Claus-Dieter Steyer, Hochrangige Ex-Stasi-Mitarbeiter im Arbeitslosenverband aktiv, in: Der Tagesspiegel, 4.11.1999, S. 22.

Repräsentant des Bundes der Evangelischen Kirchen in der DDR zu machen. Immerhin, so lässt sich festhalten, ist dieser Kurs durch die später eingerichtete Enquetekommission des Landtages ausgiebig reflektiert worden und die Einrichtung einer Landesbeauftragten auch nachgeholt worden.[23]

Die zweite Perspektive ist der Blick auf die neuen Verhältnisse. Dabei ist der Brandenburger Weg eine Antwort auf den extremen Stresstest, dem die ostdeutsche Vereinigungsgesellschaft ausgesetzt war, in Hinblick auf die sozioökonomische Transformation unter den Bedingungen eines weitreichenden Zerfalls der hergebrachten Industriestruktur, dem gleichzeitigen Aufbau von Politik- und Verwaltungsstrukturen nach westdeutschem Vorbild und natürlich der Neuorientierung in nahezu allen praktischen Alltagsfragen. Unter dem Blickwinkel der politischen Kultur ist der Brandenburger Weg als ein Konzept zu verstehen, das die regionale Identität in den Vordergrund stellt und damit einen Raum der imaginierten Vergemeinschaftung schuf. Reizvoll war dieses Konzept aus mehreren Gründen:

Erstens knüpfte es an ein historisches Bewusstsein aus der Zeit vor der DDR an, nämlich die „guten" Traditionen Preußens. Dafür war das Feld auch deshalb vorbereitet, weil die DDR selbst in den 1970er und 1980er-Jahren versuchte, aus solchen Traditionen Legitimität zu schöpfen, was wiederum dazu führte, dass „Heimatarbeit" geduldet und gefördert wurde, und zwar in einem relativ weiten Rahmen.[24] Zweitens schuf dieser Brandenburger Weg einen Rahmen für das Vertrauen in die aus dieser Heimat stammenden, als repräsentabel und glaubwürdig wahrgenommene Politikerriege, die ja in Brandenburg tatsächlich größere Teile der ersten Reihe besetzten. Drittens war es auch möglich, in diesen Rahmen die Präsenz externer Akteure einzubetten. Dies gilt insbesondere für die Minister und die Beamten, die aus dem Westen hierherkamen und am Aufbauwerk mitwirkten. Sie konnten also, unter Berufung auf familiäre Traditionslinien oder einfach das Bekenntnis zu preußischen Tugenden, gewissermaßen die Aura der „Kolonisatoren" damit abstreifen und sich in den Dienst der brandenburgischen Sache stellen. Zugleich bot das Konzept auch ein abgrenzendes Element, zu unangenehmen „Wessis", zur Bonner Bundesregierung, zu den Hauptstädtern in Berlin oder auch den anderen ostdeutschen „Völkerschaften", ohne aber den grundsätzlichen Weg in ein liberaldemokratisch verfasstes Gemeinwesen in Frage zu stellen.

23 Vgl. Landtag Brandenburg, Abschlussbericht der Enquetekommission 5/1 „Aufarbeitung der Geschichte und Bewältigung von Folgen der SED-Diktatur und des Übergangs in einen demokratischen Rechtsstaat im Land Brandenburg", 6.3.2014, Drucksache 5/8500.

24 Thomas Schaarschmidt, Regionalkultur und Diktatur. Sächsische Heimatbewegung und Heimatpropaganda im Dritten Reich und in der SBZ/DDR, Geschichte und Politik in Sachsen, Bd. 19, Köln u. a. 2004; Jan Palmowski, Die Erfindung der sozialistischen Nation. Heimat und Politik im DDR-Alltag, Berlin 2016.

Zu diesem Komplex sei auf ein kleines Zitat von Manfred Stolpe verwiesen, mit dem Peter-Michael Diestel noch heute auf seiner Anwaltswebsite für sich wirbt: „In Brandenburg hat Peter-Michael Diestel als CDU-Vorsitzender Sacharbeit vor Parteienstreit gestellt und eine Konsensdemokratie praktiziert, die maßgeblich eine breite, konstruktive politische Arbeit in den ersten Aufbaujahren ermöglichte. Als sich der westliche Politikstil der Konfrontation durchsetzte, zog er sich aus der aktiven Politik zurück."[25] Hier findet man viele Elemente dieses Anspruchs eines eigenen, eben brandenburgischen Politikstils verdichtet – verbunden mit dem Hinweis, dass es sich um umkämpfte Zeiten handelte, die nicht durchweg erfolgreich ausgingen.

Wenn die politischen Akteure und die Brandenburger Bürger es wollen würden, könnte ein solcher Regionalismus auch ein Element des Übergangs in die (wie auch immer definierte) Normalität eines gesamtdeutschen Pluralismus und Föderalismus neben Bayern, Sachsen, Rheinländern oder Niedersachsen sein – jenseits der tief eingefrästen und verselbstständigten Wahrnehmungsstereotype von *den* „Ostdeutschen" und *den* „Westdeutschen". Ab irgendeinem Punkt, den wir vielleicht schon erreicht haben oder der noch in der Zukunft liegt, bedeutet Brandenburger sein eben nicht mehr notwendig eine Aussage über den Wohnort vor 1990. Dieser Regionalismus wäre eine wichtige komplementäre Ergänzung zum kühlen „Verfassungspatriotismus" des demokratischen Systems, noch dazu eine Ergänzung, die ohne Nationalismus oder eine ethnisch definierte Ausgrenzungsdefinition auskommt.

25 So Manfred Stolpe im Juni 2010 laut Website Diestels. Diestel Rechtsanwälte, Zitatesammlung, https://www.diestel-anwaelte.de/biografie/zitate.php [4.4.2022].

Streik im Chemiefaserwerk Premnitz 1992: Der Betriebsratsvorsitzende und Streikführer Mathias Hohmann während seiner Rede in Anwesenheit der brandenburgischen Arbeitsministerin Regine Hildebrandt (l.).
Foto: Mathias Hohmann

MARCUS BÖICK · WOLF-RÜDIGER KNOLL

Umkämpfte Wege in die Marktwirtschaft

Die Treuhandanstalt in Brandenburg und die Privatisierung des Chemiefaserwerkes Premnitz

Einleitung: Von Manchester in die Mark?

Im Frühjahr 1991 war die Wut groß, sehr groß sogar. Der sonst eher leisetreterische Ministerpräsident von Brandenburg, Manfred Stolpe, schimpfte über den „finstersten Manchesterkapitalismus", der nicht nur in seinem jungen Bundesland derzeit um sich greife – mit der mittlerweile hochumstrittenen Treuhandanstalt (THA) im Zentrum eines neo-kapitalistischen Orkans, der über die ostdeutsche Betriebslandschaft hinwegfegte.[1] Von der explosiven Euphorie des Herbst 1989 und den enormen Erwartungen des Sommers 1990 war nicht mehr viel zu spüren. Ganz im Gegenteil: Überall versammelten sich Belegschaften und Bevölkerung, oft angeführt von Gewerkschafts-, Kirchen- oder PDS-Vertretern, zu ausgedehnten Protest- und Demonstrationsaktionen gegen das neue „Treuhand-Regime" und die hiermit verbundenen Privatisierungen, Stilllegungen und Entlassungen. Abwicklung, Arbeitslosigkeit und Abwanderung bestimmten sowohl den gesellschaftlichen Alltag als auch die politischen und medialen Agenden im Osten. Von den einst von Bundeskanzler Helmut Kohl versprochenen „blühenden Landschaften" sprach man nur noch voller Häme.[2]

Es wundert daher wenig, warum sich der Sozialdemokrat Stolpe weit in den Erinnerungshaushalt der Arbeiterbewegung zurückbegab, um auf die Dramatik der Lage in Brandenburg und anderswo hinzuweisen, auch wenn die historische Bezugnahme nicht ganz stimmig war. Denn Manchesterkapitalismus, das war – ausführlich beschrieben von Friedrich Engels – die Reinform eines ungezügelten Kapitalismus in der Mitte des 19. Jahrhunderts, den kein Staat mehr in seine Schranken weisen konnte oder durfte; das waren enthemmte Ausbeutung, unfassbare Armut und unvergleichliches Elend. In den fünf neuen Bundesländern dagegen waren es aber gerade nicht finster rauchende Schornsteinschlote vor riesigen Fabrikhallen,

1 Stolpe beklagt ‚finstersten Manchesterkapitalismus' im Osten, in: Tagesspiegel vom 28.3.1991.

2 Ebenda.

die für große Empörung sorgten, sondern eben deren bevorstehendes Verschwinden: Der Landesvater griff – bewusst oder unbewusst – auf das propagandistische Arsenal der eben erst zusammengebrochenen DDR zurück, um der endemischen Unzufriedenheit im „Beitrittsgebiet" in drastischer Manier Ausdruck zu verleihen. Die Treuhand forderte Stolpe auf, ihre sozialen Verpflichtungen ernst zu nehmen und in den Betrieben keine Entlassungen ohne Perspektiventwicklung zuzulassen.[3] Damit reihte er sich in die riesige Schar Kritiker ein, die sich an der in Berlin ansässigen Treuhandanstalt und ihrem scharfen Privatisierungskurs mit großer Vehemenz abarbeiteten.[4]

Als besondere Organisation und später hart umkämpfte Gegnerin war die Treuhand zunächst eher am Rande der allgemeinen Aufmerksamkeit von der scheidenden SED/PDS-Regierung unter Hans Modrow auf Vorschlag des Zentralen Runden Tisches zur „Bewahrung" des „Volksvermögens" gegründet worden. Seit März 1990 war diese neue Treuhand-Stelle dann formal Eigentümerin von über 8500 Industriebetrieben mit rund vier Millionen Beschäftigten. Doch nach dem Triumph der CDU-geführten „Allianz für Deutschland" in den Volkskammerwahlen vom 18. März und der danach im Eiltempo verhandelten Wirtschafts-, Währungs- und Sozialunion zwischen Bundesrepublik und DDR sollte der kleinen Dienststelle bald eine andere Rolle zufallen – die einer zentralen Privatisierungsbehörde. Das von der Volkskammer beschlossene Treuhandgesetz vom 17. Juni 1990 schrieb diesen Umbauauftrag fest, weshalb kurz nach dem ökonomischen Beitritt der DDR am 1. Juli westdeutsche Spitzenmanager nach und nach die Führung der Treuhandanstalt übernahmen. Ende August wurde dann der westfälische Industriemanager Detlev Karsten Rohwedder ihr Präsident und beschleunigte den Ausbau des Privatisierungsgeschäfts rasant.[5]

Unmittelbar vor und nach dem 3. Oktober 1990, als die DDR zu bestehen aufhörte und die neuen Bundesländer der Bundesrepublik beitraten, war die Treuhand kaum aktiv in Erscheinung getreten. Erst nach dem Jahreswechsel 1990/91 zeigte sich der mittlerweile komplettierte Treuhand-Vorstand um Rohwedder entschlossen, größere Schließungsrunden und Entlassungswellen in der ostdeutschen Industrie zu verkünden. Diese befand sich nach jahrzehntelanger planwirtschaftlicher Übersteuerung und politischem Missmanagement sowie dann in Folge des abrupten

3 Ebenda.

4 Dazu auch die zeitnahen Reflexionen bei Michael Jürgs, Die Treuhändler. Wie Helden und Halunken die DDR verkauften, München 1997.

5 Einführend zur Treuhand-Geschichte siehe Marc Kemmler, Die Entstehung der Treuhandanstalt. Von der Wahrung zur Privatisierung des DDR-Volkseigentums, Frankfurt a. M. u. a. 1994; Wolfgang Seibel, Verwaltete Illusionen. Die Privatisierung der DDR-Wirtschaft durch die Treuhandanstalt und ihre Nachfolger 1990–2000, Frankfurt a. M. u. a. 2005.

Umstellungsschocks vom Sommers 1990 in einer beispiellosen Abwärtsspirale. Energisch zupackend und gestaltend sollte daher Rohwedders Team nach dem Wunsch der christliberalen Bundesregierung nun auch unpopuläre Entscheidungen treffen – vor allem im Falle von notleidenden Großbetrieben, für die sich weder ein privater Investor noch eine Privatisierungslösung finden ließen und die monatlich oft horrende Geldmittel verbrauchten. Streit, Proteste und Konflikte schienen daher zwar vorprogrammiert. Dennoch waren viele überrascht, wie frühzeitig und heftig die Empörung gegen die Treuhand und ihren Chef anbrandete.[6]

Der öffentliche (und politisch zweifellos wohlkalkulierte) Ausbruch Manfred Stolpes Ende März 1991 besaß dabei eine besondere Brisanz. Der Ministerpräsident war nämlich wenige Monate zuvor selbst – wie nahezu alle frischgewählten Ministerpräsidenten der Ostländer – kooptiertes Mitglied des Treuhand-„Verwaltungsrates" geworden, der wiederum in alle grundlegenden Entscheidungen eingebunden war und als formal höchstes Beschlussgremium über diese abstimmte. Innerhalb der Treuhand herrschte damals eine Mischung aus abenteuerlicher Aufbruchs- und erdrückender Endzeitstimmung, und der selbstwusste Treuhand-Präsident Rohwedder sah sich und seine eilig rekrutierte Mannschaft aus westdeutschen Spitzenmanagern und ostdeutschen Verwaltungsexperten von allen Seiten unter massivem Druck: Den Liberalen dauerte alles zu lang, den Linken ging es zu schnell, den Konservativen mangelte es an Patriotismus, den Investoren war es zu umständlich, den Ökonomen zu undurchsichtig und den Gewerkschaftern zu radikal.

Rohwedder zeigte sich gegenüber der Kritik irritiert bis verständnislos, denn in seinen Augen hatte er nur begonnen, genau das abzuliefern, wofür ihn die Bundes- und scheidende DDR-Regierung im Sommer 1990 eigens nach Ost-Berlin geholt hatten. Er sollte durchgreifende und auch riskante (Zukunfts-)Entscheidungen treffen für die Tausenden, inzwischen in weitgehende Agonie verfallenen Ostbetriebe im Treuhand-Portfolio. Doch eben diese harten Entscheidungen waren es, die ihn und seine Anstalt nun buchstäblich ins Fadenkreuz rücken ließen. Dramatisch wurde das Geschehen, als nur wenige Tage nach Stolpes drastischer Interview-Einlassung der Treuhand-Präsident in Düsseldorf einem vermutlich durch die RAF begangenen Terrorattentat zum Opfer fiel und anschließend Panik und Entsetzen um sich griff.

6 Detailliert hierzu siehe Marcus Böick, „Aufstand im Osten"? Sozialer und betrieblicher Protest gegen die Treuhandanstalt und Wirtschaftsumbau in den frühen 1990er-Jahren, in: Dieter Bingen/Maria Jarosz/Peter Loew (Hrsg.), Legitimation und Protest. Gesellschaftliche Unruhe in Polen, Ostdeutschland und anderen Transformationsländern nach 1989, Wiesbaden 2011, S. 167–185.

Dieser Beitrag will am Beispiel des Landes Brandenburg einige Schlaglichter auf die seit Jahrzehnten vieldiskutierte, aber nur wenig erforschte Geschichte von Treuhandanstalt und Wirtschaftsumbau werfen und dabei vor allem das vielfältige Wirken in den mittleren Städten und ländlichen Regionen beleuchten.[7] Brandenburg erscheint in mehrfacher Hinsicht besonders: *Politisch*, weil das Land – anders als die von CDU-Ministerpräsidenten regierten Länder Sachsen (Kurt Biedenkopf), Mecklenburg-Vorpommern (Alfred Gomulka), Thüringen (Josef Duchač) oder Sachsen-Anhalt (Gerd Gies) – von einem ostdeutschen Sozialdemokraten repräsentiert wurde; *ökonomisch*, weil die Region mehr als die übrige DDR durch strukturpolitische Entscheidungen zur Ansiedlung neuer Großindustrien bis 1989 umgeformt wurde; *kulturell*, weil die Zeit der deutschen Teilung die ohnehin nach 1990/91 aufbrechenden Ost-West-Konflikte in diesem besonderen Nahverhältnis verschärfte und zugleich alte Stadt-Land-Gegensätze zwischen Metropole und Umland aus der brandenburgisch-preußischen Zeit nochmals wiederbelebte (wie sich schließlich auch 1996 an dem am Votum der brandenburgischen Bevölkerung gescheiterten Volksentscheid zur Länderfusion deutlich zeigen sollte).

Nebeneinander von veralteten und teilmodernisierten Industrieanlagen: Die wirtschaftliche Situation in den brandenburgischen Bezirken am Ende der DDR

Die vielfältigen Probleme und Herausforderungen des Privatisierungsprozesses Brandenburger Betriebe, vor denen die Landesregierung und die Treuhandanstalt standen, lassen sich ohne einen Blick auf die industriepolitischen Schwerpunktsetzungen vor 1989 nicht ausreichend nachvollziehen. Durch die regionale und sektorale Strukturpolitik der SED erfuhren die drei brandenburgischen Bezirke Potsdam, Frankfurt (Oder) und Cottbus eine nachhaltige Veränderung ihrer Wirtschafts- und Betriebsstruktur. Entlang der Oder und Neiße waren in den 1950er- und 1960er-Jahren neue Großbetriebe, mitunter sogar neue Städte entstanden, die vor allem teilungsbedingte Engpässe in der DDR beseitigen sollten. Angefangen mit dem Eisenhüttenkombinat Ost über das Petrolchemische Kombinat in Schwedt, dem Halbleiterwerk in Frankfurt (Oder) und dem Chemiefaserwerk in Guben verzeichneten diese neuen industriellen Standorte bis in die 1980er-Jahre hinein einen rasanten Beschäftigungszuwachs. So verdoppelte sich die Belegschaftszahl

7 Eine erstmalige und ausführliche Studie zum Wirken der Treuhandanstalt im Land Brandenburg liegt seit 2022 vor: Wolf-Rüdiger Knoll, Die Treuhandanstalt in Brandenburg. Regionale Privatisierungspraxis 1990–2000, Berlin 2022.

im Halbleiterwerk Frankfurt (Oder) allein zwischen 1970 und 1985 von etwa 4000 auf über 8000.[8]

Auch in anderen Teilen der Region wuchsen die Mitarbeiterzahlen in den Großbetrieben bis Mitte der 1980er-Jahre immer weiter an. Dies galt etwa für das Chemiefaserwerk in Premnitz oder die Stahlwerke in Brandenburg an der Havel und Hennigsdorf. Zugleich gelang es den SED-Wirtschaftsfunktionären immer weniger, die unter großen Anstrengungen errichteten Betriebe so zu modernisieren, dass sie den technologischen Anforderungen und Entwicklungen im Westen folgen konnten. So produzierte das Stahl- und Walzwerk in Brandenburg 1989 noch 70 Prozent seines Rohstahls mit dem Siemens-Martin-Verfahren, während das letzte Siemens-Martin-Stahlwerk in Westdeutschland bereits 1983 stillgelegt worden war und dort stattdessen auf kostengünstigere Herstellungsverfahren gesetzt wurde.[9] Technologierückstände aufgrund von Technologieboykotten des Westens verzeichnete auch das Halbleiterwerk Frankfurt (Oder). An anderen Standorten wie in Eisenhüttenstadt gelang es zwar, neue Kapazitäten zu errichten. Dennoch musste der Stahl von dort mit Zügen in die Bundesrepublik gebracht werden, um ihn warmwalzen zu lassen, da solche Anlagen nicht vorhanden waren. Darüber hinaus waren viele Industrieanlagen Ende der 1980er-Jahre bereits 30 bis 40 Jahre alt oder stammten sogar noch aus der Vorkriegszeit. Dieses Nebeneinander von teilmodernisierten und veralteten Industrieanlagen kennzeichnete die Brandenburger Wirtschafts- und Betriebsstruktur am Ende der DDR und beeinflusste erheblich die späteren Privatisierungsverläufe.[10]

Brandenburgs regionale Wirtschaft war zudem vielfach monostrukturiert. In den Kreisen Calau, Spremberg und Cottbus/Land arbeiteten zum Beispiel mehr als 70 Prozent der Industriebeschäftigten in der Energie- und Brennstoffindustrie. In Zossen und Königs Wusterhausen, wo sich das Nutzkraftwagenwerk Ludwigsfelde und der Schwermaschinenbau Wildau befanden, waren es wiederum bis zu 77 Prozent der Industriebeschäftigten, die im Maschinen- und Fahrzeugbau tätig waren. Insgesamt war die industrielle Struktur Brandenburgs 1989 von relativ wenigen, gleichwohl großen und sehr großen Unternehmen bestimmt: Von 411 Industriebetrieben hatten 76 Großbetriebe 1000 bis 5000 Beschäftigte; in 17 Großbetrieben arbeiteten zudem über 5000 Beschäftigte.[11]

8 Jörg Berkner, Halbleiter aus Frankfurt. Die Geschichte des Halbleiterwerks Frankfurt (Oder) und der DDR-Halbleiterindustrie, Dessau 2005, S. 121.

9 Vgl. Helmut Wienert, Die Stahlindustrie in der DDR, Essen 1992, S. 44.

10 Vgl. Wolf-Rüdiger Knoll, Das verarbeitende Gewerbe und die strukturpolitischen Entwicklungspfade in Brandenburg zwischen 1945 und 1989, in: Jahrbuch für brandenburgische Landesgeschichte 70 (2019), S. 205–231.

11 Institut für angewandte Wirtschaftsforschung (Hrsg.), Strukturanalyse des Landes Brandenburg, Berlin 1991, S. 69.

Zu beachten ist jedoch, dass von den ca. 432 000 Industriebeschäftigten Brandenburgs im Jahr 1989 nur knapp 275 000 Beschäftigte (63,4 Prozent) zum unmittelbaren Produktionspersonal zählten.[12] Über ein Drittel bzw. mehr als 158 000 der Beschäftigten war in Bereichen tätig, die nicht unmittelbar der Güter- und Warenproduktion dienten. Hierzu zählten Mitarbeiterinnen und Mitarbeiter in Einrichtungen der Betriebswohlfahrt (Kulturhäuser, Ferienheime, Betriebssportgemeinschaften), des Handwerks (Tischler, Maler, Schlosser), der Sicherheitsbehörden oder auch Personen, die in betrieblichen Einrichtungen tätig waren, welche nach westlich-marktwirtschaftlichen Kriterien in den Aufgabenbereich der kommunalen Selbstverwaltung fallen (betriebliche Polikliniken, Kindergärten, Berufsschulen). Der sozialistische Großbetrieb hatte diese Einrichtungen als Teil seiner umfassenden Daseinsvorsorge inkorporiert. Zugleich war Brandenburg 1989 gerade im Vergleich zu Sachsen oder Thüringen ein Land ohne ausgeprägten Mittelstand.[13] Die agrarisch strukturierte Region war in der DDR-Zeit vielmehr mit industriellen Großbetrieben überzogen worden. Kleinere und mittlere Betriebe hatten bis 1961 zudem aufgrund der Nähe zu West-Berlin besonders unter den Fluchtbewegungen der DDR-Bürger gelitten.

Es waren aufgrund ihrer ökonomischen und sozialen Bedeutung daher vor allem die Großbetriebe, auf die sich die Aufmerksamkeit der Landesregierung wie auch der Treuhandanstalt in Brandenburg richtete, zumal diese spätestens ab dem Sommer 1990 mit den Folgen der Währungsunion und des Einbruchs der Nachfrage bei den ehemaligen RGW-Abnehmerländern massiv zu kämpfen hatten. So verkaufte das Nutzkraftwerk Ludwigsfelde im Juli 1990 nur noch 72 LKW der Marke „W50“, nachdem es im gesamten ersten Halbjahr 1990 noch über 5000 gewesen waren. Und der Kranbau Eberswalde, der noch im April 1990 volle Auftragsbücher verkündet hatte, verzeichnete im ersten Halbjahr 1991 einen Exportrückgang um 99 Prozent. Vor dem Hintergrund einer dramatisch einbrechenden Produktion stellte sich daher akut die Frage, welche Zukunftsperspektiven die Betriebe noch haben konnten, nachdem sie schlagartig der Konkurrenz auf dem Weltmarkt ausgesetzt wurden und durch die 1:1-Umstellung der Ost- auf die D-Mark ihre bisherigen Abnehmer verloren hatten.

12 Institut für angewandte Wirtschaftsforschung (Hrsg.), Landesreport Brandenburg, Berlin 1992 S. 57.

13 Max Trecker, Neue Unternehmer braucht das Land. Die Genese des ostdeutschen Mittelstands nach der Wiedervereinigung, Berlin 2022, S. 250.

Die Gründung der Treuhandanstalt und deren enge Zusammenarbeit mit der Landesregierung

Die im März 1990 auf Initiative des Zentralen Runden Tisches in Berlin gegründete Treuhandanstalt ist eine der umstrittensten Organisationen in der deutschen Geschichte des ausgehenden 20. Jahrhunderts. Zunächst noch der „Bewahrung" des „Volksvermögens" verpflichtet, wurde diese anfänglich kleine Treuhand-Stelle mit dem im Juni 1990 von der Volkskammer verabschiedeten „Treuhandgesetz" zu einer großen Privatisierungsagentur um- und ausgebaut. Unter der Führung ihrer beiden Präsidenten – dem im April 1991 erschossenen Detlev Rohwedder und seiner Nachfolgerin Birgit Breuel – rückte die Organisation nun ins Zentrum des postsozialistischen Wirtschafts- und Betriebsumbaus. Schon damals war klar, dass es sich bei den nun anlaufenden Massenprivatisierungen um ein „historisch einmaliges" Vorhaben ohne Vorbild oder Beispiel handelte: Über 8500 Betriebe mit knapp 4 Millionen Beschäftigten sollten, so der politische Auftrag, mithilfe der Treuhandanstalt möglichst schnell in den privaten Markt geführt werden.[14]

Doch wie die neuen, fast sämtlich westdeutschen Führungskräfte und Manager um Rohwedder und Breuel sehr schnell feststellen mussten, war die Lage in den Betrieben äußerst angespannt, ja regelrecht katastrophal: Die enormen strukturellen Belastungen aus der DDR-Planwirtschaft wurden insbesondere durch die Auswirkungen der Wirtschafts- und Währungsunion vom 1. Juli 1990 nochmals dramatisch verschärft. Gleichzeitig brachen den meisten Unternehmen die angestammten Absatzmärkte in Osteuropa weg. Kurzum: Während sich für einige wenige, in der DDR-Zeit noch unterentwickelte Branchen vor allem im Bereich Finanzen, Medien oder Dienstleistungen durchaus Investoren finden ließen, war die Situation in den allermeisten großindustriellen Branchen sehr besorgniserregend – hier „verbrannten" die Betriebe öffentliche Mittel in Milliardenhöhe allein nur für eine Fortführung der bisherigen Abläufe.[15]

Abseits der Geschichte der Treuhand-Zentrale mit ihren spektakulären Wenden und Dynamiken ist eine regionale, landesspezifische Perspektive auf den ostdeutschen Wirtschaftsumbau bislang keineswegs selbstverständlich.[16] Politische

14 Vgl. dazu bereits zeitgenössisch Wolfram Fischer/Herbert Hax/Hans Karl Schneider (Hrsg), Treuhandanstalt – das Unmögliche wagen, Forschungsberichte, Berlin 1993.

15 Dazu auch ausführlich Wolfgang Seibel, Verwaltete Illusionen. Die Privatisierung der DDR-Wirtschaft durch die Treuhandanstalt und ihre Nachfolger 1990–2000, Frankfurt a. M. u. a. 2005.

16 Landesbezogene Veröffentlichungen zur Treuhand finden sich vor allem zu Thüringen. Vgl. Dietmar Grosser/Hanno Müller/Paul-Josef Raue (Hrsg.), Treuhand in Thüringen: Wie Thüringen nach der Wende ausverkauft wurde, Essen 2013; Frank Schuster, Thüringens Weg in die

Konflikte, mediale Bilder sowie wissenschaftliche Analysen zur Treuhandanstalt waren und sind zumeist auf die Zentralorganisation der THA und die großen Konfliktfälle wie die Rettung des Chemiedreiecks in der Region Halle-Bitterfeld oder den Verkauf der Ostseewerften an die Bremer Vulkan AG fokussiert.[17] Dabei wurden seit dem Frühjahr 1991 in dem monumentalen, Anfang der 1930er-Jahre im Auftrag von Hermann Göring errichteten, ehemaligen Reichsluftfahrtministerium an der Leipziger Straße, dem Hauptsitz der THA in Berlin, auch Entscheidungen über alle großen Brandenburger Industriebetriebe mit mehr als 1500 Beschäftigten, wie das Eisenhüttenkombinat Ost, die Braunkohlebetriebe in der Lausitz oder die Rathenower Optischen Werke getroffen.

Zuvor hatte im Sommer und Herbst 1990 auch in Brandenburg noch eine kurze „Stunde der westdeutschen Investoren" geschlagen, die sich schon im Laufe des Jahres 1990 proaktiv um ein Engagement im Osten bemüht hatten und die der noch in Um- und Aufbau befindlichen Treuhand-Zentrale weitestgehend die Bedingungen der Privatisierung diktieren konnten. Bei diesen frühen Privatisierungsbemühungen westdeutscher Unternehmen und Konzerne, die wie im Falle des Kaltwalzwerkes in Oranienburg, der Interflug in Schönefeld oder des LKW-Werkes in Ludwigsfelde aus der frühzeitigen Zusammenarbeit zwischen ost- und westdeutschen Unternehmen entstanden, spielte die THA eher die Rolle eines passiven Notars denn eines aktiven Verkäufers und Verhandlungsführers. Gleiches galt auch für die Stromverträge, die noch unter Federführung der letzten DDR-Regierung auch von der Treuhand unterzeichnet wurden und die massive Auswirkungen auf die Braunkohleindustrie in der Lausitz hatten. Bei diesen Privatisierungen nahm die Organisation noch kaum strategischen Einfluss auf die Privatisierungsentscheidungen, da sie sich im personellen und strukturellen Aufbau befand.[18]

Ebenfalls in diese frühe Phase hinein brachen die erst Mitte Oktober 1990 frisch gewählten Ministerpräsidenten eine Zuständigkeitsdebatte vom Zaun – und

Soziale Marktwirtschaft. Privatisierung, Sanierung, Aufbau. Eine Bilanz nach 25 Jahren, Köln u. a. 2015.

17 Vgl. Eva Lütkemeyer, Gezeitenwechsel an der Ostsee. Die Privatisierung des DDR-Schiffbaus, in: Deutschland Archiv, 5.6.2020, https://www.bpb.de/geschichte/zeitgeschichte/deutschlandarchiv/311111/die-privatisierung-des-ddr-schiffbaus [21.7.2022]; Minister für Arbeit und Soziales des Landes Sachsen-Anhalt (Hrsg.), Der Transformationsprozess der großchemischen Industrie in Sachsen-Anhalt, Bd. 4 der Reihe „Forschungsberichte zum Arbeitsmarkt in Sachsen-Anhalt", Magdeburg 1994.

18 Vgl. Marcus Böick, Die Treuhand. Idee – Praxis – Erfahrung, Göttingen 2018, S. 235–367; Christopher Freese/Marc Kemmler, Die Entstehung der Treuhandanstalt. Von der Wahrung zur Privatisierung des DDR-Volkseigentums, Frankfurt a. M./New York 1994; Knoll, Treuhandanstalt in Brandenburg, S. 235–247.

das parteiübergreifend: Anfang November forderten sowohl Manfred Stolpe als auch sein sächsischer Amtskollege Kurt Biedenkopf unter dem Motto „Föderalisierung statt Zentralismus" eine rasche Zerschlagung der Treuhandanstalt sowie die umfassende Übertragung ihrer Privatisierung- und Sanierungsaufgaben an die neuen Länder. Als Rohwedder daraufhin in Bonn mit seinem baldigen Abschied drohte, entschied die Bundesregierung, am bestehenden Treuhand-Modell sowie der Zuständigkeit des CSU-geführten Bundesfinanzministeriums unter Theo Waigel weiter festzuhalten. Im Gegenzug sollten die Länderchefs dafür in den Verwaltungsrat der Treuhand einbezogen und so zumindest hinter den Kulissen umfassend eingebunden werden.

Entgegen der zeitgenössischen Wahrnehmung etablierten die Treuhandanstalt und die Landesregierung Brandenburgs im Folgenden bis Mitte 1991 ein dichtes Netzwerk von internen Austausch- und Meinungsbildungsstrukturen.[19] Es tagten Treuhand-Kabinette unter der Leitung Manfred Stolpes, und es wurden auf beiden Seiten Referate für die gegenseitigen Beziehungen eingeführt. Monats- und Branchengespräche sowie die Bildung einer Ansiedlungsgruppe im Potsdamer Wirtschaftsministerium sollten dazu beitragen, die Interessen des Landes bei Privatisierungsverhandlungen oder Abwicklungen ausreichend zu berücksichtigen. In Hochzeiten fanden sogar mehrmals wöchentlich Konsultationen statt. Dieses Zusammenwirken beeinflusste die Treuhand-Arbeit nachhaltig. So wurde dadurch beispielsweise die Treuhand verstärkt in die Kostenübernahme von Umweltaltlasten, die Beteiligung an Arbeitsfördergesellschaften oder die Entwicklung von Konzepten zur Weiterentwicklung der Industriestandorte eingebunden. Gelingen konnte dies auch, weil der öffentliche und politische Druck im Sinne einer stärkeren Teilhabe der Länder seit Beginn des Jahres 1991 stetig zunahm und schließlich in der bereits zitierten Kritik Stolpes Ende März 1991 gipfelte.

Nach der Ermordung Rohwedders im April 1991 gab es nur noch verhältnismäßig wenige Reibungspunkte zwischen der Brandenburger Landesregierung und der Treuhandanstalt, da das Kabinett um den zumeist auf Kompromiss setzenden Manfred Stolpe weitere Eskalationen vermeiden wollte. Ohnehin wurde der Privatisierungsauftrag der Treuhand nie generell in Frage gestellt. Eine mitunter geforderte dauerhafte Landesbeteiligung an Treuhandbetrieben für möglicherweise kostspielige Sanierungsvorhaben lehnte die Landesregierung vielmehr vehement ab. Das dann doch noch, aber zu spät erfolgte Engagement für den Mikroelektronikstandort Frankfurt (Oder) führte um die Jahrtausendwende zu enorm hohen

19 Dazu weiterführend siehe Wolf-Rüdiger Knoll, Mehr als ohnmächtig? Zur Zusammenarbeit zwischen Treuhandanstalt und Brandenburg, in: Deutschland Archiv, 16.6.2020, https://www.bpb.de/themen/deutschlandarchiv/311498/mehr-als-ohnmaechtig/ [13 6.2022].

Der Vorstandsvorsitzende der Treuhandgesellschaft, Detlev Rohwedder (l.), und Ministerpräsident Manfred Stolpe während einer gemeinsamen Sitzung mit der Landesregierung am 30.11.1990 in Potsdam.
Bundesarchiv, Bild 183-1990-1130-011 / Fotograf: Karlheinz Schindler

Subventionskosten, ohne dass es damit gelang, den Industriezweig erfolgreich zu verankern. Dafür musste die Landesregierung massive Kritik einstecken, zugleich wurden einmal mehr die Schwächen oft geforderter industriepolitischer Interventionen offengelegt.

Neben der Berliner Treuhand-Zentrale unterhielt die THA zusätzlich noch regionale Niederlassungen in allen ehemaligen Bezirksstädten der DDR. Zu Unrecht wurden (und werden) diese zumeist übersehen, obwohl in ihnen etwa zwei Drittel aller Verkaufs- oder Schließungsentscheidungen getroffen wurden. Räumlich und personell hervorgegangen aus den ehemaligen Bezirksverwaltungsstellen, begannen die zunächst als Außenstellen bezeichneten Einrichtungen im Frühjahr 1990 damit, die Umwandlung der Betriebe in GmbH's zu betreuen, ehe sie ab dem 3. Oktober 1990 als Niederlassungen firmierten und mit dem Privatisierungsgeschäft anfingen. In

Brandenburg zogen die neuen Leiter der Treuhanddependancen – allesamt zuvor selbstständige Unternehmer oder Manager in mittelständischen Unternehmen der Bundesrepublik – über aus ihrer Sicht holprige Straßen in Cottbus, Frankfurt (Oder) und Potsdam in nur provisorisch hergerichtete Bürogebäude ein, die in den Augen der westlichen Führungskräfte oftmals jedweder Beschreibung spotteten (und daher zugleich im Nachhinein häufig sehr ausführlich beschrieben und erinnert wurden): ohne funktionierende Telefonanschlüsse, ohne moderne Ausstattung, ohne einsatzfähige EDV. Dieses abrupte Ankommen in der „Provinz" prägte dabei gerade die ersten Wochen und Monate, in denen sich auch die Niederlassungen in Brandenburg intern sortierten und ihr Verhältnis zu den zuständigen Direktoraten in der Zentrale im fernen Berlin finden mussten. Die Mitarbeiterzahlen in den drei Brandenburger Treuhand-Niederlassungen stiegen von jeweils 15 bis 20 Beschäftigten Anfang Oktober 1990 bis Mitte 1991 auf 75 in Frankfurt (Oder) beziehungsweise 100 Mitarbeiterinnen und Mitarbeitern in Potsdam an.[20]

Art und Umfang der regional betreuten Betriebe waren vielfältig. Kleine Baufirmen wie die BSP-Baustoff- und Porenbeton GmbH in Doberlug-Kirchhain mit 23 Beschäftigten zählten ebenso zum Bestand wie die Herrenkonfektion Oranienburg GmbH (128 Mitarbeiterinnen), die Prenzlauer Schlachtbetrieb GmbH (63), die Wirtschafts- und Steuerberatungsgesellschaft mbH Frankfurt (Oder) (62) oder die Autoservice GmbH Tantow (20).[21] Durch Aufspaltungen und Teilprivatisierungen erhöhte sich der Unternehmensbestand in den Niederlassungen weiter. In Potsdam stieg die Anzahl der zu betreuenden Betriebe so von 234 Ende 1990 bis Anfang 1993 auf 374.[22] Dabei wiesen die Brandenburger Niederlassungen wesentlich geringere Unternehmensbestände auf, als etwa die der THA-Filialen in Sachsen oder Thüringen. Dies hing mit der stärker agrarisch geprägten Struktur der Brandenburger Wirtschaft – denn Agrarbetriebe wurden nur zu einem kleinen Teil von der THA betreut – sowie mit einer insgesamt geringeren Bevölkerungs- und Betriebsdichte zusammen. Dementsprechend betreute die größte THA-Niederlassung in Chemnitz im April 1992 mehr Betriebe (1082) als die drei Brandenburger Niederlassungen zusammen (974).[23] Die Privatisierungen führten in Cottbus, Frankfurt (Oder) und Potsdam bis April 1993 zu privaten Investitionszusagen

20 Treuhandanstalt (Hrsg.), Dokumentation, Bd. 2, Berlin 1994, S. 70, 86.

21 Brandenburgisches Landeshauptarchiv (BLHA), Rep. 1700 MW 2Z, Nr. 220, unfol., THA Niederlassung Potsdam und Cottbus, Übersicht noch zu Privatisierende Unternehmen; Bundesarchiv Berlin (BArch Berlin), B412/3123, Bl. 79, Gesamtportfolio Niederlassung Frankfurt, 21.1.1993.

22 BArch Berlin, B412/3117, Bl. 72, THA-Unternehmensbestand NL Potsdam, 25.1.1993.

23 Vgl. Treuhandanstalt (Hrsg.), Dokumentation, Bd. 8, S. 45.

von über sechs Milliarden DM.[24] Zusammengerechnet erreichten die drei Niederlassungen durch Privatisierungen die von den Investoren versprochene Sicherung von 69 440 Arbeitsplätzen, wenngleich Angaben zu den Ende 1990 in den Betrieben Beschäftigten fehlen.[25] Für die Niederlassung Frankfurt (Oder) prognostizierte der dortige Leiter im August 1992 optimistisch den Erhalt von zwei Dritteln der ursprünglich 30 000 Arbeitsplätze in den THA-Betrieben.[26]

Der in großem Tempo angepeilte Abschluss der Privatisierungstätigkeit in Cottbus, Frankfurt (Oder) und Potsdam erfolgte bereits Ende 1992 bzw. Anfang 1993 – nicht ohne zuvor in Einzelfällen erhebliches mediales Echo erzeugt zu haben. Im Allgemeinen konnten die Niederlassungen aber weitgehend unter dem Radarschirm der Öffentlichkeit sowie der Landespolitik arbeiten; auch die Treuhand-Zentrale, die die Niederlassungsleiter wiederholt zu großer Eigenverantwortung und „unternehmerischer" bzw. „mutiger" Selbstständigkeit ermutigte, schien gerade in der Frühphase des Jahres 1991 noch sehr weit weg zu sein. Von den eigentlichen Problemen der durch den Zeitdruck geschaffenen Schwächen in den Arbeitsabläufen zeugen die Revisionsberichte der THA-Zentrale, die schon zeitgenössisch kritische Fragen nach einer möglicherweise stärkeren institutionellen Einbettung oder politischen Kontrolle aufwarfen.

Spitzenplatz in der Privatisierungsbilanz: Ergebnisse der Treuhandtätigkeit in Brandenburg

Stellt man die komplizierten Ausgangsbedingungen vieler ehemaliger sozialistischer Betriebe in Rechnung, zeigten sich bei den Privatisierungsergebnissen der Treuhand in Brandenburg bemerkenswerterweise durchaus einige Erfolge: So übernahm Mercedes-Benz im Herbst 1990 den Standort Ludwigsfelde und BASF das Synthesewerk in Schwarzheide. Der italienische Konzern Riva setzte auf den Bauboom in Ostdeutschland und kaufte Anfang 1992 die modernen Teile der Stahlwerke in Brandenburg an der Havel und Hennigsdorf.[27] Für das EKO Eisenhüttenstadt konnte unter großen Anstrengungen schließlich 1994 ein tragfähiges Privatisierungs-

24 BArch Berlin, B412/26252, unfol., NL-Report März 1993, S. 6, 19.4.1993.

25 Vgl. ebenda.

26 Wenn der Oberbürgermeister mit dem Treuhand-Regionalchef nicht kann, in: Handelsblatt vom 31.8.1992.

27 Vgl. Wolf-Rüdiger Knoll, Zwischen Abbruch und Aufbruch – Die Treuhandanstalt und der Verkauf der Stahlwerke Hennigsdorf und Brandenburg im Kontext der europäischen Stahlkrise, in: Dierk Hoffmann (Hrsg.), Transformation einer Volkswirtschaft. Neue Forschungen zur Geschichte der Treuhandanstalt, Berlin 2020, S. 143–160.

konzept gefunden werden, das das Überleben des Standortes bis in die Gegenwart ermöglicht hat. Andererseits führte die Schließung des Nähmaschinenwerkes und weiterer Betriebe in Wittenberge zu weitgehenden Deindustrialisierungsprozessen in der Prignitz. Standorte wie Eberswalde oder Rathenow litten außerdem unter einem massiven Beschäftigungsabbau im verarbeitenden Gewerbe, der nicht zuletzt auch viele weibliche Beschäftigte mit voller Härte traf.

Im September 1994 gaben die Monatsberichte der Treuhand letztmalig Auskunft über die regional gegliederten Privatisierungsergebnisse der Treuhandanstalt. Diese zeitgenössische Bilanz bot dabei Anknüpfungspunkte für eine landesspezifische Differenzierung. Ein Blick auf die für die THA wesentlichen Kriterien zeigt, dass Brandenburg bereits in absoluten Zahlen, insbesondere aber in Relation zur Bevölkerung hinsichtlich der Arbeitsplatz-, Investitions- und Erlöszusagen den Spitzenplatz aller ostdeutschen Flächenländer und insgesamt hinter Ost-Berlin den zweiten Platz belegen konnte (siehe Tabelle).[28]

Tabelle: THA-Privatisierungsergebnisse pro Kopf[29]

Bundesland (Bevölkerungsstand 1989)	**Zugesagte Arbeitsplätze je 100 Einwohner**	**Investitionszusagen pro Kopf (in DM)**	**Erlöszusagen pro Kopf (in DM)**
Berlin-Ost	19	40 547	17 281
Brandenburg	10	15 059	3524
M-V	6	7262	1894
Sachsen-Anhalt	6	9490	2486
Sachsen	8	9942	3131
Thüringen	8	6587	2175

Die Position hinter (Ost-)Berlin hing unmittelbar mit der geografischen Besonderheit Brandenburgs zusammen, das die im Juni 1991 zur zukünftigen Bundeshaupt-

28 Zu beachten ist dabei allerdings, dass es sich bei den Treuhand-Statistiken zunächst um Absichtserklärungen der Investoren handelte, die zwar von der Treuhand durchaus überprüft wurden, sich allerdings effektiv von den tatsächlichen Aufwendungen und Ergebnissen unterscheiden konnten.

29 Eigene Berechnungen nach BArch Berlin, B412/24129, Monatsbericht der THA, September 1994, S. 9.

stadt bestimmte Metropole umschloss. Die Sogwirkung des sogenannten Hauptstadtbeschlusses sowie die Hoffnung auf ein rasches Zusammenwachsen der zuvor geteilten Stadt führte dabei zu einem wesentlich größeren Interesse von Investoren, Treuhand-Betriebe (und möglicherweise auch deren Grundstücke und Immobilien) in der Hauptstadt und dem sie umgebenden Speckgürtel zu übernehmen. Ein Großteil der von der Treuhand verzeichneten Investitionen erfolgte in Brandenburg daher in den Berlin-nahen Regionen. Insbesondere in der Bau- und Konsumbranche war das Interesse zunächst hoch, wie der Kauf des 30 Kilometer östlich des Berliner Stadtzentrum gelegenen Rüdersdorfer Zementwerkes durch eine deutsche Tochter des britischen Baukonzerns RMC im Herbst 1990 zeigte. Die Verflechtungen des Wirtschaftsraumes Berlin-Brandenburg trugen somit maßgeblich zur Treuhand-Bilanz in Brandenburg bei.

Andererseits verzeichnete das neue Bundesland starke interregionale Disparitäten. Strukturschwache Gebiete wie die Prignitz oder die Uckermark konnten kaum Investitionen verbuchen. Unternehmerische Erfolge bei industriellen „Leuchttürmen" standen im Kontrast zu den massiven ökonomischen, gesellschaftlichen wie kulturellen Folgen des raschen Wirtschaftsumbaus nach 1990. Die Zahl aller Industriebeschäftigten in Brandenburg sank von 463 000 im Jahr 1989 auf 160 000 fünf Jahre später. Dies bedeutete allerdings nicht, dass der Beschäftigtenabbau automatisch in die Arbeitslosigkeit führte. Die Industriestatistik der DDR umfasste nämlich auch jene Beschäftigte, die etwa in den Kindergärten, Polikliniken, Sportstätten, Ferieneinrichtungen oder Baubrigaden der Betriebe tätig waren. Diese Einrichtungen wurden später zum Teil kommunalisiert oder ausgegliedert. Dennoch verzeichnete Brandenburg 1994 eine Arbeitslosenquote von 15,3 Prozent, womit es nur leicht unter dem ostdeutschen Durchschnitt von 16 Prozent lag. Gravierender war die Entwicklung bei der Unterbeschäftigungsquote, die auch unsichere Arbeitsverhältnisse berücksichtigt: 1991 und 1992 war mehr als jeder dritte Brandenburger arbeitslos oder befand sich in Kurzarbeit, Vorruhestand, Fortbildung sowie Umschulung.[30]

Im ostdeutschen Maßstab wich Brandenburg bei den wesentlichen wirtschaftlichen Parametern nicht außergewöhnlich von den anderen Ländern ab, da die Probleme und Herausforderungen der Regionen ähnlicher Natur waren. Insofern beschritt Brandenburg im Zuge der Transformation Ostdeutschlands eben keinen eigenständigen „Brandenburger Weg", der als Ideal einer Konsensdemokratie die

30 Vgl. Amtliche Nachrichten der Bundesanstalt für Arbeit, Arbeitsmarkt 1991/1992/1993/1994, https://statistik.arbeitsagentur.de/SiteGlobals/Forms/Suche/Einzelheftsuche_Formular.html;jsessionid=E46E43B208E548F87723410902A084B7?nn=21064&topic_f=arbeitsstatistik [21.7.2022].

Zusammenarbeit der politischen Parteien in der ersten Legislaturperiode bis 1994 beschrieben hatte.[31]

Anstatt die Privatisierungsaufgabe der Treuhand an sich infrage zu stellen, drängte das Brandenburger Kabinett – verkörpert insbesondere durch den Ministerpräsidenten, den FDP-Wirtschaftsminister Walter Hirche und die SPD-Arbeitsministerin Regine Hildebrandt – durch persönliches Engagement auf konkrete Lösungen in besonders kritischen Fällen. Anders als etwa in Sachsen-Anhalt oder Mecklenburg-Vorpommern bestand bis 1994 eine personelle Kontinuität auf den für die Bundesregierung und die Treuhand entscheidenden Posten der Brandenburger Landesregierung. Deren Tätigkeit war geprägt von einem interventionistischen Agieren, mit dem „Moderierer" Manfred Stolpe und der fordernden, weil um Sozialpolitik und Beschäftigungsperspektiven besorgten, Regine Hildebrandt an der Spitze.[32]

Diese Form des persönlichen Interventionismus wurde auch gewählt, weil die Landespolitiker um ihre begrenzten Handlungsspielräume und Ressourcen wussten. Aufgrund der geringen finanziellen Möglichkeiten fehlte es auf Landesebene an alternativen Konzepten, um dem Abbau von Kapazitäten und Arbeitsplätzen mit Maßnahmen zu begegnen, die über temporäre Beschäftigungsmöglichkeiten und den Erhalt von industriellen Grundstrukturen hinausgingen. Zwar hielt die Treuhand an ihrem generellen Primat einer Privatisierung der Betriebe als „wirksamster Form der Sanierung" fest, wie Rohwedder es noch kurz vor seinem Tod formuliert hatte. Dennoch ergab sich für die Landesregierung bisweilen die Möglichkeit, in Einzelfällen unmittelbar in den Privatisierungsprozess wichtiger Standorte des verarbeitenden Gewerbes einzugreifen. Dies war auch der Fall beim Chemiefaserwerk Premnitz, dessen Verkauf zu einem der wenigen großen Streitfälle zwischen der Landesregierung Brandenburgs und der Treuhandanstalt avancierte.

Ein märkisches Bischofferode? Die Privatisierung des Chemiefaserwerkes Premnitz als Politikum und Belastungsprobe

Anfang der 1960er-Jahre expandierte der im havelländischen Premnitz gelegene VEB Chemiefaserwerk „Friedrich Engels" Premnitz (CFP) im Rahmen des Chemieprogramms der SED.[33] Neue Produktionsverfahren zur Herstellung von

31 Andreas Anter/Astrid Lorenz/Werner Reutter, Der Brandenburger Weg – ein Mythos?, in: dies., Politik und Regieren in Brandenburg, Wiesbaden 2016, S. 247–264.

32 Der Moderierer, in: Die Zeit vom 30.9.2019.

33 Ein umfangreicher historischer Abriss zur Entwicklung des Werkes bis 1945 findet sich in: Kommission für Betriebsgeschichte im Auftrage der Betriebsparteiorganisation (Hrsg.), Polyester contra Pulver. Zur Geschichte des VEB Chemiefaserwerks „Friedrich Engels", Premnitz/

synthetischen Fasern unter den Namen Wolpryla (Acryl) und Grisuten (Polyester) wurden eingeführt. Die Erweiterung der Anlagen und der damit verbundene Beschäftigtenzuwachs führten gleichzeitig zu einem raschen Anstieg der Bevölkerungszahl in Premnitz – von etwa 6000 auf beinahe 12 000 allein zwischen 1950 und 1970. Ein Großteil der Einwohner arbeitete im nahegelegenen Chemiefaserwerk, das Mitte der 1980er-Jahre etwa 7000 Beschäftigte zählte.[34] Für die rasch wachsende Stadt bildete der Betrieb mit seinen sozialen und kulturellen Einrichtungen den Mittelpunkt des gesellschaftlichen Lebens.

Als Hauptprodukte wurden im CFP von jeher Kunstfasern hergestellt, die als Grundlage zur Produktion von Ober- und Unterbekleidung, Gardinen oder Möbelbezugsstoffen dienten. Darüber hinaus wurden Viskose-Feinseide, Aktivkohle und Schwefelsäure sowie Magnettonbandkassetten produziert.[35] Der wichtigste Absatzmarkt des Chemiefaserwerks war die DDR selbst. 1989 gingen drei Viertel der Waren an ostdeutsche Textilunternehmen und nur sechs Prozent ins westliche Ausland.[36] Noch im Februar 1988 erfolgte im Beisein von Erich Honecker die Einweihung einer etwa eine Milliarde Mark teuren, weitgehend automatisierten Faseranlage.[37] Der Ausbau des Werkes entsprach dabei dem Autarkiebestreben der Staats- und Parteiführung, kostspielige Importe zu verhindern und sich stattdessen mit dem Aufbau eigener Kapazitäten von Rohstofflieferungen unabhängig zu machen.[38] Ein gegensätzliches Nebeneinander zwischen sehr alten Produktionsanlagen für Kunstseide und Aktivkohle aus den 1940er- und 1950er-Jahren sowie sehr modernen Kapazitäten im Bereich der synthetischen Fasern prägten daher den Zustand des Werkes vor der Wiedervereinigung.[39]

Damit war Premnitz kein Einzelfall. Viele Brandenburger Betriebe, wie die Optischen Werke im nahegelegenen Rathenow oder die großen Stahlwerke, verfügten am Ende der DDR 1989 über zum Teil sehr moderne Anlagen, die allerdings neben nicht

Berlin 1969, S. 10–94; vgl. auch Sebastian Kinder/Haik Thomas Porada (Hrsg.), Das Havelland um Rathenow und Premnitz, Köln u. a. 2017, S. 322–331.

34 Jeannette Madarász-Lebenhagen (Hrsg.), Alltag im ostdeutschen Premnitz – Mit den Kalenderblättern (1982–1984) von Hubert Biebl, Berlin 2012, S. 21.

35 Vgl. BArch Berlin, B412/26447, Bl. 310: Zusammengefasste Darstellung zum Sanierungsprogramm der Märkischen Faser-AG Premnitz, ohne Datum.

36 Vgl. ebenda., Bl. 259: Veränderung der Absatzlage im Zusammenhang mit der Wirtschafts- und Währungsunion sowie mit dem Wegfall von Lieferungen in RGW-Länder.

37 Erich Honecker vor 5000 Chemiefaserwerkern in Premnitz, in: Neues Deutschland vom 26.2.1988.

38 Vgl. Herbert Bode, Geschichte der Chemiefaserindustrie der Deutschen Demokratischen Republik, in: Gesellschaft Deutscher Chemiker/Fachgruppe Geschichte der Chemie (Hrsg.), Mitteilungen, Bd. 14 (1998), S. 158–169, hier: S. 168.

39 Madarász-Lebenhagen, Alltag im ostdeutschen Premnitz, S. 174.

selten maroden Produktionsstätten – die zum Teil 40 Jahre und älter waren – neu errichtet wurden.

Der Ausbau der Anlagen in Premnitz war zunächst dem allgemeinen Trend zur verstärkten Nutzung von Kunstfasern gefolgt. Nach einem enormen Zuwachs der Produktion von Chemiefasern in der Bundesrepublik und Westeuropa verzeichnete die Chemiefaserindustrie dort seit den 1970er-Jahren allerdings erhebliche Überkapazitäten.[40] Die Nachfrage hatte mit der raschen Expansion der Produktionskapazitäten nicht mehr mithalten können, sodass sich die großen Faserkonzerne in Westeuropa auf Kartellabsprachen einigten. Zwischen 1980 und 1989 sank die Zahl der Chemiefaserindustriebeschäftigten in den Ländern der Europäischen Gemeinschaft daher um mehr als ein Drittel.[41] Dennoch lag die Kapazitätsauslastung westdeutscher Chemiefaserproduzenten Ende der 1980er-Jahre bei nur etwa 75 Prozent. Der Markt für Chemiefasern in der Bundesrepublik war zum Zeitpunkt der Wiedervereinigung also mehr als gesättigt.

Der Ausbruch der Friedlichen Revolution und die nachfolgenden Veränderungen ließen sehr rasch wirtschaftliche Probleme aufkommen. Noch vor der Währungsunion zeigten sich in Premnitz krisenhafte Entwicklungen. Bereits im Juni 1990 musste die Werksleitung feststellen, dass 80 Prozent der Aufträge aus der ostdeutschen Textilindustrie storniert wurden. Mit der Auflösung der Kombinatsstrukturen verließ das CFP-Werk auch das Chemiefaserkombinat Wilhelm Pieck. Am 30. Juni 1990 erfolgten die Umwandlung und Umbenennung in Märkische Faser AG Premnitz (MFAG). Aufgrund der noch in den 1980er-Jahren getätigten Investitionen übernahm das Unternehmen Altschulden in Höhe von 227 Millionen DM.[42] Ein von der Unternehmensleitung erstelltes Konzept aus dem Sommer 1990 sah die Stilllegung einer Reihe von Anlagen vor. Die gerade zwei Jahre zuvor eingeweihte und nun überdimensionierte WOLPRYLA-Anlage sollte statt Kunstfasern für die Bekleidungsindustrie zukünftig Bestandteile für die Asbestsubstitution in der boomenden Baubranche fertigen.[43] Umfangreiche Personaleinsparungen sollten die Beschäftigtenzahlen von 6300 bis 31. Dezember 1991 auf etwa 2800 mehr als halbieren, und geplante Sanierungsmaßnahmen wurden mit Kosten in

40 Ulrich Fehl/Peter Oberender, Chemiefaserindustrie, in: Peter Oberender (Hrsg.), Marktstruktur und Wettbewerb in der Bundesrepublik Deutschland. Branchenstudien zur deutschen Volkswirtschaft, München 1984, S. 217–242, hier: S. 219.

41 Vgl. Richard Reuter, Dumping aus marktökonomischer Sicht, Wiesbaden 1996, S. 148.

42 BArch Berlin, B 412/26447, Bl. 317, 11. Sitzung des Leitungsausschusses am 6.10.1990: Vermerk über die Beurteilung der Sanierungsfähigkeit ausgewählter DDR-Betriebe.

43 Ausführungen zum betriebseigenen Unternehmenskonzept in: BArch Berlin, B 412/16265, Bl. 30–42, hier Bl. 30, 19. Sitzung des Leitungsausschusses am 1.11.1990, Vermerk über die Sanierungsfähigkeit ausgewählter DDR-Betriebe.

Höhe von 339 Millionen DM in einem Zeitraum von drei bis vier Jahren veranschlagt.[44]

Von der Treuhandanstalt beauftragte westdeutsche Wirtschaftsprüfungsgesellschaften kamen bei der Analyse des Unternehmenskonzeptes sowie der Marktsituation allerdings zu dem Schluss, dass selbst im günstigsten Fall Verluste von bis zu 50 Millionen DM jährlich zu erwarten seien. Im Herbst 1990 bewertete die Unternehmensberatung McKinsey die MFAG als „nichtsanierungswürdig und -fähig".[45] Der Leitungsausschuss, ein beim Bundesfinanzministerium ansässiges Expertengremium zur Beurteilung der Privatisierungschancen ostdeutscher Betriebe, folgte den McKinsey-Vorschlägen und sprach sich am 6. Oktober 1990 für eine Schließung des Werkes aus.[46] Die geringen Marktchancen für Premnitz und viele andere Chemiefaserbetriebe in Ostdeutschland kommentierte Rohwedder in der Verwaltungsratssitzung der THA vom 11. Dezember 1990 beinahe apodiktisch mit den Worten: „Sie sind dem Tod geweiht."[47]

Entgegen dieser Einschätzung entschieden Vorstand und Verwaltungsrat, die MFAG aufgrund ihrer überragenden Bedeutung als Arbeitgeberin in der Region über eine internationale Ausschreibung interessierten Investoren anzubieten.[48] Nach einer Initiative Manfred Stolpes bei Rohwedder betonte daraufhin der Treuhand-Präsident immerhin das Interesse seiner Organisation, den Standort zumindest in Teilen zu erhalten. Sofern eine Überlebenschance auf dem Markt bestünde, schlug Rohwedder als Gesamtkonzept die Idee eines Industrieparks vor.[49] Die Treuhandanstalt garantierte zunächst den Fortbestand des Unternehmens und die Übernahme der anfallenden Verluste aus dem operativen Geschäft. Bis Ende Juni 1991 hatte sich die Beschäftigtenzahl in der MFAG bereits auf 3600 halbiert.[50] Aufgrund fehlender Interessenten beauftragte die mittlerweile von Birgit Breuel geführte Treuhand-Zentrale im August 1991 die US-Investmentbank Booz Allen damit, eine Privatisierungsstrategie für das Chemiefaserwerk auszuarbeiten sowie international bis Ende 1991 nach Investoren zu suchen, bevor das Unternehmen endgültig

44 Ebenda., Bl. 36.

45 Ebenda., Bl. 37.

46 BArch Berlin, B 412/16262, Bl. 150, 11. Sitzung des Leitungsausschusses am 6.10.1990, Ergebnisprotokoll.

47 Brandenburgisches Landeshauptarchiv (künftig BLHA), Rep. 1700, Nr. 144, unfol., Aktennotiz über die Verwaltungsratssitzung am 11.12.1990, S. 3.

48 BArch Berlin, B 412/26446, unfol., Entscheidungsvorlage für Verwaltungsratssitzung am 18.10.1990, S. 2.

49 BArch Berlin, B 412/3713, unfol., Antwortschreiben von Detlev Karsten Rohwedder an Manfred Stolpe an vom 21.1.1991, S. 2.

50 Ebenda.

in die Liquidation geschickt werden sollte.[51] Als einziger Kaufinteressent meldete sich daraufhin die Schweizer Firma Alcor Chemie AG, die zuvor bereits die Novoktan GmbH (diese produzierte Antiklopfmittel in der Benzinherstellung) mit 220 Beschäftigten aus dem Bestand der MFAG erworben hatte.[52] Alcor, das selbst nur 15 Mitarbeiter zählte, plante den Betrieb als Anführer eines Konsortiums gewinnbringend an russische Investoren weiter zu veräußern, verschwieg aber der Treuhand die weiteren Partner.

Aufgrund der schwierigen wirtschaftlichen Situation der MFAG, fehlender sonstiger Interessenten und der besonderen Bedeutung des Standortes für die Region, die eine Schließung als politisch schwer durchsetzbar erschienen ließ, entschieden die Treuhand-Manager entgegen ihren sonstigen Grundsätzen und verzichteten auf entsprechende Garantien sowie eine Überprüfung der Erwerberstrukturen. Am 4. Oktober 1991 wurde daher mit Alcor ein Erwerbervertrag für die MFAG abgeschlossen, dem keine ausreichende Bonitätsprüfung zugrunde lag und in dem keine Kooperationspartner genannt wurden. Alcor zahlte einen Kaufpreis in Höhe von fünf Millionen DM und verpflichtete sich zum Erhalt von 2000 Arbeitsplätzen sowie zu Investitionen von 100 Millionen DM bis zum 31. Dezember 1995.[53]

Mit der Übernahme der Altschulden des Betriebes sowie der Verlustausgleiche und der Ausgaben für den Sozialplan summierten sich die Kosten der Privatisierung auf 328 Millionen DM, die am Ende bei der Treuhandanstalt verblieben.[54] Mit dem Verkauf erhoffte sich die THA trotzdem erstens, der äußerst strukturschwachen Region wirtschaftliche Überlebensimpulse geben zu können, und zweitens die weiterhin zu erwartenden Verluste des Betriebes in die Verantwortung anderer Hände zu geben.[55] Mit letzterem war zu rechnen, denn das Konzept des Schweizer Unternehmens war vollständig von der Auftragslage der sowjetisch-russischen Textilunternehmen abhängig beziehungsweise ohne diese entbehrte das Privatisierungskonzept jeder Grundlage. Dabei hatte die Bundesregierung bereits Ende 1991 angedeutet, die Höhe der staatlichen Bürgschaften für Exportkredite (sogenannte

51 BArch Berlin, B 412/26449, unfol., Vorschlag zur Privatisierung der Märkische Faser AG, 1.8.1991 ebenda.: Interner Vermerk des Ministeriums für Wirtschaft, Technologie und Mittelstand vom 11.9.1991, S. 1.

52 BArch Berlin, B412/26450, Schreiben des Vorstands der Märkischen Faser AG an die Treuhandanstalt, Direktorat Chemie vom 18.3.1991.

53 BArch Berlin, B412/26450, unfol., Kauf der Märkischen Faser AG Premnitz durch die Alcor-Chemie AG Baar, 13.1.1992.

54 BArch Koblenz, B136/ 37732, Bl. 361; BLHA, Rep. 1100 MP, Nr. 541, unfol., Vorlage für die Vorstandssitzung am 24.9.1991: Verkauf der Märkischen Faser AG Premnitz, Anlage 2.

55 Ebenda, S. 12.

Hermes-Bürgschaften) in die Sowjetunion bzw. deren Nachfolgestaaten aufgrund der unklaren politischen Situation und schlechter Zahlungsmoral für das Jahr 1992 zu kürzen.[56] Da somit zahlreiche Exportvorhaben ostdeutscher Betriebe nicht mehr von der Bundesregierung gesichert wurden, kam es nun zur Stornierung vieler Aufträge.

Betroffen waren davon auch die geplanten Abnehmer der MFAG in Russland. Ein Weiterverkauf kam nicht zustande und Alcor blieb entgegen der Planungen Eigentümer. Schon bald geriet die MFAG in akute finanzielle Schwierigkeiten. Als Alcor Ende August 1992 an die Treuhand mit dem Ziel herantrat, eine Rücknahme der MFAG gegen die volle Erstattung der bisherigen Aufwendungen zu erreichen, spitzte sich die Krise drastisch zu.[57] Nach Ablehnung durch den Treuhand-Vorstand kündigte Alcor am 23. September 1992 an, den Betrieb aufgrund des Zusammenbruches der GUS-Märkte und fehlender Perspektiven stillzulegen. Die 2155 verbliebenen Beschäftigten erhielten ihre Kündigung.[58] Am Tag darauf begannen die Mitarbeiter des Betriebes, auf Initiative der Gewerkschaftsvertreter der IG Chemie hin das Werk zu besetzen. Der Betriebsrat der MFAG warf der Treuhand-Zentrale vor, dass diese sich mit dem Verkauf aus der „politischen Verantwortung“ habe stehlen wollen.[59] Premnitz wurde, zumindest für einen Moment, nun zu einem regionalen und schließlich auch nationalen Politikum.

Kampf ums Überleben

Einen Tag nach dem Beginn der Betriebsbesetzung trafen sich Vertreter des Betriebsrates, der IG Chemie, des Vorstands von Alcor, der Treuhand und Ministerpräsident Manfred Stolpe, um Lösungswege zu erörtern, wie die geplante Stilllegung verhindert werden könne. Im Ergebnis erklärten sich die Treuhandanstalt und die Landesregierung Brandenburgs bereit, nichtbetriebsnotwendige Grundstücke der MFAG für 25 Millionen DM zu erwerben, um damit die Liquiditätsengpässe des Betriebes für einige Monate zu überbrücken. Am 6. Oktober 1992 demonstrierten dennoch 900 Beschäftigte der MFAG lautstark vor der Treuhand-Zentrale

56 Der Handel mit den Republiken der ehemaligen UdSSR hängt von der Fortschreibung der Hermes-Bürgschaften ab, in: Handelsblatt vom 20.12.1991.

57 BArch Koblenz, B136/37732, Bl. 357, Interner Vermerk für den Chef des Bundeskanzleramts, 8.10.1992.

58 Vgl. Märkische Faser AG: Privatisierung gescheitert. Der Chemiefaserhersteller soll stillgelegt werden, in: Handelsblatt vom 25.9.1992; Vertragsbruch oder Konkurs, in: TAZ vom 24.10.1992.

59 Erst Jubel, dann Ärger und nun Wut in Premnitz, in: Die Welt vom 25.9.1992.

in Berlin und forderten die Rücknahme des Betriebes durch die THA.[60] Vorstandsmitglied Klaus Schucht befürchtete einen Präzedenzfall, der Schule machen könnte, und kommentierte daher die Forderung der Protestierenden wie folgt: „Sie wollen zurück zur Treuhandanstalt, wo sie sich sicherer fühlen, wollen unter unserer Obhut weiterarbeiten oder abgewickelt werden. Wir müssen ablehnen. Der erste Fall dieser Art würde eine Lawine auslösen. Wir sehen hier die Spitze eines Eisberges."[61] Ende 1992 erreichte Manfred Stolpe mit einem Schreiben an Bundeskanzler Helmut Kohl immerhin die Bewilligung weiterer Hermes-Kredite für Exportaufträge.[62] Auf der Basis der von der Treuhand und der Landesregierung zugesagten Kredite beendete die Belegschaft daraufhin Anfang Dezember die Betriebsbesetzung. Während Stolpe erklärte, Premnitz sei für ihn die „vorderste Front" bei der Erhaltung „industrieller Kerne" in Ostdeutschland, vermied es Kanzleramtsminister Friedrich Bohl von der CDU bei seinem Besuch in Premnitz Anfang 1993 eine Bestandsgarantie für das Unternehmen zu geben.[63]

Doch die Situation änderte sich nicht grundlegend: Aufgrund geringer Kapazitätsauslastung und fortgesetzt hoher Verlustbilanzen verringerte sich der Mitarbeiterbestand bis Mitte 1993 weiter auf 1700.[64] Alle Verkaufsverhandlungen mit russischen Unternehmen waren gescheitert. Mit der neu geschaffenen Arbeitsfördergesellschaft Premnitz erhielten immerhin einige hundert aus dem Betrieb gekündigte Mitarbeiterinnen und Mitarbeiter im Rahmen von Sanierungsarbeiten auf dem Werksgelände zeitlich befristete Stellen.[65] Da der Investor Alcor mit der Führung des Betriebs aus Sicht der Brandenburgischen Landesregierung mehr als überfordert schien, bat Wirtschaftsminister Hirche in einem Schreiben an Präsidentin Birgit Breuel Anfang 1994 erneut die Treuhand um Hilfe, auch wenn sich diese nach wie vor weigerte, die MFAG zurückzunehmen. Unter dem Verweis auf die von einem Hungerstreik begleitete Schließung eines thüringischen Kalibergbaus, der sich auf die öffentliche Wahrnehmung der THA katastrophal auswirkte, erklärte Hirche: „Lassen Sie mich abschließend feststellen, dass sich zumindest das Land Brandenburg ein zweites Bischofferode ersparen möchte."[66] Doch sein Appell verhallte bei Breuel. Obwohl privatisiert und stark geschrumpft, war die MFAG neben dem EKO Eisenhüttenstadt der zweite strukturbestimmende Großbetrieb

60 900 Faserwerker forderten in Berlin: ‚Wir wollen Arbeit', in: Neues Deutschland vom 7.10.1992.

61 BArch Koblenz, N 1585/17, Tagebuch von Klaus Schucht, 6.10.1992, S. 788.

62 BArch Koblenz, B136/37732, Bl. 356, Schreiben von Manfred Stolpe an Helmut Kohl, 6.10.1992.

63 Märkische Faser kurz vor der Entscheidung, in: Handelsblatt vom 4.12.1992; „Bundeshilfe für Faser AG", in: Neue Zeit vom 28.1.1993.

64 Vgl. Fortschritte bei der Märkischen Faser, in: Handelsblatt vom 7.4.1993.

65 Vgl. Neuer Interessent für die Märkische Faser AG, in: Handelsblatt vom 11.6.1993.

66 BArch Berlin, B412/26461, Bl. 421, Schreiben von Walter Hirche an Birgit Breuel vom 28.2.1994.

in Brandenburg, für den noch immer keine dauerhafte Lösung gefunden werden konnte.

Im Sommer 1994 suchte die Landesregierung deshalb weiter nach Optionen für die MFAG, um den unliebsamen Eigentümer Alcor loszuwerden, und richtete ihren Blick dafür nun ins Partnerland Nordrhein-Westfalen. Ministerpräsident Stolpe kontaktierte die dortige, ebenfalls SPD-geführte Landesregierung bzw. seinen Parteifreund Johannes Rau, was ihn wiederum zur Westdeutschen Landesbank Girozentrale (WestLB) aus Düsseldorf führte.[67] Die WestLB hatte in den 1970er-Jahren begonnen, in Krisen geratene Unternehmen wie Preussag, die Ruhrkohle oder Hoesch zu stützen und war damit zu einem wichtigen wirtschafts- und industriepolitischen Instrument der NRW-Landesregierung avanciert.[68] Als Stolpe mit seinem Rettungsvorhaben an die Bank herantrat, zeigte sich diese zur Freude des Ministerpräsidenten behilflich. Über eine Tochterfirma für ostdeutsche Beteiligungen (WestNBL) wurde ein Unternehmenskonzept erarbeitet, das die Fortführung der Produktion vorsah. Die WestNBL sah sich dabei als Zwischeninvestor und wollte einzelne Unternehmensteile innerhalb von drei Jahren weiterverkaufen.[69] Juristisch nahm die Treuhand die Märkische Faser AG Premnitz durch Beschluss des Verwaltungsrates im September 1994 schließlich doch noch zurück in ihren Bestand, um sie dann direkt an die WestNBL weiter zu veräußern. Dieses Szenario wurde Treuhand-intern gesichtswahrend als „Investorentausch" bezeichnet. Die WestNBL garantierte den Erhalt von 400 Arbeitsplätzen und Investitionen in Höhe von 25 Millionen.[70] Damit schien vorerst das drohende Ende abgewendet.

Unter dem neuen Eigentümer konnte der Umsatz gesteigert werden. Während einige Anlagen stillgelegt wurden, stieg die Nachfrage nach Viskose stark an. Im Oktober 1996 erwarb die spanische Chemiegruppe La Seda mit Sitz in Barcelona die zuvor modernisierte Viskose-Sparte. Im Juni 1998 kaufte die Tolaram-Gruppe aus Singapur die restliche MFAG, die 1997 noch 370 Beschäftigte gezählt hatte. Vor dem Hintergrund der Verlagerung vieler Produktionsstätten von Europa in asiatische Niedriglohnländer – allen voran nach China – und dem damit verbundenen Absatzrückgang von Chemiefasern in Deutschland, geriet die MFAG Ende 1990er-Jahre

67 Prefil Premnitz wird für Platzeck zum Politikum, in: Lausitzer Rundschau vom 12.12.2002.

68 Daniel Seikel: Der Kampf um öffentlich-rechtliche Banken. Wie die Europäische Kommission Liberalisierung durchsetzt, Frankfurt a. M./ New York 2013, S. 117.

69 BArch Berlin, B412/26447, Bl. 119, Deutsche Industrie Consulting GmbH, Unternehmenskonzept MFAG, 2.9.1994.

70 BArch Berlin, B412/ 8889, Bl. 196, 51. Sitzung des Verwaltungsrates der Treuhandanstalt vom 9.9.1994.

allerdings wieder in die Existenzkrise.[71] Ende 2000 verkündete La Seda das Ende seines Engagements in der Viskose-Produktion. 2001 erfolgte zudem die Insolvenz der Märkischen Faser AG.[72] Auch die Prefil GmbH musste 2002 als Nachfolgerin von La Seda Insolvenz anmelden.

Damit hätte der Standort vor dem endgültigen Aus gestanden, wäre nicht der neue Investor Glaeser Textil eingestiegen, ein Textilhandels- und Recyclingunternehmen aus Ulm, das bereits vor der Wiedervereinigung beim Chemiefaserwerk Premnitz Produkte einkaufte. Ihm gelang es, den schwer gebeutelten Betrieb wirtschaftlich zu stabilisieren.[73] Entgegen dem allgemeinen Arbeitsplatzabbau in der Chemiefaserindustrie konsolidierte Glaeser durch die zunehmende Konzentration auf die Herstellung spezialisierter Fasern und aufgrund des vorhandenen Facharbeiterpotenzials in Premnitz die Produktionsstätte und erhöhte sogar die Zahl der Beschäftigten auf insgesamt 525 im Jahr 2019.[74] Neben Polyesterfasern produziert die Märkische Faser GmbH vor allem Additive für Farben sowie Fasern und Granulaten aus Recyclingmaterial, meist PET-Flaschen. Um den Betrieb herum haben sich eine Reihe von Unternehmen im Industriepark Premnitz angesiedelt, der durch die erhebliche Förderung der Landesregierung Brandenburg saniert und erweitert wurde. Im Jahr 2019 verzeichnete der Industriepark Premnitz nach eigenen Angaben 40 Unternehmen mit circa 1400 Beschäftigten.[75]

Fazit: Weder Triumph, noch Desaster

Dieser kurze Streifzug von Manchester über Berlin und Potsdam in das Havelland nach Premnitz eröffnet neue Einblicke in ein in (Ost-)Deutschland hochumstrittenes Phänomen, die Treuhandanstalt, die bislang meist nur über das Handeln und Entscheiden ihrer Berliner Zentrale wahrgenommen wurde. Eine Analyse der lokalen bzw. regionalen Wechselverhältnisse in Brandenburg und der dortigen Akteure – allen voran die Landesregierung unter Manfred Stolpe – legt dabei konkrete Kommunikationskanäle, Handlungs- und Gestaltungsspielräume frei, in denen Kooperation praktiziert, aber auch Konfrontation ausgetragen wurde. Sie zeigt aber auch: Möglichkeiten und Gelegenheiten zu staatlichen Eingriffen waren zwar vorhanden,

71 Klaus Löbbe, Die Chemiefaserindustrie am Standort Deutschland: Struktur, Standortbedingungen und Entwicklungsperspektiven bis 2020, Düsseldorf 2008, S. 14.

72 Chronik Chemiefaserindustrie, in: Berliner Morgenpost vom 8.12.2002.

73 Nach der Insolvenz kommt der Erfolg, in: Handelsblatt vom 15.6.2009.

74 Doppelte Erfolgsgeschichte, in: Märkische Allgemeine Zeitung vom 20.3.2012.

75 Industriepark Premnitz Nahezu alle Gewerbeflächen vermarktet, in: Märkische Oderzeitung vom 19.2.2020.

aber sie waren stets sehr klar begrenzt. Die Folgen derartiger Interventionen (und vor allem ihre Kosten) waren oftmals kaum ausrechenbar und führten vielfach nicht zum gewünschten Ziel.

Blickt man zurück, dürfte in der Märkischen Faser AG auch im Falle anderer Privatisierungskonzepte ein erheblicher Beschäftigungsabbau aufgrund massiver Überkapazitäten und dauerhaft fehlender Nachfrage unumgänglich gewesen sein. Auch wenn die MFAG kein zweites Bischofferode wurde, erzeugte dabei die Treuhand in der öffentlichen Wahrnehmung der frühen 1990er-Jahre den Eindruck, mit ihrem Handeln „einen Scherbenhaufen verantwortungsloser Politik" hinterlassen zu haben, wie der PDS-Abgeordnete Helmut Markov im Potsdamer Landtag wütend erklärte.[76] Am Ende waren es wohl zusammengenommen die Anstrengungen der Belegschaft und der Landespolitik sowie vor allem unternehmerisches Geschick, die nach einem langen, schmerzhaften Schrumpfungsprozess eine Reindustrialisierung des Chemiefaserstandortes Premnitz ermöglichten. Dabei dürfte deutlich geworden sein, dass eine einfache wie endgültige Antwort auf die Frage, ob der Fall Premnitz nun als eine Geschichte des Erfolges oder des Scheiterns einzuschätzen sei (und wenn ja: wessen Erfolge und wessen Scheitern?) auch aus heutiger zeithistorischer Perspektive nur schwer zu geben ist. Gemessen an den dramatischen gesellschaftlichen Verlusterfahrungen von Stellenabbau, Abwanderung und Arbeitslosigkeit erscheint der Erhalt eines Bruchteils des früheren Unternehmens kaum als strahlender Erfolg. Dennoch könnte man die fortwährende unternehmerische Existenz am Standort aller weltwirtschaftlicher Widrigkeiten zum Trotz durchaus auch genau in dieser Weise werten.

Hatte sich Ministerpräsident Manfred Stolpe noch im Frühjahr 1991 erregt auf einem finsteren Weg ins regellose, frühindustrielle Manchester des 19. Jahrhunderts gewähnt, war er spätestens in den Jahren 1992/93 in den Mühen der post-industriellen Ebenen von Premnitz im ausgehenden 20. Jahrhundert angekommen. Der voller Empörung vorgetragene klassenkämpferische Impuls schien dem Potsdamer Regierungschef in endlosen Krisen- und Konsultationsrunden buchstäblich zerbröselt. Das alltägliche Privatisierungsgeschäft war insgesamt weniger spektakulär oder mysteriös-hintergründig, als in Folge etlicher medialer Skandale bis in die Gegenwart immer wieder angenommen wird. Stattdessen handelte es sich um ein überaus zähes, detailliertes und manchmal geradezu tragisches Ringen um mögliche Investitionen und Absatzmärkte, Vertragskonstruktionen und Zusagen sowie staatliche Beihilfen und künftige Arbeitsplätze. Eine solche Nahperspektive ist auch für die Menge der am Wirtschaftsumbau beteiligten und von ihren materiellen Interessen wie mentalen Orientierungen erstaunlich divers geprägten Akteure angebracht.

76 Landtag Brandenburg – 1. Wahlperiode – Plenarprotokoll 1/54 – 1.10.1992, S. 3922.

Sie reichten von Vorständen und Managern der Treuhand über Kommunal-, Landes- und Bundespolitiker, Banker, Investoren und Lobbyisten, Gewerkschafts- und Belegschaftsvertreter, Journalisten und Wissenschaftler bis zu den einfachen Arbeitnehmerinnen und Arbeitnehmern, die um das Schicksal ihrer Betriebe kämpften. Unter ihnen gab es auch verantwortungslose Zocker und profitgierige Haie, jedoch waren es unterm Strich nur wenige, die bewusst und von Anfang an so handelten und damit gezielt dem Umbau der brandenburgischen Wirtschaft schadeten.

Großkundgebung zur Wiedervereinigung des deutschen Handwerks am 21. Juni 1990 in Zwickau. Am Rednerpult Heribert Späth, Präsident des Zentralverbandes des Deutschen Handwerks und der Handwerkskammer für München und Oberbayern.
ZDH Archiv

RONNY GRUNDIG

Vom Meister des Mangels zum Manager der Wende?

Das Westbrandenburger Handwerk in Diktatur und Demokratie[1]

Die Geschichte des Handwerks in der späten DDR und im vereinigten Deutschland wird von Handwerksvertreter*innen und Medien gemeinhin als Erfolg erzählt, obwohl sie bisher wissenschaftlich kaum aufgearbeitet worden ist. Der Mitteldeutsche Rundfunk etwa stilisierte die privaten Handwerker*innen in der Rückschau zu den heimlichen Königen des Spätsozialismus, den wahren „Meister[n] des Mangels".[2] Zwei ehemalige Handwerksfunktionäre aus Ost und West bezeichneten die Vereinigung des deutschen Handwerks als „Meisterstück der Wende",[3] also als eine Prüfung, die erfolgreich bestanden wurde.

In diese Deutungslogik passen auch neuere Publikationen der Handwerkskammern, die von den DDR-Handwerker*innen als den ostdeutschen „Machern"[4] sprechen, die sich mit Unterstützung ihrer westdeutschen Kolleg*innen scheinbar reibungslos und „immer auf Augenhöhe"[5] in die bundesdeutschen Handwerksstrukturen integriert und den Weg in die Marktwirtschaft beschritten hätten. Dass in der Sichtweise derjenigen, deren Weg erfolgreich verlief, die positiven Erfahrungen in den Mittelpunkt gerückt werden, ist nachvollziehbar. Doch dürfen solche Erfolgsnarrative – insbesondere dann, wenn sie zur Leiterzählung erhoben werden – aus historischer Perspektive nicht den Blick verstellen auf die vielen Problemlagen, mit denen sich private Handwerker*innen nicht nur in der späten DDR,

1 Für hilfreiche Anmerkungen und Kritik danke ich Thomas Schaarschmidt und Laura Haßler vom Leibniz-Zentrum für Zeithistorische Forschung Potsdam sowie den Herausgeber*innen dieses Bandes.

2 Die Dokumentation „Die Meister des Mangels –Handwerk in der DDR" wurde erstmals 2014 und erneut 2022 im MDR ausgestrahlt. Online verfügbar unter: https://www.mdr.de/tv/programm/sendung-745056.html [6.7.2022].

3 Herbert Blume/Jürgen Watzlaw, Das Meisterstück der Wende. DDR-Handwerk zwischen Plan- und Marktwirtschaft, Düsseldorf 2015.

4 Handwerkskammer Potsdam (Hrsg.), 1990. Macher. Das Westbrandenburger Handwerk in der Wendezeit – persönliche Rückblicke, Potsdam 2020.

5 Hanns Eberhard Schleyer/Klaus Windeck, Auf Augenhöhe, in: Handwerkskammer Potsdam (Hrsg.), 1990. Macher. Das Westbrandenburger Handwerk in der Wendezeit – persönliche Rückblicke, Potsdam 2020, S. 8–11.

sondern auch im Übergang zum marktwirtschaftlichen System der Bundesrepublik auseinandersetzen mussten. Dabei stand einem quasi abrupten Wandel von Arbeits- und Produktionsweisen eine zumindest partielle Milieustabilität gegenüber, denn das Gros der Handwerksbetriebe setzte nach 1989 zunächst einmal seine Tätigkeit fort.

Das Handwerk in der DDR war in gewissem Sinne ein geschützter und abgeschotteter Raum, der privaten und genossenschaftlich organisierten Handwerker*innen aufgrund seiner schweren Zugänglichkeit und den vergleichsweise großen Handlungsspielräumen eine privilegierte Position im Sozialgefüge der ostdeutschen Gesellschaft zuwies. Einige Jahre nach der Verstaatlichungswelle von 1972 hatte sich die Haltung des SED-Regimes gegenüber dem privaten Handwerk merklich zu verändern begonnen. Bis dahin hatte es die SED als ein Überbleibsel des Kapitalismus und als soziales Auslaufmodell gesehen, das es bestenfalls abzuschaffen galt. Doch blieben trotz der veränderten Wahrnehmung die engen Grenzen für privatwirtschaftliches Handwerk bis zum Ende bestehen: Private Handwerksbetriebe waren auf maximal 10 Beschäftigte begrenzt (plus mithelfende*r Ehepartner*in und Lehrlinge), Bürger*innen konnten nur bei vorliegender Genehmigung einen Betrieb eröffnen und auch die Selbstverwaltungsstrukturen des Handwerks waren schrittweise zerschlagen worden. Die Handwerkskammern verloren 1950 zunächst die Zuständigkeit für die Berufs-, 1970 dann für die Meisterausbildung, sodass die Nachwuchsregulierung auf Zuweisungen durch staatliche Stellen angewiesen war.

Durch den Umbruch 1989/90 und die darauffolgende Transformationszeit kam es dann erwartungsgemäß zu einer Öffnung des Handwerks für Außenstehende bei gleichzeitigem Wegfall vorheriger handwerkspolitischer Restriktionen. Dies bot Handwerker*innen neue Chancen, barg aber auch unbekannte Herausforderungen und Risiken. Der einzelne Handwerksbetrieb war in der Marktwirtschaft mit völlig anderen Problemlagen und Anforderungen konfrontiert, die das handwerkliche Arbeiten nun deutlich krisenanfälliger und konjunkturabhängiger werden ließen.[6] Die verschiedenen Organe des Handwerks wiederum mussten in Rekordzeit strukturelle Gegebenheiten schaffen, um eine bedarfsgerechte Selbstverwaltung durchzuführen. Viele handwerkspolitische Entscheidungen, die auf dem Weg zur Wiedervereinigung getroffen wurden, entstanden dabei unter großem Zeitdruck; und einige

6 Zur Transformation Ostdeutschlands liegen erste Überblickswerke vor, die gesellschaftliche und ökonomische Wandlungsprozesse nachzeichnen. Vgl. hierzu etwa: Thomas Großbölting, Wiedervereinigungsgesellschaft. Aufbruch und Entgrenzung in Deutschland seit 1989/90, Bonn 2020 oder Ilko-Sascha Kowalczuk, Die Übernahme. Wie Ostdeutschland Teil der Bundesrepublik wurde, München 2019.

Weichenstellungen entfalteten Langzeitwirkungen, die bis heute das Handwerkswesen prägen. Von dieser Gemengelage soll im Folgenden die Rede sein, wenn zunächst der veränderte staatliche Umgang mit dem privaten Handwerk in der DDR beschrieben und dann der Prozess der Wiedervereinigung des deutschen bzw. westbrandenburgischen Handwerks diskutiert wird.

Handwerkspolitische Umbrüche nach 1976 und 1989

Die ersten Jahre der Regierung Honecker waren für das Handwerk der DDR eine wechselvolle Zeit. Die SED-Führung störte sich an den vermeintlich hohen Einkommen und Gewinnen von Eigentümer*innen privatwirtschaftlicher Unternehmen und beschloss Anfang 1972 eine erneute massive Verstaatlichungswelle in der DDR. Diese traf auch private und genossenschaftliche Handwerksbetriebe, wenn sie im produzierenden Gewerbe tätig waren. So musste etwa die Optikerfamilie Hans und Hannelore Scharnbeck, die in Rathenow zusammen mit 20 Mitarbeiter*innen Brillen produzierten, die vornehmlich im Ausland abgesetzt wurden, ihren Betrieb zwangsweise an den Staat übergeben und erhielten hierfür nur eine geringe Entschädigung.[7] Insgesamt traf diese rigide umgesetzte, Leid und Unrecht stiftende Verstaatlichungswelle über 11 000 private und halbstaatliche Betriebe, die etwa 11 Prozent der gesamten Industrieproduktion der DDR verantworteten.[8] Das Handwerk war in der Folge auf die Bereiche Dienstleistungen und Reparatur beschränkt.

Mitte der 1970er-Jahre sah sich das SED-Regime dann plötzlich gezwungen, das Handwerk gesellschaftlich wieder aufzuwerten. Zu groß waren die Mangelerscheinungen der staatlich gelenkten Planwirtschaft, zu unflexibel die volkseigenen Betriebe mit ihrer seriellen Massenproduktion. Die angestrebte Verbesserung des Lebensstandards, eines der Kernziele der vom neuen SED-Parteichef Erich Honecker propagierten Einheit von Wirtschafts- und Sozialpolitik, war akut gefährdet. Die privaten und genossenschaftlichen Handwerksbetriebe sollten da Abhilfe schaffen, indem sie die reparaturanfälligen Konsumgüter der volkseigenen Betriebe ausbesserten und Dienstleistungen anboten, die staatliche Betriebe nicht leisten konnten. Deshalb leitete die SED 1976 eine Wende in der Handwerkspolitik ein und fasste den geheimen Politbüro- und Ministerratsbeschluss „Zur Förderung privater Einzelhandelsgeschäfte, Gaststätten und Handwerksbetriebe für Dienstleistungen im

7 Christiane Fenske, Als aus Privatbesitz Volkseigentum wurde, in: Super Illu 26/2022.

8 André Steiner, Von Plan zu Plan. Eine Wirtschaftsgeschichte der DDR, Berlin 2007, S. 200.

Interesse der weiteren Verbesserung der Versorgung der Bevölkerung". Um das Handwerk zu stimulieren und leistungsfähiger zu machen, sollten drei Maßnahmen für einen Richtungswechsel sorgen: Ihm sollten erstens wieder mehr Lehrlinge zugewiesen werden, zweitens sollten Steuererleichterungen und Kredite die finanzielle Basis handwerklichen Arbeitens verbessern und drittens sollte eine veränderte Gewerbepolitik zur Gründung neuer Handwerksbetriebe führen.[9] Zusammengenommen signalisierte dies eine neue Anerkennung und Förderung von Handwerk und privatwirtschaftlichem Handeln, ohne das die DDR-Gesellschaft nicht funktionieren konnte.

All diese Veränderungen, Verbesserungen und Begünstigungen konnten nicht verhindern, dass sich Handwerker*innen und Handwerksmeister*innen dennoch entschieden, die DDR mittels Ausreiseantrag oder Flucht zu verlassen – so auch im Bezirk Potsdam: 1988 war etwa ein Bäckermeister aus der brandenburgischen Gemeinde Phöben nicht von einer Reise in die BRD zurückgekehrt;[10] ein anderer Bäckermeister aus Beelitz unternahm 1989 mehrere Fluchtversuche, ehe ihm über die bundesdeutsche Botschaft in Ungarn die Ausreise in die BRD gelang.[11] Allein im September 1989 hatten laut einem Informationsbericht der Handwerkskammer Potsdam sechs Handwerksmeister*innen die DDR und damit auch ihren Betrieb verlassen.[12] Aus Sicht der staatlichen Stellen war ihr Weggang ein herber ökonomischer Verlust, da sich damit die ohnehin bestehenden Versorgungslücken noch einmal vergrößerten und die Erosionserscheinungen der DDR-Wirtschaft verstärkten.

Als sich im Verlauf des Jahres 1989 die Staatskrise immer mehr zuspitzte und Massenproteste zur Friedlichen Revolution führten, brachten sich auch Handwerker*innen ins Geschehen ein. In Erfurt etwa wandte sich Lothar Walter am 16. November als Sprecher des privaten Handwerks an die versammelten Demonstrant*innen auf dem Domplatz und forderte eine tiefgreifende Erneuerung des Staates und der Handwerksorganisation.[13] Es ist stark anzunehmen, dass sich auch

9 Friedrich Lenger, Sozialgeschichte der deutschen Handwerker seit 1800, Frankfurt a. M. 1988, S. 209.

10 Handwerkskammer Potsdam, Informationsbericht Juli 1988, 581988, in: Stadtarchiv Potsdam, NF/37 – Arbeitsgruppe Ha/Ge (1988), Bl. 50.

11 Handwerkskammer Potsdam, Informationsbericht Mai 1989, 6.6.1989, in: Stadtarchiv Potsdam, NF/38 – Arbeitsgruppe Ha/Ge (1989), Bl. 57.

12 Handwerkskammer Potsdam, Informationsbericht September 1989, 6.10.1989, in: Stadtarchiv Potsdam, NF/38 – Arbeitsgruppe Ha/Ge (1989), Bl. 14.

13 Vgl. hierzu den Audiomitschnitt des Wortbeitrags von Lothar Walter, in: Stadtarchiv Erfurt, 6-7/D26 – Die Wende in Erfurt, 16.11.1989: Lothar Walter, Sprecher Handwerk, Multimediadatei (Obermeister Klempner/Installateure).

in anderen Gemeinden und Städten Handwerker*innen bei den Protesten beteiligten und zu Wort meldeten. Bei den am 30. Oktober in der Berliner Kongresshalle abgehaltenen Sonntagsgesprächen forderte der Ostberliner Obermeister Kurt Lerch einen unabhängigen Dachverband des Handwerks, der durch Handwerker*innen selbst gewählt werden sollte.[14]

Das sich wandelnde gesellschaftliche Klima führte auch zu einer kritischen Haltung innerhalb der Handwerkskammern der DDR. Im Oktober 1989 traf sich der Vorstand der Handwerkskammer Potsdam und veröffentlichte im Anschluss ein Statement, in dem er sich für die gesellschaftliche Erneuerung der DDR aussprach.[15] In den letzten Monaten des Jahres 1989 stellten Handwerker*innen als eigene Gruppe immer wieder Forderungen unter dem Schlagwort der Demokratisierung. Allerdings bezogen sich diese nur selten auf die DDR-Gesellschaft im Allgemeinen, sondern betrafen meist handwerksspezifische Fragen. So forderte etwa der Vorsitzende der PGH Bautenschutz und Schädlingsbekämpfung Ludwigsfelde, Hans Löffler, in einem offenen Brief im November 1989 endlich die Möglichkeit zu eigenverantwortlichem Handeln. Im bisherigen System sei die „innergenossenschaftliche Demokratie" außer Kraft gesetzt, da sich Vorsitzende und Leitungsgremien bei bestimmten innerbetrieblichen Entscheidungen die staatliche Erlaubnis einholen mussten.[16] Auch der Appell der PGH Elektro-Anlagenbau Weimar zum Bleiben in der DDR in der landesweit erscheinenden Zeitung *Das Neue Handwerk* im November 1989 richtete sich in erster Linie an die eigenen Leute: „Wir fordern alle Handwerker auf: Verlaßt nicht unser Land! Tragt mit Fleiß und Arbeit dazu bei, strukturelle und personelle Veränderungen mit durchgreifender Demokratisierung zu erreichen!", hieß es in dem Schreiben, mit dem auf das auch nach der Öffnung der Grenzen seit dem 9. November 1989 bestehende Abwanderungsproblem im Handwerkswesen reagiert wurde.[17]

Für die Handwerker*innen, die in der DDR geblieben waren, boten sich durch den Mauerfall und die Umbruchdynamik ungeahnte neue Handlungsoptionen. Die offenen Grenzen ermöglichte es Handwerker*innen, sich in West-Berlin oder in den alten Bundesländern über Materialien, Arbeitstechniken und Arbeitsabläufe in westdeutschen Handwerksbetriebe zu informieren und Kontakte zu Kolleg*innen, Betrieben und Vertrieben zu knüpfen. Bei derartigen „Weiterbildungsfahrten" bot sich zudem die Möglichkeit, begehrte Westprodukte zu erwerben und in der Noch-DDR gewinnbringend zu verkaufen. Besonders im Kfz-Bereich war zeitweise der

14 Drei überfüllte Säle am Alex, in: Berliner Zeitung vom 30.10.1989.

15 Unser Standpunkt, in: Potsdamer Handwerk 9/89, S. 1.

16 PGH-Vorsitzender sein – eine Strafe?, in: Potsdamer Handwerk 10/11 (1989), S. 2.

17 Meinungen, Hinweise, Vorschläge, Forderungen, in: Das Neue Handwerk 11/1989, S. 4.

lukrative Handel mit westlichen Geräten, Ersatzteilen oder Gebrauchtwagen weitverbreitet.[18]

Aus diesen unmittelbaren Veränderungen ergab sich eine Reihe von richtungweisenden Aufgaben und Problemstellungen. Insbesondere waren die alten Strukturen des DDR-Handwerks und die fehlende Selbstverwaltung vielen Handwerker*innen ein Dorn im Auge. Ostdeutsche Handwerksvertreter*innen reisten daher bereits im Dezember 1989 zum Zentralverband des deutschen Handwerks nach Bonn, um die schnelle Wiedervereinigung des Handwerks zu verhandeln.[19] Damit war frühzeitig klar, dass eigene Überlegungen und Konzepte zu einer reformierten Struktur der DDR-Handwerksorganisation überflüssig waren, denn eine Wiedervereinigung bedeutete die Übernahme der traditionellen, in der Bundesrepublik etablierten Strukturen.

Um demokratische Strukturen zu schaffen, trafen sich die Delegierten des Westbrandenburger Handwerks im März 1990 in Caputh bei Potsdam, wo die Handwerkskammer seit 1949 ein „Handwerkerheim“ unterhielt, und stimmten für den Schlossermeister Klaus Windeck aus Brandenburg an der Havel als ersten demokratisch gewählten Präsidenten der Handwerkskammer Potsdam.[20] Windeck war bereits vor 1989 als Obermeister seines Handwerks und als Vorsitzender der Einkaufs- und Liefergenossenschaft Gemetha ehrenamtlich aktiv und gut im Westbrandenburger Handwerk vernetzt. Demokratische Wahlen fanden in den folgenden Wochen auch in allen anderen Bezirkshandwerkskammern der DDR statt. Die Kreisgeschäftsstellen der Kammern sollten aufgelöst und durch Kreishandwerkerschaften ersetzt werden, die als Selbstverwaltungsorgane der Handwerker*innen in der Region agierten.

Im Mai 1990 waren die ostdeutschen Handwerkskammern als Gastmitglieder in den bundesdeutschen Zentralverband des Deutschen Handwerks aufgenommen worden. Zudem verkündete der Sprecher der ostdeutschen Kammern, ebenfalls Klaus Windeck, dass noch im zweiten Halbjahr 1990 die Deutsche Handwerksordnung auf dem Gebiet der DDR eingeführt werden sollte, was einer Vereinigung des Handwerks gleichkam.[21] Symbolisch vollzogen wurde diese Zusammenführung im

18 Die Restriktionen auf die Einfuhr von Gebrauchtwagen und elektronischen Konsumgütern, die in der DDR Mangelware waren, entfielen ab erstem Januar 1990. Allerdings musste auf importierte Fahrzeuge Zoll auf Grundlage des Hubraums des Motors entrichtet werden. Vgl. hierzu: Ab Januar freier Reiseverkehr in die DDR, in: Bonner General-Anzeiger vom 6.12.1989.

19 Blume/Watzlaff, Meisterstück, S. 65 f.

20 Klaus Windeck/Jörg Dombrowski, Ein Handwerk, eine Stimme. Streiflichter eines Handwerkerlebens, Kloster Lehnin 2019, S. 362.

21 Handwerkskammern als Gastmitglieder, in: Neue Zeit vom 31.5.1990.

Rahmen einer Feierstunde in Zwickau am 21. Juni 1990. Bei seiner Festrede erinnerte der Präsident des Zentralverbands des Deutschen Handwerks, Heribert Späth, an historische Meilensteine der Handwerksorganisation in Deutschland und beschwor eine erfolgreiche gemeinsame Zukunft.[22] Dieser Akt, bei dem über 2000 Gäste sowie ost- und westdeutsche Handwerksfunktionäre anwesend waren, sollte auch die Reputation der DDR-Handwerkskammern stützen, die sich aufgrund ihrer früheren Staatsnähe und trotz demokratischer Neuwahlen der Präsidenten zunehmender Skepsis ausgesetzt sahen.[23]

Allerdings verlief die Übernahme der Handwerksordnung nicht reibungs- und verlustlos. Einige Gewerke, die in der DDR als eingetragenes Handwerk galten, verloren plötzlich ihren geschützten Status, wenn dieser in der übernommenen Ordnung nicht vorgesehen war. Dies betraf Bereiche wie die Kosmetik oder die Schädlingsbekämpfung, die nun auch ohne eine Meisterausbildung ausgeübt werden konnten. Für die Betroffenen bedeutete das eine gewisse Entwertung ihrer Profession und verschärfte die Konkurrenzsituation.

Ein weiterer kritischer Moment war die Währungs-, Wirtschafts- und Sozialunion, die im Juli 1990 in Kraft trat. Im Rahmen der Einführung der D-Mark mussten Handwerksbetriebe die Buchführungsregeln der BRD übernehmen und Vermögenswerte sowie Schulden neu bemessen bzw. bewerten. Da sich zudem das Kauf- und Konsumverhalten der ostdeutschen Bevölkerung sehr schnell änderte und DDR-Produkte nicht mehr gefragt oder repariert wurden, entwickelte sich die Umstellung der Währung zum Problem, denn die häufig für mehrere Jahre angelegten Materiallager waren nun in vielen Fällen wertlos und die Betriebe damit auf dem Papier schnell überschuldet. Aufgrund der sinkenden Absätze entstanden hieraus schnell auch reale Probleme, die die Weiterführung der Betriebe bedrohte.

Betriebe zwischen Verlust und Expansion, Mangel und Konkurrenz

Die seit 1976 propagierte Wende in der SED-Handwerkspolitik, bei der durch gezielte Erteilung neuer Gewerbegenehmigungen das Handwerk gefördert werden sollte, hatte faktisch nur geringe Auswirkungen auf die tatsächliche Entwicklung der Handwerksbetriebe in der DDR gehabt. Denn die Restriktionen,

22 Mit Mut und Zuversicht, in: Das Handwerk 8/1990.

23 Dies geht aus den internen Dokumenten der Aufnahme der DDR-Kammern in den ZDH hervor. Vgl. hierzu: Bericht des Präsidenten, Vollversammlung des DHKT, 29.5.1990, in: RWWA, 350-102-2 – Jahrestagung vom 29. und 30. Mai 1990 in Bonn u. a. DDR-Handwerk, Mittelstandsstruktur (1990), S. 3 f.

um einen Betrieb eröffnen zu können, blieben weiterhin bestehen. Zudem war die Gewerbegenehmigung an die Planerfüllung gebunden und konnte entzogen werden, wenn Handwerker*innen ihren Planaufgaben nicht nachkamen oder sie nicht erfüllen konnten. Statt anzusteigen, sank die Zahl der Handwerksbetriebe nach 1976 weiterhin, auch wenn DDR-Medien versuchten, ein anderes Bild zu zeichnen, indem sie nicht auf die Gesamtzahl der Handwerksbetriebe verwiesen, sondern, wie etwa das Neue Deutschland 1984, auf die 3000 neuen Gewerbegenehmigungen seit Mitte der 1970er.[24]

Die Defizite blieben jedoch bestehen, so dass der Chefjustiziar der Potsdamer Handwerkskammer 1985 erklärte, von einer gezielten Förderung des Handwerks könne nicht die Rede sein: „Insbesondere in Schwerpunktberufen und sogenannten ‚seltenen Handwerksberufen' ist die planmäßige Ausreichung von Gewerbegenehmigungen durch die Räte der Kreise nicht spürbar. In der Regel ist hier das Erteilen einer Gewerbegenehmigung von dem zufälligen Antrag eines Bürgers abhängig."[25] Damit waren einzelne Gewerke vom Aussterben bedroht. Aufgrund der unzureichenden Lehrlings- und Meisterausbildung gab es in bestimmten Handwerkszweigen kaum noch geeignete Personen, die einen Handwerksbetrieb eröffnen oder übernehmen konnten. Besonders schwierig war es etwa für das Schuhmacherhandwerk. Fehlender Nachwuchs führe zu einer Überalterung und Überlastung bestehender Schuhmachereien, kritisierte die Berufsgruppe der Schuhmacher*innen.[26] Ähnliche Kritik kam auch aus anderen Gewerken. Der Vorsitzende der PGH Elektrotechnik Potsdam hielt eine langfristige Zukunftsplanung für nur mehr schwer möglich, da seine Genossenschaft fast keinen Nachwuchs zugewiesen bekomme.[27] Die medial als Erfolg vermarkteten neuen Gewerbegenehmigungen hatten bei weitem nicht den Bedarf gedeckt. Denn auch bei Betriebsübernahmen wurden neue Gewerbegenehmigungen ausgestellt, so dass die Zahl neuer Firmen deutlich geringer war als in der Presse suggeriert. Ende der 1980er-Jahre gab es im Bezirk Potsdam insgesamt etwas mehr als 5500 private Handwerksbetriebe.[28]

24 Neue Lizenzen für Handwerksbetriebe, in: Neues Deutschland vom 13.10.1984.

25 Handwerkskammer Potsdam, Justitiar, Einschätzung der Struktur des privaten Handwerks (1980–9/1984), 25.1.85, in: Landeshauptarchiv Golm, Rep. 452 Nr. 17, Zuarbeit der HWK zu Vorlagen der Bezirksleitung der SED (1984–1985).

26 Handwerkskammer Potsdam, Informationsbericht April 1989, 8.5.1989, in: Stadtarchiv Potsdam, NF/38 – Arbeitsgruppe Ha/Ge (1989).

27 Nationale Front, Kreisausschuss Potsdam, Protokoll, Zusammenkunft AG „Handwerker und Gewerbetreibende" am 25.4.1989, 26.4.1989, in: Stadtarchiv Potsdam, NF/38 – Arbeitsgruppe Ha/Ge (1989).

28 Handwerker bereiten Wahlen mit neuen Initiativen vor, in: Neues Deutschland vom 29.3.1989.

Ansicht der heutigen City Optik Scharnbeck in Potsdam. Zu Beginn des Jahres 1989 konnte Stefan Scharnbeck dieses Optikergeschäft übernehmen. Nach der Wiedervereinigung kaufte er das 1972 enteignete Familienunternehmen seiner Eltern zurück und führt seither die Familientradition fort.
Privatarchiv Peter Ulrich Weiß

In der unmittelbaren Nachwendezeit stieg die Zahl der Handwerksbetriebe stark an. Ab Ende Januar 1990 galt in der DDR die vollständige Gewerbefreiheit. Nun konnten auch Handwerker*innen Betriebe eröffnen, die in früheren Genehmigungsverfahren daran gehindert worden waren.[29]

Die Handwerkskammer Potsdam war im März 1991 bereits für etwa 10 000 Handwerksbetriebe zuständig und sah weiterhin Potenzial, diese Zahl auf etwa 13 000 Betriebe steigern zu können. Seit der Wiedervereinigung hatten damit über 6000 Neuanmeldungen stattgefunden. Dass wiederum seit Ende 1989 auch über 1100 Handwerker*innen ihre Betriebe abgemeldet hatten,[30] lag zum einen

29 Eine Übersicht der Maßnahmen zur Einführung der Marktwirtschaft in der DDR 1990 findet sich bei: Hildegard Sander, Handwerksgenossenschaften im Systemwandel. Zur Transformation der Produktionsgemeinschaften des Handwerks in den neuen Bundesländern, Göttingen 1994, S. 48.

30 Klaus-Dieter Eule, Aufwand für das brandenburgische Handwerk, in: Neue Zeit vom 8.10.1991.

an natürlichen Ursachen wie Krankheit oder Eintritt ins Rentenalter. Zum anderen war mit der Einführung der D-Mark im Rahmen der Wirtschafts-, Währungs- und Sozialunion im Juli 1990 für Teile des DDR-Handwerks quasi über Nacht die Geschäftsgrundlage verschwunden. Ostdeutsche kauften nun fast nur noch Westprodukte und ließen an ihren bisher liebevoll gepflegten Konsumgütern kaum noch Reparaturen durchführen. Für Schneider*innen, Korbmacher*innen, Keramiker*innen oder Drechsler*innen, um nur einige zu nennen, gab es nur noch rudimentäre Absatzmärkte für ihre Waren und Dienstleistungen.[31] Allein in der ersten Jahreshälfte 1990 mussten daher 500 Betriebe des Potsdamer Kammerbezirks aus wirtschaftlichen Gründen aufgegeben werden. Dabei traf es bestimmte Gewerke besonders hart: Von ehemals 60 Töpfereien in Westbrandenburg existierten im Juni 1990 nur noch fünf.[32]

Doch auch wer weiter am Markt bestehen konnte, fand sich in einer ganz anderen Gemengelage wieder. Durch die wirtschaftliche Öffnung entstanden neue Firmen und die Handwerksbetriebe aus den alten Ländern und Westberlin traten als neue Mitbewerber um lukrative Aufträge auf. Brandenburger Handwerker*innen waren dabei aufgrund ihrer Nähe zum ehemaligen West-Berlin mit seinen über 15 400 Handwerksbetrieben einer stärkeren Konkurrenzsituation ausgesetzt als Kolleg*innen in anderen Regionen, die nicht direkt an die alte Bundesrepublik angrenzten.[33] In Zeitzeugengesprächen heben Handwerker*innen die Erfahrung, plötzlich in Konkurrenz zueinander zu stehen, immer wieder als eine der prägendsten Umbruchserfahrungen von 1990 hervor. Während es im geschützten Handwerkssektor der DDR und bei allgegenwärtigem Mangel einen regen Austausch und gegenseitige Hilfe gegeben habe, sah man sich nun plötzlich gezwungen, Angebote zu schaffen, um die Kund*innen an sich zu binden, statt sie an andere Handwerksbetriebe zu verlieren.

Im Verlauf der frühen 1990er-Jahre kam es zu einer weiteren Ausdifferenzierung des Handwerks. Besonders für die verschiedenen Gewerke des Bauhandwerks oder den Kfz-Bereich ergaben sich große Potenziale. Der Investitionsbedarf bei der Sanierung von Innenstädten und Eigenheimen war riesig. Andere Gewerke, die in der DDR-Gesellschaften einen ökonomisch sicheren Platz gefunden hatten, gerieten indes unter Druck. Klassische Reparaturhandwerke waren nun, da die Ostdeutschen umfangreiche Konsummöglichkeiten vorfanden, wenig gefragt. Schuh- oder Uhrmacher*innen, Kürschner*innen, Schneider*innen, Raumausstatter*innen oder Fernseh- und Rundfunktechniker*innen klagten bereits 1991 über die schlechte

31 Klaus-Dieter Eule, Boom und andererseits Scherbenhaufen, in: Neue Zeit vom 25.2.1992.

32 ADN, Zehnmal so viele Mahnungen wie früher, in: Neue Zeit vom 6.8.1991.

33 Zukunft gemeinsam gestalten, in: Das Neue Handwerk 5/1990, S. 1.

Auftragslage.[34] Unabhängig von dieser teilweise krisenhaften Entwicklung wuchs das ostdeutsche Handwerk in den ersten Jahren nach der Wiedervereinigung insgesamt stark an: Ende 1992 arbeiteten insgesamt etwa 850 000 Personen in rund 131 500 Betrieben.[35] Wie Rüdiger Hachtmann jedoch deutlich gemacht hat, handelte es sich beim Anstieg der Betriebs- und Beschäftigtenzahlen eben nicht nur um eine positive Entwicklung, sondern bisweilen auch um den Ausdruck einer Krisenerscheinung. Bereits in früheren Epochen war es besonders in Wirtschaftskrisen zum Anwachsen des Handwerks gekommen, da andere Wirtschaftsbereiche Arbeitsplätze abbauten.[36] In den 1990er-Jahren war das Handwerk trotz seines steten Wachstums schon bald nicht mehr in der Lage, die große Anzahl entlassener Industriearbeiter*innen mit neuen Arbeitsplätzen zu versorgen. In der Folge entwickelte sich die Massenarbeitslosigkeit für das Handwerk zum Problem, da diese die Nachfrage nach bestimmten handwerklichen Dienstleistungen im Privatsektor sinken ließ. Privaten Haushalten fehlten schlicht die Mittel, um sich Handwerker*innen leisten zu können.

Gleichzeitig wurden Arbeitslose im doppelten Sinne zu neuer Konkurrenz: Arbeitslose Industriemeister*innen, deren Qualifikation nur für Leitungsfunktionen in volkseigenen Industriebetrieben gegolten hatte, sollten nach den Vorstellungen der Bundes- und Landesregierungen befähigt werden, einen Handwerksbetrieb zu leiten. Bei der hierfür nötigen Weiterbildung zum Handwerksmeister sollten sie finanziell unterstützt werden.[37] Ziel war es, so mehr selbstständige Handwerksbetriebe entstehen zu lassen. Eine deutlich größere Bedeutung nahmen jedoch die Arbeitsbeschaffungsmaßnahmen (ABM) ein. Diese staatlich geförderte Form der zeitweisen Beschäftigung, die ursprünglich zur Beseitigung von Umwelt- und Industriealtlasten der DDR angedacht worden war, entwickelte sich für viele Ostdeutsche zumindest temporär zur einzigen möglichen Form der Beschäftigung. 57 Prozent aller Erwerbsfähigen in Ostdeutschland hatten bis 1994 in einer Arbeitsbeschaffungsmaßnahme gearbeitet.[38] Allein in der Stadt Potsdam, so schätzte Oberbürgermeister Horst Gramlich 1991 im Rahmen eines Rundtischgesprächs ein, waren es bis zu 1500 ABM-Stellen[39] und im nördlich der Landeshauptstadt gelegenen Kreis

34 Handwerker aktiv am Markt, in: Neue Zeit vom 22.8.1991.

35 Mehr Bäcker und Maurer, in: taz vom 8.6.1993.

36 Rüdiger Hachtmann, Automatisierung, Digitalisierung. Arbeit im Wandel, in: Frank Bösch (Hrsg.), Geteilte Geschichte. Ost- und Westdeutschland 1970–2000, Göttingen 2015, S. 195–237, S. 222.

37 Hans Lindemann, Schwerer Weg zum Meisterstück, in: Das Handwerk 12/1990.

38 Marcus Böick/Christoph Lorke, Zwischen Aufschwung und Anpassung. Eine kleine Geschichte des „Aufbau Ost“, Bonn 2022, S. 67.

39 Kommune hilft Arbeitslosen, in: Neue Zeit vom 27.3.1991.

Nauen bis Ende 1991 bereits 1200 solcher ABM-Stellen. Lokale Handwerker*innen äußerten immer wieder Kritik an dieser Praxis, da die ABM dem Handwerk wichtige Aufträge entziehen würden. „So bekommen die einen Arbeit und die anderen sind sie los", schimpfte die Frau eines Malermeisters aus der Region.[40]

Die (Massen-)Arbeitslosigkeit führte immer mehr handwerklich ausgebildete Personen in die Selbstständigkeit, wie die Handwerkskammer Potsdam 1996 feststellte. Obwohl dies als „Mut zur Selbstständigkeit" bezeichnet wurde, war es doch wohl eher der Ausweglosigkeit des regionalen Arbeitsmarktes geschuldet, der häufig kaum andere Optionen parat hielt.[41] Die Reformen der rot-grünen Bundesregierung verstärkten diesen Trend zu Beginn des 21. Jahrhunderts noch, da sie finanzielle Anreize zur Solo-Selbstständigkeit – der sogenannten „Ich-AG" – als arbeitsmarktpolitische Mittel schuf, um die Langzeit- und Massenarbeitslosigkeit zu bekämpfen. Im Zuge dieses Prozesses geriet die Deutsche Handwerksordnung unter Druck, da staatliche Stellen sie als Hindernis für mehr Unternehmensgründungen betrachteten. Schließlich durften Handwerksbetriebe nur unter Nachweis der Meisterprüfung geführt werden.[42]

Im Verlauf des Jahres 2003 entwickelte sich daraus eine Debatte um die Reform der Handwerksordnung. Das Bundeswirtschaftsministerium erhoffte sich von einer Liberalisierung des Handwerks und der Eröffnung neuer Firmen einen Schub für die miserable Beschäftigungslage. Handwerker*innen, ihre Fachverbände und die politische Interessenvertretung sahen hierin hingegen eine Spaltung des Handwerks. Der Landesinnungsmeister des Fleischerhandwerks Brandenburg, Klaus Gerlach, warnte vor einem Zwei-Klassen-System, wenn nur noch bei etwa einem Drittel der bisherigen Gewerke eine Meisterqualifikation erforderlich sei. Die Qualität der handwerklichen Dienstleistungen und das Ausbildungsniveau der Lehrlinge werde leiden, so seine Befürchtung.[43]

Trotz vielstimmiger Kritik von Seiten des Handwerks[44] verabschiedete der Bundestag im Juni 2003 einen Gesetzentwurf zur Reform der Handwerksordnung. Es

40 Jana Göbel, Ein Mädchen für alles oder ein sinnvoller Job, in: Berliner Zeitung vom 17.9.1991.

41 Wirtschaftsentwicklung in Potsdam in letzten 12 Monaten, 5.9.1996, in: Stadtarchiv Potsdam, BR/05256 – BR/06349 – Korrespondenz mit Interessenvertretungen (1994–1998).

42 Handwerksordnung bremst Anstieg der Existenzgründungen – Fehlstart für die Ich-AG, in: Welt am Sonntag, 16.3.2003.

43 Gerlach sprach von einem Rückgang von 94 auf 32 Gewerken, die in der Deutschen Handwerksordnung übrigbleiben würden. Vgl. hierzu: Innung in Potsdam, in: AFZ – Allgemeine Fleischer Zeitung vom 28.5.2003.

44 Für Gegenargumente von Handwerker*innen, den Handwerkskammern oder des Zentralverbands des Deutschen Handwerks siehe etwa: Lausitzer Handwerk enttäuscht, Rot-Grün will Meisterzwang für 65 Handwerksberufe abschaffen/Bundesrat entscheidet, in: Lausitzer Rundschau vom 29.5.2003.

könne nicht sein, „dass für einfache und einfachste Tätigkeiten in Deutschland die Meisterprüfung verlangt wird", so Bundeswirtschaftsminister Wolfgang Clement (SPD). Einzig in Bereichen, in denen eine unsachgemäße Ausübung die Gesundheit der Handwerker*innen oder Dritter gefährde, solle weiter ein Meisterzwang gelten.[45] Der Bundesrat legte jedoch ein Veto ein, sodass es noch einmal zu einer Nachjustierung der Novelle kam.[46] Im Ergebnis wurden letztlich nicht wie geplant zwei Drittel der Handwerksberufe zulassungsfrei, sondern bei 41 von 94 Gewerken blieb der Meisterbrief weiterhin Pflicht.[47] Infolge der Änderungen nahm die Zahl der Handwerksbetriebe stark zu. So berichtete die Handwerkskammer Potsdam von über 400 neuen Betrieben. Der Hauptgeschäftsführer König beklagte, dass diese Entwicklung zu Qualitätsverlust und Lohndumping führen würde.[48] Ab Mitte der 2000er-Jahre setze eine nächste Phase ein, in der bestehende Handwerksbetriebe durch die Novellierung der Handwerksordnung und die Erweiterung der EU in einen noch dramatischeren Konkurrenzkampf zu neuen Dienstleister*innen gerieten.

Schwierige Nachwuchsgewinnung und Ausbildungsprobleme

Die Überlebensfähigkeit von Handwerksbetrieben lag in der DDR in der Hand des Staates. In den ersten Jahrzehnten des ostdeutschen Staates war die Zahl der zugewiesenen Lehrlinge immer weiter zurückgegangen. Mit der veränderten Handwerkspolitik ab 1976 sollten die Ämter für Arbeit und Löhne[49] dem Handwerk wieder verstärkt Lehrlinge zuführen. So absolvierten Anfang der 1980er-Jahre immerhin sechs Prozent aller Lehrlinge eine Ausbildung in einem privaten Handwerksbetrieb. Eine handwerkliche Berufsausbildung spielte in der DDR damit dennoch eine vergleichsweise geringe Rolle wie der Blick auf die Bundesrepublik zeigt: Vier von zehn Bundesbürger*innen absolvierten eine Berufsausbildung im Handwerk.[50]

45 Bundestag hebt den Meisterzwang teilweise auf, in: Berliner Morgenpost vom 28.6.2003.

46 Bundesrat springt dem Handwerk zur Seite – Ländermehrheit lehnt Reform des Meisterzwangs ab, in: Financial Times Deutschland vom 14.7.2003.

47 Ebenda.

48 Handwerkskammer: Betriebszuwächse sind „Pyrrhussieg", in: Berliner Morgenpost vom 8.9.2004.

49 Dieser Name und institutionelle Zuschnitt existierte seit 1973. Vorher hatte es wechselnde Bezeichnungen gegeben. Vgl. hierzu: Hachtmann, Automatisierung, S. 199.

50 Maria Haendcke-Hoppe, Privatwirtschaft in der DDR. Geschichte – Struktur – Bedeutung, Berlin 1982, S. 41.

Aus der unzureichenden Zuweisung von Lehrlingen ergaben sich langfristige Probleme. Besonders Gewerke, die aufgrund körperlich schwerer Arbeitsabläufe und schlechter Arbeitszeiten einen zusätzlichen Wettbewerbsnachteil gegenüber allen anderen Handwerksbetrieben hatten, fanden kaum noch Lehrlinge. Versuche, diese Unzulänglichkeiten durch Rationalisierungsmaßnahmen abzumildern, führten nur zu mäßigem Erfolg.[51] Besonders im Backhandwerk waren die Probleme eklatant, da nicht nur Auszubildende fehlten, sondern auch zu wenige Meister ausgebildet worden waren. Von den etwa 1600 Auszubildenden[52] im Handwerk des Bezirks Potsdam im Jahr 1988 waren nur 80 Bäcker*innen.[53] Sondermaßnahmen für das Backhandwerk, etwa die 1988 eingerichtete zusätzliche Meisterklasse, sollten den Fachkräftemangel lindern, aber es kam weiterhin zur personalbedingten Schließung von Bäckereien – vor allem im ländlichen Bereich.[54]

Der Mauerfall im November 1989 führte zu einem Umdenken. Bei ihrem Versuch, die DDR vor dem Zusammenbruch zu bewahren, implementierte die Modrow-Regierung marktwirtschaftliche Elemente und rief zu verstärkter Eigenverantwortung auf. Die Berufs- und Meisterausbildung sollte wieder in die Zuständigkeit der Handwerkskammern übergehen, die als Selbstverwaltungsorgane des Handwerks und nicht mehr als eine staatlich gelenkte Massenorganisation auftreten sollten, verkündete der für das Handwerk und die Örtliche Versorgungswirtschaft zuständige Staatssekretär Karl Blau im Februar 1990.[55] Damit reagierte die Modrow-Regierung auf Forderungen aus dem Handwerk. Bereits im November 1989 hatte die Mehrheit der Vorsitzenden der Bezirkshandwerkskammern, nur der Bezirk Suhl und die Ost-Berliner Handwerkskammer hatten sich nicht beteiligt, eine Erklärung veröffentlicht, in der sie eine demokratisch gewählte Selbstverwaltung und weitgehende Reformen des Handwerksrechts forderten.[56] Der Beschluss führte allerdings zu kurz- und mittelfristigen Schwierigkeiten. Denn weder hatten die Handwerkskammern die nötigen räumlichen und materiellen Kapazitäten, um die Lehrlingsausbildung fortan zu organisieren, noch gab es genügend Lehrausbilder*innen. Der

51 Christa Lier, Der Meister rationalisiert, damit mehr Kunden bedient werden können, in: Neues Deutschland vom 18.2.1984.

52 Diese Zahl findet sich etwa für das Jahr 1988. Die Ausbildungszahlen waren aufgrund der Planzahlen verhältnismäßig konstant, so dass sie durchaus als langfristiger Richtwert angesehen werden können. Vgl. Stets Qualitätsarbeit bei Diensten für die Kunden, in: Neues Deutschland vom 3.4.1989.

53 Neue Technik zieht in die Backstuben ein, in: Neue Zeit vom 16.2.1985.

54 Aktuelle Kamera, Handwerk im Bezirk Potsdam, Beitrag Nr. 22, 6.9.1988, Produktionsnummer: 194601, Bericht: Elgin Rocher/Kurt Zepernick, in: Deutsches Rundfunk Archiv – DRAB–N.

55 Renate Morchutt, Mit Mut und Risiko nach vorn, in: Das Neue Handwerk 2/1990, S. 3.

56 Partnerschaft angeboten, in: Die Neue Zeit vom 16.11.1989.

Aufbau eigenständiger Strukturen zur Berufsaus- und -weiterbildung war ein Kraftakt, bei dem westdeutsche Handwerkskammern und Kreishandwerkerschaften unterstützend mitwirkten.[57]

Die Erwartungen an das Brandenburger Handwerk in Bezug auf die Berufsausbildung waren hoch und mitunter auch von speziellen Motiven getragen. So betrachtete sie Wirtschaftsminister Walter Hirche (FDP) 1991 auch als ein Auffangbecken, um den etwa 10 000 Brandenburger Schulabgängern ohne Abschluss einen Weg auf den Arbeitsmarkt zu ermöglichen. Hierfür hatte die Landesregierung verschiedene Gelder bereitgestellt, um Handwerksbetriebe finanziell zu unterstützen. Firmen mit weniger als 20 Beschäftigten erhielten eine Prämie von 5000 DM je Lehrling, und bei Betrieben, deren Belegschaft zu über fünf Prozent aus Auszubildenden bestand, übernahm das Land 75 Prozent der Ausbildungskosten.[58] Jede 5. Lehrstelle in Brandenburg wurde so finanziell durch das Arbeitsamt gefördert.[59]

In der Folge nahm die Zahl der Lehrlinge zu Beginn der 1990er-Jahre stark zu. Hatte das Handwerk des Bezirks Potsdam jährlich nur wenige hundert Lehrlinge ausgebildet, sollten es im Lehrjahr 1991 bis zu 1500 sein.[60] Doch der Aufschwung hielt nicht lange an. Schon ab 1993 konnten die ostdeutschen Betriebe aufgrund schlechter werdender wirtschaftlicher Bedingungen nicht mehr die gleiche Anzahl an Lehrstellen anbieten wie im Vorjahr, sondern 12 Prozent weniger. Dieser Abwärtstrend bestand zwar auch in den Altbundesländern (minus 7,6 Prozent), doch gab es einen entscheidenden Unterschied: Während es in den alten Bundesländern weiterhin mehr Stellen als Bewerber*innen gab, entfielen in den neuen Ländern auf 84 000 angebotene Stellen nun etwa 145 600 Bewerber*innen. Im Ergebnis standen ostdeutsche Jugendliche bei der Jobsuche unter deutlich größerem Druck als ihre westdeutschen Altersgenoss*innen. Regionale Unterschiede spitzten die Lage zusätzlich zu. So war die Lehrstellensituation in und um größere Städte wie Potsdam weniger angespannt als in strukturschwachen Gegenden und Kleinstädten wie Neuruppin.[61] In der Folge wanderten ostdeutsche Jugendliche nach West-Berlin oder in die Altbundesländer ab, um dort eine Lehre zu beginnen – allein 1991 bereits 4000.[62]

Unabhängig davon begannen sich die Verhältnisse im Osten der Republik sowohl infrastrukturell als auch hinsichtlich der Bewerberlage jenen im Westen anzugleichen. Das Handwerk etablierte eigene Strukturen zur überbetrieblichen Ausbildung,

57 Karsten Peters, Noch große Defizite bei der Lehrlingsausbildung, in: Berliner Zeitung vom 23.8.1990.
58 Handwerk steckt in der wirtschaftlichen Klemme, in: Berliner Zeitung vom 18.5.1991.
59 Klaus-Dieter Eule, Zukunftschancen für Schulabgänger, in: Neue Zeit vom 10.10.1991.
60 ABM schafft keine Dauerarbeitsplätze, in: Berliner Zeitung vom 3.8.1991.
61 Schlosser und Elektroinstallateure als Berufe weniger gefragt, in: Neue Zeit vom 24.11.1993.
62 Klaus-Dieter Eule, Zukunftschancen für Schulabgänger, in: Neue Zeit vom 10.10.1991.

im Kammerbezirk Potsdam kam es zum Bau zweier Bildungs- und Technologiezentren in Götz (Handwerkskammer Potsdam) und Neuruppin (Kreishandwerkerschaft Nordbrandenburg) und die Ausbildungszahlen stiegen weiter an. Im Ergebnis wurde das Handwerk auf der einen Seite zu einem der wichtigsten Bereiche der Berufsausbildung in Brandenburg. Auf der anderen Seite mussten Handwerksbetriebe nun immer mehr um Lehrlinge kämpfen, da der massive transformationsbedingte Schrumpfungsprozess in Wirtschaft und Gesellschaft zur Binnenmigration in die Altbundesländer und zu demografischen Veränderungen führte und in der Folge die Zahl der Bewerber*innen stetig abnahm. Geeignete Auszubildende und qualifizierte Fachkräfte zu finden, ist daher ein seit den 1990er-Jahren bestehendes und bis in die Gegenwart anhaltendes Problem des Handwerks, das als ein Erbe der holprigen Transformationsphase verstanden werden kann.

Fazit

Das Handwerk stellte in Brandenburg sowohl in der Zeit der sozialistischen Planwirtschaft als auch in der Etablierungsphase der westlich-liberalen Marktwirtschaft einen systemrelevanten Faktor dar. Der Übergang von diktatorischen zu demokratischen Verhältnissen gestaltete sich dabei problembehafteter, als es Erinnerungen und mediale Darstellungen vielfach glauben machen wollen, und erforderte zweitens eine enorme Anpassungsleistung der einzelnen Handwerker*innen, Betriebe und Institutionen.

In der Arbeitswelt der späten DDR bildete das private und genossenschaftliche Handwerk zunächst eine Nische, die einem verhältnismäßig kleinen Personenkreis eine privilegierte Sozialposition mit einem höheren Einkommen, einem überdurchschnittlichen Lebensniveau und besonderen Beziehungen und Netzwerken in der Gesellschaft sicherte. Mit seiner Wirtschaftskraft und seinen Kompetenzen stabilisierte das Handwerkswesen zweifellos die marode Mangelwirtschaft. Gleichzeitig trug es mit seinen privatwirtschaftlichen Arbeits- und Handelsmethoden wie auch mit seinem lebensweltlichen Habitus zur Erosion der Idealvorstellung von einer egalisierenden sozialistischen Wirtschafts- und Sozialordnung bei.

Diese Sonderrolle löste sich nach 1989 rasch auf, und bislang ungekannte Arbeits- und Geschäftsbedingungen wurden Standard. Die wirtschaftliche Freiheit führte zu einer Entsicherung, bisher unbekannte Konkurrenzverhältnisse bestimmten den Arbeitsalltag. Auch die Beziehungen der Handwerker*innen untereinander veränderten sich. In den neuen, von De-Industrialisierung und Arbeitslosigkeit betroffenen Bundesländern betrachteten Politiker*innen das Handwerk als eine Art Auffangbecken für entlassene Industriearbeiter*innen, mit dem die sozialen Folgen des wirtschaftlichen Umbaus abgemildert werden sollten. Die hierfür notwendigen Strukturen mussten jedoch erst noch geschaffen werden, während der wirtschaftliche Schock der Wiedervereinigung dagegen kurzfristige Lösungen verlangte. Trotz der sich bietenden wirtschaftlichen Möglichkeiten in weiten Teilen des Handwerks, besonders im Bau- und Ausbaugewerbe und im Kfz-Bereich, reichten die Potenziale für neue Ausbildungs- und Arbeitsplätze nicht aus, um Arbeitslose und Schulabgänger*innen aufzunehmen und damit eine Alternative zum wirtschaftlich bedingten Wegzug nach Westdeutschland zu schaffen. Im Verlauf der 1990er- und frühen 2000er-Jahre verschärfte sich dann noch einmal die Marktlage, nachdem zur Bekämpfung der Massenarbeitslosigkeit Formen der Solo-Selbstständigkeit („Ich-AG") gefördert wurden und sich die erweiterte Europäische Union für mittelosteuropäische Handwerksbetriebe öffnete. Diese Entwicklungen kosteten vielen westbrandenburgischen Betrieben ihre Existenz. Insofern erweist sich die Transformationsgeschichte des ostdeutschen Handwerks mindestens in Teilen als ein problematisches Geschehen, das den Menschen und der Gesellschaft hohe Kosten abverlangte.

Werbeplakat des Bundesarbeitsministeriums, aufgestellt in den neuen Bundesländern.
Bundesstiftung Aufarbeitung / Daniel Biskup, Dresden 1991

CHRISTOPHER BANDITT

Zwischen Leistungsprinzip und Arbeitslosigkeit

Einkommensungleichheit innerhalb der Brandenburger Arbeitnehmerschaft vor und nach dem Systemumbruch von 1989/90

Die drei brandenburgischen Bezirke Cottbus, Frankfurt (Oder) und Potsdam gehörten im Herbst 1989 zunächst nicht zu den Zentren der Friedlichen Revolution.[1] Doch auch „an der Peripherie und in der Provinz", so heißt es in einer Studie zum Umbruch in einer brandenburgischen Stadt, findet „Weltgeschichte statt, meist etwas verspätet und langsamer als in den Brennpunkten eines historischen Wandels".[2] Der rasante Entwicklungs- und Wandlungsprozess, der zum raschen Ende der SED-Herrschaft und zur Einführung von Demokratie und Marktwirtschaft nach bundesdeutschem Vorbild führte, wurde von der Brandenburger Bevölkerung intensiv wahrgenommen, begleitet und durchlebt. Das spiegelte sich auch in den Einstellungen zur jeweils aktuellen Lage und in den Zukunftserwartungen der Menschen wider.

So zeigen Umfragen aus der Zeit, dass zwischen Herbst 1989 und Anfang 1990 ein Meinungsumschwung zugunsten der Befürwortung einer Vereinigung beider deutscher Staaten stattfand. Hatte eine knappe Mehrheit sich im November 1989 noch „sehr/eher dagegen" positioniert, waren im Januar 1990 rund drei Viertel der Brandenburger/-innen „sehr" oder „eher dafür". In den folgenden Monaten stieg die Zustimmung zur deutschen Vereinigung noch weiter an, und der übergroße Teil sah im Jahr 1990 der Zukunft „optimistisch" beziehungsweise „eher optimistisch" entgegen (siehe Tabelle 1).[3]

1 Vgl. Peter Ulrich Weiß, Aufbruch in der Provinz. Anpassung, Widerständigkeit und Revolution in Brandenburg, in: Jutta Braun/Peter Ulrich Weiß (Hrsg.), Agonie und Aufbruch. Das Ende der SED-Herrschaft und die Friedliche Revolution in Brandenburg, Potsdam 2014, S. 304–333.

2 Sighard Neckel, Waldleben. Eine ostdeutsche Stadt im Wandel seit 1989, Frankfurt a. M. 1999, S. 36.

3 Zu den Umbrucherwartungen der Bevölkerung in Ostdeutschland insgesamt siehe: Christopher Banditt, Einheitserwartungen. Präferenzen, Hoffnungen und Befürchtungen im „Wendejahr" 1989/90, in: Berliner Debatte Initial 30 (4), 2019, S. 67–84.

Tabelle 1: Einstellungen in Brandenburg 1989/90 (in Prozent)[4]

	Nov 1989	**Jan/ Feb 1990**	**Feb/ Mär 1990**	**Apr/ Mai 1990**	**Mai/ Juni 1990**	**Jul 1990**	**Aug 1990**	**Sep 1990**	**Nov 1990**
Fragetext: „Wie stehen Sie zu einer Vereinigung von DDR und BRD?“									
sehr/eher dafür	45	74	81	80	83	-	86	88	-
sehr/eher dagegen	55	26	19	20	17	-	14	12	-
Fragetext: „Wie sehen Sie Ihre persönliche Zukunft?“									
(eher) optimistisch	-	59	72	71	69	70	72	69	73
(eher) pessimistisch	-	41	28	29	31	30	28	31	27

Was die sozialökonomischen Zukunftsaussichten anbetraf, wurde sowohl Positives als auch Negatives erwartet: In einer Befragung, die kurz vor Inkrafttreten der Währungs-, Wirtschafts- und Sozialunion am 1. Juli 1990 durchgeführt worden ist, gaben 86 Prozent der befragten Brandenburger/-innen an, dass sie hinsichtlich der Arbeitsplatzsicherheit künftig Verschlechterungen befürchten würden. Zugleich erwarteten 68 Prozent aber auch eine Verbesserung des Arbeitseinkommens entsprechend der Leistung (siehe Abbildung 1).

Zugleich wurden die Brandenburger/-innen in dieser Befragung um eine Einschätzung gebeten, ob sich die jeweiligen Lebensbedingungen verschiedener gesellschaftlicher Gruppen im neuen System verbessern oder verschlechtern würden. Während etwa der künftige Lebensstandard von Angestellten im Durchschnitt positiver als der von Arbeiter/-innen ermessen worden ist, wurden die Aussichten für „Werktätige mit sehr hohen Leistungen“ am besten eingeschätzt. Wesentlich weiter hinten wurde die Gruppe der Arbeitslosen verortet und fast am Ende – kurz vor den „Alkoholabhängigen“ – findet sich die im Fragebogen so benannte Gruppe der „Leistungsunwilligen“ (siehe Abbildung 2).

4 Berechnet nach: Zentralinstitut für Jugendforschung (Leipzig), Meinungsbarometer 1989/90, in: GESIS Datenarchiv, Köln, ZA6009–ZA6016; Fallzahl: 198–285 Brandenburger/-innen; Auslassungen, wenn Frage nicht gestellt.

Abbildung 1: „Auf welchen Gebieten erwarten Sie von der bevorstehenden Sozialunion sachliche Verbesserungen bzw. Verschlechterungen im Vergleich zur bisherigen Lage in der DDR?" (Mai/Juni 1990; in Prozent)[5]

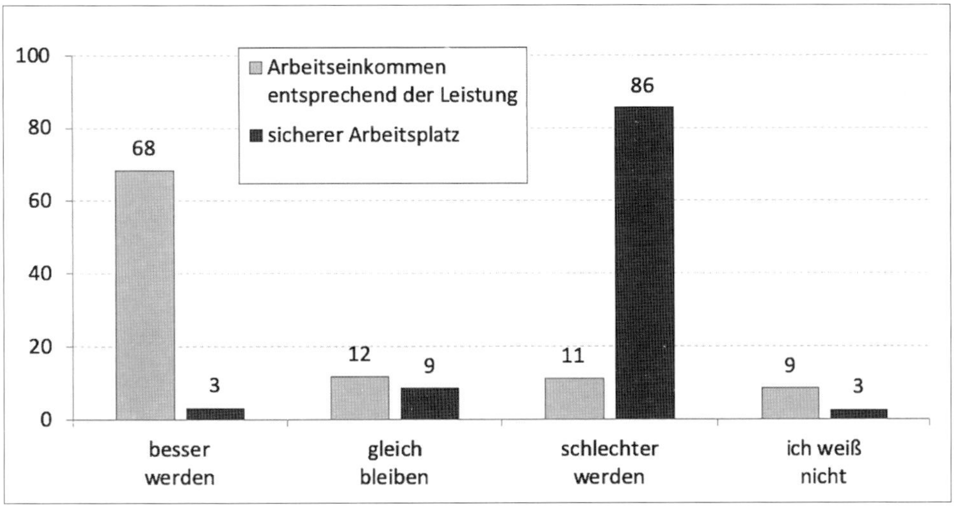

Abbildung 2: „Für welche der genannten sozialen Gruppen werden sich Ihrer Meinung nach im vereinigten Deutschland die Lebensbedingungen verbessern oder verschlechtern?" (Mai/Juni 1990; 1= „viel besser", 5= „viel schlechter")[6]

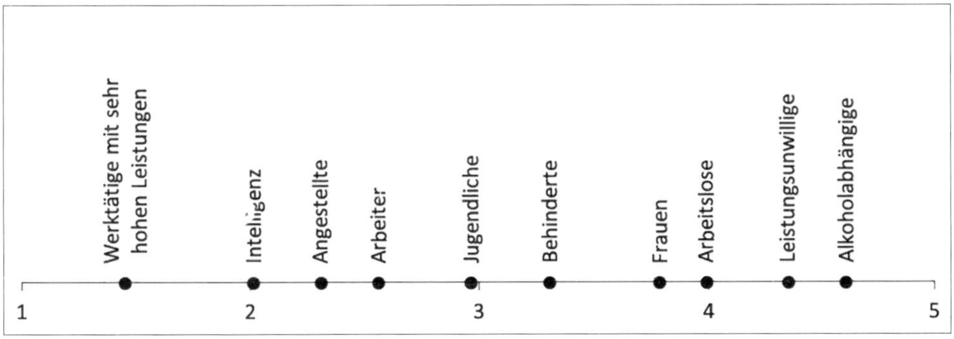

Im „Wendejahr" erwarteten die Brandenburger/-innen also eine Zunahme von sozialer Ungleichheit, wonach es künftig für manche gesellschaftlichen Gruppen bessere und für andere Gruppen schlechtere Lebensbedingungen geben werde. Eng verbunden damit sind die Vorausahnungen von stärker werdender Arbeitsplatzunsicherheit

5 Berechnet nach: Institut für Soziologie und Sozialpolitik (Ost-Berlin), Soziale Sicherheit 1990, in: GESIS Datenarchiv, Köln, ZA6312; Fallzahl: 190 Brandenburger/-innen.

6 Wie Anm. 5.

auf der einen Seite und zunehmenden Einkommen auf der anderen. Inwieweit sich diese Erwartungen erfüllen sollten, wird im vorliegenden Beitrag behandelt. Der Fokus liegt dabei auf den Einkommen der brandenburgischen Arbeitnehmerhaushalte. Dies geschieht einerseits aus Gründen der Quellenverfügbarkeit; so durften in der DDR zwar die Arbeitnehmerhaushalte zu ihrer materiellen Situation befragt werden, jedoch nicht die gesellschaftlichen Eliten, wie Angehörige der Parteien und gesellschaftlichen Massenorganisationen oder des Sicherheitsapparats. Somit liegen zu den Haushaltseinkommen im sogenannten X-Bereich leider keine validen Datenquellen vor. Andererseits lassen sich die gesamtgesellschaftlichen Entwicklungen anhand der Arbeitnehmerhaushalte als größter gesellschaftlicher Gruppe dennoch sehr gut nachvollziehen.

Hierbei wird insgesamt ein längerer Bogen gespannt, der die Entwicklung von Einkommen und Ungleichheit in Brandenburg nicht erst nach der deutsch-deutschen Vereinigung in den Blick nimmt, sondern auch in der Zeit vor 1989/90. Indem das letzte sozialistische Jahrzehnt und die erste marktwirtschaftliche Dekade zusammenbetrachtet werden, lassen sich neben den Unterschieden und Umbrüchen auch mögliche Kontinuitäten zwischen beiden Gesellschaftsordnungen identifizieren. Mit der Untersuchung der Einkommens- und -ungleichheitsentwicklung in einer ostdeutschen Region können zugleich die jeweiligen Charakteristika und sozialökonomischen Bestimmungsfaktoren in sowohl Sozialismus als auch Marktwirtschaft ausgemacht und verglichen werden.

Soziale Ungleichheit – ein Phänomen in beiden Systemen?

Soziale Ungleichheit liegt per Definition immer dann vor, „wenn Menschen aufgrund ihrer Stellung in sozialen Beziehungsgefügen von den ‚wertvollen Gütern‘ einer Gesellschaft regelmäßig mehr als andere erhalten".[7] Bei solchen wertvollen Gütern handelt es sich etwa um Macht, Bildung, Prestige oder auch Kultur- und Gesundheitsversorgung. Am sichtbarsten ist soziale Ungleichheit anhand der Einkommensverteilung. Je weiter die Gruppe mit dem höchsten und diejenige mit dem geringsten Einkommen auseinanderliegen, umso größer ist die Ungleichheit. Einkommensungleichheit gehört zu den sozialpolitisch brisantesten Gegensätzen innerhalb einer Gesellschaft.

Dass die individuelle Leistung einen maßgeblichen Faktor für die jeweilige Einkommenshöhe darstellt, scheint auf den ersten Blick ein originär marktwirtschaftliches Prinzip zu sein. Jedoch war der Leistungsbegriff schon in der DDR fester

7 Stefan Hradil, Soziale Ungleichheit in Deutschland, 8. Aufl., Wiesbaden 2005, S. 30.

Plakat im Schaufenster in Bad Schandau, Mai 1981.
Bundesstiftung Aufarbeitung / Sieghard Liebe, Bad Schandau

Bestandteil des gesellschafts- und wirtschaftspolitischen Repertoires. Die Betonung des Leistungsprinzips hatte sogar Eingang in die Staatsverfassung gefunden mit dem Leitsatz: „Jeder nach seinen Fähigkeiten, jedem nach seiner Leistung!“[8] Nach dem Leistungsprinzip, das auch als „das Grundprinzip des ökonomischen und sozialen Lebens“ apostrophiert worden ist, galt es, „die Arbeitseinkommen der Werktätigen gemäß der Leistungen zu mehren“.[9] Materielle Anreize sollten die Beschäftigten zu höherer wirtschaftlicher Produktivität bringen. Wer was leistete, sollte sich auch

8 Verfassung der Deutschen Demokratischen Republik vom 6. April 1968 in der Fassung des Gesetzes zur Ergänzung und Änderung der Verfassung der Deutschen Demokratischen Republik vom 7. Oktober 1974, 3. Aufl., Berlin (Ost) 1975, S. 10 (Art. 2 Abs. 3).

9 Autorenkollektiv, Produktionsverhältnisse in der DDR, Berlin (Ost) 1979, S. 186.

was leisten können. Auf dem Papier wurde damit eine Ungleichheit beim Einkommen zwischen Leistungsfähigen und Leistungsschwachen in Kauf genommen beziehungsweise sogar befördert.

Mitte des Jahres 1986 führte das Zentralinstitut für Jugendforschung in Leipzig eine Befragung unter verschiedenen Gruppen in der DDR zu den Beschlüssen des XI. SED-Parteitags durch. Hierbei wurden auch Beschäftigte aus 15 brandenburgischen Betrieben einbezogen, zu denen zum Beispiel das Chemiefaserwerk Guben, das Petrolchemische Kombinat (PCK) Schwedt, die Zementwerke Rüdersdorf oder das Kraftwerk Boxberg gehörten. Auf die Frage, welche Bedeutung sie dem Parteitagsbeschluss zur Weiterführung der leistungsorientierten Lohnpolitik zumessen, war von 87 Prozent die Antwort eine „große" oder gar „sehr große Bedeutung" (siehe Abbildung 3). Wenngleich es in dieser Erhebung generell ein eher affirmatives Antwortverhalten zu den Beschlüssen der Partei gab, so scheint doch in Brandenburg – und in der späten DDR generell – einer leistungsbezogenen Entlohnung eine starke Akzeptanz und Befürwortung seitens der Arbeitnehmer/-innen entgegengebracht worden zu sein.

Abbildung 3: „Welche Bedeutung messen Sie [...] der Weiterführung der leistungsorientierten Lohnpolitik [bei]?" (Mai/Juni 1986; in Prozent)[10]

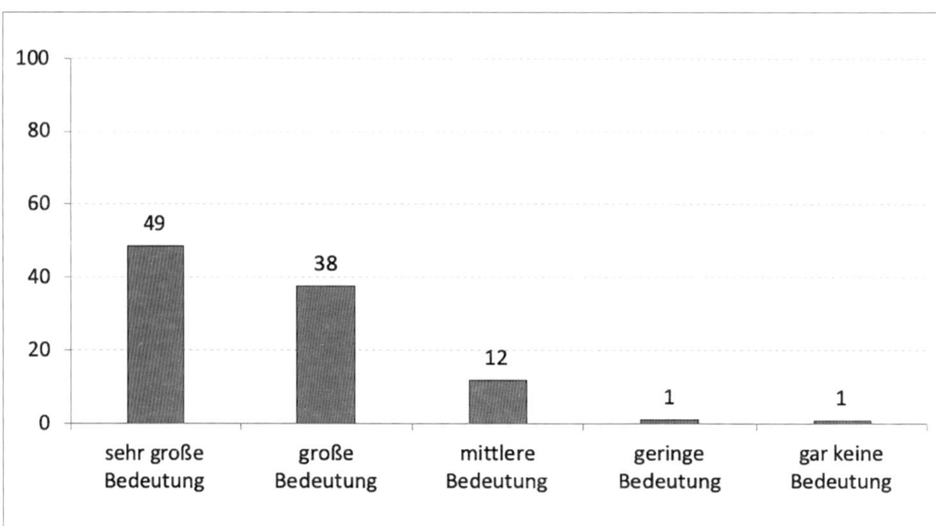

10 Berechnet nach: Zentralinstitut für Jugendforschung (Leipzig), Studie zum XI. Parteitag der SED 1986, in: GESIS Datenarchiv, Köln, ZA6083; Fallzahl: 937 Beschäftigte in brandenburgischen Betrieben.

Gleichwohl hatte die SED in ihrem Programm von 1976 für die DDR ausgegeben, die „Annäherung der Klassen und Schichten" und die „Minderung sozialer Unterschiede" herbeizuführen.[11] Dies stand jedoch im Widerspruch dazu, das Leistungsprinzip als Grundlage für die Einkommensbemessung zu nutzen, wonach Lohn- und Gehaltsdifferenzen als Ansporn für eine höhere Produktivität wirken sollten. Eine konsequente leistungsorientierte Entlohnung ist in der DDR auch nie umgesetzt worden. Hauptgrund waren eben die sozialen Aspekte; so sollten die unteren Einkommensgruppen geschützt und soziale Ungleichheit in Grenzen gehalten werden.[12] Auch das „Trauma" des Volksaufstandes von 1953 und die Schlussfolgerungen, die die SED aus der Revolte zog, spielten hier hinein. Die Arbeiterschaft sollte befriedet und mit tatsächlich oder vermeintlich überzogenem Leistungs- und Normendruck nicht mehr bis zum Aufruhr gereizt werden. Letztlich sollte es weder eine allzu ausgeprägte Einkommensungleichheit noch „Gleichmacherei" beim Arbeitseinkommen geben. Dies war der Korridor, in dem sich die DDR-Wirtschafts- und Lohnpolitik bewegte.

Mit der Friedlichen Revolution und dem Beitritt der DDR zur Bundesrepublik änderten sich die wirtschafts- und sozialpolitischen Rahmenbedingungen, aber auch der Werte- und Normenhorizont fundamental: Im System der kapitalistischen Wirtschaftsordnung, dem „soziale Ungleichheit [als] ein notwendiges Merkmal" zugeschrieben wird,[13] gelten Leistungsprinzip und Einkommensungleichheit als konstitutiv. Der Mechanismus, dass die Menschen mit einer größeren Leistung mehr Einkommen erhalten und eine höhere soziale Position erreichen, bildet geradezu eine Systemvoraussetzung.

Doch in Reinform und mit aller Rigorosität wurden solche marktwirtschaftlichen Prinzipien in Ostdeutschland nach 1990 nicht eingeführt. Schließlich galt – und gilt noch immer – der bundesdeutsche Grundsatz, dass soziale Ungleichheit und Armut soweit abgefedert werden müssen, dass sie kein Niveau erreichen, welches die soziale Marktwirtschaft und demokratische Ordnung delegitimieren könnte. Durch den Beitritt der DDR zur Bundesrepublik und zu ihrer Institutionenordnung sind deren sozialstaatliche Prinzipien und Einrichtungen auch in Ostdeutschland implementiert worden. Dies bildet den Hintergrund, vor dem sich die Frage nach der Einkommensentwicklung in Brandenburg vor und nach 1989 erhebt.

11 Programm der Sozialistischen Einheitspartei Deutschlands. IX. Parteitag der SED, Berlin, 18. bis 22. Mai 1976, Berlin (Ost) 1976, S. 23.

12 Vgl. Peter Hübner, Die Balance des Ungleichgewichts. Zum Verhältnis von Arbeiterinteressen und SED-Herrschaft, in: Geschichte und Gesellschaft 19 (1), 1993, S. 15–28, hier S. 23 f.

13 Werner Plumpe, Das kalte Herz. Kapitalismus: die Geschichte einer andauernden Revolution, Berlin 2019, S. 23.

Einkommen und Konsummöglichkeiten

Das Einkommen eines Haushalts ergibt sich aus den (Netto-)Arbeitseinkommen, den Sozialtransfers (wie Kindergeld oder Arbeitslosenunterstützung) und den übrigen Einnahmen (beispielsweise Trinkgelder) aller seiner Mitglieder. Unter den hier betrachteten Arbeitnehmerhaushalten werden Haushalte verstanden, deren Haupteinkommensbezieher/-innen Arbeiter/-innen oder Angestellte waren. Zudem sind die Haushalte von Arbeitslosen einbezogen, die auf der Suche nach einer Arbeitnehmerstelle waren (was insbesondere für die 1990er-Jahre relevant ist). In brandenburgischen Arbeitnehmerhaushalten sind zwischen 1980 und 1988 die gesamten monatlichen Nettoeinkommen von durchschnittlich 549 Mark auf 759 Mark pro Haushaltsmitglied gestiegen. Bereinigt man die nominalen Einkommenszuwächse um die Teuerungsrate der Lebenshaltungskosten, ergibt sich für diesen Zeitraum ein realer Anstieg um 20 Prozent beim Pro-Kopf-Einkommen.[14] Auch im Jahrzehnt nach der Einführung der ersehnten D-Mark wuchsen die durchschnittlichen Einkommen. Von 1991 auf 2000 erhöhten sich die monatlichen Pro-Kopf-Nettoeinkommen in den brandenburgischen Haushalten von Arbeiter/-innen, Angestellten sowie arbeitslosen Arbeitnehmer/-innen von 844 D-Mark auf 1581 D-Mark. Dies kam einer inflationsbereinigten Zunahme um 30 Prozent gleich (siehe Tabelle 2).[15] In den 1980er-Jahren ist das monatliche Realeinkommen der Arbeitnehmerhaushalte in Brandenburg demnach jährlich um durchschnittlich 2,4 Prozent gewachsen, während die jährliche Wachstumsrate in den 1990er-Jahren einen guten halben Prozentpunkt höher lag.

Die Einkommenssteigerungen in den 1980er-Jahren gingen insbesondere auf Lohn- und Gehaltsanhebungen im Rahmen der staatlichen Lohnpolitik zurück. Zudem entfalteten die kontinuierlich zu steigernden Plankennziffern und der gesamtgesellschaftliche Imperativ zur Planübererfüllung eine entsprechende Dynamik. Wer die Arbeitsnormen oder das Plansoll übererfüllte – ob realiter oder lediglich auf dem Papier –, dem wurde dies mit entsprechenden Zulagen und Prämien entgolten. Die politisch erwünschten ökonomischen Erfolgsmeldungen bedingten folglich wachsende Arbeitseinkommen. Daneben trugen gestiegene staatliche beziehungsweise betriebliche Sozialtransfers zur Zunahme der Einkommen in den Arbeitnehmerhaushalten bei, so etwa durch die Kindergelderhöhung von 1987.

14 Für die Preisentwicklung in der DDR liegen keine verlässlichen offiziellen Daten vor; zur Inflationsbereinigung wurde für die 1980er-Jahre daher auf nachträgliche Berechnungen eines früheren Mitarbeiters der Staatlichen Zentralverwaltung für Statistik zurückgegriffen. Vgl. Gerhard Heske, Bruttoinlandsprodukt, Verbrauch und Erwerbstätigkeit in Ostdeutschland 1970–2000. Neue Ergebnisse einer volkswirtschaftlichen Gesamtrechnung, Köln 2005, S. 185.

15 Brandenburgische Preisindizes für die Lebenshaltung sind ausgewiesen in: Landesbetrieb für Datenverarbeitung und Statistik Brandenburg, Statistisches Jahrbuch 2001, Potsdam 2002, S. 468.

Tabelle 2: Gesamtes Pro-Kopf-Einkommen (netto) in brandenburgischen Arbeitnehmerhaushalten[16]

1980	1983	1985	1988	1991	1993	1995	1998	2000
in Mark				in D-Mark				
549	612	661	759	844	1225	1345	1446	1581
jährliche inflationsbereinigte Wachstumsrate 1980–1988: 2,4 %				jährliche inflationsbereinigte Wachstumsrate 1991–2000: 3,0 %				

Auch in den 1990er-Jahren basierte der Zuwachs der Haushaltseinkommen primär auf steigenden Arbeitseinkommen, die aus entsprechenden Tarifabschlüssen resultierten. Während die Gewerkschaften und ihre zumeist westdeutschen Vertreter/-innen ihre neue Klientel im Osten mit hohen Tarifabschlüssen bedienen und an sich binden wollten, hatten die ebenfalls westdeutsch geprägten Arbeitgeberverbände kein Interesse an einem „Billiglohngebiet Ostdeutschland“. Dies hätte zum einen nicht als Absatzgebiet getaugt und zum anderen den Konkurrenzdruck auf Westdeutschland verstärkt.[17] Dass jedoch zunehmend mehr ostdeutsche Arbeitnehmer/-innen im ersten „Nachwendejahrzehnt“ in die Arbeitslosigkeit fielen und zu Empfänger/-innen von Arbeitslosengeld und Sozialhilfe wurden, dämpfte die Einkommensentwicklung in den brandenburgischen Arbeitnehmerhaushalten.

Obschon in beiden Dekaden das Haushaltseinkommen spürbar anstieg, waren dessen Verwendungsmöglichkeiten recht unterschiedlich. Dies verdeutlicht die durchschnittliche Ausstattung mit langlebigen technischen Konsumgütern, die „ein wichtiger Indikator für den Wohlstand und die Lebensqualität von Haushalten“ ist.[18] Bei Haushaltsgeräten, wie Waschmaschine oder Kühlschrank, herrschten gegen Ende der 1980er-Jahre in den drei brandenburgischen Bezirken – wie allgemein in

16 Sämtliche Einkommensangaben im vorliegenden Beitrag wurden berechnet nach: Einkommensstichprobe 1980–1988, BArch, DE2/60151–60156; FDZ der Statistischen Ämter des Bundes und der Länder, Mikrozensus 1991–2000; Fallzahl 3824–5073 brandenburgische Arbeitnehmerhaushalte.

17 Vgl. Ingrid Artus, Tarifpolitik in der Transformation. Oder das Problem „stellvertretender Tarifautonomie“, in: Detlev Brunner u. a. (Hrsg.), Gewerkschaften im deutschen Einheitsprozess. Möglichkeiten und Grenzen in Zeiten der Transformation, Bielefeld 2018, S. 151–168 sowie Gerhard A. Ritter, Die deutsche Wiedervereinigung, in: Historische Zeitschrift 286 (2008), S. 289–339, hier S. 331 f.

18 Horst Berger u. a., Privathaushalte im Vereinigungsprozeß. Ihre soziale Lage in Ost- und Westdeutschland, Frankfurt a. M. 1999, S. 174.

der DDR – bereits sehr hohe Ausstattungsquoten, die sich nach dem Umbruch kaum mehr steigern ließen. Anders sah dies jedoch bei Farbfernsehgeräten oder PKW aus: Von 16 Prozent bei Farbfernsehern und 49 Prozent bei Autos im Jahr 1980 hatte sich der jeweilige Ausstattungsgrad bis 1988 auf etwas mehr als 50 Prozent erhöht. Drei Jahre nach der deutschen Vereinigung herrschte dann bei den Farbfernsehgeräten praktisch Vollausstattung und 85 Prozent der brandenburgischen Arbeitnehmerhaushalte verfügten über mindestens ein Automobil (siehe Tabelle 3).

Tabelle 3: Ausstattungsgrad mit ausgewählten langlebigen Konsumgütern in brandenburgischen Arbeitnehmerhaushalten (in Prozent)[19]

	1988	1993
Waschmaschine	93	96
Kühlschrank	95	99
Farbfernseher	52	97
PKW	58	85

In der DDR waren technische Konsumgüter vergleichsweise teuer; beispielsweise kostete 1988 ein Farbfernseher (51 cm Bildröhre) 4900 Mark, ein Vollwaschautomat (für 4–5 kg Wäsche) 2300 Mark.[20] In den frühen 1990er-Jahren waren solche Güter, je nach Modell, bereits für ein paar hundert D-Mark zu haben. Zugleich erweiterten sich mit Einführung der Marktwirtschaft das Warenangebot und die Warenverfügbarkeit. In der DDR waren bestimmte Güter nur sehr schwer oder nach Anmeldung inklusive jahrelanger Wartezeit zu bekommen. Auf einen neuen Trabant oder Wartburg wartete man in der Regel über zehn Jahre. Um dagegen die Kosten für Leistungen und Waren des täglichen Bedarfs gering zu halten, wurden in der DDR Wohnungen und Lebensmittel staatlich subventioniert. Ein Arbeitnehmerhaushalt bestehend aus zwei Erwachsenen und zwei Kindern musste 1988 im Durchschnitt nur 2 Prozent seines monatlichen Haushaltseinkommens für die Wohnungsmiete aufwenden und 23 Prozent für Nahrungsmittel. Auch wenn ab 1990 die D-Mark-Preise für Lebensmittel spürbar über den früheren Mark-Preisen lagen, machten

19 Berechnet nach: Einkommensstichprobe 1988; FDZ der Statistischen Ämter des Bundes und der Länder, Einkommens- und Verbrauchsstichprobe 1993; Fallzahl 1047–5035 brandenburgische Arbeitnehmerhaushalte.

20 Vgl. Staatliche Zentralverwaltung für Statistik, Statistisches Jahrbuch der DDR 1989, Berlin (Ost) 1989, S. 283.

beim ostdeutschen Vier-Personen-Haushalt die Nahrungsmittelausgaben 1993 nur noch 16 Prozent seines – jetzt ja höheren – Haushaltseinkommens aus, die Mietausgaben indessen 8 Prozent.[21] Neben der Veränderung der Ausgabenstruktur erweiterten sich mit dem Systemumbruch die Möglichkeiten, das erhaltene Einkommen zu „verkonsumieren" und in Waren und Güter umzusetzen, enorm. Je nach Einkommenslage konnte dies jedoch individuell sehr verschieden sein.

Sektorale und regionale Einkommensungleichheiten

Eine „Hauptursache für Ungleichheit", so schreibt der Ungleichheitsforscher Anthony Atkinson, stellt „der unterschiedliche Zugang zu wirtschaftlichen Ressourcen" dar.[22] Für einen Arbeitnehmerhaushalt ist die ökonomische Hauptressource das Arbeitseinkommen seiner Mitglieder. Hinsichtlich der erzielten Löhne und Gehälter waren für die DDR einige Unterschiede zwischen den Wirtschaftssektoren zu verzeichnen. Durchschnittlich am höchsten entlohnt wurden in den 1980er-Jahren die Arbeitnehmer/-innen in den Sektoren Metallurgie, Energie und Brennstoffe sowie Fahrzeug- und Maschinenbau. Die lohnmäßige Priorisierung der kernindustriellen und zugleich stark männlich besetzten Branchen verweist zum einen darauf, wie sehr sich die SED als Repräsentant der klassisch proletarischen Industriearbeiterschaft sah – woraus sie schließlich ihre Legitimation zog. Gerade die Produktionsarbeiter/-innen profitierten auch vom leistungsorientierten Lohnsystem, indem sie mit Sonderschichten und Planübererfüllungen ihren Verdienst in einem Maße erhöhen konnten, das beispielsweise den Beschäftigten im Dienstleistungssektor so kaum möglich war. Zum anderen sollten mit der Lohnpolitik die knappen Arbeitskräfte in diese traditionell als wichtiger erachteten Industriebranchen gelenkt werden. Am unteren Ende der Einkommenshierarchie fanden sich die Textilindustrie, die Dienstleistungswirtschaft und der Handel wieder. Diesen Sektoren, in denen wesentlich häufiger Frauen, beispielsweise als Näherinnen oder Verkäuferinnen, beschäftigt waren, maß die politische Führung eine geringere volkswirtschaftliche Bedeutung zu.

Während etwa im Jahr 1985 ein/-e in Vollzeit Beschäftigte/-r in der Textilindustrie monatlich im DDR-Durchschnitt 765 Mark netto an Arbeitseinkommen erhielt, waren es im Dienstleistungssektor 767 Mark und im Handel 723 Mark. Die

21 Vgl. Christopher Banditt, Sozioökonomische Lagen ostdeutscher Arbeitnehmerhaushalte in der Systemtransformation, in: Christoph Lorke/Rüdiger Schmidt (Hrsg.), Der Zusammenbruch der alten Ordnung? Die Krise der Sozialen Marktwirtschaft und der neue Kapitalismus in Deutschland und Europa, Stuttgart 2020, S. 213–234, hier S. 230.

22 Anthony B. Atkinson, Ungleichheit. Was wir dagegen tun können, Stuttgart 2016, S. 24.

entsprechenden Verdiensthöhen lagen in der Metallurgie mit 876 Mark, in der Energie- und Brennstoffindustrie mit 866 Mark oder im Fahrzeug- und Maschinenbau mit 855 Mark spürbar darüber. Innerhalb der jeweiligen Branchen konnten sich je nach Tätigkeit beziehungsweise Funktion sowie nach Qualifikation der Arbeitnehmer/-innen die Löhne und Gehälter ebenfalls sehr unterscheiden. Beispielsweise verdiente 1985 in der DDR ein/-e Arbeiter/-in oder ein/-e Angestellte/-r ohne Berufsabschluss durchschnittlich 586 Mark, ein/-e Beschäftigte/-r mit Facharbeiter- oder Meisterabschluss 734 Mark und ein/-e Arbeitnehmer/-in mit Fachschul- oder Hochschulabschluss 939 Mark. In der Eigenlogik der SED-Diktatur gelangten zumeist jene Menschen zu höherer Bildung und Qualifikation, wie Abitur oder Hochschulabschluss, die eine Loyalität zum sozialistischen System ernstgemeint oder zumindest glaubhaft demonstrierten. Personen jedoch, denen der Apparat eine Nichtkonformität oder gar Ablehnung von Staat und Partei attestierte, wurden Ausbildungs- und Karrieremöglichkeiten zumeist verbaut und damit auch die Verdienstmöglichkeiten begrenzt. Hierbei bildeten die drei brandenburgischen Bezirke keine Ausnahme.

Mit dem industriellen Aufbau, der nach dem Zweiten Weltkrieg forciert worden ist, war das brandenburgische Gebiet bis in die 1980er-Jahre zum Standort verschiedener kernindustrieller Betriebe geworden.[23] Im vormals stark agrarisch geprägten Bezirk Frankfurt (Oder) sind die chemische Industrie und die Metallurgie zu den bestimmenden Wirtschaftssektoren entwickelt worden. Als bedeutende Standorte sind hier das Petrolchemische Kombinat (PCK) mit seinem Stammbetrieb in Schwedt und das Eisenhüttenkombinat Ost (EKO) in Eisenhüttenstadt zu nennen. Die Metallurgie war mit den Stahl- und Walzwerken in Hennigsdorf und Brandenburg/Havel auch im Bezirk Potsdam ein wichtiger Industriebereich. Daneben stand der Maschinen- und Fahrzeugbau, etwa mit dem Automobilwerk Ludwigsfelde, das den Betrieb mit den meisten Beschäftigten im Bezirk darstellte. Der Bezirk Cottbus ist zeitgenössisch folgendermaßen charakterisiert worden: „ein vormals als Teil der märkischen Streusandbüchse weitgehend rückständiges Gebiet, heute als Kohle- und Energiebezirk der DDR bekannt".[24] Und in der Tat wurden unter anderem in den Braunkohlegebieten um Senftenberg, Lauchhammer und Hoyerswerda, mit dem Gaskombinat Schwarze Pumpe oder den Kraftwerken Boxberg und Jänschwalde gut

23 Hierzu wie zum Folgenden vgl. Detlef Kotsch, Das Land Brandenburg zwischen Auflösung und Wiederbegründung. Politik, Wirtschaft und soziale Verhältnisse in den Bezirken Potsdam, Frankfurt (Oder) und Cottbus in der DDR (1952 bis 1990), Berlin 2001, S. 297–329 und Wolf-Rüdiger Knoll, Das verarbeitende Gewerbe und die strukturpolitischen Entwicklungspfade in Brandenburg zwischen 1945 und 1989, in: Jahrbuch für brandenburgische Landesgeschichte 70, 2019, S. 205–231.

24 Gunter Clemens, Cottbus, in: Werner Ostwald (Hrsg.), Die DDR im Spiegel ihrer Bezirke, Berlin (Ost) 1989, S. 47–67, hier S. 47.

40 Prozent der gesamten DDR-Produktion in der Energie- und Brennstoffindustrie erwirtschaftet.

Insgesamt erbrachten die drei brandenburgischen Bezirke im Jahr 1988 rund 19 Prozent der industriellen Bruttoproduktion der DDR, obwohl sie nur gut 14 Prozent aller Industriebeschäftigten stellten.[25] Den Stellenwert der brandenburgischen Industrie brachte zugleich das durchschnittliche Einkommensniveau ihrer Arbeitnehmerschaft zum Ausdruck. Fast durchgehend rangierten die brandenburgischen Arbeitnehmerhaushalte beim Pro-Kopf-Einkommen in den 1980er-Jahren lediglich hinter den „Gutverdienern" in der Hauptstadt (Ost-)Berlin und dem noch stärker industrialisierten Landesteil Sachsens, und dafür vor den thüringischen Bezirken und weit vor den ländlich-agrarischen Nord-Bezirken (siehe Abbildung 4). In den 1990er-Jahren setzte sich Brandenburgs Mittelstellung zunächst so fort, bis das Bundesland sich gegen Ende des Jahrzehnts im relativen Vergleich auf den zweiten Rang schob. Hierbei dürften gutverdienende Arbeitnehmer/-innen eine Rolle gespielt haben, die mit dem voranschreitenden Ausbau der Bundeshauptstadt nach Berlin kamen, sich aber im brandenburgischen Speckgürtel ansiedelten.

Abbildung 4: Position der Landesteile beim Pro-Kopf-Einkommen in den Arbeitnehmerhaushalten in Relation zum Gesamtdurchschnitt (DDR/Ostdeutschland = 100)

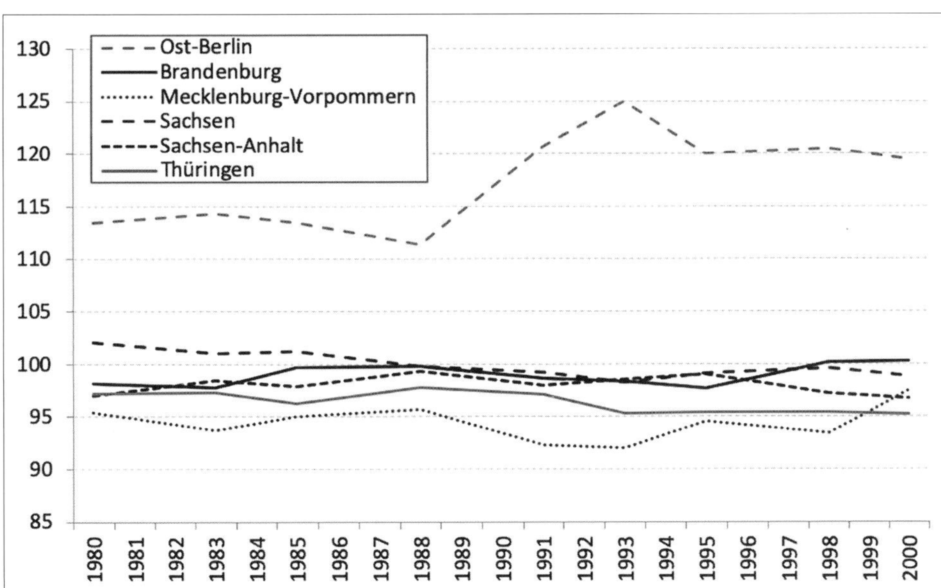

25 Berechnet nach: Statistisches Amt der DDR, Statistisches Jahrbuch der DDR '90, Berlin (Ost) 1990, S. 17 ff, 69, 75, 89 sowie Deutsche Bank, Bezirksdaten DDR [Frankfurt a. M. 1990], S. 18.

Neben Kontinuitäten bei der Einkommensungleichheit zwischen den einzelnen Landesteilen über 1989/90 hinweg brachte die „Wende" auch harsche Umbrüche. Die Währungsreform 1990, mit der die Löhne und Gehälter im Verhältnis 1:1 von Mark in D-Mark umgestellt wurden, und die Tarifabschlüsse in den frühen 1990er-Jahren erhöhten die Lohnkosten für die Betriebe immens, was ihre Wettbewerbsfähigkeit minderte. Dass vielerorts die Betriebe nach 40 Jahren sozialistischer Planwirtschaft marode waren und zuletzt nur noch von der Substanz gelebt hatten, bedeutete zudem einen enormen Startnachteil. Zum Konkurrenzdruck vom Weltmarkt durch die Öffnung der DDR-Volkswirtschaft trat das Wegbrechen traditioneller Absatzmärkte in Osteuropa hinzu. Die Industrieproduktion in Brandenburg verringerte sich zwischen Dezember 1989 und Dezember 1990 um die Hälfte. Während sie in der Energie- und Brennstoffindustrie auf 78 Prozent absank, war der Absturz in der Metallurgie auf 34 Prozent und im Maschinen- und Fahrzeugbau auf 45 Prozent dramatischer.[26] Der Industrieabbau, die Stilllegung ganzer Betriebe und die im Rahmen der zumeist unter der Ägide der Treuhand durchgeführten Privatisierungen führten zu massenhaften Entlassungen: Von 1989 auf 1993 gingen in der Industrie drei von vier Arbeitsplätzen verloren.[27]

Zum Nachteil geriet nun insbesondere, dass sehr stark Grundstoffindustrien aufgebaut worden waren, wobei die drei brandenburgischen Bezirke jeweils ein eigenes Industrieprofil erhalten hatten und nur wenig miteinander verflochten waren. Die Förderung etwa der Energie- und Brennstoffindustrie oder der Metallurgie war dem Umstand geschuldet, dass der DDR solche Branchen zunächst fehlten. Mit dem Ende der sozialistischen Planwirtschaft erwiesen sich die brandenburgischen Grundstoffindustrien als unmodern, beschäftigungsintensiv, unrentabel und letztlich wenig wettbewerbsfähig.[28] Mit der Umstrukturierung und De-Industrialisierung der ostdeutschen Wirtschaft erfuhr neben der Bauwirtschaft, die von den städtebaulichen Investitionsprogrammen profitierte, die Dienstleistungswirtschaft einen Bedeutungszuwachs, wie die veränderten Anteile der Erwerbstätigen in den Wirtschaftsbereichen zeigen (siehe Tabelle 4).

Die durchschnittlich höchsten Einkommen erzielten Ende der 1990er-Jahre Arbeitnehmer/-innen bei den kommunalen Diensten, wie Energie- und Wasserversorgung, im Kredit- und Versicherungsgewerbe oder im Bereich Erziehung und Unterricht. Im Jahr 1998 lagen im ostdeutschen Durchschnitt die gesamten verfügbaren

26 Vgl. Institut für angewandte Wirtschaftsforschung e. V., Landesreport Brandenburg, Berlin 1992, S. 63.

27 Vgl. Michael Lemke, Brandenburg. Eine kleine Landeskunde, [Potsdam] 1994, S. 135.

28 Vgl. Detlef Kotsch, Das Land Brandenburg, S. 325–329 und Wolf-Rüdiger Knoll, Das verarbeitende Gewerbe, S. 229.

Tabelle 4: Brandenburgische Erwerbstätige anteilig nach Wirtschaftsbereichen (in Prozent)[29]

Wirtschaftsbereich	**1988**	**Wirtschaftsbereich**	**1998**
Produzierendes Gewerbe	47	Produzierendes Gewerbe	32
davon:		*davon:*	
- Industrie	*35*	*- verarbeitendes Gewerbe*	*13*
- Produzierendes Handwerk	*3*	*- Bergbau*	*1*
- Bauwirtschaft	*7*	*- Baugewerbe*	*18*
- sonstige produzierende Bereiche	*3*		
Land- und Forstwirtschaft	14	Land- und Forstwirtschaft, Fischerei	5
Handel und Verkehr	17	Handel, Gastgewerbe und Verkehr	23
davon:		*davon:*	
- Verkehr, Post, Fernmeldewesen	*8*	*- Verkehr, Nachrichtenübermittlung*	*7*
- Handel	*10*	*- Handel, Instandhaltung, Reparatur*	*13*
		- Gastgewerbe	*3*
nichtproduzierende Bereiche	21	sonstige Dienstleistungen	41

monatlichen Nettoeinkommen einer Arbeitnehmerin beziehungsweise eines Arbeitnehmers in diesen drei Bereichen bei rund 2650 D-Mark. Die niedrigsten Einkommen herrschten nun mit durchschnittlich 1607 D-Mark bei Beschäftigten im Gastgewerbe und mit 1708 D-Mark in der Land- und Forstwirtschaft vor, die zu den großen Verlierern des Systemumbruchs gehörte. Und wie in der DDR gehörte der Handel, wo 1998 das durchschnittliche Nettoeinkommen eines/einer Beschäftigten 1944 D-Mark betrug, zu den eher niedrig entlohnten Bereichen.

Etwas stärker noch als in den 1980er-Jahren waren zugleich die einkommensmäßigen Unterschiede zwischen den Qualifikationsstufen ausgeprägt. Je höher die Qualifikationsstufe, desto höher fiel das durchschnittliche verfügbare Einkommen aus. Jene Personen also, die in der DDR zu höheren Abschlüssen, etwa an Fach- oder

29 Berechnet nach: Statistisches Amt der DDR, Statistisches Jahrbuch '90, S. 69, 75, 89 und FDZ der Statistischen Ämter des Bundes und der Länder, Mikrozensus 1998; Fallzahl 5652 brandenburgische Arbeitnehmer/-innen; Abweichungen der Gesamtsummen aufgrund von Rundungen. Die leicht voneinander abweichenden Kategorien gehen auf unterschiedliche Erfassungen in beiden Systemen zurück.

Hochschulen, gelangt waren, profitierten hiervon auch nach 1989/90. Sofern sie nicht als politisch belastet galten, hatten sie damit einen bedeutsamen Startvorteil in der Marktwirtschaft.[30] Denn die in der DDR erworbenen Schul- und Berufsabschlüsse wurden größtenteils anerkannt. Menschen, denen aufgrund nichtsystemkonformer oder dissidentischer Einstellungen und Handlungsweisen in der SED-Diktatur Bildungs- und Karrieremöglichkeiten verwehrt worden waren, hatten folglich auch weiterhin mit entsprechenden Nachteilen zu kämpfen. Zwar bestand nun theoretisch die Möglichkeit, zuvor versagte Ausbildungen und Abschlüsse nachzuholen. In der Praxis jedoch und vor den je individuellen Lebenshintergründen, zu denen der notwendige Lohnerwerb und die Versorgung einer Familie gehören konnten, erwies es sich bisweilen als undurchführbar, noch einmal die Schulbank zum Erwerb des Abiturs zu drücken oder ein Hochschulstudium zu absolvieren. Von den damit verbundenen einkommensmäßigen Einbußen konnten diese Personen nicht nur während ihres Erwerbstätigenalters betroffen sein. Aufgrund geringerer erworbener Rentenanwartschaften dauert(e) diese Schlechterstellung bis zum Lebensende der Menschen an.

Einkommensungleichheit innerhalb Brandenburgs

Im brandenburgischen Handelssektor waren vor der „Wende" knapp 10 Prozent aller Beschäftigten der drei Bezirke tätig. Während daneben 35 Prozent in den zumeist gut entlohnten industriellen Branchen beschäftigt waren, entfiel etwa auf die sogenannten nichtproduzierenden Bereiche immerhin ein Anteil von 21 Prozent der Beschäftigten (siehe Tabelle 4). Indem die jeweilige Zugehörigkeit zu den Wirtschaftsbereichen, die individuelle Qualifikation sowie Position und letztlich die damit verbundene lohnmäßige Eingruppierung für das individuelle Arbeitseinkommen maßgeblich war, ergab sich hieraus zu einem Gutteil die Einkommensungleichheit innerhalb der brandenburgischen Arbeitnehmerschaft. Dies bezog auch die regionalen Unterschiede zwischen den konzentrierten Industriestandorten und dem ländlichen, industriearmen Raum mit einer dünnen Besiedlung, wie das Oderland um Seelow, der Fläming oder die Prignitz, mit ein.

Zur Messung von Einkommensungleichheit bietet sich der zahlenmäßige Vergleich zwischen „Oben" und „Unten" an: In der ersten Hälfte der 1980er-Jahre verfügte das einkommensmäßig am besten gestellte Fünftel der brandenburgischen Arbeitnehmerhaushalte über das 2,8- bis 2,9-fache Pro-Kopf-Einkommen des untersten Fünftels. Die Abnahme dieser Maßzahl zwischen 1985 und 1988 auf rund 2,7 markiert die einzige wirkliche Abmilderung der Einkommensungleichheit im hier

30 Vgl. Christopher Banditt, Sozioökonomische Lagen, S. 223 f.

betrachteten Zeitraum (siehe Abbildung 5). Dies ging primär auf die Kindergelderhöhung vom 1. Mai 1987 zurück, als der staatliche Zuschuss für das erste Kind von 20 Mark auf 50 Mark, für das zweite Kind von 20 Mark auf 100 Mark und für das dritte und jedes weitere Kind von 100 Mark auf 150 Mark angehoben wurde. Je mehr Kinder, sprich Köpfe, die kein eigenes Arbeitseinkommen einbringen, einem Haushalt angehören, desto geringer ist im Durchschnitt dessen Pro-Kopf-Einkommen. Insofern kam die Erhöhung des Kindergeldes insbesondere Haushalten mit niedriger Pro-Kopf-Einkommenslage zugute und minderte den Abstand zu den einkommensmäßig höher gruppierten Haushalten.

Abbildung 5: Verhältnis der obersten 20 Prozent zu den untersten 20 Prozent der brandenburgischen Arbeitnehmerhaushalte beim Pro-Kopf-Einkommen[31]

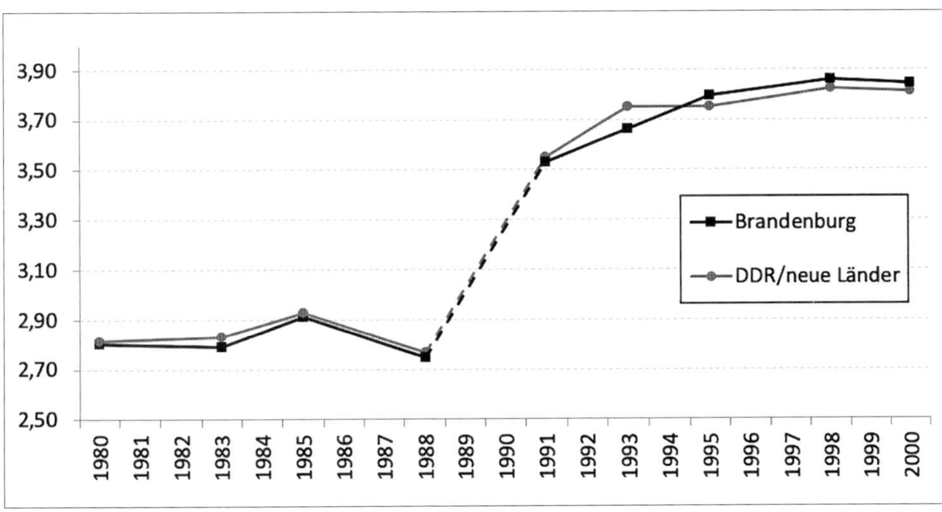

Mit dem Systemwechsel stieg die Einkommensungleichheit der brandenburgischen Arbeitnehmerhaushalte stark an: 1991 verfügte das oberste Fünftel über das 3,5-fache Pro-Kopf-Einkommen des untersten Fünftels. Den Anstieg bedingte zum einen die Ausdifferenzierung der Arbeitseinkommen, wobei sich die relativen Abstände zwischen den Branchen und Qualifikationsstufen im Vergleich zur Zeit des Sozialismus erhöhten. Zum anderen, und wesentlich gewichtiger, wirkte sich die wachsende Arbeitslosigkeit aus. Erste Entlassungen gab es bereits Ende 1989/Anfang 1990, die einerseits sogenannte Problemgruppen, wie Arbeitsbummelanten, Alkoholkranke, Vorbestrafte oder auch Menschen mit Behinderungen trafen. Andererseits waren

31 Der Wert für Brandenburg im Jahr 1988, der aus dem vorliegenden Datenmaterial nicht exakt zu berechnen ist, wurde näherungsweise geschätzt.

davon die Angehörigen der Stasi-Dienststellen sowie Mitglieder der Partei- und Massenorganisationen betroffen.[32] Gerade für Letztere konnte der Absturz aus einer privilegierten und gut entlohnten Funktionärsgruppe in die Arbeitslosigkeit oder in vergleichsweise schlechter bezahlte Berufe sehr hart ausfallen. In der Folge und mit dem allgemeinen wirtschaftlichen Rückgang wurde Arbeitslosigkeit jedoch zu einem Massenphänomen – von dem Frauen häufiger betroffen waren als Männer –: Von gut 7 Prozent Ende 1990 stieg die Arbeitslosenquote bis 1993 auf ein zwischenzeitliches Hoch von 15 Prozent, 1997 erreichte sie sogar 20 Prozent, um am Ende des Jahrzehnts bei 18 Prozent zu liegen. Zwischen den Regionen konnte die Ausprägung von Arbeitslosigkeit sehr unterschiedlich sein; 1998 beispielsweise betrug sie im berlinnahen Potsdam „lediglich" 12 Prozent und im Elbe-Elster-Kreis oder in der Uckermark jeweils 21 Prozent.[33] Gerade in der zweiten Hälfte der 1990er-Jahre verschärften sich die Einkommensgegensätze dergestalt, dass die gemessene Einkommensungleichheit in Brandenburg noch etwas höher war als in allen ostdeutschen Bundesländern (inklusive Ost-Berlin) insgesamt (siehe Abbildung 5).

Zwar sind auch im Jahrzehnt nach der „Wende" gleich mehrere Kindergelderhöhungen umgesetzt worden, doch konnten sie den Anstieg der Ungleichheit nur dämpfen, aber nicht umkehren. Gewichtiger waren für viele Arbeitnehmerhaushalte ohnehin andere Sozialtransfers wie Arbeitslosenunterstützung und Sozialhilfe. Diese konnten allerdings das Wegbrechen von Arbeitseinkommen in den Kassen der Haushalte nur bedingt kompensieren. Während sich in den 1990er-Jahren die durchschnittlichen Einkommensunterschiede zwischen Angestellten- und Arbeiterhaushalten etwas vergrößerten, kamen als neue Gruppe innerhalb der Arbeitnehmerschaft nun diejenigen Haushalte auf, deren Haupteinkommensbezieher/-innen arbeitslose Arbeitnehmer/-innen waren. Ab dem Jahr 1993 lag das durchschnittliche Pro-Kopf-Einkommen von Arbeitslosenhaushalten durchweg unter 65 Prozent des Gesamtdurchschnitts aller brandenburgischen Arbeitnehmerhaushalte (siehe Tabelle 5). Ihr Abgehängtsein, dessen sozialpsychologische Folgen gleichsam dramatisch waren, spiegelte sich auch in der Zunahme der Einkommensungleichheit innerhalb der Arbeitnehmerschaft Brandenburgs.

Neben der hier dargestellten Einkommensungleichheit bestanden in der DDR noch zusätzliche, systemspezifische Disparitäten, die nicht statistisch gemessen worden sind und die sich daher kaum datenbasiert abbilden lassen. Ein Beispiel dafür stellt die Verfügbarkeit von D-Mark dar, die in der späten DDR zu einer inoffiziellen

32 Vgl. Detlef Kotsch, Die Bezirke Potsdam, Frankfurt (Oder) und Cottbus in der DDR (1952 bis 1990), in: Ingo Materna/Wolfgang Ribbe (Hrsg.), Brandenburgische Geschichte, Berlin 1995, S. 727–794, hier S. 791.

33 Vgl. Landesamt/-betrieb für Datenverarbeitung und Statistik Brandenburg, Statistisches Jahrbuch 1991; 1996; 1999; 2001, Potsdam 1992, S. 84; 1996, S. 202; 1999, S. 208; 2002, S. 206.

Tabelle 5: Einkommensposition pro Kopf nach sozialem Status des/-r Haupteinkommensbeziehers/-in im Haushalt in Relation zum Gesamtdurchschnitt (= 100) der brandenburgischen Arbeitnehmerhaushalte

	1988	1991	1993	1995	1998	2000
Arbeiterhaushalte	96	94	93	92	91	91
Angestelltenhaushalte	105	111	117	119	120	120
Arbeitslosenhaushalte	-	70	62	61	64	63

Zweitwährung avanciert war. Gesellschaftlich marginalisierte oder tabuisierte Gruppen wie selbständige Handwerker oder Prostituierte, die ihre Leistungen bevorzugt gegen „Westmark" anboten, konnten auf diesem Weg Vorteile erwerben. Ähnliches gilt beispielsweise für Arbeitnehmer/-innen in der Gastronomie, wenn sie Trinkgelder westlicher Touristen erhielten, oder auch für Personen, die schlichtweg aufgrund privater Bekanntschaft und Verwandtschaft einen D-Mark-Zugang hatten. Politischen Funktionsgruppen und Parteikadern waren dagegen Westkontakte untersagt, womit ihre Möglichkeiten äußerst begrenzt waren, in den Besitz von D-Mark zu kommen, um damit zum Beispiel im Intershop Westwaren einkaufen zu können. Dies sorgte bisweilen für Frust und Unmut unter den ansonsten eher privilegierten Kaderleuten und konnte die politische Loyalität in der SED-Diktatur untergraben.[34] Die Verschränkung und Überlagerung dieser spezifischen Ungleichheitsdimensionen löste sich mit dem Systemumbruch 1989/90 auf. Einkommen und entsprechende Ungleichheiten waren nun primär Ergebnis von Marktmechanismen und Sozialpolitik, während Systemloyalität und Westkontakte als Einflussfaktoren wegfielen.

Schlussbemerkungen

Im sozialistischen System der DDR sollten Ungleichheiten bei der Entlohnung zuvorderst Leistungsanreize setzen, waren aber auch Ergebnis politischer Privilegierung und Sanktionierung. Zugleich wurde Einkommensungleichheit aus sozialen Gründen staatlich abgefedert. Wie das Beispiel Brandenburg zeigt, war die gesamtge-

34 Vgl. Sabine Pannen, Die neue Zweiklassengesellschaft – Die Politik der Westöffnung und der innere Zerfall der SED-Parteibasis, in: Deutschland Archiv, 19.3.2018; www.bpb.de/geschichte/zeitgeschichte/deutschlandarchiv/266361 (zuletzt abgerufen am 27.12.2022).

sellschaftliche Einkommensungleichheit unter sozialistischen Systembedingungen niedriger als nach der Transformation zur Marktwirtschaft. Mit der Implementierung marktwirtschaftlicher Strukturen erhöhten sich die Lohn- und Gehaltsunterschiede innerhalb der Arbeitnehmerschaft und die Einkommensungleichheit insgesamt. Gleichwohl gab es mit dem Systemumbruch für die meisten Menschen in Brandenburg und Ostdeutschland indes keinen kompletten Neustart, als sie etwa ihre in der DDR erworbenen Qualifikationen nun als ökonomisches und soziales Kapital in der neuen Ordnung einbrachten.

Nach den Erfahrungen mit dem sozialistischen Leistungsprinzip erwarteten die Brandenburger/-innen, neben manch sozialer Härte, vom neuen System, dass mit hohen Arbeitsleistungen nun schnell und wirkungsvoll bessere Lebensbedingungen erlangt würden. Dafür nahmen sie implizit auch eine höhere Ungleichheit in Kauf. Schon bald ging die Schere zwischen Erwartung und Realität aber auseinander, worin eine Ursache der späteren Unzufriedenheit nicht nur von Brandenburger/-innen, sondern insgesamt vieler Ostdeutscher mit der deutschen Einheit liegt: Sie waren leistungsbereit, wollten zeigen, was sie können, und wurden darin durch wirtschaftliche Krisenphasen und Massenarbeitslosigkeit gehemmt. Gerade die exorbitant ansteigende Arbeitslosigkeit trug in den 1990er-Jahren auf ihre Weise zur steigenden Ungleichheit bei und sorgte als unberechenbare, bislang ungekannte Variable für eine neue Unübersichtlichkeit und Unsicherheit. Denn insbesondere der Verlust des Arbeitsplatzes im Ostdeutschland der 1990er-Jahre hatte zumeist wenig mit dem eigenen Arbeits- und Leistungsvermögen zu tun, sondern mit Umständen und Entscheidungen, die individuell kaum beeinflussbar waren. Für die Menschen war es vor allem eine Frage von Glück oder Pech, ob der eigene Betrieb stillgelegt wurde und ob sie ihren Arbeitsplatz behalten konnten.

Gesellschaftliches Erbe und kulturelle Veränderungen

Die beiden deutschen Box-Idole Max Schmeling und Henry Maske warben 1990 auf einem Plakat der „Aktion Gemeinsinn e. V." und „Wir für Deutschland e. V." für bürgerschaftliches Engagement zur Herstellung der inneren Einheit.
Deutsches Historisches Museum, Berlin

JUTTA BRAUN

Von der DDR-Kaderschmiede zum „Team Brandenburg"

Transformation und Aufarbeitung im Sport

Kurz bevor die Mauer fiel, hatte Henry Maske das Ziel seiner Träume erreicht und „schwebte auf Wolke sieben".[1] Der populäre Boxer aus Treuenbrietzen, der zuletzt 1988 einen Olympiasieg errungen hatte, war Ende September 1989 auch noch bei der Box-WM in Moskau siegreich gewesen: „Ich wurde Weltmeister. Erster Weltmeister der DDR." Die Nachbarn bereiteten ihm „einen überwältigenden Empfang, wir feierten wundervoll." Außerdem wurden das Idol und sein Trainer nun „im Land herumgereicht. Am 9. November 1989 saßen Manfred Wolke und ich in einem Forum in Potsdam." Doch plötzlich wurde es unruhig. „In der Pause rief einer: ‚Die Mauer ist auf!'. Große Ungläubigkeit im Saal. Die Veranstaltung war beendet."[2]

Henry Maske konnte sich ob der Neuigkeiten „kaum fassen". Zum einen gab es zwar eine „unglaubliche Freude" über „im Nachhinein betrachtet das Positivste, was Deutsche jemals geschafft haben. Eine friedliche Revolution". Aber „dann war da noch etwas. Das sozialistische System, diese Idee, an die ich immer geglaubt hatte, hatte es nicht geschafft. Mir schien, als hätten wir verloren."[3] Diese Einstellung des damals 25-Jährigen ist bezeichnend, wurden Athlet*innen der DDR, die „Diplomaten im Trainingsanzug", doch systematisch dazu erzogen, ihre bundesdeutschen Gegenüber als „Klassenfeind" zu betrachten – Niederlagen gegen Teams der Bundesrepublik galten mithin auch immer als politisches Versagen. Als Oberleutnant der Nationalen Volksarmee – Henry Maskes Heimatklub war der Armeesportklub (ASK) Vorwärts Frankfurt (Oder) – fühlte sich Maske umso mehr seinem Staat verpflichtet, den er bislang immerhin „okay" gefunden hatte.[4] Doch nun eröffneten sich für ihn – wie für viele „Goldkinder" der DDR – plötzlich sehr persönliche Chancen: Die ganze Welt stand ihnen und ihrem Sporttalent offen.

1 Henry Maske mit Detlef Vetten, Nur wer aufgibt, hat verloren. Autobiografie. Bergisch Gladbach 2006, hier und im Folgenden: S. 135.

2 Zur Revolution in Potsdam vgl. Peter Ulrich Weiß/Jutta Braun, Im Riss zweier Epochen. Potsdam in den 1980er und frühen 1990er Jahren. 2. Aufl., Berlin 2019.

3 Maske, Autobiografie, S. 135 f.

4 Ebenda, S. 131.

In den folgenden Tagen wurde Maske zerrissen zwischen der Noch-Loyalität zu den vorhandenen Strukturen und der Aussicht, eine Karriere als Profi-Boxer beginnen zu können. Doch hätte dies einen radikalen Bruch mit der Vergangenheit bedeutet – denn kapitalistisches Profitum im Sport galt in der DDR als ideologisch untragbar.

Als er noch mit sich und seiner Zukunft rang, wurde Maske zu seinem Klubchef zitiert. Auf dessen „Schreibtisch lag eine Ausgabe der *Bild*-Zeitung. Kampfblatt des Gegners. Rotes Banner mit dicken schwarzen Buchstaben. Und diese dicken Lettern betrafen mich ‚Im Osten leben, im Westen boxen.' Und fett die eigentliche Nachricht: ‚DDR-Olympiasieger Maske will Profi werden.'"[5] Die Sportverantwortlichen forderten Solidarität ein: „Mir war klar, was man von mir hören wollte: ein definitives Nein auf die Frage, ob ich Profi werden wolle." Doch Maske zögerte: „Das würde mir eventuell die Zukunft verbauen (ich konnte ja gar nicht einschätzen, wohin die Reise ging)."[6] Das SED-Parteiblatt *Neues Deutschland* konterte bereits eilfertig mit der Nachricht, Maske bleibe Amateur – eine Meldung, die Henry Maske heute weit von sich weist: „Dieses sogenannte Interview mit dem *Neuen Deutschland* vom 15. November 1989 wurde mir noch Jahre später immer wieder vorgehalten, aber die Wahrheit ist, dass meine Einlassung zum Sachverhalt bewusst verdreht wurde. Das *Neue Deutschland* hatte mir Worte in den Mund gelegt, die ich so nicht gesagt hatte, vor allem nicht den Satz: ‚Ich werde nie in einen Profiring klettern.'"[7]

Denn das Gegenteil stimmte. So stand für Maske bereits zur Jahreswende fest, dass er Profi-Boxer werden wollte, „das war mein Ziel, und ich würde es erreichen, was auch immer passierte."[8] Der Zugriff des Staatssports hatte in Windeseile die Autorität über seinen Schützling verloren.[9] Zwar wurden Wolke und Maske im Januar 1990 noch einmal zum „Rapport" beim Boxverband der DDR bestellt, der auf dem Amateurprinzip beharrte. Doch die Zeiten der kleinlauten Rechenschaftslegung waren vorbei: „Sollte man sich Vorwürfe anhören, man sei undankbar dem eigenen Land gegenüber?" Maske war nicht nach einem solchen „Palaver" zumute: „Nein! Keine Aussprache!"[10] Doch ganz so einfach war es nun auch wieder nicht. Denn nicht nur Verbandsfunktionäre grollten ob der Abtrünnigkeit des Erfolgsgespanns, auch „die

5 Ebenda, S. 137.

6 Ebenda.

7 Ebenda, S. 138.

8 Ebenda, S. 143.

9 Vgl. Jutta Braun, Grenzenlos. Der Sport im wiedervereinigten Deutschland, in: Stiftung Haus der Geschichte der Bundesrepublik Deutschland (Hrsg.), Wir gegen uns – Sport im geteilten Deutschland. Darmstadt 2009, S. 136–147.

10 Maske, Autobiografie, S. 145 f.

polemischen Ausfälle der DDR-Presse gegen mich und Wolke nahmen an Schärfe zu“, ab und zu kam es nun „sogar zu Pöbeleien auf der Straße“. Die Atmosphäre, so Maske, „war gereizt“.[11] Der Ausnahme-Boxer erinnert sich sogar, dass ihm der ASK-Arzt in dieser Zeit nach einem Sportunfall als „Störmanöver“ einen „Riesengips“ verpasste, „der für den kleinen Schaden viel zu groß war“, um ihn beim Wechsel zu behindern. „Was hatte der Herr Doktor für ein Problem mit mir und meiner Entscheidung? Na ja, abhaken.“[12]

Die Erlebnisse des Box-Idols aus Brandenburg stehen stellvertretend für den Wandel, der sich im DDR-Sport im Gefolge des Mauerfalls vollzog. Freude und Verunsicherung, ungeahnte Chancen und existentielle Ängste – dies alles fiel zusammen, als ein Bereich, der bislang zum Tafelsilber der SED-Diktatur gezählt hatte, unerwartet zur Disposition stand.[13] Die Beteiligten mussten radikal umschalten: von ideologischer Abgrenzung auf gesamtdeutsches Zusammenwachsen, vom Stolz, stets besser als die Bundesrepublik abgeschnitten zu haben, zur Notwendigkeit, sich ebendiesen Strukturen des „Polarisierungszwillings“[14] nun anzupassen – einhergehend mit dem Unverständnis nicht weniger Funktionäre und Sportler*innen, weshalb das „schlechtere System“ der Westdeutschen nun eingeführt wurde.[15] Denn dass sich der DDR-Sport, gemessen an den Zielen des internationalen Leistungssports, überlegen gezeigt hatte, stand außer Frage.

Im Folgenden werden, ausgehend von der „Wendeerfahrung“ Henry Maskes, die wesentlichen Stationen der Transformation und ihre einschneidenden Folgen für den Sport im vereinten Deutschland und in Brandenburg nachgezeichnet: Hierzu gehört die neue Vertragsfreiheit der ostdeutschen Sportler*innen, der tiefgreifende Strukturwandel vom Staatssport zum Vereinssport, zudem die Frage der Aufarbeitung von Stasibelastungen und Dopingverstrickungen. Die letzten 30 Jahre sind jedoch auch eine Geschichte der Kontinuität, da die Landespolitik den Spitzensport weiterhin erfolgreich als Anker regionaler Identität pflegt und unterstützt – und hierbei auch demonstrativ an das Erbe des DDR-Sports anknüpft.

11 Ebenda, S. 149.

12 Ebenda, S. 145.

13 Jutta Braun, „Auf Jahre unschlagbar“. Die deutsche Vereinigung als Sportereignis, in: Martin Sabrow/Tilmann Siebeneichner/Peter Ulrich Weiß (Hrsg.), 1989 – (K)eine Zäsur?, Göttingen 2021, S. 120–143.

14 Begriff bei Hans Günter Hockerts, Einführung, in: ders. (Hrsg.), Drei Wege deutscher Sozialstaatlichkeit: NS-Diktatur, Bundesrepublik und DDR im Vergleich, München 1998, S. 23.

15 Klaus Katzur, Gleichschaltung auch im Sport. Die Westdeutschen bevorzugen das schlechtere System, in: Friedrich Thießen, Die Wessis. Westdeutsche Führungskräfte beim Aufbau Ost, Köln 2009, S. 213–220.

Go West: Chancen und „Ausverkauf“

Das Verschwinden des Eisernen Vorhangs hatte zur Folge, dass auch die Sporttreibenden im wahrsten Sinne des Wortes in Bewegung gerieten, das galt nicht nur für Henry Maske. Wettkämpfe konnten nun wieder grenzüberschreitend stattfinden, so der Berliner Neujahrslauf, der 1990 wieder durch das Brandenburger Tor führte, oder der Rennsteiglauf, der bald nicht nur Thüringer, sondern auch bayerische Wege umfasste. Im April konnten die Potsdamer*innen zudem die Öffnung der Wasserstraßen an der Glienicker Brücke erleben, was nicht nur die Wassersportler*innen freute. Auch die Strecke des Berlin-Marathons verlief im September 1990 erstmals durch Berliner Bezirke in Ost und West – glückliche Siegerin war die in Potsdam beheimatete Läuferin Uta Pippig. Ebenso wie Henry Maske verließ sie allerdings noch 1990 ihren Heimatklub, in diesem Fall den ASK Vorwärts Potsdam, um erst nach Stuttgart, später dann zum traditionsreichen SCC nach Berlin-Charlottenburg zu gehen. Beide waren damit Teil eines Sogs, der zahlreiche Talente und DDR-Sportstars bereits in den ersten Wochen und Monaten, aber auch noch während der 1990er-Jahre zu bundesdeutschen Vereinen hinzog. Schmerzlich war auch der Verlust der heute erfolgreichsten deutschen Olympionikin, der Kanutin Birgit Fischer aus Brandenburg an der Havel. Die damals bereits viermalige olympische Goldgewinnerin wechselte im Dezember 1992 zum Wassersportverein Mannheim-Sandhofen, um für diesen drei weitere olympische Siege zu erringen.

Dieser „Seitenwechsel“ zu Standorten in der alten Bundesrepublik gehörte zu den umstrittensten Phänomenen im Sport der 1990er-Jahre. Nachdem mit dem Fall der Mauer der Staatssport seine Befehlsgewalt eingebüßt hatte, ergriffen viele Athlet*innen die Chance zu einem Neuanfang im Westen. Besonderes sichtbar war die Entwicklung im Fußball: Ausgerechnet Andreas Thom, Vorzeige-Kicker des Stasi-Klubs BFC Dynamo, gab bereits zur Jahreswende 1989/1990 bekannt, zu Bayer-Leverkusen wechseln zu wollen. Club-Manager Rainer Calmund hatte sich seit dem Mauerfall auf gezielte Talentsuche begeben und konnte hierin nicht einmal vom Kanzler der Einheit Helmut Kohl ausgebremst werden, der warnte: „Sie können die DDR nicht einfach leerkaufen“.[16] Bereits im März 1990 klagte der aus Cottbus stammende populäre Sportjournalist Heinz Florian Oertel, dass ein „Ausverkauf des DDR-Sports“ drohe: „Von Ludwig bis Ampler, Hübner bis Schur, Thom bis Wahl, Hecht bis David“ werde die Liste der in den Westen Gewechselten „lang und länger“.[17] Doch zeigte

16 Reiner Calmund, fußballbekloppt! Autobiographie, München 2008, S. 121 f.

17 Heinz Florian Oertel, Maske, Meinung und noch mehr, in: Berliner Zeitung vom 12.3.1990.

sich die Reporterlegende auch selbstkritisch. Denn die „Aufregung“ um derartige Abgänge erwachse nicht allein aus dem Eindruck, dass die bundesdeutschen Klubs sich hier auf Kosten der DDR bedienten. Vielmehr habe der SED-Staat zu einem Zeitpunkt, als andere Ostblockstaaten einzelne Sportler*innen bereits ins Profilager hatten ziehen lassen, eisern am Amateur-Prinzip festgehalten – ein Faktor, der den Wechsel gen Westen nun als umso skandalöser erscheinen ließ. Oertel reflektierte dieses Phänomen durchaus selbstkritisch: „Es verheißt sicherlich einen zwiespältigen und vielleicht zwielichtigen Gang, den Henry Maske gehen will. Doch dies ist nicht unser Problem. Das beginnt mit dem Ringen um unsere Haltung. Sie wird da und dort immer noch mitbestimmt durch die Doktrinen von gestern.“ Doch müsse man dem Zeitenwandel Rechnung tragen: „Nun endlich, kann jeder selbst bestimmen, versuchen, seines Glückes Schmied zu sein. Henry Maske nimmt diesen Lebensversuch in seine beiden Fäuste“, und er, Oertel, sei „ein Verfechter dieser generellen Entscheidungsfreiheit, und ich wünsche dem Klasseboxer Henry Maske herzlich Glück und Erfolg.“[18]

Diese „Entscheidungsfreiheit“ wussten jedoch die wenigsten Staatsfunktionäre und vor allem nicht die Vertreter der DDR-Presse zu schätzen. Diese reagierte auf Maskes Wechsel pikiert: „Viel Verständnis dafür können wir nicht aufbringen“[19], oder mit albern-diffamierendem Wortspiel „Maske ließ Maske fallen“.[20] Auch derartige Publikationen trugen zweifellos zu den öffentlichen Anfeindungen bei, denen das DDR-Idol sich ausgesetzt sah. „Zu Hause begegneten mir einige Nachbarn in der Plattenbausiedlung in letzter Zeit reserviert. Das ist der Maske, der mit den Wessis zusammensteckt. Der Wendehals aus Frankfurt an der Oder. Der mit dem schicken roten BMW, der sich einen feinen Lenz bei den Wessis macht. Vor allem meine Frau bekam die Ressentiments zu spüren. Wenn sie zum Einkaufen ging oder auf unserer Etage war, wurde sie von ein paar Leuten geschnitten.“[21]

Die Ressentiments rührten, neben der notorischen System- und Parteitreue des Leistungssport-Milieus in der DDR, zweifellos auch aus der Tatsache, dass sich Politik- und Sportinteressierte in der Region in hohem Maße mit „ihrem“ Leistungssport identifizierten und in der Tat in der Vergangenheit große Erfolge hatten feiern können: So hatten die Spitzensport-Standorte in den drei Brandenburger Bezirken stets eine beeindruckende olympische Bilanz erreicht – ein Resultat gezielter Förderentscheidungen des DDR-Sports.

18 Ebenda.

19 Jürgen Holz, Henry Maske: „Ich werde auf alle Fälle Profi!“. Hintergründe eines Schrittes vom ersten Box-Weltmeister, in: Neues Deutschland vom 16.1.1990

20 Maske ließ Maske fallen – wird Profi, in: Neue Zeit vom 16.1.1990.

21 Maske, Autobiografie, S. 150.

Brandenburger Sportlandschaft: Geografische und politische Faktoren vor 1989/90

Sport wird in Ost wie West als ein wichtiger Teil der regionalen Identität betrachtet und gepflegt. Zudem prägt er das lokale Umfeld und ist als Teil der Alltagskultur tief im Gedächtnis von Familien und Gemeinden verankert.[22] So spielt auch der Sport in Brandenburg in Vergangenheit und Gegenwart eine herausragende Rolle:[23] Potsdam etwa ist stolz auf den erfolgreichen Ruder-, Kanu- und Schwimmsport, zudem auf die Leistungen der Fußballerinnen von Turbine Potsdam. Die Sportwelt schätzt Frankfurt (Oder) für seine Boxer, für Gewichtheber und Schützen. Turnen, Laufen und Radsport sind wiederum das sportliche Markenzeichen der Lausitz, die Kleinstadt Luckenwalde glänzt mit ihren Ringern. Doch ist auf den ersten Blick heute nicht mehr erkennbar, wie diese regionale Traditionsbildung überhaupt zustande kam. Denn nicht nur geografische Faktoren und die Gründungswellen der Kaiserzeit und der Weimarer Republik, sondern auch und vor allem die Förderentscheidungen der DDR formten in markanter Weise die Gestalt der Brandenburger Sportlandschaft.

So geht die Topografie der Hochburgen des Spitzensports auf sehr unterschiedliche Ursprünge zurück: Manche Sportarten, wie der seit der Gründerzeit beliebte Wassersport auf den unzähligen Brandenburger Seen, auf Havel und Oder, gehören seit mehr als 100 Jahren zum Freizeitvergnügen wie Wettkampf-Ehrgeiz der Brandenburger. Doch wichtige Entwicklungsschübe wurden erst zur Zeit der DDR in den Bezirken Cottbus, Potsdam und Frankfurt (Oder) ausgelöst – angetrieben von den olympischen Ambitionen der SED-Führung. Denn seit 1965 war das NOK der DDR international anerkannt und damit die Ausgangsposition gegeben, im Wettkampf um Medaillen staatliches Prestige zu erlangen.

Fortan sollte es der kleinen DDR – seit 1968 – stets gelingen, nicht nur beständig zu den drei erfolgreichsten olympischen Sportnationen zu zählen, sondern ebenso

22 Vgl. Markwart Herzog (Hrsg.), Memorialkultur im Fußballsport. Medien, Rituale und Praktiken des Erinnerns, Gedenkens und Vergessens. Stuttgart 2013.

23 So enthielt etwa das parteioffizielle Werk „Potsdam. Geschichte der Stadt in Wort und Bild" zahlreiche Abbildungen mit vorwiegend drei Sujets: Produktions-Szenen in Betrieben, Aufmärsche und Paraden sowie Sportmotive: Kutterwettsegeln der Gesellschaft für Sport und Technik (GST) auf der Havel (S. 215); die 1971 fertiggestellte Schwimmhalle am Brauhausberg (S. 223); der Olympiasieger im 20 km Gehen von 1972 Peter Frenkel beim Wettkampf (S. 225) sowie die Olympiasieger von 1976 und 1980 Evelin Jahl, die Gebrüder Landvoigt und Udo Beyer (S. 238), in: Manfred Uhlemann/Otto Rückert: Potsdam. Geschichte der Stadt in Wort und Bild, Berlin (Ost) 1986; vgl. auch „25 Jahre Sportland Brandenburg", in: Potsdamer Neueste Nachrichten vom 17.9.2015.

kontinuierlich die Bundesrepublik im Medaillen-Ranking hinter sich zu lassen, und zuweilen sogar die USA und die Sportmacht Sowjetunion zu schlagen. 572 olympische Medaillen vermochte die DDR aufzuhäufen – eine mehr als beeindruckende Erfolgsgeschichte, für die allerdings einschneidende Strukturentscheidungen maßgeblich waren, die auch das Gesicht des Brandenburger Sports modellierten. „So wie einst Friedrich der Große Mitte des 18. Jahrhunderts in einem Mammutprojekt das Oderbruch dem Sumpf entriss und damit seinen preußischen Untertanen“ eine „Perspektive hin zum Fortschritt aufzeigte, so wurde binnen eines Jahrzehnts, seit Mitte der 1960er-Jahre, in der gesamten Region ein kleines Sportwunderland erschaffen.“[24] Dieser Vergleich gibt vielleicht etwas pathetisch, im Kern aber durchaus zutreffend wieder, welche Kraftanstrengung sich dahinter verbarg, eine völlig neue Leistungssportstruktur über die Region zu legen. Die Ratio, die hierbei seit Mitte der 1960er-Jahre maßgeblich war, zielte auf die Förderung sogenannter „medaillenintensiver“ Sportarten – also solche, die möglichst viele olympische Auszeichnungen abzuwerfen versprachen. In der gesamten DDR war seit 1969 eine solche, konsequente „Zweiteilung“ des DDR-Sports im Gange, die medaillenreiche Disziplinen bevorzugte, andere hingegen vernachlässigte, sogar beschnitt oder verbot.[25] Bislang nicht oder kaum ausgeübte Sportarten wurden erstmals im Brandenburger Sportprofil installiert, um international konkurrenzfähig zu sein – andere hingegen für lange Zeit kleingehalten, wie etwa der Pferdesport.

Eine besondere Rolle bei der olympischen Ertüchtigung der DDR spielten die sogenannten „nicht-zivilen“ Sportvereinigungen: „Dynamo“ wurde vom Innenministerium und dem Ministerium für Staatssicherheit getragen, die „Armeesportvereinigung Vorwärts“ vom Ministerium für Nationale Verteidigung der DDR. Diese militärischen Einheiten, die Ressourcen und Talente bündelten, waren dem sowjetischen Modell nachgebildet – im Mutterland des Kommunismus unterhielten „Tschekisten“ des KGB ebenso wie die Streitkräfte bereits seit den 1920er-Jahren eigene Sportorganisationen – sie wurden in ähnlicher Form auch in den anderen Satellitenstaaten Moskaus unterhalten. In den Bezirken Frankfurt (Oder), Cottbus und Potsdam fand sich, nach mehreren Wellen der Umstrukturierung, schließlich sogar eine besonders hohe Konzentration dieser „nicht-zivilen Sportstandorte“, was auch der besonderen Militarisierung der Region aufgrund der Nähe zur „Hauptstadt der DDR“ und zur „Frontstadt“ West-Berlin geschuldet war. Im Jahr 1969

24 René Wiese, Körperkultur. Der Aufstieg zum Land des Leistungssports, in: Das Brandenbuch. Ein Land in Stichworten. Hrsg. von der Brandenburgischen Landeszentrale für politische Bildung, Großbeeren 2015, S. 107–110, hier S. 108.

25 Klaus Reinartz, Die Zweiteilung des DDR-Sports auf Beschluss der SED, in: Hans-Joachim Teichler/Klaus Reinartz, Das Leistungssportsystem der DDR in den 80er Jahren und im Prozeß der Wende. Schorndorf 1999, S. 55–85.

erfolgte die „Zweiteilung“ des Sports, in deren Folge Ressourcen und Talente bevorzugt in medaillenintensive Sportarten gelenkt wurden, fortan als „Sport I“ bezeichnet, wohingegen die übrigen als „Sport II“ mit eingeschränkten Kapazitäten leben mussten. Entsprechend wurden in der Region Brandenburg noch vorhandene zivile Sportklubs wie der SC Potsdam und SC Frankfurt (Oder) aufgelöst und ihre Kader in die Armeesportklub-Leistungszentren übernommen. Diese betrieben nun gezielt Sportarten, die zahlreiche olympische Auszeichnungen ermöglichten: Kampfsport wie Boxen und Judo, dazu Schießen, Fechten, Radsport, Kanu und Rudern.[26]

Die hieraus resultierende olympische Erfolgsgeschichte war beeindruckend. So konnte allein der ASK Vorwärts Potsdam seit den 1950er-Jahren bis 1990 mehr als 100 Medaillen bei Olympischen Spielen, Welt- und Europameisterschaften erringen. Zu den bekanntesten und erfolgreichsten Brandenburger Sportler*innen zählten unter anderem Birgit Fischer, Kay Blume und Torsten Gutsche (Kanu), die Leichtathlet*innen Rosemarie Ackermann (Hochsprung), Peter Frenkel (Gehen), Bernd Gummelt (Dreisprung), Udo Beyer (Kugel) und Uwe Hohn (Speerwerfen), die Handballer*innen Katrin Mietzner und Hans-Georg Beyer, Radrennfahrer Bernd Drogan und Lutz Heßlich, die Boxer Manfred Wolke und Henry Maske, die Turner Sylvio Kroll und Holger Behrendt und die Schwimmer Uwe Dassler und Jörg Hoffmann.[27] Insofern lag die Neugier, als die Mauer fiel, eher auf Seiten des bundesdeutschen Sports: Ralf Holtmeyer etwa, Trainer des Deutschland-Achters aus Dortmund, machte sich bereits in den ersten Tagen nach der Grenzöffnung zu einer Stippvisite zum Ruderleistungszentrum der SG Dynamo in Potsdam auf, wo er von seinen ostdeutschen Sportkameraden herzlich empfangen wurde:

„Es war ja eine sehr offene Atmosphäre zur Wendezeit. Also wir waren aus dem Westen natürlich froh, mal gucken zu können, wo die Goldmedaillen gemacht werden. Das war sehr interessant für uns. Aber es war natürlich auch im Osten eine gewisse Befreiung, hatte ich das Gefühl, dass die einfach mal sagen konnten, wie sie es denn machten.“[28]

26 Hier waren in den 1970er-Jahren mit dem ASK Vorwärts Potsdam, dem ASK Vorwärts Frankfurt (Oder), dem FC Vorwärts Frankfurt (Oder), der SG Dynamo Luckenwalde, der SG Dynamo Potsdam, dem SC Dynamo Hoppegarten und der SG Dynamo Weißwasser sieben Leistungszentren der nicht-zivilen Sportvereinigungen vertreten. René Wiese hat diese Sportstruktur in den Bezirken Potsdam, Frankfurt (Oder) und Cottbus 2013 für ein Enquete-Gutachten des Brandenburger Landtags analysiert, in: Jutta Braun, Enquete-Gutachten zum Themenfeld „Sport“ für die Enquete-Kommission 5/1 des Brandenburger Landtages Potsdam, 13.1.2013 (unter Mitarbeit von René Wiese und Carina Sophia Linne), hier S. 19–22.

27 Ebenda, S. 65.

28 Michael Barsuhn, Tagungsbericht der Erinnerungskonferenz „Die Vereinigung im Sport 1989/1990“ am 21./22. Oktober 2005 an der Universität Potsdam, hrsg. von der Friedrich-Ebert-Stiftung, Bonn 2006, S. 13.

Beeindruckt zeigten sich die Besucher vor allem von den personellen und finanziellen Dimensionen. So erfuhr man, dass die DDR im Rudersport insgesamt über 200 hauptamtliche Trainer, Funktionäre und Betreuer verfügte, allein im Leistungszentrum Potsdam waren es 70. Dem Potsdamer Stützpunkt hatten zudem jährlich rund zwei Millionen Ostmark zu Verfügung gestanden. „Da traf der Hobbyruderverband West auf ein hochprofessionelles System“, kommentierte Ralf Holtmeyer rückblickend den augenfälligen Unterschied.[29]

Transformation im Spitzensport

Die dreißig Jahre seit dem Mauerfall waren im Leistungssport Brandenburgs entsprechend dadurch geprägt, eine Förderstruktur zu finden, die es erlaubte, an die Erfolge des DDR-Sports anzuknüpfen. Dies stellte eine schwer zu lösende Aufgabe dar: Denn fortan entfiel die überproportionale finanzielle Ausstattung des Spitzensports sowie die staatlich gelenkte Talentsuche in allen Schulen des Landes. Die Kaderschmieden der Kinder- und Jugendsportschulen öffneten ihre Pforten plötzlich auch für die breite Masse der Schüler*innen und verloren dadurch ihre Funktion als reines Talentbecken.

Am schwierigsten gestaltete sich jedoch die Neuformierung der Klubstruktur. In der Tat blieb kaum ein Stein auf dem anderen. Denn der Staatssport wurde nun durch einen vereinsbasierten Sport ersetzt. Zwar ist auch die Bundesregierung für die Spitzensportförderung zuständig, nach dem Subsidiaritätsprinzip stehen hier Bundesmittel jedoch in erheblich geringerem Maße zur Verfügung, als es die Rundum-Finanzierung durch die „Fürsorgediktatur“[30] der DDR geboten hatte. Zudem endete das hohe Maß an Hauptamtlichkeit im DDR-Sport: Es kam zu flächendeckenden Trainerentlassungen, zudem lösten sich die Strukturen der bisherigen Massenorganisation des Deutschen Turn- und Sportbundes (DTSB) auf.

Auch der Armeesport war bald Geschichte: Mit dem Einigungsvertrag vom 31. August 1990 wurde die Nationale Volksarmee (NVA) in die Bundeswehr überführt. Zunächst gingen die Sportareale der beiden Brandenburger Armeesportklubs in die Trägerschaft der Bundeswehr über: Der ASK Vorwärts Frankfurt (Oder) gehörte fortan zur Bundesluftwaffe und der ASK Vorwärts Potsdam wurde Außenstelle der Bundeswehrschule Warendorf. Doch 1992 endete auch diese Unterstützung. Stattdessen wurden sogenannte zivile Bundesstützpunkte an den ehemaligen Armee-

29 Ebenda, S. 14.

30 Konrad H. Jarausch, Fürsorgediktatur, Version: 1.0, in: Docupedia-Zeitgeschichte vom 11.2.2010, http://docupedia.de/zg/F.C3.BCrsorgediktatur [6.7.2023].

Beschilderung diverser Sportbünde, -vereine und -einrichtungen
am Sportzentrum Frankfurt (Oder), 2008.
Foto: Daag, https://commons.wikimedia.org/wiki/File:D_Ffo_Sportfoerdergruppe.JPG

sport-Standorten errichtet, um einige hauptamtliche Trainerstellen und das tägliche Training sicherzustellen. Bis 1994 entstanden im Land Brandenburg Bundesstützpunkte in Cottbus, Frankfurt (Oder), Luckenwalde und Potsdam, die im Wesentlichen das Portfolio der bisherigen Sportarten aufrechterhielten. In den Jahren 1991 und 1992 wurden zudem mit finanzieller Unterstützung des BMI die beiden Olympiastützpunkte Cottbus-Frankfurt (Oder) und Potsdam gebildet. Zuletzt schlossen sich im Rahmen der Olympiavorbereitung für 2012 Cottbus, Frankfurt (Oder) und Potsdam zu einem zentralen Trägerverein unter dem Dach des neuen „Olympiastützpunkts Brandenburg“ (OSP) zusammen. 350 Bundeskader werden hier als „Team Brandenburg“ betreut.[31] Dabei war nicht nur die Region Referenzpunkt der Olympia-Ambitionen: „Gemeinsam wollen wir als ‚Team Brandenburg‘ an vergangene Erfolge anknüpfen und bei den nächsten Olympischen Spielen unser Land Brandenburg über die Landesgrenzen hinaus präsentieren“, heißt es dazu auf der Website des Stützpunkts.[32] Mit „vergangenen Erfolgen“ war und ist hier bei den Verantwortlichen auch immer der DDR-Sport als Blütezeit internationalen Medaillenglanzes gemeint.

Besonders schwierig gestaltete sich der strukturelle Umgestaltungsprozess an der Basis: denn seit dem Erlass des „Vereinigungsgesetzes“ vom Februar 1990 war

31 Zur Transformation in Brandenburg vgl. Enquete-Gutachten, S. 66 f.

32 Vgl.: Website des Olympiastützpunkts Brandenburg, www.osp-brandenburg.de [6.7.2023].

das bürgerliche Vereinswesen die Basis des Sports in der sich transformierenden DDR. Alle Betriebssportgemeinschaften und Sportklubs mussten ihre Satzungen entsprechend anpassen, neu formulieren oder lösten sich ganz auf, um eine Neugründung anzustreben. Dementsprechend wandelten sich auch die Armeesport-Strukturen radikal: Aus den ehemaligen Sektionen Radsport, Gewichtheben, Boxen, Judo, Handball und Schießen des ASK Vorwärts in Frankfurt (Oder) entstanden bis 1994 jeweils zivile Vereine.[33] In Potsdam fanden die Sektionen des ASK Vorwärts, der sich im September 1990 auflöste, im neuen zivilen Gewand des Olympischen Sportclubs Luftschiffhafen e. V. (OSC Potsdam) zusammen – wobei dessen Satzung darauf hinwies, dass man sich als Nachfolger des ASK betrachtete. Angelehnt an die früheren Sektionen in den Sportarten Schwimmen, Leichtathletik, Geräteturnen, Fechten und Kanu bildete der neue Verein Abteilungen.[191] 1994 verließen allerdings die Leichtathlet*innen den OSC und gründeten den 1969 aufgelösten SC Potsdam wieder neu. Obwohl man den Namen eines ehemals zivilen Sportclubs wählte, sah man sich auch hier explizit in der Tradition der ASK-Leichtathletik, die eine Vielzahl an Medaillen bei Olympischen Spielen, Welt- und Europameisterschaften errungen hatte. 1999 schlossen sich dem SC Potsdam auch die Kunstturner*innen des OSC an. Damit existieren in Potsdam zwei Großvereine – der OSC und der SC Potsdam –, die ausdrücklich die leistungssportlichen Traditionslinien des ASK Vorwärts Potsdam fortführen.

Auch Standorte der ebenfalls „nicht-zivilen“ Sportvereinigung „Dynamo“ durchliefen einen organisatorischen Wandel: Der Rudersport der SG Dynamo Potsdam wurde seit Dezember 1990 in der Potsdamer Ruder-Gesellschaft e. V. fortgeführt, die sich in der Namensgebung an den bürgerlichen Ruder-Traditionsverein aus dem Jahr 1928 anlehnt, in Luckenwalde ging der Dynamo-Sport seit Juni 1990 im 1. Luckenwalder Sportclub e. V. auf, der das Ringen weiter pflegte.

So reibungsvoll sich der Transformationsprozess auch gestaltete, am Ende war eine Klub- bzw. Vereinsstruktur entstanden, die vielen Trainer*innen und Sportler*innen eine neue Heimat bot. Ungeachtet dieser durchaus gelungenen Transformationsleistung macht sich im Spitzensport des Ostens häufig ein Phantomschmerz hinsichtlich der DDR-Strukturen bemerkbar: „Wer kommt nach Henry Maske?“ fragte im Jahr 2011 eine sportwissenschaftliche Studie aus Cottbus angesichts der immer noch als defizitär angesehenen Förderstrukturen.[34] Auch die ehemalige Potsdamer Kanutin

33 Der Märkische Boxring (heute Box-Club), der Athletik- und Fitness-Club 90, der Judo-Club 90, der Frankfurter Radsport-Club 90, der Ringer- und Sport-Verein Hansa 90, der Frankfurter HC, der FC Viktoria 91 und die Schützengilde 1406.

34 Sebastian Grothe, Wer kommt nach Henry Maske? Vergangenheit, Gegenwart und Zukunft von sportlichen Förderstrukturen am Beispiel der Sportart Boxen, Saarbrücken 2011.

Birgit Fischer forderte, das System der „Einheitlichen Sichtung und Auswahl" für die Talentsuche wieder einzuführen, in deren Rahmen zu DDR-Zeiten alle Schulkinder gewogen und vermessen worden waren, um ihre Eignung für bestimmte Sportarten zu prognostizieren.[35] Regional begrenzte Versuche, hieran wieder anzuknüpfen,[36] können freilich kein System imitieren, dem es tatsächlich gelungen war, dass kaum ein begabtes Kind durchs Netz rutschte.

Einen legendären Ruf genossen auch die Kinder- und Jugendsportschulen (KJS): In den 1980er-Jahren bilanzierte das Ministerium für Volksbildung, dass weit über 90 Prozent der Olympiakader der DDR eine Ausbildung an der KJS durchlaufen hatten – auch Henry Maske. Die KJS waren somit ein Nukleus des DDR- Leistungssportsystems, der zu dessen Erfolgsgaranten zählte. Nach 1989 wurde ihre Funktion als Spitzensportler-Schmiede aber zunächst einmal in Frage gestellt. Es sollte bis zum enttäuschenden Abschneiden bei den Olympischen Spielen von Atlanta 1996 dauern, bis diese Schulform – vor allem mit ihrer Leistungssportorientierung und der angepassten Kombination von Schulunterricht und Training – eine Renaissance feiern konnte. Der Grund für das Zögern der bundesdeutschen Sportpolitik war einer Skepsis geschuldet, die sich seit den 1990er-Jahren hinsichtlich einiger Strukturen des DDR-Sports breitgemacht hatte: die besonders starke Infiltration durch das Ministerium für Staatssicherheit sowie die Anwendung von Konzeptionen des „Staatsdopings" in der DDR.

Diktaturbelastung und Aufarbeitung als Problem

Als der letzte Wettkampf bei den Olympischen Spielen in Albertville 1992 vorüber war, zeichnete sich eine Sensation ab: dem nun vereinten bundesdeutschen Team war es, unter maßgeblicher Mitwirkung ostdeutscher Athlet*innen erstmals gelungen, Platz 1 in der Medaillenliste zu erringen. Doch schien es wie ein Menetekel, das zur gleichen Zeit, im Februar 1992, die Behörde des Bundesbeauftragten für die Stasi-Unterlagen ihre Pforten für den Aktenzugang öffnete – prompt wurde noch während der Spiele ein Bobfahrer mit einer Akte konfrontiert, die ihn als ehemaligen

35 „Birgit Fischer will Sichtungssystem der DDR reanimieren", in: Süddeutsche Zeitung vom 12.9.2012.

36 So wurde im Land Brandenburg durch die Kooperation des Ministeriums für Bildung, Jugend und Sport, der Universität Potsdam und des LSB ein motorischer Grundschultest durchgeführt, in dem alle Schüler der 3. Klasse erfasst und auf „sportliche Auffälligkeit" geprüft wurden. Die Lehrer sandten die Testergebnisse der Universität Potsdam zu, die diese nach der Auswertung dem Landessportbund zur Verfügung stellte. Grothe, Wer kommt nach Henry Maske, S. 53.

„Inoffiziellen Mitarbeiter“ (IM) des MfS auswies.[37] Für viele Beteiligte des DDR-Sports ergab sich nun die schwierige Gratwanderung einer Positionierung – hinsichtlich eigener Verstrickungen oder denen ihrer Sportkamerad*innen. Für eine ostentative Strategie des „Nicht-Wissens“ entschied sich angesichts des folgenden Erdrutsches an Enthüllungen Henry Maske: Denn zwar sei es „ein unangenehmes Gefühl“ gewesen, „in einem Staat zu leben, in dem die Stasi allgegenwärtig zu sein schien.“ Doch habe er sich für seine Stasi-Akte „nie interessiert“. Denn, wenn er „erfahre, wer damals in der Deutschen Demokratischen Republik den Sportkameraden Maske bespitzelt und was die Stasi gewusst hat, hilft das niemandem.“[38]

Doch viele andere wollten wissen, wie der Geheimdienst sie ausgeforscht hatte. Seitdem ist der Streit um die Enttarnung und die politische wie biografische Gewichtung von Stasi-Kontakten ein Thema, das den vereinten deutschen Sport begleitet, zuweilen aufs Schärfste entzweit, und dessen Ende bis heute nicht absehbar ist. Manche, wie der geflohene Turner Wolfgang Thüne vom ASK Vorwärts Potsdam, konnten im Nachhinein nachlesen, wie das MfS ihre Wohnung überwacht und ihre Familie zersetzt hatte.[39] Die geheimdienstliche Durchdringung durch das MfS hatte in der Regel darauf abgezielt, solche Fälle wie Thüne – also „Republikfluchten“ – zu verhindern.

Ein Beispiel aus den 1980er-Jahren veranschaulicht, wie sehr die Sportler*innen angehalten wurden, sich wechselseitig im Auge zu behalten. So erhielt eine Potsdamer Leichtathletin, die als IM angeworben worden war, im September 1979 die Anweisung: „Das MfS beauftragt Dich zur Lösung folgender Aufgaben zur Marathonläuferin X 1. Festige Deine Verbindung zur X durch Besuche im Zimmer, durch gemeinsam besuchte Veranstaltungen und durch andere, geeignete Formen, um die wahre politische Haltung, die polit. Zuverlässigkeit als Reisekader einschätzen zu können. 2. Kläre in Gesprächen mit ihr […] welche Motive X für den Leistungssport hat, und welche Ziele sie nach Beendigung des Leistungssports verfolgt. 3. Wie fest oder eng ist die Beziehung zu ihrem Freund Y, bestehen Heiratsabsichten, was erzählt sie über den Freund und ev. Probleme mit diesem bzw. seiner Verwandtschaft? 4. Wie reagiert die X auf die Ablehnung von Einsätzen im nichtsoz. Ausland, vermutet sie dahinter das MfS? 5. Wie eng sind ihre Bindungen zum Elternhaus und zum Y? 6. Wie verbringt sie ihre Freizeit, womit befasst sie sich, warum ist sie politisch desinteressiert, mit wem gestaltet sie die Freizeit? 7. Welche bindenden

37 Die Stasi-Lawine bedroht nun auch Albertville, in: Berliner Zeitung vom 14.2.1992.

38 Maske, Autobiografie, S. 132.

39 Zu Thüne und anderen geflüchteten Sportler*innen vgl.: Jutta Braun/René Wiese, Tracksuit Traitors. Eastern German Top Athletes on the Run, in: The International Journal of the History of Sport 31 (2014), no. 12, S. 1519–1534.

Faktoren sind vorhanden – oder nicht vorhanden – die bei einem Auslandsaufenthalt zu beachten sind. (Woran hängt sie, was gefällt ihr in der DDR?)".[40]

Auch die KJS-Schüler*innen wurden für Spitzeldienste rekrutiert. Hierbei suchte man solche Jugendliche aus, die man später auch als geheime „Sonde" in die Klubs nutzen konnte: „Die Sicherung der KJS Brandenburg durch mindestens jährlich 2 qualitative Neuwerbungen hat besonders durch die Auswahl solcher Nachwuchssportler als IM zu erfolgen, bei denen eine Delegierung zur Sektion Rudern der SG Dynamo zu erwarten ist."[41] Auch in der Kinder- und Jugendsportschule in Luckenwalde sollten Heranwachsende als künftiger Informationskanal des Geheimdienstes in das Innenleben der Nationalmannschaft dienen. Die Bezirksverwaltung für Staatssicherheit forderte demgemäß „2 Kontakte unter 18 Jahren aus dem Nachwuchsbereich der KJS Luckenwalde besonders von solchen Kadern, bei denen eine Delegierung in den Nationalmannschaftskaderkreis Ringen zu erwarten ist".[42] Neben den Leistungszentren wurden die jugendlichen Kader auch „in den Wohn- und Freizeiteinrichtungen" überwacht. Ab der zweiten Hälfte der 1970er-Jahre wurden die Schulen schließlich zu einem Schwerpunkt der Überwachung des MfS erklärt.[43]

Angesichts des engmaschigen Überwachungs-Netzes, das über Sportklubs und KJS ausgeworfen wurde, ist es wenig erstaunlich, dass nach 1990 immer wieder Fälle von Brandenburger Athlet*innen bekannt wurden, die eine Verbindung zur Staatssicherheit aufwiesen. Hierzu zählte auch Henry Maskes ehemaliger Sparrings-Partner Axel Schulz aus Frankfurt (Oder), der ihm und Manfred Wolke im August 1990 ins Profilager nachgefolgt war. So wurde 1995 bekannt, dass er als Inoffizieller Mitarbeiter für das MfS berichtet hatte. Seiner Karriere und Popularität tat dies allerdings keinen Abbruch, auch aufgrund der bekannt gewordenen Umstände: Offenbar war er nach der Flucht seines Stiefvaters in die Bundesrepublik zur Mitarbeit gepresst worden. Zudem hatte der MfS-Führungsoffizier die mangelnde Zuverlässigkeit und Ergiebigkeit der Berichte des Boxers moniert.[44] Presseinformationen über solche Einzelschicksale ließen in der Regel jedoch immer nur in Umrissen die

40 Giselher Spitzer, Sicherungsvorgang Sport. Das Ministerium für Staatssicherheit und der Spitzensport, Schorndorf 2005, S. 645. Die Namen, für die hier X und Y eingesetzt sind, sind bei Spitzer geschwärzt.

41 Dies und die folgenden Zitate: BDL 400502. Bezirksverwaltung für Staatssicherheit Potsdam – Stellvertreter Operativ – Potsdam, den 14.3.1972. Operationsplan für die Sicherung des Bereichs Körperkultur und Sport.

42 Ebenda.

43 MfS/Hauptabteilung XX/3, Perspektivplan der Abteilung für den Zeitraum von 1976 bis 1980, 3.8.1976, in: BArch, MfS, HA XX Nr. 6214, Nr. 38. Vgl. generell zu den KJS: René Wiese, Kaderschmieden des „Sportwunderlandes". Die Kinder- und Jugendsportschulen der DDR, Hildesheim 2012.

44 Boxer Schulz gibt Stasi-Mitarbeit zu, in: Frankfurter Allgemeine Zeitung vom 26.10.1995.

jeweiligen Handlungsoptionen und möglichen Drucksituationen erkennen, die zu einer solchen Anwerbung führten; auch die Konsequenzen der jeweiligen IM-Tätigkeit blieben meist weitgehend ungeklärt.

In Brandenburg trafen die Enthüllungen auch die Spitze des neu gegründeten Landessportbundes (LSB) Brandenburg. LSB-Chef Gerhard Junghähnel hatte vor 1989/1990 als Direktor der Sektion Physik an der Pädagogischen Hochschule Potsdam Kontakte zum MfS unterhalten, ob als „IM“, blieb umstritten. Junghähnel trat von seinem Posten jedoch erst nach einer Kampfabstimmung beim Landessporttag im Jahr 1993 zurück, nachdem er dort mit einer Stimme knapp unterlegen war – ein Signal für den scharfen Riss, der in dieser Frage durch die Brandenburger Sportbewegung ging. Im organisierten Landessport in Ostdeutschland war dies allerdings kein Einzelfall – zwei weitere LSB-Direktoren in Thüringen und Sachsen-Anhalt mussten im Laufe der 1990er-Jahre ihren Posten wegen ähnlicher Vorwürfe räumen.[45]

Während die Stasi-Enthüllungen unsystematisch – mal nach Erkundigungen durch den DSB bei der BStU, ein andermal nach Recherchen von Medien oder Historiker*innen – öffentlich wurden, erfuhr der Schattenbereich des Staatsdopings eine weitaus gründlichere Untersuchung. Auch hier spielte ein Schauplatz in Brandenburg eine historische Rolle: die Militärmedizinische Akademie in Bad Saarow. Dort erreichten kurz vor Weihnachten 1990 der Heidelberger Molekularbiologe Professor Dr. Werner Franke und seine Ehefrau, die Leichtathletin und Doping-Kritikerin Brigitte Berendonk, ausgestattet mit einer Sondergenehmigung des Verteidigungsministeriums die Aushändigung bislang streng vertraulicher Dissertationen und Habilitationen, in denen die staatliche Dopingforschung und Anabolikaexperimente dokumentiert waren: „Selbst der schreiende Verschlusssachenoberst“ konnte nicht verhindern, „dass die Wahrheit über den DDR-Sport sichergestellt und mit dem ordnungsgemäßen Stempel ‚Geheimhaltung aufgehoben‘ in einer bundesdeutschen Reisetasche landete, gerettet für die Geschichte.“[46] Noch 1991 erschien das von Berendonk verfasste Werk *Doping-Dokumente: Von der Forschung zum Betrug*, in dem das Ehepaar seinen Kenntnisstand über den dopingbasierten Sportbetrug in Ost *und* West – und auch die wechselseitigen Verflechtungen – zusammentrug und das bis heute ein Referenzwerk für Wissenschaft und öffentliche Debatte geblieben ist.

Wirkmächtiger als diese Veröffentlichung war jedoch der Anstoß zu einem juristischen wie historischen Novum: Indem Franke Strafanzeige wegen „Körperverletzung“ gegen die Verantwortlichen des DDR-Staatsdopings stellte, brachte er die – bis

45 Enquete-Gutachten, S. 98–100; DSB-Präsidiumsmitglied gibt auf. Junghähnel tritt wegen Stasi-Mitarbeit zurück, in: Frankfurter Allgemeine Zeitung vom 6.2.1993.

46 Brigitte Berendonk, Doping-Dokumente: Von der Forschung zum Betrug. Berlin 1991, S. 72.

heute einzige – strafrechtliche Aufarbeitung der Verbrechen eines kommunistischen Staatssports ins Rollen. Die „Doping-Prozesse“, in deren Zuge Trainer*innen, Ärzt*innen und Funktionäre in den 1990er-Jahren und um die Jahrtausendwende zu Geld- und Bewährungsstrafen verurteilt wurden, beförderten zudem eine umfangreiche Beweislage zu den Methoden des konspirativ abgesicherten Dopingsystems ans Licht.[47] Dabei gaben auch Zeug*innen und Beschuldigte aus Brandenburg ihre Erfahrungen zu Protokoll.

Vor dem Beginn der Gerichtsverfahren wurden Einzelheiten zur Dopingpraxis durch vom Deutschen Sportbund eingesetzte Aufklärungskommissionen eruiert, die in Anhörungen Berichte von Athlet*innen, ebenfalls aus Ost und West, sammelten. Auf diesem Weg wurde beispielsweise bekannt, dass die Amateurboxer der DDR seit 1976 im Winterlager systematisch gedopt worden waren. Henry Maskes Trainer, Manfred Wolke, bestätigte Ende 1991 diese Darstellung anhand seiner persönlichen Erfahrungen als Aktiver: „Wir erhielten die Pillen von einem Mediziner“, so erinnerte sich der Olympiasieger von 1968, behauptete aber zugleich: „In meiner Trainingsgruppe wurde nicht geschluckt. Wir haben die Arznei aus dem Fenster geworfen.“[48]

Unter Verdacht stand jedoch bald auch Günter Debert, bis Ende 1990 Cheftrainer des Boxverbandes der DDR. Er bestätigte, dass Mitte der 1980er-Jahre eine „Ärztekommission in Leipzig“ ein Jahr lang mit Mitteln bei Boxern experimentiert, er selbst aber nie etwas verabreicht habe. Hier übte nun Manfred Wolke den Schulterschluss mit dem Angeschuldigten, indem er einen Vorwurf erhob, der bis heute in der Debatte immer wiederkehrt: Bei der „gegenwärtig gegen Debert laufenden Kampagne“ habe er das Gefühl, dass „Köpfe aus dem Ostsport rollen sollen.“[49] Bereits Ende 1991 war damit das gesamtdeutsche Aufklärungsvorhaben zu einem Unterfangen geworden, bei dem sich der DDR-Sport einseitig an den Pranger gestellt fühlte.

Bis heute ist historisch und öffentlich umstritten, inwieweit der Begriff des „Zwangsdopings“ die Methoden des Sportbetrugs in der DDR in ihrer Gesamtheit zutreffend charakterisiert.[50] Doch wird bei Lektüre der Gerichtsakten und Zeitzeugen-

47 Die Akten der Dopingprozesse werden seit 2020 in einem Forschungsvorhaben des Zentrums deutsche Sportgeschichte historisch ausgewertet, das von der Thüringer Staatskanzlei und dem LSB Thüringen gefördert wird. Muster und Strukturen des DDR-Staatsdopings erkennen, in: Deutschlandfunk vom 21.11.2020.

48 Doping für Boxer im Winterlager, in: Berliner Zeitung vom 5.12.1991.

49 Günter Debert wirft zum Jahresende das Handtuch. Olympia-Vorbereitung der Boxer ohne den Erfolgstrainer, in: Berliner Zeitung vom 17.12.1991; Nun Dopingpfeile gegen Günter Debert. Trainer bestreitet die Weitergabe verbotener Mittel an einstige DDR-Boxer, in: Neue Zeit vom 5.12.1991.

50 Vgl. hierzu: Jutta Braun: Learning from the Dictatorship? Sport in divided and unified Germany, in: German Historical Institute London Bulletin, Vol. XLI, Nr. 1 (2019), p. 50–72.

berichte des Dopinggeschehens deutlich, dass nicht die bloße Frage, ob die Sportler*innen wussten, dass es sich um Dopingmittel handelte – mit der konkludenten Zuschreibung: falls ja: kein Zwangsdoping, falls nein: Zwangsdoping! – zu simpel ist und die komplexen Verhältnisse unzureichend erfasst. Denn selbst wenn Aktive um den Sportbetrug wussten oder diesen ahnten, blieb ihnen doch die Möglichkeit verwehrt, sich angemessen über die möglichen gesundheitlichen Konsequenzen zu informieren: So war nicht einmal die Vertraulichkeit gegenüber betreuenden Ärzten gewährleistet. Als sich Kanurennsportler des ASK Vorwärts Potsdam im Jahr 1975 wegen befürchteter Nebenwirkungen von Substanzen an ihren Verbandsarzt wandten, gab dieser die Information umgehend an das Ministerium für Staatssicherheit weiter.[51]

Als besonders verwerflich gilt das Doping von Minderjährigen, das üblicherweise als Vergabe von Vitaminen getarnt und auch in Sportklubs in den Brandenburger Bezirken angewandt wurde. Der frühere Schwimmtrainer des ASK Vorwärts Potsdam Michael Regner gab 1992 tiefe Einblicke in die damals geübte Praxis. So habe ihm der zuständige Sportarzt Jochen Neubauer Tabletten ausgehändigt, die er seinen Schutzbefohlenen – 12- bis 14-jährigen Schwimmerinnen – ohne deren Wissen verabreichen sollte. Regner mischte sie schließlich in die Getränkeflaschen der Mädchen. Später gewöhnte man die Schützlinge an die direkte Vergabe der Pillen:

„Die Schwimmerinnen streckten mir nacheinander ihre Handflächen entgegen, die Innenseite nach oben gekehrt. Dann reichte ich jeder einzelnen meine Rechte und übergab so die ‚Blauen‘. Die Mädchen schlossen ihre Hand zur Faust und führten sie zum Mund.“[52]

Eine der Betroffenen bestätigte in den Ermittlungsverfahren der 1990er-Jahre die Darstellung von Regner und beklagte ebenso die mangelnde Aufklärung über die Substanzen:

„Ich bin von keinem Mitglied des ASK Potsdam, also zumindest vom dem Trainer Regner oder Dr. Neubauer, über die verabreichten Medikamente, insbesondere das Oral-Turinabol, aufgeklärt worden. Ich wusste nicht, welche Wirkung bzw. Nebenwirkung dieses Medikament hatte. […] Auch meine Eltern wurden über die Verabreichung der Medikamente nicht informiert und auch deren Einverständnis für die Medikation nicht eingeholt.“[53]

51 Dok. 4: Kanurennsport und Anwendungskonzeption (1975 bis 1977), in: Giselher Spitzer, Doping in der DDR. Ein historischer Überblick zu einer konspirativen Praxis. Genese, Verantwortung, Gefahren, Köln 1998, S. 280 f.

52 Gib das mal den Mädels, in: Der Spiegel vom 12.3.1990. Namen der Sportlerinnen wurden anonymisiert.

53 Der Polizeipräsident in Berlin. ZERV 222. Vernehmung eines Zeugen. 30.3.1996. 28 Js 1014/93. PA Braun.

Dieses Verschweigen und Verschleiern erfolgte auch, um zu verhindern, dass sich die Sportler*innen untereinander informierten: So attestierte ein IM-Bericht Schülern einer 10. Klasse der KJS Frankfurt (Oder) einen Hang zur „Schwatzhaftigkeit", da sich die dortigen Gewichtheber vom ASK Vorwärts untereinander über ihre Dopingerfahrungen austauschten.[54] Die vom IOC und den internationalen Sportverbänden 1986 eingeführten Trainingskontrollen sorgten zudem für Unruhe: So brach beim ASK Vorwärts Frankfurt (Oder) Panik aus, als sich internationale Dopingkontrolleure bei der Sportmannschaft Gewichtheben ankündigten. Es galt mit allen Mitteln zu verhindern, dass die gedopten Nachwuchssportler der KJS ins Fadenkreuz der Kontrolleure gerieten.[55]

Bis heute fehlt eine umfassende wissenschaftliche Aufarbeitung des Sports in Brandenburg zu DDR-Zeiten. Dahingehende Impulse einer Enquete-Kommission von 2013 scheiterten an politischen Widerständen. Aufgrund der Popularität und Massenverbreitung des Sports galt und gilt das Thema als heißes Eisen, zu dem Politiker*innen auf Distanz gehen. Und die Politiker*innen, die qua ihrer politischen Haltung ein Interesse an der Aufklärung von Vergehen der SED-Diktatur hatten, versäumten es in der Frühphase, dies im Sport energischer anzugehen. Marianne Birthler, ehemalige Ministerin für Bildung, Jugend und Sport in Brandenburg (1990–1992), räumt dies in ihrer Autobiografie selbstkritisch ein:

„Sport war auch selten ein politisches Thema für die DDR-Opposition gewesen – abgesehen davon, dass wir den Ehrgeiz der SED, ihre internationale Anerkennung mit möglichst vielen Medaillen zu festigen, verlachten. Wir diskutierten weder die frühe sportliche Auslese noch die Lebens- und Trainingsbedingungen der dann ausgewählten Kinder, die oft schon unverantwortbar früh in Internaten lebten und hartem Leistungsdruck ausgesetzt waren. Von unfreiwilligem Doping wußten wir nichts, aber gab es nicht genug Anzeichen dafür? Ich erinnere mich, wie wir uns über die Geschichte von dem Schwimmtrainer amüsierten, der von einem Westjournalisten gefragt wurde, warum seine Schwimmerinnen so tiefe Stimmen hätten und dessen schnoddrige Antworte lautete: ‚Die sollen ja nicht singen, sondern schwimmen.'"

Der Umbau des Schulwesens „nahm fast meine gesamte Aufmerksamkeit und Energie in Anspruch", so Birthler, daher sei sie „als Sportministerin mehr, als es für ein politisches Amt gut ist, auf die Kompetenz, die Erfahrung und die Meinung anderer angewiesen" gewesen.

54 Vgl. Treffbericht IMS „H. Hagen", Betreff Umgang mit unterstützenden Mitteln (u. M.), 11.08.1983, Nr. 179, in: BArch, MfS, Neubrandenburg A 123/89, Bd. 1. Zit. nach Spitzer, Sicherungsvorgang Sport, S. 541.

55 Vgl. Anlage zum Treffbericht IMS „H. Hagen", handschriftlich, 01.11.1986, Bericht zur geplanten Dopingkontrolle durch die internationale Kommission, Nr. 340–341, in: BArch, MfS, Neubrandenburg A 123/89, Teil I, Bd. 2. Zit. nach Spitzer, Sicherungsvorgang Sport, S. 446 f.

Aufgrund der, für eine DDR-Oppositionelle typischen, Milieuferne gegenüber dem Staatssport fehlten ihr nach 1989/90 grundlegende Kenntnisse über die Erfolge ebenso wie über die Mechanismen des Spitzensports. So „überstand“ die Bündnisgrüne den Empfang, zu dem sie als Ministerin jährlich die Spitzensportler*innen einlud, nur mit der Hilfe eines Mitarbeiters, „der ganz in meiner Nähe blieb und mir, bevor ich sie begrüßte, die Namen prominenter Sportler wie Birgit Fischer oder Henry Maske zuflüsterte. Ich musste daran denken, dass so ein Prozedere früher bei Hofe üblich gewesen war. Peinlich.“ Doch Birthler bedrückte nachträglich noch mehr, dass sie den Bemühungen eines Mitarbeiters, der mit dem Sportbetrieb bestens vertraut war, zu wenig Zeit und Interesse geschenkt hatte:

„Er versuchte, meine Aufmerksamkeit auf das Thema Doping zu lenken und warnte mich frühzeitig davor, dass sich ein Teil der alten Sportstrukturen regenerierte und die für die Deformationen des DDR-Sports Verantwortlichen schon wieder fest im Sattel saßen. Heute pfeifen es die Spatzen von den Dächern, dass der Sport in Brandenburg ein Refugium alter Seilschaften war und teilweise immer noch ist. Vermutlich hätte ich es gar nicht verhindern können, aber ich werfe mir vor, nicht aufmerksam genug gewesen zu sein.“[56]

Die Konstellation der 1990er-Jahre wiederholte sich mehr als 20 Jahre später: In der Anhörung der Enquetekommission im Jahr 2013 gab Marianne Birthler ausführlich Auskunft über die Transformation und ihre Defizite im Brandenburgischen Bildungswesen – zur Aufarbeitung des Sports, der während der gleichen Sitzung und in ihrer Anwesenheit verhandelte wurde, verlor sie kein Wort.[57]

Erfolge und Defizite nach der deutschen Einheit

Sportlich konnte das „Team Brandenburg“ schon bald an leistungssportliche Erfolge von früher anknüpfen, wenn auch der Medaillenglanz der DDR unerreicht blieb.[58] Auch pädagogisch-organisatorische Elemente der ehemaligen Kinder- und Jugendsportschulen fanden nach einigen Jahren wieder Anerkennung und prägten das Modell der „Eliteschulen des Sports“. Brandenburg spielte hierbei mit dem „Potsdamer Modell“ eine Vorreiterrolle. Hier suchte die Bundesrepublik tatsächlich, von der

56 Marianne Birthler, Halbes Land. Ganzes Land. Ganzes Leben: Erinnerungen, Berlin 2014.

57 Vgl. das Wortprotokoll der 28. Sitzung vom 22.2.2013, in: Schriften des Landtags Brandenburg, Heft 5/2014: Abschlussbericht der Enquete-Kommission 5/1 „Aufarbeitung der Geschichte und Bewältigung von Folgen der SED-Diktatur und des Übergangs in einen demokratischen Rechtsstaat in Brandenburg“, Potsdam 2019 (Anhang).

58 12 mal GOLD, 8 mal Silber und 2 mal Bronze, in: Website des Olympiastützpunktes Brandenburg, https://www.osp-brandenburg.de/12-mal-gold-8-mal-silber-und-2-mal-bronze/ [6.7.2023].

DDR zu lernen und Bausteine zu adaptieren.[59] Ein eigenes Erfolgsstück des Brandenburger Sports ist zudem die Wiederbelebung einiger in der DDR wegrationalisierter, unerwünschter und wenig geförderter Sportarten: Moderner Fünfkampf in Potsdam oder Reiten in Neustadt an der Dosse haben nun, befreit von den Hemmnissen der SED-Sportpolitik, eine eigene Erfolgsgeschichte auf den Weg gebracht.

Demgegenüber waren aber auch unverkennbare Defizite zu verzeichnen. So bildet Brandenburg bundesweit das Schlusslicht, was Mitgliederzahlen in den Sportvereinen anbetrifft, auch wenn die 1990er-Jahre eine in der DDR „nicht gekannte Betonung des Breitensports“[60] mit sich gebracht hatten: Mit dem Investitionsfördergesetz seit 1992 sowie dem „Goldenen Plan Ost“[61] begann in den neuen Ländern ein reger Neubau und eine Instandsetzung von Hallen und Sportanlagen.

Die frühere, materiell häufig desolate Lage des Volkssports ist ein Faktor, den die aktuelle DDR-Nostalgie und Verächtlichmachung des Transformationsprozesses in ihren Kapiteln zum „Sport“ geflissentlich ignoriert.[62] Dabei liegt gerade hier eine offenkundige und langfristige Folge der DDR-Zeit: denn bis heute ist der Breitensport in Deutschland „zweigeteilt“ und weist ein deutliches West-Ost-Gefälle auf. Während in den alten Bundesländern im Jahr 2013 im Durchschnitt ein Organisationsgrad von 32 Prozent der Bevölkerung in Sportvereinen zu verzeichnen war, rangierte der entsprechende Wert in den östlichen Bundesländern bei lediglich circa 15 Prozent.[63] Diese Differenz gehört offenbar zu den langfristigen Spuren in Verhaltensweisen und Mentalitäten, die vier Jahrzehnte unterschiedlicher Entwicklung hinterlassen haben. Bei der Erforschung der Ursachen wäre auch zu klären, inwieweit dieser Abweichung in der Sportvereinsbindung ähnliche Motive wie den Differenzen im Engagement bei Parteien, Gewerkschaften und Verbänden zu Grunde liegen.[64]

Vereint war das deutsche Sportpublikum der 1990er-Jahre hingegen in der Begeisterung für den Boxsport, obwohl sich auch hier nun plötzlich Misstöne des Einheitsprozesses einschlichen: So stand im Mai 1995 einer der größten Kämpfe der

59 Joachim Boelcke u. a., Damit Talente Sieger werden. Geschichte der Sportschule Friedrich-Ludwig-Jahn, Wilhelmshorst 2002.

60 Katzur, Gleichschaltung, S. 215.

61 Goldener Plan Ost. Memorandum, Richtlinien für die Schaffung von Erholungs-, Spiel- und Sportanlagen, Anleitung zur Sportstättenentwicklungsplanung. Hrsg. vom DSB, Köln 1992.

62 Dirk Oschmann, Der Osten: eine westdeutsche Erfindung, Berlin 2023, S. 111 ff.; Katja Hoyer, Diesseits der Mauer. Eine neue Geschichte der DDR 1949–1990, Hamburg 2023, S. 351 ff.

63 Statistische Ämter des Bundes und der Länder (Hrsg.), 25 Jahre deutsche Einheit. Wiesbaden 2015, S. 109. Dieses Bild hat sich auch im 30. Jahr der Einheit nicht geändert: https://www.saechsische.de/plus/sport-mitglieder-sportvereine-ost-west-ungleichheit-sportmuffel-statistik-petra-tzschoppe-rossweiner-sv-5188214.html [6.7.2023].

64 Vgl. Frank Bösch, „Sonderfall Ostdeutschland“? Zum Demokratieverständnis in Ost und West, in: ZeitRäume. Potsdamer Almanach 2019, S. 55–64, hier S. 55.

deutschen Boxgeschichte an: Henry Maske wollte seinen Titel als Box-Weltmeister gegen Graciano „Rocky“ Rocchigiani verteidigen. Vieles war geschehen, seit Henry Maske Anfang 1990 ins Profilager gewechselt war. Maske war nicht nur von Beginn an in allen Profikämpfen unbesiegt geblieben, wie sogar das *Neue Deutschland* anerkennend hervorhob.[65] Es gelang ihm zudem, im September 1991 mit einem Spektakel in Halle das Berufsboxen wieder nach Ostdeutschland zu holen.[66] Doch nicht die Tatsache, dass das Profiboxen in den neuen Ländern Einzug hielt, war die Sensation. Vielmehr hatten die Erfolge der ostdeutschen „Frankfurter Schule“ um Henry Maske, Axel Schulz und Manfred Wolke einen ungeahnten Popularitätssprung für die lange verpönte Sportart im vereinten Deutschland ausgelöst. Die Boxbegeisterung wurde zusätzlich beflügelt durch eine kongeniale Kooperation des Managements von Wolke mit dem aufstrebenden Privatsender RTL: Als sich Maske und „Rocky“ am 27. Mai 1995 im Ring gegenüberstanden, sahen 130 000 Zuschauer in der Dortmunder Westfalenhalle zu – und 13 Millionen an den Fernsehgeräten.[67]

Die Wiederkehr des Boxbooms der Weimarer Republik wurde angesichts des „ikonografischen Mangels“ der deutschen Einheit zudem bald politisch besetzt: So zierte 1992 eine Abbildung mit Maske und dem ersten und einzigen deutschen Weltmeister im Schwergewicht, Max Schmeling, eine großangelegte Plakataktion: „Kaum war die Mauer geöffnet, haben wir Freundschaft geschlossen“.[68] Die zeitgenössische Sozialwissenschaft konstatierte die Funktion Henry Maskes als Sportheld wie folgt: „Als Ostdeutscher ist Maske zum Vorbild dafür gemacht worden, welche Erfolge sich durch harte Arbeit, Mut, Opferbereitschaft und Ausdauer erreichen lassen.“ Er erscheine „als der pragmatische, sich den veränderten Verhältnissen schnell und erfolgreich anpassende Ostdeutsche. Mit ihm als ‚gesamtdeutschem Sportidol‘ (Sportler des Jahres 1993) wird die erfolgreiche Integration des Ostens in den Westen demonstriert, was auch auf politischer Ebene u. a. durch einen Empfang beim Kanzler anerkannt wurde.“[69] So erklärte auch die *Super-Illu* das Box-Fieber mit der „Faszination Ostpower. Er ist einer aus den neuen Ländern, der es ganz nach oben geschafft hat. Das freut uns.“[70]

65 Der Frankfurter bleibt weiter unbesiegt, in: Neues Deutschland vom 10.9.1990.

66 Erstmals boxen Profis in Ostdeutschland, in: Berliner Zeitung vom 1.10.1991.

67 Einer der größten Kämpfe der deutschen Box-Geschichte, in: Die Welt vom 28.5.2020, https://www.welt.de/sport/boxen/article208360843/Henry-Maske-vs-Graciano-Rocchigiani-Der-legendaere-Kampf-von-1995.html [7.7.2023].

68 Wolf-Dietrich Junghanns, Henry Maske als Symbol deutscher Einheit. Ein Bericht aus der Kampfpause, in: Berliner Debatte Initial 6 (1996), H. 4/5, S. 101–118, hier S. 102 ff.

69 Ebenda, S. 112–113.

70 Phänomen Maske und die Frage: Warum lassen wir uns alle vom Box-Fieber anstecken?, in: Super-Illu vom 23.2.1995, S. 41.

Allerdings wurde dieses Image im Mai 1995 auch dazu genutzt, um den Dortmunder Boxkampf mit deutsch-deutschem Ressentiment aufzuladen und zu einem Kampf zwischen Ost und West zu stilisieren. Historisch als Vertreter einer Sportart der sozialen Aufsteiger – der Nicht-Privilegierten und Marginalisierten, der Einwanderer und „Gastarbeiter"[71] – inszenierte sich der Italo-West-Berliner Rocchigiani, Sohn eines Eisenbiegers aus Sardinien und gelernter Gebäudereiniger, als „Straßenjunge", der dem „Anpasser" aus dem Osten zeigen wollte, wo es langgeht. Henry Maske, der sich als ehemaliger Amateur in der bundesdeutschen Profiszene im wahrsten Sinne des Wortes nach oben geboxt,[72] aber stets als „Gentleman" (so auch sein „Kampfname") präsentiert hatte, lehnte eine solche Aufladung öffentlich zwar ab – doch auch die Presse stimmte nun ein in die Parole, es gehe bei diesem Duell um nichts anderes als „‚hau' dem Wessi" oder „hau' dem Ossi auf die Schnauze."[73]

Dass die Provokation Rocchigianis überhaupt anschlussfähig war und einen öffentlichen Resonanzboden finden konnte, hatte seine Ursache in der sich spätestens Mitte der 1990er-Jahre abzeichnenden massiven „Vereinigungskrise": wirtschaftliche Probleme und soziokulturelle Verständigungsschwierigkeiten begannen den Prozess der deutschen Einheit zunehmend zu überschatten.[74] Doch war es am Ende nicht der Boxsport, der zum sportlichen Symbol der Schieflagen des deutschen Vereinigungsprozesses werden sollte, sondern der Fußball. Zu wenigen Traditionsvereinen gelang es, sich in der prestigeträchtigen ersten Bundesliga zu halten. Einzig der FC Hansa Rostock hielt im Zeitraum 1995 bis 2005 kontinuierlich die oberste Spielklasse. Als zwischen 2000–2003 bzw. 2006–2009 mit dem FC Energie Cottbus ein zweiter Klub mit Underdog-Charakter den ostdeutschen Fußball in der ersten Bundesliga vertrat, sorgte dies – mindestens in Brandenburg – für Euphorie und Stolz. Aufmerksamkeit fanden auch die Erfolge des 1. FFC Turbine Potsdam im Frauenfußball, der in der zweiten Hälfte der 2000er-Jahre aufstieg und danach auf Weltniveau spielte. Angesichts der Gesamtlage war es aber dennoch treffend, wenn der Ostfußball 2014 als „versunkenes Kulturgut" bewertet wurde. Das damit verbundene Narrativ vom „Abgehängtsein" und „Außenseitertum" manifestiert sich bis heute in trotzigen „Ost-, Ost-, Ostdeutschland"-Rufen von Ultra-Fangruppen oder auch gewaltbereiten Fußballanhängern.[75]

71 Junghanns, Maske als Symbol, S. 106 ff.

72 Henry Maske boxt sich weiter nach oben, in: Berliner Zeitung vom 12.6.1991.

73 So formulierte es Rocchigiani bei der Pressekonferenz, die dem Kampf vorausging.

74 Eine Vereinigungskrise konstatierte schon Ende 1992 der Historiker Christian Meier, die Bezeichnung ist vor allem für die Situation seit Mitte der 1990er-Jahre üblich geworden.

75 Michael Horeni, Ost-Fußball. Versunkenes Kulturgut, in: Faz.Net vom 12.5.2014; Jutta Braun, Spiel ohne Grenzen. Sport in der Transformation seit 1989/1990, in: Ilko-Sascha Kowalczuk/

Der Brandenburger Boxstar Henry Maske ging seinen eigenen Weg. Er eignete sich weder als Projektionsfläche ostdeutschen Selbstmitleids noch als Zielscheibe eines Wessi-Imponiergehabes à la Rocchigiani: Zweimal besiegte er, im Mai in Dortmund und im Oktober 1995 in München, seinen Herausforderer aus West-Berlin. Er hatte bald eine nie dagewesene Siegesserie hingelegt und bis 1996 den Titel des IBF[76]-Weltmeisters im Halbschwergewicht zehnmal verteidigt. Henry Maske ist heute ein gesamtdeutsches Sportidol, seit 2012 hat er einen Platz in der *Hall of Fame* des deutschen Sports. Und auch Brandenburg entdeckte ihn bald als Botschafter der Region wieder: Der erste Ministerpräsident Manfred Stolpe würdigte ihn als Inbegriff für „brandenburgisch-preußische Tugenden wie Beharrlichkeit, kritischen Geist und Zuverlässigkeit“.[77] Deshalb sei man „hierzulande“ besonders stolz auf ihn – konsequent wurde er von den dortigen Sportjournalist*innen zwischen 1993 bis 1996 viermal zu „Brandenburgs Sportler des Jahres“ gekürt; 2010 erhielt er mit dem Verdienstorden Brandenburgs zudem die höchste Auszeichnung des Landes. Seine Fans aus der Heimat hatten ihn ohnehin nie im Stich gelassen: schon in der Dortmunder Westfalenhalle waren im Mai 1995 die meisten Plätze von Ticketinhabern aus Brandenburg besetzt worden. Und die Stadt Frankfurt (Oder), auf deren Straßen er 1990 noch als „Wendehals“ angepöbelt worden war, ernannte „Sir Henry“ 1995 zu ihrem Ehrenbürger. Insofern steht Henry Maskes Karriereweg sowohl im wörtlichen wie im übertragenen Sinn vor allem für ein „Durchboxen“ bzw. für Durchsetzungsvermögen in der Transformationszeit der deutschen Vereinigungsgesellschaft. Erfolgsgeschichten wie diese waren, so selten sie auch vorkamen, Mutmacher für viele Menschen in der Region, die eher mit den Schattenseiten des Umbruchs zu kämpfen hatten.

Frank Ebert/Holger Kulick (Hrsg.), (Ost)Deutschlands Weg – Teil 1. 45 Studien und Essays. Bonn 2021, S. 685–705.

76 International Boxing Federation.

77 Zit. nach Henry Maske: Mein Box-Lexikon. Aufgezeichnet von Bertram Job, Frankfurt a. M. 1995, S. 170.

„Gautreffen Brandenburg“ der rechtsextrem-militanten „Deutsche Alternative“ (DA) in Siewisch bei Cottbus, 30.6.1991.
Foto: Dietmar Gust

CHRISTOPH SCHULZE

„Rock gegen Kommunismus"

Rechtsextreme Jugendkultur in Brandenburg in den 1980er- und 1990er-Jahren

Als „Baseballschlägerjahre" bezeichnet Christian Bangel die 1990er-Jahre in Ostdeutschland. Der 1979 in Frankfurt (Oder) geborene Journalist bringt mit dieser Formulierung die Erfahrungen mit rechter und rassistischer Gewalt, die nicht nur er mit der Erinnerung an diese Zeit verbindet, auf einen Begriff.[1] Mit großem Selbstbewusstsein versuchten damals junge Rechte, eine Dominanz in den Straßen und den Jugendkulturen durchzusetzen. Der rohen Gewalt fielen zahllose „linke Zecken", „Asylanten" oder „Penner" zum Opfer. Allein im Land Brandenburg starben im Verlauf des Jahrzehnts mindestens 16 Menschen durch entsprechende Attacken.[2]

Die Ursachen für die damalige Eskalation sind vielfältig: Ab 1990 boomten Nationalismus und Rassismus, aus Westdeutschland intervenierende rechtsextreme Organisationen hetzten auf, der Staat zeigte sich überfordert. Rechtsextreme spornte die breite Enttäuschung über den Verlauf der Einheit zu weiterem Handeln an: marktwirtschaftlicher Ausverkauf und Arbeitslosigkeit anstatt blühender Landschaften, befeuert von den grassierenden „Überfremdungs"-Debatten.

Die Entstehung des gewalttätigen rechtsextremen Milieus im Land Brandenburg wurzelt in Entwicklungen, die bereits in der DDR einsetzten. Insbesondere drückte sich in der Gewalt der 1990er-Jahre das Wachstum einer schon vorher entstandenen rechtsextremen Jugendkultur aus. Um diese Geschichte der Rechtsrockmusik im Land Brandenburg soll es im Folgenden gehen. Dabei wird deutlich werden: Was zu DDR-Zeiten keimte, blühte nach 1990 auf. Die Milieus, für deren Wachstum der Rechtsrock als Humus diente, waren eine Voraussetzung für die zeitweiligen politischen Erfolge der rechtsextremen Partei „Deutsche Volksunion" (DVU) im Land Brandenburg und für die kommunale Präsenz der „Nationaldemokratischen

1 Christian Bangel, Baseballschlägerjahre, Zeit Online, 6.11.2019, https://www.zeit.de/2019/46/neonazis-jugend-nachwendejahre-ostdeutschland-mauerfall [8.6.2021].

2 Opferperspektive, Todesopfer rechter Gewalt in Brandenburg, https://www.todesopfer-rechter-gewalt-in-brandenburg.de/victims.php [8.6.2021].

Partei Deutschlands" (NPD). Heute noch stützt sich der hiesige Neonazismus auf die gealterte, aber weiterhin präsente Rechtsrockszenerie. Verbindungen zur Sphäre der rechtsextremen „Alternative für Deutschland" (AfD) und ihr nahestehender Straßenbewegungen lassen sich aufzeigen.

Skinheads in der DDR

Rechtsextremismus, Rassismus oder Antisemitismus waren über die gesamte Dauer der Existenz der DDR hinweg unter der Oberfläche schwelende, in der Öffentlichkeit meist verleugnete und dennoch virulente und durch häufige Gewalttaten an die Oberfläche tretende Phänomene. Besonders ab den 1980er-Jahren wuchs der Rechtsextremismus quantitativ an und war dabei qualitativ durch jugendkulturelle Erscheinungsformen geprägt. In größeren Städten wie Ost-Berlin, Dresden oder Potsdam entstanden mehr oder minder klar rechtsorientierte Skinheadszenen. Ähnlich wie andere Jugendkulturen – Punks, Heavy-Metal-Fans oder Gruftis – wurden sie von den DDR-Behörden als „negativ-dekadent" eingestuft und mit Repressalien überzogen. Die Offiziellen betrachteten die Jugendkulturen als Westimporte und mithin als Ausdruck feindlicher Einflussnahme auf einen „antifaschistischen Staat".

Der Entstehungsimpuls für die Skinheadszene kam aus der etwas länger existierenden DDR-Punkszene, deren Systemgegnerschaft sich auch durch die Nutzung anarchistischer Zeichen ausdrückte. Am Anfang der 1980er differenzierte sich die Punkszene aus und es kam allmählich zu einer Spaltung: Aus etlichen Punks wurden Skinheads, die sich modisch unterschieden, martialischer auftraten, stärker gewaltorientiert waren und sich eine rechtslastig-provokante bis neonazistische Zeichensprache aneigneten. Punks und Skinheads blieben in mancher Hinsicht lose miteinander verbunden, traten sich aber zunehmend feindselig gegenüber. Die neu zur Szene stoßenden Skinheads rekrutierten sich bald nicht mehr aus ehemaligen Punks, sondern vorrangig aus männlichen, frustrierten „Normaljugendlichen" und Fußballfans.[3] Die Szene verbreiterte sich ab Mitte der 1980er-Jahre und ihre Feindbilder schälten sich deutlich heraus: Ausländer, Homosexuelle, Gruftis, Punks, daneben der Staat und die Stinos genannten „stinknormalen" Jugendlichen. Einige der Rechten ideologisierten sich weiter und wurden zu „Faschos", die explizit die nazistische Vergangenheit verherrlichten und sich von „Schmuddelskins"

3 Wolfgang Brück, Skinheads als Vorboten der Systemkrise. Die Entwicklung des Skinhead-Phänomens bis zum Untergang der DDR, in: Karl-Heinz Heinemann/Wilfried Schubarth (Hrsg.), Der antifaschistische Staat entläßt seine Kinder. Jugend und Rechtsextremismus in Ostdeutschland, Köln 1992, S. 37–46, hier: 44 f.

abgrenzten.[4] Skinheads und Neonazis blieben eher rudimentär organisiert. Erst in der Endphase der DDR gründeten sich vermehrt lokale Zellen, die sich Namen wie „Wehrsportgruppe Gartz“ oder „Gubener Heimatfront“ gaben und festere Strukturen schufen – Anzeichen, dass die Jugendkultur Merkmale einer politischen Bewegung herausbildete.

Zwischen 1983 und 1988 verfünffachten sich laut Kriminalpolizeistatistik die Straf- und Gewalttaten aus der Szene.[5] Ein einschneidender Vorfall ereignete sich in Berlin, als am 17. Oktober 1987 in der Zionskirche (einem Zentrum der Linksopposition) ein Konzert mit der Westberliner Gruppe „Element of Crime“ und der DDR-Band „Die Firma“ von einer Gruppe Skinheads brutal überfallen wurde. Ein Gericht verhängte gegen die Haupttäter zunächst milde Strafen. Nach Protesten und kritischer Berichterstattung im Ausland wurde das Verfahren neu aufgerollt und die Strafen erhöht. Auf das jahrelange Beschweigen des DDR-Rechtsextremismus durch staatliche Stellen – im antifaschistischen Staat konnte es laut eigener Ideologie keinen Faschismus geben – folgte nun die öffentliche Thematisierung. Allerdings geschah dies unter dem Vorzeichen, dass es sich bei den Rechten um westlich beeinflusste und gesteuerte „Rowdys“ handeln würde: „Für derartige, unter dem Einfluss von Skinheads aus Berlin (West) inspirierte Ausschreitungen ist in der DDR kein Raum“, hieß es im Urteil.[6] Nur zwei Wochen nach dem Überfall auf die Zionskirche versammelten sich in der Gaststätte „Weimann“ in der brandenburgischen Kleinstadt Velten rund 100 rechte Skinheads zu einer als Klassentreffen getarnten Veranstaltung. Nazilieder wurden intoniert, der Gaststättenwirt in den Keller gesperrt und die eintreffende Polizei attackiert. Ein Polizist schoss zur Warnung mit seiner Dienstpistole in die Luft, wurde überwältigt, entwaffnet und verprügelt.[7]

Eine im Auftrag des DDR-Innenministeriums 1989 erstellte Studie kam zum Ergebnis, dass die jungen Rechtsextremen aus der Mitte der DDR-Gesellschaft stammten. Der Kern der Szene gehörte mehrheitlich der Arbeiterschaft an und war im Alter zwischen 18 und 26 Jahren. Zwar hatten einige Skinheads Kontakte zu ihren Pendants im Westen, dennoch fanden sich „keine überzeugenden Hinweise“,

4 Bernd Wagner, Rechtsradikalismus in der Spät-DDR. Zur militant-nazistischen Radikalisierung. Wirkungen und Reaktionen in der DDR-Gesellschaft, Berlin 2014, S. 187 ff.

5 Peter Ködderitzsch/Leo A. Müller, Rechtsextremismus in der DDR, Göttingen 1990, S. 13.

6 Zitiert nach: Vera Henßler, Überfall auf Zionskirche – Zäsur im Umgang mit Neonazis in der DDR, Oktober 2017, https://rechtsaussen.berlin/2017/10/ueberfall-auf-zionskirche-zaesur-im-umgang-mit-neonazis-in-der-ddr/ [20.4.2022].

7 Zusammenfassend: Christoph Schulze, Rechtsrock in Brandenburg, in: Gideon Botsch/Jan Raabe/Christoph Schulze (Hrsg.), Rechtsrock. Aufstieg und Wandel neonazistischer Jugendkultur am Beispiel Brandenburgs. Berlin 2019, S. 45–142, hier: S. 55.

dass diese Westanbindung „Existenzbedingung“ für die Szene gewesen wäre.[8] Die Studie wurde als „vertrauliche Verschlusssache“ eingestuft.

Im Wachstum der dissidenten Jugendkulturen in den 1980er-Jahren bildete sich die nicht nur wirtschaftlich krisenhafte Entwicklung der DDR und die damit einhergehende Erosion der Bindung großer Bevölkerungsteile an den Staat ab. Hielten 1978 noch 87 Prozent aller Schülerinnen und Schüler die Gründung der DDR für einen „Wendepunkt in der Geschichte des deutschen Volkes“, waren es zehn Jahre später, 1988, nur noch 46 Prozent.[9] Mit den Mitteln des Repressionsapparats waren diese Verschiebungen nicht aufzuhalten.

Von der staatlichen Gängelung waren die Skinheads eher weniger als die Angehörigen anderer Jugendkulturen betroffen. Zum politischen und sozialen Wertgefüge der Skinheads gehörte einerseits zwar eine Opposition gegenüber der DDR, andererseits hatten sie durchaus die „moralischen Werte der sozialistischen Gesellschaft“[10] verinnerlicht: Arbeit, Fleiß, Ordnung. In NVA, FDJ-Ordnergruppen oder der paramilitärischen „Gesellschaft für Sport und Technik“ (GST) fügten sich die Skinheads mit ihrer Begeisterung für Autorität und Militärisches oft problemlos ein. Einige der jungen Rechtsextremen hatte Eltern in der mittleren Funktionsebene von SED, NVA, MfS oder Polizei.[11] In der Abneigung gegenüber Punks bestand zwischen Behörden und den Skinheads eine Interessenübereinstimmung. Gegen die nach dem Überfall auf die Zionskirche entstehenden jugendlichen Antifagruppen in Potsdam und anderen Städten ging der Staat entschieden vor.[12]

Die Skinheads begründeten ihre Opposition zum autoritären Staat vor allem mit dem Verlangen nach noch rigiderer Autorität: Sie wollten eine kompromisslose Arbeitsmoral und die Entfernung von „Ausländern“ durchgesetzt sehen, verlangten nach einem neuen Großdeutschland und warfen den DDR-„Bonzen“ deren

8 Loni Niederländer, Das politische Wesen der Skinheadgruppierungen und ihre Sicherheitsrelevanz. Forschungsbericht, Humboldt-Universität zu Berlin Sektion Kriminalistik, unveröffentlicht (BArch, MfS, ZA HA XX/AKG 5943), Berlin (DDR), 28.2.1989, S. 42.

9 Wilfried Schubarth, Forschungen zum Geschichtsbewußtsein, in: Walter Friedrich/Peter Förster/Kurt Starke (Hrsg.), Das Zentralinstitut für Jugendforschung Leipzig 1966–1990. Geschichte, Methoden, Erkenntnisse. Berlin 1999, S. 206–224, hier: S. 213.

10 Loni Niederländer, Das politische Wesen der Skinheadgruppierungen, S. 48.

11 Bernd Siegler, Auferstanden aus Ruinen. Rechtsextremismus in der DDR, Berlin 1991, S. 84.

12 Dietmar Wolf, Feindlich-negative Antifa? Oder: Vom Missverhältnis des staatsoffiziellen Antifaschismus der DDR zum unabhängigen Antifaschismus ihrer letzten Generation, in: Christin Jänicke/Benjamin Paul-Siewert (Hrsg.), 30 Jahre Antifa in Ostdeutschland. Münster 2017, S. 22–47. Auch: Peter Ulrich Weiß, Außenseiter der Opposition. Alternative Antifa-Szene und ostdeutsche Demokratiebewegung, in: Frank Bösch/Martin Sabrow (Hrsg.), ZeitRäume (Potsdamer Almanach des Zentrums für Zeithistorische Forschung), Göttingen 2016, S. 111–126.

sozialistisch-humanistische Propagandaformeln vor. Die Idee der Nation war nach dem Ende des Nationalsozialismus in Teilen der Bevölkerung und auch der SED ein zentraler positiver Bezugspunkt, und zwar in Form eines nationalistischen, auf Abgeschlossenheit zielenden Begriffsverständnisses.[13] Der Nationalismus der Skinheads stand zu diesem gesellschaftlichen Nationalismus nicht unbedingt in Widerspruch, sondern war in ihn eingebettet.

Das MfS zählte 1987 DDR-weit 800 rechtsextreme Jugendliche, die sich auf 38 Gruppierungen verteilten.[14] Was Brandenburg betrifft, wurden 1988 im damaligen Bezirk Cottbus 53 Skinheads gezählt, im Bezirk Frankfurt (Oder) 82 und im Bezirk Potsdam 120.[15] Tatsächlich können diese Zahlen als Minimalwerte gelten, da in ihnen nur der harte Kern der Szene, der in den Fokus der Repressionsorgane geraten war, erfasst wurde.[16] Eine nach dem Überfall auf die Zionskirche eingerichtete polizeiliche „AG Skinhead“ schätzte die Zahl der gewalttätigen Neonazis inklusive Umfeld auf 15 000 Personen.[17] In Studien des Leipziger Zentralinstituts für Jugendforschung wurde ermittelt, wie weit extrem rechte Ansichten unter Jugendlichen verbreitet waren: So stimmten 1988 beispielsweise 12 Prozent der befragten Schülerinnen und Schüler der Aussage „Der Faschismus hatte auch seine guten Seiten“ zu.[18] Zwei Prozent der DDR-Jugendlichen betrachteten sich selbst als Skinheads und weitere vier Prozent sympathisierten mit der Szene.[19] Für eine polarisierende und gewaltaffine Jugendkultur sind das beachtliche Werte.

13 Vgl. Patrice G. Poutrus/Jan C. Behrends/Dennis Kuck, Historische Ursachen der Fremdenfeindlichkeit in den neuen Bundesländern, in: Aus Politik und Zeitgeschichte, B 39/2000, S. 15–21.

14 Bernd Eisenfeld, Rechtsextremismus in der Ära Honecker. Ursachen – Folgen, 22.2.2001, https://cdn.prod.www.spiegel.de/media/2321935e-0001-0014-0000-000000002942/media-2942.pdf [14.6.2021], S. 3.

15 Vgl. u. a. die Materialien in Walter Süß, Zu Wahrnehmung und Interpretation des Rechtsextremismus in der DDR durch das MfS, Berlin 2000, S. 106.

16 Auch wenn die Dominanz von jungen Männern außer Frage steht, dürfte die Vorgehensweise des MfS auch zu einer relativen Blindheit und somit Unterschätzung von weiblichen Szeneangehörigen geführt haben. Vgl. Henrike Voigtländer, „Rowdy“, „Fußball-Skin“, „Faschist“. Frauen in der Neonaziszene der DDR und die Akten der Staatssicherheit, in: Zeitgeschichte Online, 23.10.2019, https://zeitgeschichte-online.de/themen/rowdy-fussball-skin-faschist [14.6.2021]. Niederländer schätzte den Frauenanteil auf 20 Prozent, vgl. Loni Niederländer, Das politische Wesen der Skinheadgruppierungen, S. 14.

17 Über die Geschichte der „AG Skinhead“ berichtet deren damaliger Leiter: Bernd Wagner, Rechtsextremismus in der DDR, S. 349 ff.

18 Wilfried Schubarth, Forschungen zum Geschichtsbewußtsein, in: Walter Friedrich/Peter Förster/Knut Starke (Hrsg.), Das Zentralinstitut für Jugendforschung Leipzig 1966–1990. Geschichte, Methoden, Erkenntnisse, Berlin 1999, S. 206–224, hier S. 214.

19 Wolfgang Brück, Skinheads als Vorboten, S. 41 f.

Westimport oder ostdeutsches Eigengewächs?

Popkultur überschreitet buchstäblich Grenzen. Die DDR-Skinheads waren entgegen der offiziellen Linie mitnichten Verführte noch Gesandte des BRD-Rechtsextremismus. Sehr wohl aber zeigte sich in ihnen ein transnationaler Austauschprozess und damit eine den Eisernen Vorhang überwindende Aneignung von Popkultur zu den spezifischen Bedingungen vor Ort. So wie aus manchen DDR-Punks DDR-Skinheads geworden waren, hatten sich zuvor in Großbritannien und dann in der Bundesrepublik die dortigen Skinheads aus den Punkszenen herausgelöst.[20] Die jugendkulturellen Abzeichen der Skinheads – Kleidungsstücke wie Bomberjacken und Springerstiefel – waren in der DDR jedoch kaum verfügbar. Stiefel der Marke „Doc Martens“ oder Bomberjacken wurden teilweise illegal und zu hohen Preisen gehandelt.[21] Behelfsweise ersetzten die Skinheads diese Modeartikel durch andere Kleidung, etwa aus dem Fundus der GST.

Einzelne Skinheads pflegten Briefkontakte zu Gleichgesinnten in Westdeutschland. Ab etwa 1988 kam verstärkt Propaganda westlicher Neonazi-Organisationen in Umlauf. Im heutigen Brandenburg spielte dabei besonders die 1985 gegründete Gruppe „Nationalistische Front“ (NF) eine Rolle. Der Westberliner Andreas Pohl, ab 1987 stellvertretender NF-Vorsitzender, verfügte als Schlagzeuger der Rechtsrockband „Kraft durch Froide“ über ein hohes Maß an subkulturellem Kapital in der Szene. Als Musiker wirkte er für junge Skinheads besonders authentisch. 1985 berichtete das Szenemagazin „Klartext“ über den Besuch einer NF-Delegation in Frankfurt (Oder):

„Schon seit Jahren besteht zwischen SKINS und Fußballfans von Hertha BSC und Union Ost Berlin ein festes Bündnis der Freundschaft, das sich leider, bedingt durch die Mordmauer, nur in Besuchen unsererseits ausdrückt. Da ein Kamerad nun nach Frankfurt/Oder gezogen ist, war es wieder einmal an der Zeit, einen kleinen Ausflug zu unternehmen. In Frankfurt/Oder angekommen, gab es erst einmal einen Begrüßungstrunk und anschließend eine Besichtigung der uns aufgezwungenen Grenze [...] Noch in jüngster Zeit gab es Übergriffe gegen die deutsche Bevölkerung durch die polnischen Klassen'brüder'. [...] Der Keim des Hasses ist gesät!!!“[22]

20 Zuerst waren am Ende der 1960er die Skinheads als proletarische Jugendkultur in Großbritannien entstanden. Zum Revival und Wachstum kam es auch dort infolge des Punk-Booms am Ende der 1970er-Jahre. Der vom Punk inspirierte und bald als „Oi“ vermarktete Skinhead-Musikstil entstand erst in dieser zweiten Phase.

21 Christoph Mengert, „Unsere Texte sind deutsch“. Skinhead-Bands in der Bundesrepublik Deutschland, Brühl 1996, S. 51.

22 Klartext, Nachrichten aus der Szene, in: Klartext, Heft 16/1985, o. S.

Neben Gewalt und Provokationen spielte die Musik bei den DDR-Skinheads eine wesentliche Rolle: Dabei waren auch Kassetten mit Alben westdeutscher und internationaler Skinheadbands von Bedeutung. Als prägende Persönlichkeit im frühen internationalen Rechtsrock darf der britische Musiker Ian Stuart Donaldson gelten. Seine als Punkband gestartete Gruppe „Skrewdriver“ wandelte Donaldson zu einer Skinheadformation um und schuf so am Anfang der 1980er-Jahre eine Blaupause für die folgende Rechtsrockmusik – offen neonazistische Agitation, extremer Nationalismus und ein Rassismus, der die Einheit der weißen europäischen Völker beschwor. 1987 gründete Donaldson mit „Blood & Honour“ eine einflussreiche Netzwerkorganisation. Auch in der DDR-Szene wurde die Musik von „Skrewdriver“ geschätzt. Die Berlin-Brandenburger Band „Landser“ erinnerte sich 1995 in einem Song:

„Es ist schon lange her, als noch die Mauer stand / da hörten wir zum ersten Mal eine Band aus Engeland / Skrewdriver war ihr Name und wir flippten völlig aus / und was wir alle dachten, das sprach ihr Sänger aus.“[23]

Selbst zu den Instrumenten griffen die DDR-Skinheads allerdings kaum, meist blieb es beim Konsum der Musik. Eine Ausnahme stammt aus dem heutigen Land Brandenburg. In Frankfurt (Oder) existierte 1985 und 1986 eine rechte Skinheadband, die bis zu ihrer Zerschlagung durch das MfS einen Proberaum betrieb und dort bei Konzerten selbstgeschriebene Songs aufführte.[24] Bereits um 1982 hatte der junge Heavy-Metal-Fan Michael Sch., Jahrgang 1967, die Band gegründet, der er dann den Namen „Hammerschlag“ verlieh. In einem späteren Verhör gab Sch. zu Protokoll, dass die Skinheadkultur „eine Punkrichtung in der BRD“ sei, „die den Faschismus verherrlicht“: „Diese Punk-Form hat mir eigentlich imponiert, weil man nach außen hin den ‚Starken-Mann‘ markieren kann und auch deshalb, weil ich persönlich einen Haß auf Ausländer habe, die hier in der DDR sind.“[25]

Die Band nahm im Frühsommer 1985 konkretere Gestalt an, als es dem Teenager Sch. gelang, eine Wohnung über einer Bäckerei anzumieten. Die dortigen Bandproben wurden zu Szenepartys, bei denen neben der Musik reichlich Alkohol konsumiert wurde. Zur Aufführung kamen auch Kassettenkopien westdeutscher Rechtsrockmusik – beispielsweise ein Album der Westberliner „Kraft durch Froide“ des Neonazi-Funktionärs Pohl, dessen „Nationalistische Front“ 1985 in Frankfurt (Oder) zu Besuch gewesen war. Nicht zuletzt ist es die Musik der „Böhsen Onkelz“,

23 Landser, Ian Stuart, auf: Republik Der Strolche, CD, 1995.

24 Vgl. zur Bandgeschichte: Christoph Schulze, Rechtsrock in Brandenburg, S. 59 ff. und Ronald Galenza, Glatzen und Bomberjacken. Skinheads in der DDR, in: Ronald Galenza/Heinz Havemeister (Hrsg.), Wir wollen immer artig sein. Punk, New Wave, HipHop, Independent-Szene in der DDR 1980–1990, 4. Aufl., Berlin 2013, S. 178–193, hier: S. 191 ff. Die Darstellungen stützen sich schlechterdings weitgehend auf die Akten des MfS.

25 BArch, MfS, BV Frankfurt (Oder) AU 332/87, Bd. 3, 57 f.

die „Hammerschlag" als Vorbild diente. Den „Onkelz" aus dem westdeutschen Frankfurt am Main gelang später (verbunden mit einem Imagewechsel) der Durchbruch an die Spitze der Rockszene. Damals waren sie Kultband für rechtsorientierte deutsche Skinheads. „Hammerschlag" spielten den „Böhse-Onkelz"-Song „Deutschland" nach:

„Wir sind stolz in dir geboren zu sein / wir sind stolz darauf, Deutsche zu sein / deutsche Frauen, deutsches Bier / Schwarz-Rot-Gold wir steh'n zu dir."[26]

In ihren selbstgeschriebenen Titeln sangen „Hammerschlag" sowohl gegen die linksorientierte DDR-Opposition als auch gegen staatliche Organisationen. So etwa im Song „Ziele I":

„Lange Haare, Flasche Wein, dreckiges Pennerschwein / rennt zu jeder Demo, will für Frieden sein / Schwerter zu Pflugscharen sind sein Ziel / aber vom Waschen hält er nicht viel."[27]

In „Ziele II" ging es gegen die „Freie Deutsche Jugend" und deren Funktionärinnen und Funktionäre: „Unsere Bonzen sind nicht dumm / hängen nur faul und träge rum / ihr Ziel, Veränderung der Welt / in Wirklichkeit zählt nur das Geld."

Andere Songs sind auch nach heutigen Maßstäben klar als rechtsextrem zu werten. In einem Stück wurde „Deutschlands Einigkeit" in den Grenzen von 1937 gefordert. Der Text zum Song „Der Schuss – Hymne auf Südafrika" war eine blutige rassistische Gewaltfantasie. Autor Roy P. sagte später aus, er habe ein Gedicht aus der Thälmannpionier-Zeitschrift „Trommel" zur Grundlage genommen, das sich gegen das Apartheid-Regime in Südafrika richtete. In einer „Trommel"-Ausgabe von 1980 findet sich tatsächlich eine entsprechende Vorlage, inklusive des rassistischen Jargons.[28] Autor war der DDR-Lyriker Werner Lindemann, der Vater des heutigen Sängers der Band „Rammstein". In der Zeitschrift diente die drastische Sprache als Anklage der Zustände im damaligen Südafrika. In weiten Teilen übernahm „Hammerschlag" den Text – die Kontextverschiebung von der Pionierzeitschrift zur Interpretation durch eine rechte Skinheadband reichte aus, um die Zeilen rassistisch zu wenden.

Dem MfS blieb das Treiben von „Hammerschlag" nicht verborgen. Spätestens im September 1985 erfuhr der Geheimdienst von der Band. So wie zahlreiche Punkbands wurde daraufhin auch „Hammerschlag" zum Ziel von Repressionsmaßnahmen. Unter anderem wegen Staatsverleumdung (§ 220 StGB) erhielten der Bandgründer und ein weiterer beteiligter Skinhead Haftstrafen.

26 Ebenda, Bd. 5, 144 f.

27 Ebenda, 147 f.

28 Werner Lindemann, Der Schuß. Gedichte zum Internationalen Kindertag am 1. Juni, in: Die Trommel. Zeitschrift für Thälmannpioniere und Schüler 33 (19/1980), S. 12.

Boom nach 1990

Was in der späten DDR schwelte, schlug in den Umbruchsjahren 1989 und 1990 neue Funken, die sich zu einem ostdeutschen Flächenbrand ausbreiteten. Offener, wenn auch diffuser Neonazismus boomte vor allem unter Jugendlichen. Die nationalistisch übersteigerte Freude über die Einheit vermischte sich bald mit einem Rassismus, der sich gegen die wenigen verbliebenen Nichtdeutschen, gegen nichtweiße Deutsche und gegen Flüchtlinge richtete.[29] „Rechts sein“ wurde eine regelrechte Mode unter Jugendlichen und zeigte sich nicht nur in politischen Meinungen und politischem Handeln, sondern auch in der Kleidung, im Jargon sowie in Provokationen und Gewalt. 1993 zählten sich fünf Prozent der Brandenburger Jugendlichen selbst zu den Skinheads. Zur Erinnerung: 1988 lag dieser Wert DDR-weit noch bei zwei Prozent. Hatten 1988 vier Prozent der Jugendlichen mit den Skinheads sympathisiert, stieg auch dieser Wert immens an: 15,8 Prozent sagten 1993, sie würden sich den Skinheads gern anschließen oder sie „gut finden“.[30] Auch wenn die Rechten keine Mehrheit erlangten, reichten ihre Anzahl und ihr Vorgehen aus, um die Jugendszenen in vielen Orten zu dominieren. Jugendlicher Rechtsextremismus war jedoch nicht auf die Skinheads reduzierbar,[31] sondern normalisierte sich über dieses Milieu hinaus. Dies zeigte sich besonders in der Musik. Bis zum Ende der 1990er-Jahre erreichte der Rechtsrock den Höhepunkt seiner Popularität. Die derben rassistischen Gewaltfantasien, die die „Zillertaler Türkenjäger“ zu den Melodien bekannter Stimmungshits 1997 vertonten, erreichten auch in Brandenburg ein bemerkenswert großes Publikum. Die aus der Region stammende Untergrund-Band

29 In diesem Rassismus vermischten sich DDR-kultivierte und „neue“, beispielsweise anti-türkische Stereotype rasant miteinander. In einer Umfrage unter DDR-Jugendlichen im Jahr 1990 wurden folgende „Völkerschaften“ am härtesten abgelehnt: Sinti und Roma (56 Prozent), gefolgt von Türken (54 Prozent), Vietnamesen (42 Prozent) und Polen (32 Prozent). Vgl. Walter Friedrich, Einstellungen ostdeutscher Jugendlicher zu Ausländern, in: Walter Friedrich/Winfried Schneider-Deters (Hrsg.), Ausländerfeindlichkeit und rechtsextreme Orientierungen bei der ostdeutschen Jugend. Leipzig 1993, S. 22–46, hier: S. 28. Ähnliche Ergebnisse hatte eine weitere Befragung im gleichen Jahr. Vgl. Institut für Sozialforschung und Gesellschaftspolitik, Ausländerfeindlichkeit in der ehemaligen DDR. Bonn 1990, S. 33.

30 Dietmar Sturzbecher/Peter Dietrich/Michael Kohlstruck, Jugend in Brandenburg 93, Potsdam 1994, S. 111. Auffallend ist die Geschlechterkluft: 7,1 Prozent der männlichen Jugendlichen bezeichneten sich selbst als Skinheads aber nur 2,6 der weiblichen. Bei den Sympathiebekundungen: 19,2 Prozent der männlichen Jugendlichen und 12,2 Prozent der weiblichen.

31 Und auch umgekehrt: Keineswegs waren alle Skinheads rechtsextrem, weder im Osten noch im Westen Deutschlands. Viele betonten – wenn auch oftmals flankiert von rassistischen Haltungen – eine a-politische Orientierung. Eine kleine Minderheit vertrat antirassistische oder gar linke Positionen.

„Landser" agitierte offen für den Neonazismus. Deren Alben mit Titeln wie „Rock gegen oben" und „Ran an den Feind" waren auch unter Jugendlichen, die sich nicht als Skinheads verstanden, bekannt und von manchen als provokante und humorvolle Produktionen geschätzt.

Die Szeneeuphorie der ersten Nachwendejahre schilderte ein Cottbuser Neonazi retrospektiv:

„Nach der Wende 1990 herrschte in unserer Stadt und im gesamten Osten ein Klima, was eindeutig national geprägt war. Es kam praktisch von heute auf morgen […] Mit der Zeit wurde es ein gigantisches Massenphänomen und plötzlich war in Deiner Stadt jeder zweite „rechts", unabhängig von Alters- & Bildungsstand. Als kleiner Racker rutschte man da natürlich mit rein. Warum? Das fing bei der Mode an, ging über das Auftreten bis hin zur Musik."[32]

Bomberjacken und Kurzhaarfrisuren, „Domestos"-Jeans oder Ballonstoffhosen lagen im Trend. Manche Jugendliche versorgten sich auf den „Polenmärkten" hinter der deutsch-polnischen Grenze mit Szenekleidung und Raubkopien der Skinheadmusik. Auf den Schulhöfen entstand ein reger Rechtsrock-Tauschmarkt. Die Fans besaßen nur in Ausnahmefällen die Originale, stattdessen wurden Kassetten wieder und wieder kopiert und weitergegeben.

Eine hauptsächliche Artikulationsform der Skinheads blieb die Gewalt. Rechte Angriffe erfolgten oft spontan und brutal und richteten sich bevorzugt gegen „Ausländer" und nichtrechte Jugendliche. Der Baseballschläger wurde zum Symbol stumpfen rechten Durchsetzungswillens. Die Vereinigung der beiden deutschen Staaten war erst vier Tage alt, als es in Brandenburg das vermutlich erste Todesopfer rechter Gewalt im vereinten Deutschland zu beklagen gab. Am 7. Oktober 1990 wurde der Pole Andrzej Frątczak von drei Skinheads vor einer Lübbenauer Diskothek malträtiert und mit einem Messer erstochen. Wenige Wochen später, am 25. November 1990, verprügelten rund 50 jugendliche Neonazis den Angolaner Amadeu Antonio in Eberswalde unter den Augen der Polizei mit Knüppeln so schwer, dass er ins Koma fiel und elf Tage später verstarb. Viele Tote folgten. Die Anzahl rechter Angriffe unterhalb der Grenze zu Tötungsdelikten ist kaum zu überschauen. Ab 1991 wurden Unterkünfte von ausländischen Arbeiterinnen und Arbeitern sowie von Flüchtlingen verstärkt zu Zielen von schwersten Angriffen. Ausschreitungen, Überfälle, Brandanschläge und Verletzte gab es nicht nur in Hoyerswerda 1991 oder Rostock-Lichtenhagen 1992, sondern auch in Brandenburg, beispielsweise im Ort Schwarze Pumpe, in Cottbus, Eisenhüttenstadt, Lübbenau, Wittenberge, Wittstock, Eberswalde, Zehdenick, Neuruppin, Biesenthal, Lübben, Kremmen, Lychen oder in

32 Nordforum, Interview mit Frontalkraft, 2008, https://www.rebel-records.com/FK/Inti%20Nordforum.htm [14.6.2018].

Prenzlau.[33] Als im April 1991 der deutsch-polnische Grenzverkehr visafrei wurde, attackierten deutsche Jugendliche in Frankfurt (Oder) polnische Reisebusse. Die Rechten skandierten „Sieg Heil“ oder „Macht die Grenzen zu“ und dazu den Skinhead-Ruf „Oi! Oi! Oi!“[34] – Gewaltpolitik und Jugendkultur schienen miteinander verschmolzen.

Für Angehörige der Gruppen, die die Rechtsextremen zu ihren Feinden zählten, spitzte sich die Situation bedrohlich zu. Der ehemalige Eberswalder Vertragsarbeiter Jone Munjunga schilderte retrospektiv, dass er schon zu DDR-Zeiten Rassismus erfahren hatte. Die Angst vor der Gewalt ab 1990 sei aber „nicht mehr vergleichbar mit der Angst vorher“ gewesen: In der „Zeit nach dem Mauerfall war [es] für uns wie Selbstmord, wenn wir alleine auf die Straße gegangen oder alleine Bus gefahren sind.“ Die Polizei habe „den Skinheads freie Hand gelassen, statt [...] uns zu schützen.“ Notdürftig, so berichtete Munjunga, organisierten die ehemaligen Vertragsarbeiterinnen und -arbeiter in der Folge ihren Selbstschutz und Proteste gegen die rechte Gewalt, unterstützt von linken Organisationen wie der Berliner „Antirassistischen Initiative“.[35]

In der wachsenden rechtsextremen Szene war Gewalttätigkeit eine Quelle für zweifelhaftes Renommee. Zu den Täterinnen und Tätern gehörten nicht selten jene, die den neonazistischen Kleinorganisationen besonders nahestanden und die sich an deren Aktionen beteiligten. Hunderte Neonazis marschierten etwa 1990 und 1991 zum „Heldengedenken“ auf, das am großen Weltkriegsfriedhof im brandenburgischen Halbe südlich von Berlin stattfand.[36]

In Cottbus gewann die „Deutsche Alternative“ bis zu ihrem Verbot 1992 eine große, nach Auskunft des Magazins „Der Spiegel“, 200-köpfige Anhängerschaft.[37] Die Skinheads strömten zu den Versammlungen. Anführer der Gruppe war der 1966 geborene Frank Hübner. In der DDR aufgewachsen und ab 1984 wegen rechter Straftaten aufgefallen, deswegen zu einer Haftstrafe verurteilt, dann von der Bundesrepublik freigekauft, kehrte Hübner nun in seine Heimat als fanatisierter Neonazi

33 Vgl. Christoph Schulze: Das Jahrzehnt der Glatzen, in: Heike Kleffner/Anna Spangenberg (Hrsg.), Generation Hoyerswerda. Das Netzwerk militanter Neonazis in Brandenburg. Berlin 2016, S. 252–267, hier: 253 ff.

34 Vgl. einen zeitgenössischen Bericht des TV-Magazins „Elf99“: mdr.de, Mit Steinen gegen polnische Bürger in Frankfurt/O, 8.4.2021, https://www.mdr.de/heute-im-osten/video-22224.html [10.6.2021].

35 Zitiert nach: Juliane Lang/Christina Wendt, „Warnschüsse wären in diesem Fall gerechtfertigt gewesen“, in: Opferperspektive (Hrsg.), Rassistische Diskriminierung und rechte Gewalt. Münster 2015, S. 18–28, hier: S. 21–26.

36 Christoph Schulze, Heldengedenken, in: Martin Langebach/Michael Sturm (Hrsg.), Erinnerungsorte der extremen Rechten, Wiesbaden 2015, S. 177–196.

37 o. A.: Grüne Stadt mit brauner Jugend, in: Der Spiegel 48/1992, S. 43–49.

zurück.[38] In einem Report des „Spiegel“ präsentierte Hübner 1992 den Schüler Sten Söhndel als Vorzeigejugendlichen. Der damals 17-Jährige referierte, dass Deutschland aufhören müsse, „Geld nach Israel zu schicken oder für die Kriege der Amis zu zahlen“. Im gleichen Jahr rief Söhndel mit „Frontalkraft“ die erste öffentlich wahrnehmbare Rechtsrockband im neuen Land Brandenburg ins Leben. Die Gruppe sang über ihre Gründung:

„1992 kam unsere Zeit / eine Band zu gründen, dazu waren wir bereit […] / Wir sind jung, stolz und stark / und wir scheißen auf den ganzen roten Quark!“[39]

Bis heute ist Söhndel mit seiner Band aktiv. Ein später veröffentlichter „Frontalkraft“-Song kombinierte die Huldigung der Reichsfarben mit einem Bekenntnis zur Gewalt und wurde zu einer Hymne der bundesweiten Szene: „Schwarz ist die Nacht in der wir euch kriegen / weiß sind die Männer, die für Deutschland siegen / Rot ist das Blut auf dem Asphalt“[40]

Weitere Gruppen wurden gegründet: 1993 entstanden etwa „Volkstroi“ in Beeskow und in Potsdam die Band „Proissenheads“.

Das junge Land Brandenburg entwickelte sich in den ersten Nachwendejahren zu einem El Dorado für Auftritte der Rechtsrock-„Stars“. Im März 1991 spielten im ehemaligen FDJ-Jugendklub „Philipp Müller“ in Brandenburg an der Havel die westdeutschen Bands „Tonstörung“ und „Werwolf“ beim möglicherweise ersten rechten Skinheadkonzert in den neuen Bundesländern. Westdeutsche Rechtsextreme lobten die Freiräume, die in dieser Zeit im Land für Neonazi-Veranstaltungen existierten:

„Was im Westen dieser Republik nur noch unter erschwerten Bedingungen – wenn überhaupt – möglich ist, […], das [ist …] im SPD-geführten Neubundesland Brandenburg noch machbar. Scheinbar haben sich die größtenteils aus der Stasi-, SED-, Vopo- und NVA-Maschinerie stammenden Polizei- und politischen Beamten des Anschlußgebietes noch nicht an dem rechtsstaatlichen Standard Bonns vollends angepaßt.“[41]

Die Konzerte stabilisierten die lokalen Kerne der Skinheadszenen, manche wurden später in den Szeneerzählungen zu legendenumwobenen Ereignissen. Am 27. Juli 1991 reisten deutsche und internationale Neonazi-„Stars“ zu einem Großkonzert nach Brandenburg an der Havel. Auf der Freilichtbühne auf dem Marienberg spielten „Radikahl“ (Nürnberg), „Dirlewanger“ (Schweden) und „No Remorse“ (Großbritannien). Motto des Konzertes: „Rock against Communism“. Ungefähr 500 bis 600 Rechte

38 Gideon Botsch/Christoph Kopke, Die NPD und ihr Milieu, Münster/Ulm 2009, S. 56 f.

39 Frontalkraft, Frontalkraft, auf: Demo ’95, CD, 2009.

40 Frontalkraft, Schwarz ist die Nacht …, auf: Volksmusik, CD, 2001.

41 Torsten Lemmer, Sänger für Deutschland. Die Biographie des Volkssängers Frank Rennicke, Düsseldorf u. a. 1996, S. 81.

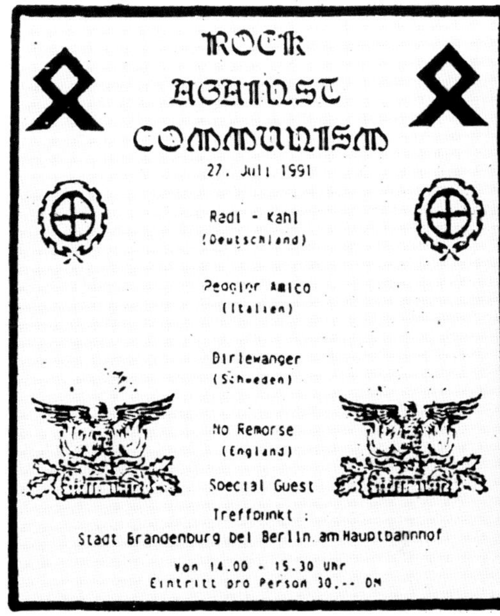

Plakat der Veranstaltung „Rock against Communism“ vom 27.7.1991 in Brandenburg an der Havel. *Archiv Emil Julius Gumbel Forschungsstelle, Potsdam*

nahmen für 30 D-Mark Eintritt teil. Der „Hakenkreuz“-Song von „Radikahl“ wurde vom Publikum frenetisch gefeiert. „No Remorse“, die später für ihre Propaganda für die rechtsterroristische Gruppe „Combat 18“ berüchtigt wurden, hetzten gegen „race traitor“ („Rasseverräter“). In einem Szenezirkular wurde begeistert berichtet: „Eines der besten Skin-Konzerte, die es je gegeben hat, ein Lob den Veranstaltern aus Brandenburg und Berlin […] Heil dir, mein Brandenburger Land!“[42]

Eine besondere Rolle bei der Konsolidierung des Milieus nahmen bestimmte Jugendklubs ein, die sich der „akzeptierenden Jugendarbeit“ mit rechten Jugendlichen verschrieben. Das eigentlich für den Bereich der sozialpädagogischen Drogenarbeit entwickelte Konzept wurde nach der „Wende“ verstärkt auf die Zielgruppe der rechten und rechtsextremen Jugendlichen angewendet. In Cottbus wurden sogar zwei Szeneangehörige über Arbeitsbeschaffungsmaßnahmen als Sozialarbeiter eingesetzt.[43] Im dortigen Jugendklub „Sandow“ konnten etliche Rechtsrockkonzerte stattfinden. Am 24. August 1991 spielte für 20 D-Mark Eintritt „Tonstörung“

42 Oi! Deutsches Echo, Januar 1992, H. 4, o. S. Im Folgejahr wurde das Festival vor diesmal rund 1400 Neonazis am gleichen Ort erneut ausgerichtet.

43 Vgl. Lucia Bruns/Christin Jänicke, Polizei, Jugendarbeit und rechte Jugendliche. Polizeiliches und sozialpädagogisches Handeln im Kontext des jugendlichen Rechtsextremismus der 1990er Jahre, in: Clemens Arzt/Nathalie Hirschmann/Daniele Hunold/Sven Lüders/Christoph Meißelbach/Marschel Schöne/Birgitta Sticher (Hrsg.), Perspektiven der Polizeiforschung. Berlin 2021, https://www.foeps-berlin.org/fileadmin/institut-foeps/Dokumente/2021/Tagungsband_NEPF2021-final.pdf [3.1.2022], S. 67–76.

im „Sandow“[44] – eine der damals wegen ihrer drastischen Botschaften bekanntesten Neonazi-Bands: „Blut muss fließen knüppelhageldick / und wir scheißen auf die Freiheit dieser Judenrepublik“. Nach dem Konzert randalierten etwa 120 Rechte in der Stadt, warfen Schaufensterscheiben ein und beschädigten Autos. Ein Passant wurde zusammengeschlagen und erlitt einen Schädelbruch.

Vom 17. bis zum 23. September 1991 ereigneten sich die rassistischen Krawalle in Hoyerswerda im benachbarten Bundesland Sachsen. Während dieser Tage wurde zu einem weiteren Konzert-„Highlight“ im nur 40 Kilometer entfernten Cottbus eingeladen, das aus Anlass des ersten Jahrestages der deutschen Einheit stattfinden sollte. Die geplante Hauptattraktion war ein Auftritt von „Skrewdriver“, der Band des britischen „Blood-&-Honour“-Gründers Ian Stuart Donaldson. In den Tagen vor dem Konzert schaukelte sich die Gewalt in Cottbus hoch. Bereits am 28. September griffen Neonazis das „Gladhouse“ an, einen Jugendclub, in dem sich auch alternative Jugendliche trafen. Am 1. Oktober wurde das Asylbewerberheim in Cottbus-Schmellwitz von Neonazis attackiert. Am nächsten Tag besuchte Ministerpräsident Manfred Stolpe das Heim und ärgerte sich, dass durch die Vorfälle „ganz Ostdeutschland in schädlichen Mißkredit“[45] gebracht werde. Am Abend vor dem Konzert zogen die britischen „Skrewdriver“-Musiker und einheimische Neonazis randalierend durch Cottbus. Ein langhaariger Cottbuser wurde drangsaliert und mit einem Messer fast tödlich verletzt. Die genauen Umstände wurden niemals gerichtsfest geklärt. Als gesichert darf gelten, dass ein britischer Neonazi für die Messerattacke verantwortlich war.

Obwohl bis auf den Sänger Donaldson alle „Skrewdriver“-Musiker wegen des Angriffs in Haft waren, fand das Konzert im Landgasthof „Stern“ im nahen Örtchen Werben vor rund 900 Neonazis statt. Mithilfe von deutschen Aushilfsmusikern der Band „Störkraft“ spielte der britische Neonazi seine Songs, rief zur Unterstützung der Inhaftierten auf und forderte deren Freilassung. In einer Szenepublikation wurde später kolportiert, dass nicht wenige der Konzertgäste die Aufforderung wörtlich nahmen: rund 300 Skinheads hätten in der Nacht nach dem Konzert das Polizeigebäude in Cottbus „umstellt“. Die „Lausitzer Rundschau“ vermeldete indes, dass die Neonazis – im Bericht verharmlosend „Musikfreunde“ genannt – nach dem Konzert versucht hätten, die beiden Flüchtlingsheime in Cottbus anzugreifen.[46] Einige Wochen nach dem Vorfall wurden die Briten gegen Zahlung einer Kaution freigelassen. Zum späteren Gerichtsprozess erschienen nur zwei britische und ein deutscher

44 Proißens Gloria, November/Dezember 1991, H. 3, S. 16.

45 o. A.: „Umgang mit anderen Kulturen noch lernen“, in: Lausitzer Rundschau vom 4.10.1991.

46 Heinz-Dieter Walter, Rockkonzert in Werben ohne Ausschreitungen, in: Lausitzer Rundschau vom 5.10.1991. 9.

Angeklagter. Am Ende wurden die Verfahren eingestellt, die Messerattacke blieb ungesühnt.[47]

Die Großkonzerte, organisiert von Neonazigruppen und umtriebigen jungen Rechten, verschafften der Szene gemeinsame Erlebnisse und Erzählungen und halfen, Zusammenhalt und Ideologie in der Anhängerschaft zu festigen. Musik, Politik und Straßengewalt verkoppelten sich zu einem jugendkulturellen Lebensgefühl.[48] Das hat Spuren in der deutschen und internationalen Neonazikultur hinterlassen. Durch Video- und Audiomitschnitte und Legendenbildung sind nicht wenigen Rechtsrockfans von Australien über Russland bis in die USA auch heute noch die Erzählungen über das „Rock Against Communism“ in Brandenburg an der Havel oder das „Skrewdriver“-Gastspiel in Cottbus vertraut.

Terror und Profit trotz staatlicher Gegenmaßnahmen

Das „Blood-&-Honour“-Netzwerk von Donaldson etablierte sich auch in Deutschland – inklusive zweier „Sektionen“ im Land Brandenburg. Die Produktion und der Vertrieb der Musik wurden professionalisiert. Gleichzeitig fungierte „Blood & Honour“ als Milieuorganisation und als Unterstützungsstruktur für den Rechtsterrorismus. Eng mit der Gruppe verbunden war der später im Zuge der Aufarbeitung der Morde des „Nationalsozialistischen Untergrunds“ (NSU) wegen seiner Tätigkeit als Verfassungsschutz-V-Mann „Piatto“ bekannt gewordene Skinhead Carsten Szczepanski. Im Juni 1993 organisierte Szczepanski ein Konzert im Ort Prieros bei Königs Wusterhausen. Dies war möglich, obwohl der Neonazi zu diesem Zeitpunkt wegen eines rassistischen Kapitalverbrechens gesucht wurde: Als Einpeitscher war er 1992 führend an einem Mordversuch an einem nigerianischen Lehrer beteiligt und sollte deshalb verhaftet werden.[49] Das Grundstück in Prieros war den Neonazis für das Konzert vom Vizebürgermeister des Ortes zur Verfügung gestellt worden, dessen Sohn selbst in der Neonaziszene aktiv war. Die Besatzung einer Polizeistreife wurde von Szczepanski selbstbewusst abgewimmelt. Rund 750 Neonazis feierten zu den Klängen von vier deutschen und zwei britischen Rechtsrockbands. „Sieg Heil“ hallte es deutlich verständlich bis zu den benachbarten Gehöften. Trotz Notrufen griff die Polizei nicht ein: Es hätten keine Gesetzesverstöße festgestellt werden können, wurde später erklärt.

47 Vgl. Christoph Schulze, Rechtsrock in Brandenburg, S. 72 ff.

48 Vgl. Bernd Wagner, Rechtsextremismus und kulturelle Subversion in den neuen Bundesländern, Berlin 1998.

49 Dirk Laabs, Die V-Mann-Karriere des Carsten Szczepanski, in: Heike Kleffner/Anna Spangenberg (Hrsg.), Generation Hoyerswerda. Das Netzwerk militanter Neonazis in Brandenburg. Berlin 2016, S. 181–197, hier: 182 f.

Zur Mitte der 1990er-Jahre kam die „Pionierzeit“ des Rechtsrocks zu ihrem Ende. Obwohl sich unter dem Dach der Jugendarbeit neonazistische Jugendliche noch länger ausleben konnten, wurde es für die Szene zusehends schwieriger, Großkonzerte zu organisieren, denn allmählich setzten gesellschaftliche Gegenmaßnahmen ein. Die in den Behörden und der Bevölkerung verbreiteten Unsicherheiten darüber, was im Nach-DDR-System zu dulden sei, verringerten sich, und die staatlichen Strukturen wurden konsolidiert. Schon 1992 nahmen auf Initiative der damaligen Ausländerbeauftragten des Landes Brandenburg, Almuth Berger, erste „Regionale Arbeitsstellen für Ausländerfragen“ (RAA) ihre Arbeit auf, die sich gegen den grassierenden Rassismus wandten. Ebenso wurden „Mobile Beratungsteams“ (MBT) aufgestellt und später ausgebaut. Gegen die neonazistische Jugendkultur stellten sich in Brandenburg zunächst vor allem linke und teils linksradikale Antifagruppen: Beispielsweise organisierten sie 1993 unter dem Titel „Am Rande des Wahnsinns“ eine Konzertreihe gegen Rechtsextremismus. 1997 wurde das landesweite „Aktionsbündnis gegen Gewalt, Rechtsextremismus und Fremdenfeindlichkeit“, als ein Netzwerk von Organisationen und Persönlichkeiten gegründet, die gemeinsam für eine zivilgesellschaftliche Mobilisierung eintreten. Ein Jahr später beschloss die Landesregierung die Umsetzung des Konzepts „Tolerantes Brandenburg“, das die Koordinierung staatlicher Maßnahmen gegen den Rechtsextremismus zur Aufgabe hat. Ebenso nahm die „Opferperspektive“ als Beratungsstelle für Betroffene rechter und rassistischer Gewalt ihre Arbeit auf. Im gleichen Jahr rief die Brandenburger Polizei eine „Mobile Einsatzeinheit gegen Gewalt und Ausländerfeindlichkeit“ ins Leben.

Nach einer Reihe von bundesweiten Verboten gegen Neonazigruppen strömten viele Rechte in die NPD oder schlossen sich den informell verfassten „Kameradschaften“ an. Zwischen 1991 und bis zur Auflösung 1997 nahm dabei in der Region die Gruppierung „Die Nationalen“ eine Schlüsselrolle ein. Politisch und personell war das „Blood-&-Honour“-Netzwerk mit diesen Formationen verquickt. Militante Neonazis intensivierten ihre Diskussionen über einen bewaffneten Kampf und über terroristische Konzepte. Die Brandenburger Rechtsrockszene war darin eingebunden. Um die Potsdamer „Proissenheads“, die zunächst in einem städtischen Jugendklub ihre Bandproben abhielten, entstand ein „Rollkommando Terrormachine“, das nicht nur als Security bei Konzerten, sondern auch als militante „Anti-Antifa“-Gruppe konzipiert war. Bei Konzerten trat die Band mehrmals mit der US-Gruppe „Blue Eyed Devils“ auf, die ins Extreme getriebene gewalttätige antisemitische Texte vertonte. „Proissenheads“-Sänger Uwe Menzel, seit 1987 Skinhead und bis heute musikalisch im Dienst des Neonazismus aktiv, war kurze Zeit später Teil einer Delegation deutscher Neonazis, die den US-Neonazis einen Gegenbesuch abstattete: darunter auch der Brandenburger „Blood-&-Honour“-Sektionschef sowie mehrere

Chemnitzer Aktivisten. Wenige Monate später tauchten Beate Zschäpe, Uwe Mundlos und Uwe Böhnhardt, das Kerntrio des NSU, ab – mit tatkräftiger Unterstützung genau dieser Chemnitzer Neonazis. Ein Mitglied der „Blue Eyed Devils“ griff indes Jahre später ebenfalls zu den Waffen: Wade Michael Page erschoss im August 2012 in einem Sikh-Tempel in Milwaukee sechs Menschen[50] aus rassistischer Motivation.

Um die Jahrtausendwende begannen Geschäftsleute aus dem Kern und dem Umfeld der Neonaziszene, das rechte Lebensgefühl erfolgreich zu vermarkten. Ladengeschäfte mit Szenemusik- und Accessoires öffneten in etlichen brandenburgischen Städten. Im Landkreis Dahme-Spreewald wurde die Marke „Thor Steinar“ gegründet, die sportliche Kleidung mit Runenschick und markigen Aufdrucken kombiniert.

Basierend auf einer Bewegung „mit ‚Life-Style‘-Charakter“ sei in Deutschland ein „informeller Rechtsextremismus“ entstanden, in dem „potentiell rechtsterroristische Milieus“ gedeihen würden, warnten die Politikwissenschaftler Hajo Funke und Lars Rensmann im September 2000.[51] Nur wenige Tage später mordete der NSU das erste Mal. Dass in diesen Tagen „Blood & Honour“ deutschlandweit verboten wurde, konnte die Dynamik nicht mehr aufhalten.

Fazit und Ausblick

Die Hoffnung, dass der Rechtsextremismus in den neuen Bundesländern nur von seinem „Reiz des Neuen“ profitiere und sich „schnell abschleifen“ werde, so Brandenburgs Innenminister Alwin Ziel am Anfang der 1990er-Jahre,[52] erfüllte sich nicht. Mit dem Ende der 1990er-Jahre münzten sich stattdessen die rechtsextremen Stimmungslagen in Brandenburg auch in Wahlerfolge für die entsprechenden Parteien um. 1999 zog mit der DVU erstmals eine rechtsextreme Partei in den Brandenburger Landtag ein. Seit 2014 ist die AfD im Landesparlament vertreten.

Die rechtsextreme Kultur hat ihre gewaltförmige Dominanz in den Jugendszenen zwar eingebüßt, verschwunden ist sie jedoch keineswegs. Vielmehr hat sie sich weiter institutionalisiert, stilistisch ausdifferenziert und in diesem Zuge ihr Skinheadimage größtenteils abgelegt. Viele der einstigen jugendlichen Fans haben ihre musikalischen und politischen Vorlieben mit ins Erwachsenenalter genommen. Der brandenburgische Rechtsrock ist keine Jugendkultur mehr, sondern hat sich zu einer hochgradig politisierten, musikzentrierten Subkultur entwickelt. Hinzugekommen

50 2020 verstarb mit Baba Punjab Singh ein weiteres Opfer an den Spätfolgen des Attentats.

51 Hajo Funke/Lars Rensmann, Kinder der Einheit. Oder: Die soziale Dynamik des Rechtsextremismus, in: Blätter für deutsche und internationale Politik, September 2000, S. 1069–1078.

52 Siegler, Auferstanden aus Ruinen, S. 184.

sind Anleihen beim Hardcore, teilweise beim Hiphop, mit wachsender Wichtigkeit bei den Rocker-, Kampfsport- und Tattoo-Szenen, über die der Kontakt zu Jugendkulturen, zu Subkulturen und somit zur restlichen Gesellschaft gehalten wird. Mit „One People One Struggle" (Lindenau, Oberspreewald-Lausitz) und „Rebel Records" (Cottbus) sind zwei der aktuell bundesweit bedeutendsten Rechtsrock-Plattenfirmen in Brandenburg ansässig. Im Bundesland sind rund zwei Dutzend Bands und zudem eine ähnlich hohe Zahl von Einzelinterpretinnen und -interpreten aktiv.

Während der politisch relevante Rechtsextremismus in Gestalt der AfD und ihr nahestehender Straßenmobilisierungen seine Forderungen als demokratisch legitime Anliegen von „Bürgern" darzustellen versucht, ist der Rechtsrock eine Nische, in der weiterhin härteste ideologische Bekenntnisse artikuliert werden können. Die Milieus sind eng verbunden. Bei den Cottbuser Demonstrationen der AfD-Vorfeldorganisation „Zukunft Heimat" marschierten Rechtsrocker wie der „Frontalkraft"-Sänger Sten Söhndel mit. Rassismus, rechtsextreme Kultur und Politik sowie Gewaltakzeptanz haben Wurzeln in der DDR-Zeit und kamen in den 1990er-Jahren zur Blüte. Seitdem haben sie sich tradiert und finden im AfD-Milieu einen neuen Ausdruck. Auf diese Prägungen dürfte sich Daniel Freiherr von Lützow bezogen haben, als er sich 2021 folgendermaßen äußerte: „Ich hab schon 17 gesagt, gebt mir 100 Mann und das Antifa-Gedöns ist schnell wieder zu Hause."[53] Zu diesem Zeitpunkt war der 1974 geborene Lützow innenpolitischer Sprecher der AfD-Landtagsfraktion und stellvertretender Landesvorsitzender der AfD. Neben anderen hohen Parteifunktionären war auch Lützow vor Ort, als die AfD einige Monate später in Hoppegarten (Kreis Märkisch-Oderland) ein Rechtsrockkonzert als „Dankesfeier" für „unsere Mitglieder" veranstaltete.[54] Ein Barnimer Musiker, zwischenzeitlich als Lokalpolitiker für die AfD aktiv, rief 2017 indes eine Rechtsrockband mit dem vielsagenden Namen „Wutbürger" ins Leben, die von AfD-nahen Organisationen als Baustein zum Ausbau der „patriotischen Gegenkultur" beworben wird. Zeitweilig spielte Nigel Brown bei eben diesen „Wutbürgern" Gitarre. Damit schloss sich ein Kreis: Am Anfang der 1990er-Jahre hatte Brown beim „Rock Against Communism"-Konzert in Brandenburg an der Havel für die britische Band „No Remorse" musiziert, die für ihre zynisch-gewaltverherrlichenden Texte bekannt ist und offen für den militanten Kampf warb. Der Neonazi ist mittlerweile in die Region gezogen.

53 Julius Geiler/Alexander Fröhlich, AfD-Landtagsabgeordneter will „Kesselschlacht" in Berlin. https://www.tagesspiegel.de/berlin/veteranen-machen-fuer-querdenker-mobil-afd-landtags abgeordneter-will-kesselschlacht-in-berlin/27145016.html [19.10.2021].

54 Julius Geiler, Rechtsrock als Dankeschön. https://plus.tagesspiegel.de/berlin/rechtsrock-als-dankeschon-musiker-mit-verbindung-zu-rechtsextremisten-tritt-bei-brandenburger-afd-auf-300403.html [20.4.2022].

Zusammengefasst: Die Skinheadszene der DDR entstand ab dem Beginn der 1980er-Jahre als mehrheitlich rechtsgerichtete und gewaltaffine Variante der systemkritischen Jugendkulturen. Internationale und westdeutsche Entwicklungen in der Popkultur wurden von den DDR-Skinheads aufgenommen und verarbeitet. Bis zum Ende der 1980er-Jahre wuchs die Szene und radikalisierte sich. Die DDR-Behörden erwiesen sich als unfähig, die Dynamik dieser „negativ-dekadenten“ Jugendkultur zu begreifen, unterschätzten sie und missdeuteten sie als Produkt westlicher Einflussnahmen. Vor dem Hintergrund des gesellschaftlichen Umbruchs 1989/90 erhielten die rechten Skinheads ruckartig weiteren Zulauf. Die Freiräume dieser Zeit wurden für Gewalttaten und zur Gestaltung des Szenelebens genutzt: Bei großen Konzerten traten internationale „Stars“ des Rechtsrocks im Land Brandenburg auf und boten Erlebnisräume, die das Milieu verstetigten. Schließlich griffen die Brandenburger Fans selbst zu den Instrumenten und eine Vielzahl von Bands entstand. Die Szene professionalisierte sich, Netzwerkorganisationen sorgten für eine Ideologisierung und erweiterten die Gewaltpolitik des hiesigen Neonazismus um terroristische Konzepte. Auch den Institutionen und den Behörden des neuen politischen Systems fiel es schwer, adäquat zu reagieren: Gesetzesverstöße blieben ungeahndet und die Jugendarbeit mit Rechten wirkte stellenweise sogar als Stabilisierungsfaktor für diese. Erst gegen Ende der 1990er-Jahre begannen die gesellschaftlichen und staatlichen Gegenmaßnahmen besser zu greifen.

Dutzende brandenburgische Rechtsrockbands haben mittlerweile in der Summe über 100 Alben veröffentlicht. Tausende Brandenburger Jugendliche wurden allein in den 1990er-Jahren musikalisch und politisch durch die Szene sozialisiert. Das hat Spuren im weiter virulenten Rechtsextremismus des Bundeslandes hinterlassen. Die rechtsextremen Kulturangebote gehören zu seiner Vorgeschichte und waren ein wichtiger Katalysator für die folgenden Entwicklungen. Diese Szene trug zur Entwicklung des Milieus bei, welches als Teil ihrer sozialen Basis für den Aufstieg der AfD Bedeutung erlangte. Die rechtsextremen Mobilisierungen der vergangenen Jahre und auch die Politik der AfD im Land stützen sich auf die Erfahrungen und in Teilen auch personell auf die älter gewordenen Angehörigen dieser „Generation Hoyerswerda“[55] – viele, die in den 1980er und vor allem in den 1990er-Jahren mit den neonazistischen Skinheads sympathisierten, sind von den Erlebnissen dieser Jahre geprägt worden. Sie sind ihren Überzeugungen treu geblieben und weiter offen für die aktuellen rechtsextremen Angebote.

55 Diese Zuschreibung prägte David Begrich, um die gesellschaftliche Basis für die flüchtlingsfeindlichen Mobilisierungen ab 2014 in Ostdeutschland auf einen Nenner zu bringen. Vgl. David Begrich, „Wir sind das Pack“: Von Hoyerswerda nach Heidenau, in: Blätter für deutsche und internationale Politik, Oktober 2015, S. 9–12.

Die Universität Potsdam konnte bei ihrer Gründung auf bereits vorhandene Liegenschaften zurückgreifen. In den 1990er-Jahren wurden hiervon weite Teile saniert. 1996 erhielt das Hauptgebäude am Neuen Palais eine neue Kuppel.
Foto: Karla Fritze

LARA BÜCHEL · DOROTHEA HORAS · AXEL-WOLFGANG KAHL

Ein „Brandenburger Weg"?

Die Umgestaltung der Potsdamer Hochschullandschaft

Im Frühjahr 1993 entbrannte in der Presse eine Debatte um die DDR-Vergangenheit der Universität Potsdam. Besonders der westdeutsche Bund Freiheit der Wissenschaft und die aus der ostdeutschen Bürgerbewegung hervorgegangene Grundtvig-Stiftung warfen der Hochschule vor, sie leide unter „ihrer Erblast an DDR-Professoren".[1] Außerdem gebe es „alte SED-Seilschaften", die bis in die Gegenwart fortwirkten. Verantwortlich hierfür machten die Kritiker*innen vor allem die Politik der Brandenburger Landesregierung unter Manfred Stolpe (SPD). Gemeinsam mit seinem Wissenschaftsminister Hinrich Enderlein (FDP) habe er einen spezifischen „Brandenburger Weg" in der Hochschulpolitik verfolgt, der eine personelle und geistige Erneuerung gezielt verhindert habe.[2]

Bereits in seiner ersten Regierungserklärung hatte Stolpe betont, dass die Hochschulen eine zentrale Rolle in der weiteren Entwicklung des jungen Bundeslandes spielen sollten.[3] Dabei maß die Regierung der Integration bestehender Einrichtungen in die neuen Universitäten eine wichtige Bedeutung bei. So jedenfalls erklärte Wissenschaftsminister Enderlein den integrativen Politikkurs, der bis zum Ende der ersten Legislaturperiode prägend war.[4] Somit erhielten auch ehemalige Landesbedienstete, die vor 1989 im DDR-Bildungsapparat tätig waren, eine Chance, am Aufbau der Hochschullandschaft mitzuwirken. Nicht nur die Regierungsparteien, sondern auch die Opposition war bereit, den Kurs mitzutragen. Dieser konsensorientierte Ansatz fand besonderen Ausdruck im Zustandekommen des ersten Brandenburger Hochschulgesetzes von 1991. Über Parteigrenzen hinweg einigte

1 Vgl. Peter Hahn, Hohe Schule der Partei-Senioren, in: Frankfurter Allgemeine Zeitung vom 15.11.1993.

2 Vgl. o. A., „Alte Seilschaften" an den Brandenburger Hochschulen? Bund Freiheit der Wissenschaft hadert mit Personalentscheidungen, in: Märkische Allgemeine Zeitung vom 28.5.1993.

3 Vgl. Regierungserklärung des Ministerpräsidenten Manfred Stolpe (SPD) vom 6.12.1990, Landtag Brandenburg, 1. Wahlperiode, Plenarprotokoll 1/5, S. 91.

4 Vgl. Hinrich Enderlein, Die Universität Potsdam hat mein Vertrauen und meine Unterstützung, in: PUTZ, Nr. 12/1994, S. 8 f.

man sich, dass die Autonomie der Hochschulen einen hohen Stellenwert einnehmen sollte.[5]

In diesem Aufsatz werden anhand von drei entscheidenden Wegmarken konkrete Auswirkungen der brandenburgischen Wissenschaftspolitik auf den Hochschulstandort Potsdam dargestellt: (1) Abwicklung und Umstrukturierung, (2) Evaluation sowie (3) Überleitung des wissenschaftlichen Personals in die neu gegründete Universität. Im ersten Teilabschnitt wird der Gründungsprozess der Universität Potsdam im Kontext der Abwicklungsbeschlüsse von 1990/91 beschrieben. Die Integration des Personals aus den früheren DDR-Einrichtungen steht in den beiden folgenden Teilabschnitten im Mittelpunkt: die politischen Integritätsprüfungen im Frühjahr und Sommer 1991 und die Überführung des akademischen Mittelbaus in die neue Stellenstruktur der Universität Potsdam in den Jahren 1992/93. Ausgehend von dem Vorwurf, die Universität Potsdam habe das aus den Vorgängereinrichtungen übernommene Personal nur unzureichend überprüft, soll der Frage nachgegangen werden, inwieweit sich in der Praxis ein „Brandenburger Weg“ in Bezug auf den Hochschulumbau nach dem Systemwechsel von 1989/90 ablesen lässt.[6]

Die Potsdamer Hochschullandschaft im Spätsozialismus

In den 1980er-Jahren verfügte Potsdam über eine Reihe von partei- und staatsnahen Hochschulen, die die Grundlage für die heutige Universität Potsdam bildeten: Die Akademie für Staats- und Rechtswissenschaft der DDR in Potsdam-Babelsberg, die Pädagogische Hochschule Potsdam „Karl Liebknecht“ am Neuen Palais, die Juristische Hochschule des Ministeriums für Staatssicherheit in Golm. Von der Juristischen Hochschule übernahm die Universität Potsdam nur technisches Personal und Liegenschaften.[7]

5 Vgl. Hinrich Enderlein, Hochschulautonomie im Mittelpunkt, in: Institut der Deutschen Wirtschaft (Hrsg.), Osthochschulen im Wandel, Köln 1992, S. 25–34.

6 Vgl. unter anderem Manfred Görtemaker, Das Problem der personellen Kontinuität. Belastung oder Chance?, in: ders. (Hrsg.), 25 Jahre Universität Potsdam. Rückblicke und Perspektiven, Berlin-Brandenburg 2016, S. 51–75; Barbara Marshall, Die deutsche Vereinigung in Akademia. West- und Ostdeutsche im Gründungsprozess der Universität Potsdam 1990–1994, Berlin 2016.

7 Die juristische Hochschule war die Ausbildungsstätte des MfS, vgl. hierzu Irina Stange, Die „Juristische Hochschule Potsdam“ des Ministeriums für Staatssicherheit in Golm, in: Manfred Görtemaker (Hrsg.), 25 Jahre Universität Potsdam. Rückblicke und Perspektiven, Berlin 2016, S. 77–92.

Die Hochschulangehörigen der Akademie für Staats- und Rechtswissenschaft der DDR blickten zum 40-jährigen Jubiläum 1988 auf eine wechselvolle, eng mit der Entwicklung des SED-Regimes verflochtene Geschichte zurück.[8] Als Schauplatz der „Babelsberger Konferenz" von 1958 war die Hochschule über die Grenzen der DDR berühmt-berüchtigt: An der zur Leiteinrichtung ernannten „Deutschen Akademie für Staats- und Rechtswissenschaft ‚Walter Ulbricht'" verkündete der Staatsratsvorsitzende das endgültige Primat der SED über das Recht. Mit dem Machtwechsel zu Erich Honecker 1971 büßte die Akademie sowohl ihren Ehrentitel als auch die Aufsicht- und Kontrollfunktion gegenüber den Universitäten wieder weitgehend ein.[9] Gleichsam prägten die Ereignisse aus den Anfangsjahren das Bild von der Einrichtung weit über den Umbruch von 1989/90 hinaus.[10] In den letzten Jahrzehnten der DDR war die Akademie vorrangig für die Aus- und Weiterbildung von Funktionären im Staatsapparat und im diplomatischen Dienst zuständig.[11] Ein Studium an der Akademie („innenpolitischer Bereich") oder am Institut für Internationale Beziehungen der DDR („außenpolitischer Bereich") war nur durch die Delegierung von staatlichen oder parteilichen Stellen (z. B. Rat des Bezirkes) möglich und führte in beiden Studienrichtungen zum Abschluss „Diplomstaatswissenschaftler".

Die insgesamt 516 Lehrkräfte verteilten sich auf Standorte in Potsdam, Ost-Berlin und Leipzig.[12] Die Akademie unterstand dem Sekretariat des Ministerrates der DDR, was ihr den Beinamen „Kaderschmiede des Ministerrates" einbrachte. Hieraus ergab sich wiederum eine enge „Anleitung" durch das ZK der SED. Im Jahr 1989 waren an der Einrichtung 332 Studierende im Direktstudium sowie 1349 Studierende im Fernstudium und organisierten Selbststudium eingeschrieben. Daneben wurden bis zum Ende der SED-Diktatur in mehrwöchigen Kurzlehrgängen

8 Ein Autorenkollektiv hatte zu diesem feierlichen Anlass erstmals eine „Betriebsgeschichte" vorgelegt, siehe: Ulrich Dähn (Autorenkollektiv), Die Akademie für Staats- und Rechtswissenschaft der DDR. 1948–1987, Potsdam 1988.

9 Anstelle von „Deutschen" trat der Zusatz „der DDR", vgl. Jörn Eckert, Die Babelsberger Konferenz vom 2. und 3. April 1958 – Legende und Wirklichkeit, in: Der Staat, Jg. 33 (1994) H. 1, S. 59–75, hier S. 74.

10 Vgl. Ulrich Bernhardt, Die Deutsche Akademie für Staats- und Rechtswissenschaft „Walter Ulbricht". 1948–1971, Frankfurt a. M. 1997, S. 1–3.

11 Im Auftrag des Ministerrates führten die Wissenschaftlerinnen und Wissenschaftler auch Auftragsforschung entlang von Forschungsplänen durch, vgl. Sven Olaf Jacobsen: Von der Deutschen Akademie für Staats- und Rechtswissenschaft „Walter Ulbricht" zur Juristischen Fakultät der Universität Potsdam: Zur Wissenschaftsgeschichte der Wendezeit, Berlin 2006, S. 40–48.

12 Einschätzung der politischen Situation des Bezirks Potsdam. 1989; BLHA, Rep. 530, Nr. 7736.

insgesamt ca. 2000 sogenannte Leitungskader weitergebildet.[13] Im „Ausländerstudium“ wurden zudem Führungskader aus den „sozialistischen Bruderländern“ Angola, Jemen und Mosambik ausgebildet. Die Akademie verfügte zwar über das Recht zur Verleihung der akademischen Grade Promotion A und B.[14] Da an der Einrichtung seit 1963 aber keine eigenständige juristische Ausbildung mehr stattfand, wurde das entsprechende Hochschulpersonal zunehmend aus den Universitäten und anderen Hochschulen rekrutiert. Der Anteil an SED-Mitgliedern beim Hochschulpersonal betrug Ende der 1980er-Jahre je nach Sektion bzw. Institut zwischen 85 bis 100 Prozent.[15]

Neben der Akademie gehörte die Pädagogische Hochschule zu den über die Stadtgrenzen hinaus bekannten Ausbildungsstätten.[16] Sie wurde 1948 im Auftrag der Sowjetischen Militäradministration als Brandenburgische Landeshochschule gegründet und im Zuge der Neuordnung des Hochschulwesens 1951 als Pädagogische Hochschule dem Ministerium für Volksbildung unterstellt. In den folgenden Jahren entwickelte sie sich zur größten Lehrerausbildungsstätte der DDR – 1989 wurden dort 3123 Studierende von 857 Lehrkräften betreut.[17] Bis 1989 erwarben etwa 25 000 Studierende im Direkt- und Fernstudium ihren Diplomabschluss in den zentral festgelegten Fächerkombinationen Geschichte/Musik, Deutsch/Musik, Deutsch/Geschichte, Sport/Geschichte, Russisch/Englisch, Sport/Geografie, Mathematik/Physik, Mathe/Geografie, Chemie/Biologie und Polytechnik.[18]

Die obligatorische Ausbildung in den Grundlagen des Marxismus-Leninismus bildete einen wesentlichen Bestandteil des Studiums an der Pädagogischen Hochschule. Eine zentrale Aufgabe des wissenschaftlichen Personals lag in der ideologischen Erziehung der Studierenden zu „sozialistischen Persönlichkeiten“. Die Mehrheit des Lehrkörpers bestand aus systemkonformen SED-Mitgliedern, die Übernahme von parteilichen und staatlichen Ämtern an der Hochschule war in der Regel Voraussetzung für eine wissenschaftliche Karriere im vom Westen abgeschotteten Bildungs- und Hochschulsystem der DDR.[19] Ihre Loyalität zum Staatssozialismus

13 Evaluierungskommission AG Jura des Wissenschaftsrates, 1990; UAP ASR 14310.

14 Die Promotion A entspricht weitgehend einer Promotion, die Promotion B einer Habilitation.

15 Vgl. Übersicht über die Stärke der Parteiorganisation an der ASR vom 31.10.1985; BLHA, Rep. 530, Nr. 7331.

16 Den Ehrennamen „Karl Liebknecht“ erhielt sie am 4.9.1971 durch das Ministerium für Volksbildung, siehe hierzu die Meldung in der Berliner Zeitung vom 8.9.1971.

17 Vgl. Allgemeine und zusammenfassende Daten der Hochschule, o.D., Bl. 21; UAP, UP 7048.

18 Vgl. Übersicht über die an den lehrerbildenden Universitäten und Hochschulen bestehenden Fachkombinationen vom 15.8.1988, UAP 6421.

19 Vgl. Ilko-Sascha Kowalczuk, Universitäten in der SED-Diktatur. Ein Problemaufriss, in: Livia Prüll/Christian George/Frank Hüther (Hrsg.), Universitätsgeschichte schreiben. Inhalte – Methoden – Fallbeispiele, Göttingen 2019, S. 123–153.

mussten die Hochschulangehörigen auf zahlreichen ritualisierten Festen und Veranstaltungen, wie z. B. der jährlichen Gedenkveranstaltung an Karl Liebknecht und Rosa Luxemburg, unter Beweis stellen. Auch unter den Studierenden gerierte sich der Großteil als partei- und staatsnah. Mithilfe eines reglementieren Zulassungs- und Auswahlsystems sorgte das Volksbildungsministerium unter Margot Honecker für systemloyale Nachwuchslehrkräfte.[20]

Ab Mitte der 1980er-Jahre kam es unter dem Einfluss der Reformen und Veränderungen in der Sowjetunion sowohl an der Akademie als auch an der Pädagogischen Hochschule zu vereinzeltem Aufbegehren unter der Studierendenschaft, im Angesicht des revolutionären Umbruchs verharrte die Mehrheit jedoch in einer passiven Haltung.[21] Auch das wissenschaftliche Hochschulpersonal reagierte zusehends frustriert angesichts der gesellschaftlichen, ökonomischen und ideologischen Krisenlagen in der DDR.[22] Zu einer immer stärkeren Abkehr von der SED kam es aber erst durch die revolutionären Umwälzungen im Herbst 1989. An der Akademie traten Studierende beispielsweise in einen Lehrboykott und forderten eine Reformierung der Studieninhalte.[23]

Mit dem Zusammenbruch der bisherigen Staats- und Gesellschaftsordnung waren strukturelle und personelle Veränderungen im Hochschulwesen vonnöten. Auf Beschluss des Ministerrates wurde die Akademie zum 1. März 1990 in eine Hochschule für Recht und Verwaltung umgebildet. An der Pädagogischen Hochschule erfolgten ebenfalls Umstrukturierungen. In einer außerordentlichen Sitzung am 11. September 1990 sprach sich der Hochschulsenat für eine Rückbenennung in Brandenburgische Landeshochschule aus.[24] Außerdem waren Liegenschaften und Teile des verwaltungstechnischen Personals der zu Beginn des Jahres 1990 aufgelösten Juristischen Hochschule in Golm, die mit dem Ende des Ministeriums für Staatssicherheit ebenfalls ihre Tätigkeit einstellte, auf die Pädagogische Hochschule übertragen worden.[25] Anfang 1991 wurden Teile der abgewickelten Hochschule für

20 Vgl. Peter Ulrich Weiß/Jutta Braun, Im Riss zweier Epochen. Potsdam in den 1980er und frühen 1990er Jahren, Berlin 2017, S. 52.

21 Vgl. ebenda; Vgl. Marcus Beyer, Außenpolitische Deutungsverwaltung im SED-Regime. Das Institut für Internationale Beziehungen der DDR, Frankfurt a. M. 2015, S. 224 ff.

22 Siehe die Beiträge in: Erhard Crome (Hrsg.), Die Babelsberger Diplomatenschule. Das Institut für Internationale Beziehungen der DDR, Potsdam 2009.

23 Vgl. Tom Gensicke, Elitentransformation in Ostdeutschland – die Abwicklung der Hochschule für Recht und Verwaltung 1989–1991, unveröffentlichte Diplomarbeit, Marburg 1995, S. 25.

24 Vgl. Protokoll der außerordentlichen Senatssitzung vom 11.9.1990 des Senats der Brandenburgischen Landeshochschule vom 13.9.1990, UAP 7039.

25 Vgl. hierzu Irina Stange, Die „Juristische Hochschule Potsdam" des Ministeriums für Staatssicherheit in Golm, in: Manfred Görtemaker (Hrsg.): 25 Jahre Universität Potsdam. Rückblicke und Perspektiven, Berlin 2016, S. 77–92.

Recht und Verwaltung in die Brandenburgische Landeshochschule integriert. Die so zusammengesetzte Landeshochschule bildete dann die Grundlage für die neu zu gründende Universität Potsdam.[26]

Abwicklungen und Umstrukturierungen in Ostdeutschland 1990/91[27]

Die Überführung oder Abwicklung von Hochschulen und Universitäten war eine der ersten und sogleich richtungsweisenden wissenschaftspolitischen Entscheidungen, vor denen alle ostdeutschen Wissenschaftsministerien nach den Landtagswahlen im Oktober 1990 standen. Die Brandenburger Landesregierung nutzte das Instrument der Abwicklung zur Vorbereitung der Universitätsgründung in Potsdam, indem von der abzuwickelnden Hochschule für Recht und Verwaltung diejenigen Fachbereiche und Verwaltungseinheiten auf die Brandenburgische Landeshochschule übertragen wurden, die auch künftig an der Universität gebraucht wurden. Im ostdeutschen Vergleich bildete diese Abwicklungspolitik einen Sonderweg.

Die Gründung einer Landesuniversität in Brandenburg war bereits Anfang 1990 im Zuge der Re-Föderalisierung der DDR auf die hochschulpolitische Agenda gerückt: Auf dem Gebiet des heutigen Bundeslandes befanden sich zu diesem Zeitpunkt lediglich vier Hochschulen, aber noch keine Universität. Es bestand Handlungsbedarf. Auf regionaler Ebene konstituierte sich deshalb in den drei Bezirken der DDR, die künftig wieder das Land Brandenburg bildeten, eine hochschulübergreifende Arbeitsgruppe „Brandenburger Landesuniversität“ und bereitete ein entsprechendes Strukturkonzept vor.[28] Auch in den Verhandlungen zum Einigungsvertrag wurde eine Universitätsgründung thematisiert. Die Verhandlungspartner verständigten sich darauf, dass Um- und Neugründungen erst nach einer Evaluierung der Hochschullandschaft durch den Wissenschaftsrat erfolgen sollten, die bis spätestens Ende 1991 abzuschließen war.[29] In diesem Zeitraum sollten keine Strukturveränderungen erfolgen. Bildungspolitik ist zwar Ländersache, doch war die

26 Vgl. Barbara Marshall, Die Gründung neuer Universitäten und die Integration Pädagogischer Hochschulen. Potsdam und Erfurt im Vergleich, in: Jens Blecher/Jürgen John (Hrsg.), Hochschulumbau Ost. Die Transformation des DDR-Hochschulwesens nach 1989/90 in typologisch-vergleichender Perspektive (Quellen und Beiträge zur Geschichte der Universität Jena), Stuttgart 2021, S. 209–222, hier S. 210.

27 Autor dieses Teilabschnittes ist Axel-Wolfgang Kahl.

28 Vgl. Schriftwechsel mit dem Ministerium für Bildung und Wissenschaft, UAP 7047.

29 Vgl. Einigungsvertrag, Kapitel VIII Kultur, Bildung und Wissenschaft, Sport, Art. 38 – Wissenschaft und Forschung.

Landesverwaltung selbst noch im Aufbau begriffen und so besonders auf die kooperative Wissenschaftspolitik und „Aufbauhelfer" der Bundesrepublik Deutschland sowie auf das ostdeutsche Personal vor Ort angewiesen.

Doch anders als noch im Sommer 1990 abgesprochen, präferierten diese „Einheitspraktiker"[30] eine schnellere und radikalere Umstrukturierung anstelle von langwierigen Übergangsprozessen. Dahinter stand die Sorge vor Wettbewerbsnachteilen und einer mangelnden Leistungsfähigkeit der ostdeutschen Hochschullandschaft: Die zunehmenden Abwanderungen von ostdeutschen Studierenden an die ohnehin schon überlasteten westdeutschen Hochschulen und Universitäten erhöhten den Handlungsdruck ebenso wie eine personelle Überbesetzung des ostdeutschen Hochschulwesens und Berichte über weiterhin bestehende „SED-Seilschaften".[31] Auf einen personellen und strukturellen Neuanfang drängten letztlich auch ostdeutsche Politiker, die der Bürgerbewegung nahestanden, und westdeutsche Regierungsmitglieder, die den klammen Landeshaushalt im Blick hatten und sich von der Umgestaltung sowohl Einsparungen als auch eine höhere Attraktivität der Hochschulstandorte versprachen. Von den avisierten Neustrukturierungen waren weniger die Technik- und Naturwissenschaften betroffen als vielmehr die systemnahen Rechts-, Wirtschafts- und Sozialwissenschaften sowie die Lehrerbildung: Sie galten als ideologisch deformiert und einseitig auf die vormalige Staats-, Wirtschafts- und Gesellschaftsordnung ausgerichtet.[32]

Eine Arbeitsgruppe „Einigungsvertrag" der Kultusministerkonferenz riet den Amtskollegen in Ostdeutschland, den geplanten Stellenabbau und Neuaufbau der belasteten Fächergruppen über Artikel 13 des Einigungsvertrages zu forcieren. Nach diesem Artikel hatten die Bundesländer zu entscheiden, welche öffentlichen Einrichtungen, also auch Universitäten und Hochschulen, sie überführen oder schließen („abwickeln") würden; eine Entscheidung war bis zum 2. Januar 1991 fällig.[33] Aus Sicht der „Einheitspraktiker" besaßen die Abwicklungen gegenüber

30 Eine Begriffsprägung von Christoph Renner, Einheitspraktiker – Verwaltungsneuaufbau und politische Bildung im Osten 1989/90–1991, in: Ilko-Sascha Kowalczuk/Frank Ebert/Holger Kulick (Hrsg.): (Ost)Deutschlands Weg. Teil I – 1989 bis heute, Bonn 2021, S. 269–297, hier S. 271 f.

31 Vgl. 3. Entwurf. Empfehlungen zur strukturellen und personellen Erneuerung der Einrichtungen der Wissenschaft in den Ländern Berlin, Brandenburg, Mecklenburg-Vorpommern, Sachsen, Sachsen-Anhalt und Thüringen – Abwicklung oder Überführung von Einrichtungen und hochschulrechtliche Randbedingungen, 26.11.1990, BArch, DR7/95.

32 Vgl. Wissenschaftsrat, Perspektiven für Wissenschaft und Forschung auf dem Weg zur deutschen Einheit. Zwölf Empfehlungen, Berlin (West) 1990, 12 S.

33 Vgl. Einigungsvertrag, Kapitel V, Öffentliche Verwaltung und Rechtspflege, Art. 13 – Übergang von Einrichtungen, Abs. 2 und 3 und Anlage I, Kapitel XIX, Sachgebiet A – Recht der im öffentlichen Dienst stehenden Personen, Abschnitt III.

zeitaufwendigen Anpassungsprozessen und Einzelfallprüfungen zwei Vorteile: Vermeintlich belastete und überflüssige Hochschulstrukturen ließen sich beseitigen und Arbeitsverhältnisse nach sechs bzw. neun Monaten automatisch auflösen; das Hochschulpersonal verblieb solange in der sogenannten Warteschleife. Damit wurden langwierige und möglicherweise erfolglose Kündigungsverfahren überflüssig.

Doch so einfach waren Abwicklungen nicht umsetzbar: Denn eine an die Schließung anknüpfende, funktionsgleiche Neugründung würde im rechtlichen Sinne gerade keine Abwicklung bedeuten. Vielmehr müssten diejenigen Teile einer Einrichtung, die auch künftig gebraucht wurden, auf eine andere Trägereinrichtung überführt werden. Zudem waren soziale Verwerfungen und Unruhen an den betroffenen Einrichtungen erwartbar. Auf ein einheitliches Vorgehen konnten sich die Wissenschaftsminister der neuen Bundesländer schließlich nicht verständigen.[34] Sie betonten stattdessen die unterschiedlichen Rahmenbedingungen und wissenschaftspolitischen Schwerpunkte, entlang landesspezifischer Interessen wollten sie daher von den Instrumenten des Einigungsvertrages Gebrauch machen.[35] Hinrich Enderlein etwa erklärte, der Aufbau einer bisher noch „unvollständigen Hochschullandschaft“ sei eines seiner Ziele. Hierzu sollten in Potsdam, Frankfurt (Oder) und Cottbus Universitäten sowie an weiteren Standorten des Landes Fachhochschulen entstehen.

Im Brandenburger Kabinett gab es keine gemeinsame Linie einer „Abwicklungspolitik“, über die Fortführung oder Abwicklung entschieden die jeweiligen Ministerien eigenverantwortlich. Gleichsam waren alle Ressorts aber auch der Haushaltsdisziplin des Landes unterworfen. Und der westdeutsche Finanzminister, Klaus-Dieter Kühbacher (SPD), kritisierte das „NRW-Bazillus“[36] einiger Kabinettsmitglieder – eine Anspielung auf das SPD-geführte Partnerland. Im Angesicht des Haushaltsnotstands drohte er mit erheblichen Kürzungen künftiger Finanzmittel, würden großzügige Übernahmen angeordnet. Auch die Staatskanzlei empfahl eine Schließung der vormaligen „Kaderschmiede“[37] Hochschule für Recht und Verwaltung. Doch das Wissenschaftsministerium wollte nicht abwickeln, sondern aufbauen; immerhin waren in Brandenburg bislang nur rund 4,3 Prozent der ostdeutschlandweiten

34 Vgl. Grundsatzaussprache über das Zusammenführen von Bildung, Wissenschaft und Kultur sowie die künftige Zusammenarbeit; Beitritt der neuen Länder zur KMK durch mündliche Erklärung vom 6./7.12.1990; BLHA, Rep. 1500 MWFK, EA 096.

35 Zur Erneuerung des Hochschulbereichs in den neuen Ländern, 6./7.12.1990; BLHA, Rep. 1500 MWFK EA 0141.

36 Vgl. Niederschrift 3. Sitzung der Landesregierung Brandenburg am 28.11.1990; BLHA, Rep. 1110 MP/Stk Z 852.

37 Vgl. Vermerk an Sts. Dr. Linde vom 27.11.1990; BLHA, Rep. 1100 MP/Stk Z 852.

Studienplätze (Stand: 1989) vorhanden.[38] Dennoch schien auch in Potsdam eine Umstrukturierung der örtlichen Hochschullandschaft notwendig, denn von den vier Hochschulen befanden sich zum Zeitpunkt der Länderbildung drei in der Landeshauptstadt.[39]

Mit der Brandenburgischen Landeshochschule unter dem neuen Rektor, Rolf Mitzner, setzte sich das Ministerium deshalb im Oktober 1990 ins Benehmen, dort nach der Auflösung politisch belasteter Strukturen (z. B. die Sektion Marxismus-Leninismus) künftig die Universität Potsdam aufzubauen.[40] Nach einem befriedigenden Lösungsweg für die Hochschule für Recht und Verwaltung in Potsdam-Babelsberg suchte das Ministerium hingegen noch händeringend. Einerseits fühlte man sich an die Evaluierung des Wissenschaftsrates gebunden: Das Gremium hatte im Herbst 1990 die Fortführung der Juraausbildung empfohlen. Andererseits teilte der Minister die Vorbehalte gegenüber den ostdeutschen Rechts-, Wirtschaft- und Sozialwissenschaften, die Studiengänge sollten künftig mit mehrheitlich westdeutschem Personal fortgeführt werden.

Eine Teilabwicklung der Hochschule für Recht und Verwaltung nach Artikel 13 bot die scheinbar mustergültige Lösung: Vollständige Auflösung der vorbelasteten und vermeintlich überflüssigen Hochschule bei vorläufiger Überführung desjenigen Hochschulpersonals in die Brandenburger Landeshochschule, das für die Aufrechterhaltung der Lehre gebraucht würde. Die Fortsetzung der Studiengänge war dadurch weitgehend ohne Unterbrechung gewährleistet. In den anderen Bundesländern gelang die komplikationsfreie Fortführung der Lehre dagegen nicht, was damit zusammenhing, dass der rechtlich unsichere Weg gewählt wurde, Teileinrichtungen an einer Hochschule und Universität aufzulösen und unmittelbar neuzugründen. An der Karl-Marx-Universität Leipzig und der Humboldt-Universität

38 Vgl. Gertraude Buck-Bechler/Heidrun Jahn/Dirk Lewin/Henri Adler/Irene Lischka, Strukturen der Hochschullandschaft, in: Gertraude Buck-Bechler/Hans-Dieter Schaefer/Carl-Hellmut Wagemann (Hrsg.), Hochschulen in den neuen Ländern der Bundesrepublik Deutschland. Ein Handbuch zur Hochschulerneuerung, Weinheim 1997, S. 47–157, hier S. 107.

39 Neben der Hochschule für Recht und Verwaltung und der Brandenburgischen Landeshochschule befand sich seit 1954 noch die Hochschule für Film und Fernsehen der DDR im Potsdamer Stadtteil Babelsberg. Im Vergleich zu den hier behandelten Einrichtungen galt die Filmhochschule in den 1980er-Jahren eher als Ort für regimekritische Freiräume, vgl. Jutta Braun: Kunstschule im Aufbruch. Die Hochschule für Film und Fernsehen in Potsdam Babelsberg in der Ära Bisky, in: dies./Peter Ulrich Weiß (Hrsg.), Agonie und Aufbruch. Das Ende der SED-Herrschaft und die Friedliche Revolution in Brandenburg, Potsdam 2014, S. 258–279, hier S. 265–272.

40 Vgl. Rolf Mitzner, Neubeginn an historischem Ort, in: Manfred Görtemaker (Hrsg.), 25 Jahre Universität Potsdam. Rückblicke und Perspektiven, Berlin-Brandenburg 2016, S. 11–29, hier S. 21 ff.

zu Berlin richteten deshalb Teile des Hochschulpersonals und der Studierenden aus Angst um ihre Ausbildung und berufliche Existenz Sitzblockaden ein. Einige Personen traten sogar in einen Hungerstreik. Im Dezember 1990 berichtete die Tagesschau in zwei Sendungen über Proteste an ostdeutschen Hochschulen und Universitäten.[41]

Auch in Potsdam kam es zu Protesten. Doch nach einer kurzen Phase der Unklarheit entspannte sich die Situation wieder. Das Ministerium hatte entschieden, auch die Politikwissenschaften der Hochschule für Recht und Verwaltung, die ursprünglich zur Abwicklung vorgesehen waren, mit dem entsprechenden Studiengang und einigen Mitarbeitenden zu übernehmen. Während es in Brandenburg somit vergleichsweise ruhig zuging, wurden die anderen vier ostdeutschen Bundesländer und Berlin, nachdem sie die Abwicklungen der ideologisch belasteten Sektionen und ihre Neugründungen verkündet hatten, mit Klagewellen vor den Verwaltungs- und Arbeitsgerichten geradezu überschwemmt.[42] In einigen Ländern konnte die Rechtspflege nur dank westdeutscher Verwaltungshilfe vor dem Kollaps bewahrt werden. Inwiefern die Entscheidungen rechtlich Bestand haben würden, blieb bis Mitte der 1990er-Jahre ungewiss.

Dagegen waren die Auflösung der Hochschule für Recht und Verwaltung sowie die Überführung und Evaluation des rechts- und politikwissenschaftlichen Hochschulpersonals im Frühjahr 1991 schon fast abgeschlossen. Die laufenden Studiengänge wurden durch den umfangreichen Einsatz westdeutscher „Lufthansa-Professoren" und Teile des ehemaligen Hochschulpersonals weitgehend reibungslos an der Landeshochschule fortgesetzt.[43] Die Gründungskommission der Juristischen Fakultät (bis zum Sommer 1991 offiziell noch ein Fachbereich) nahm ihre Arbeit am 15. Januar 1991 auf, die Gründungskommission der Universität Potsdam folgte ein halbes Jahr später am 15. Juli 1991. Von Seiten des Wissenschaftsministeriums war penibel darauf geachtet worden, dass die überführten Sektionen der Hochschule für Recht und Verwaltung nicht die Organisationsgrundlage der künftigen Fachbereiche bzw. Fakultäten bilden sollten. Der westdeutsche Gründungsdekan der Juristischen Fakultät, Rolf Grawert, übernahm daher die Strukturen der Bochumer Partnerfakultät und ordnete das bisherige Personal mittels einer fachlichen Evaluation erst dann dem neuen Stellenplan des Fachbereichs zu.[44] Über solche administrativen, wenngleich

41 Berichterstattungen in den Sendung vom 19. und 28.12.1990, vgl. Tagesschau vor 20 Jahren, https://www.tagesschau.de/inland/wendeherbst148.html [27.3.2023].

42 Vgl. Bericht des Hochschulausschusses, 19.4.1991; BLHA, Rep. 1500 MWFK, EA 0243 Bd. 4.

43 Vgl. Rolf Grawert, Bilanz einer Abwicklung und Neugründung. Die Juristische Fakultät Potsdam, in: Die Mitbestimmung, (1991), S. 53–55, hier S. 53.

44 Vgl. Fachbereich Rechtswissenschaft der Brandenburgischen Landeshochschule Potsdam. Lagebericht, 15.2.1991; Juristische Fakultät Potsdam, Unterlagen der Gründungskommission.

Einschreibung der ersten Studentinnen und Studenten an der Universität Potsdam 1991.
Foto: Karla Fritze

umstrittenen Kniffe, das heißt die Zusammenlegung von fachlicher Eignungsprüfung und Bedarfsfeststellung, ließ sich die Babelsberger Personalstärke im Vergleich zu den Fachbereichen der Landeshochschule erheblich drücken.[45]

Im Mai 1991 wurden die Evaluierungsergebnisse bestätigt, in Leipzig hingegen hatten die Überprüfungen etwa noch gar nicht begonnen.[46] Nirgendwo in Ostdeutschland konnte der Umbau einer Hochschullandschaft so schnell vorangetrieben werden wie in Brandenburg. Der Weg in der Abwicklungspolitik war hierfür wesentlich, der so in anderen Bundesländern nicht beschritten wurde. Respekt vor jener Organisationsleistung bekundete auch der frisch ernannte, ostdeutsche Bundesminister für Bildung und Wissenschaft, Rainer Ortleb (FDP). Hinrich Enderlein

45 Zur Kritik an der Überschneidung von Wissenschafts- und Personalpolitik, vgl. Mitchell G. Ash: Die Universitäten im deutschen Vereinigungsprozeß. „Erneuerung" oder Krisenimport, in: ders. (Hrsg.): Mythos Humboldt: Vergangenheit und Zukunft der deutschen Universitäten, Wien u. a. 1999, S. 105–135, hier S. 114.

46 Vgl. Protokoll der 2. Sitzung der GK der Juristenfakultät am 16.7.1991, 17.7.1991; UAL, ZM 19590.

konnte zufrieden sein. Entsprechend selbstbewusst trat der Minister im Landtag ans Rednerpult: „So wie wir das hier angegangen sind – das ist jetzt überhaupt keine parteipolitische Frage, da sind wir ja weitgehend mit allen Fraktionen einig –, so hätte man vielleicht die eine oder andere Problematik, die jetzt überzuborden scheint, in einem der anderen sowohl nördlich wie auch südlich von uns gelegenen Bundesländern auch regeln können."[47]

Die schnelle Umstrukturierung forderte aber auch ihren Preis und der integrative „Brandenburger Weg" kam in Potsdam an seine Grenzen. So kritisierten Teile der medialen Öffentlichkeit einen zu zaghaften Bruch mit der Vergangenheit des Hochschulstandortes.[48] Das Hochschulpersonal der abgewickelten Hochschule wiederum beklagte eine Missachtung bereits erfolgter Reformen und des gemeinsam mit der PH Potsdam erarbeiteten Konzepts. So hatte man in Babelsberg mit einem längeren und gleichberechtigten Integrationsprozess in eine Potsdamer Landesuniversität bis 1995 gerechnet.[49] Mit großem Unverständnis hatte das Babelsberger Personal zudem die Ungleichbehandlung der Einrichtungen registriert: Der Kelch der Abwicklung war an der Landeshochschule einfach vorübergegangen und so manifestierte sich das Bild einer vordergründig unpolitischen Einrichtung.[50]

Integritätsüberprüfungen im Vergleich[51]

Das Personal der Pädagogischen Hochschule Potsdam war nach dem politischen Umbruch von 1989/90 nicht von pauschalen Abwicklungen betroffen, sondern durchlief während des Integrationsprozesses in die Brandenburgische Landeshochschule bzw. spätere Universität Potsdam politische, fachliche und bedarfsorientierte Überprüfungen. Ein solches Vorgehen war nicht nur in Brandenburg, sondern auch in den anderen neuen Bundesländern üblich.

Die neuen Länder sollten laut Einigungsvertrag bis zum 30. Juni 1991 Hochschulerneuerungsgesetze verabschieden und die dem westdeutschen Hochschulrahmengesetz entsprechenden Hochschulgesetze bis zum 3. Oktober 1993 vorlegen. Außer-

47 Minister für Wissenschaft, Forschung und Kultur Enderlein in der Fragestunde des Landtags vom 16.1.1991, Landtag Brandenburg, 1. Wahlperiode, Plenarprotokoll 1/8, S. 279.

48 Vgl. Werner Rosenthal, Nun bilden sie Politologen aus, Leserbrief, in: Frankfurter Allgemeine Zeitung vom 3.12.1993.

49 Vgl. Projekt „Brandenburgische Landesuniversität", Juli 1990; UAP 7074.

50 Vgl. Zusammenfassender Bericht über das Interview mit Prof. Dr. jur. Rolf Steding geführt am 3.6.1993 durch Tobias Korenke, Sammlung Barbara Marshall.

51 Autorin dieses Teilabschnittes ist Dorothea Horas.

dem sah der Einigungsvertrag ein für zwei Jahre gültiges Sonderkündigungsrecht vor, welches letztendlich bis zum 31. Dezember 1993 verlängert wurde.[52] Beschäftigten des öffentlichen Dienstes konnte wegen mangelnder persönlicher Eignung, fachlicher Qualifikation oder mangelndem Bedarf ordentlich gekündigt werden.[53] Außerordentliche Kündigungen waren unbefristet aufgrund des Verstoßes gegen die Grundsätze der Menschlichkeit oder Rechtsstaatlichkeit sowie einer Tätigkeit für das Ministerium für Staatssicherheit oder das spätere Amt für Nationale Sicherheit möglich.[54]

Wie in allen neuen Bundesländern durchlief auch das Potsdamer Personal während des Integrationsprozesses in die Brandenburgische Landeshochschule beziehungsweise in die spätere Universität Potsdam politische, fachliche und bedarfsorientierte Überprüfungen. Zur Kontrastierung des Potsdamer Falls dient in diesem Beitrag exemplarisch die Pädagogische Hochschule Halle-Köthen.

Der sachsen-anhaltinische Landtag verabschiedete im Juni 1991 ein Hochschulerneuerungsgesetz. Darin wurden die Verfahrensweise sowie eng am Einigungsvertrag orientierte Evaluierungskriterien für die Hochschulangehörigen festgelegt.[55] Brandenburg hingegen erarbeitete direkt ein Hochschulgesetz, welches im Juni 1991 ohne den Zwischenschritt eines Hochschulerneuerungsgesetzes in Kraft trat. Dieses Gesetz schrieb keine Regelungen für politische, fachliche und bedarfsorientierte Überprüfungen fest. Trotz der fehlenden gesetzlichen Vorgaben begann nach einem Beschluss des Hochschulsenats vom 31. März 1991 an der Brandenburgischen Landeshochschule die Überprüfung sämtlicher habilitierter/ B-promovierter Hochschulangehörigen auf ihre politische und fachliche Eignung sowie den Bedarf der Hochschule.[56] Dazu wurden auf Fachbereichsebene Kommissionen aus

52 Vgl. Bernhard Schlink, Vergangenheit als Zumutung? Zum Kündigungsgrund der Unzumutbarkeit weiterer Beschäftigung nach früherer Tätigkeit für das Ministerium für Staatssicherheit nach Kapitel XIX Sachgebiet A Abschnitt III Nr. 1 Abs. 5 2. Alternative der Anlage I zum Einigungsvertrag, in: Rolf Grawert/Bernhard Schlink/Rainer Wahl/Joachim Wieland (Hrsg.), Offene Staatlichkeit. Festschrift für Ernst-Wolfgang Böckenförder zum 65. Geburtstag, Berlin 1995, S. 341–355, hier S. 341 f.

53 Vgl. Einigungsvertrag, Anlage I, Kapitel XIX, Sachgebiet A – Recht der im öffentlichen Dienst stehenden Personen, Abschnitt III, Nr. 1, Absatz 4.

54 Vgl. Einigungsvertrag, Anlage I, Kapitel XIX, Sachgebiet A – Recht der im öffentlichen Dienst stehenden Personen, Abschnitt III, Nr. 1, Absatz 5.

55 Vgl. Gesetz zur Erneuerung der Hochschulen des Landes Sachsen-Anhalt vom 31.7.1991, in: GVBl. des Landes Sachsen-Anhalt, 2. Jg., Nr. 19, S. 211.

56 Vgl. Brief von Rolf Mitzner an Hinrich Enderlein vom 23.5.1991, Anlage 1 Evaluierungskommissionen der Fachbereiche an der Brandenburgischen Landeshochschule, Anlage 2 Vorläufige Liste der zur Abberufung anstehenden Hochschullehrer der Brandenburgischen Landeshochschule, UAP 8618.

sechs bis zehn Mitgliedern eingesetzt und vom Wissenschaftsministerium bestätigt. Sie bestanden in der Regel aus zwei bis drei Professor*innen aus den alten Bundesländern, zwei Professor*innen aus den neuen Bundesländern, je einem gewählten Mitglied des Mittelbaus und der Studierendenschaft sowie dem Rektor oder dem 1. Prorektor.[57] Die Angehörigen der Potsdamer Hochschule stellten somit nicht die Mehrheit in der Kommission.

Die Evaluierung basierte auf von den Überprüften eingereichten Unterlagen und einem Personalfragebogen. War sich die Kommission in Bezug auf die fachliche Eignung unsicher, wurden externe Gutachten angefordert.[58] Die Kommission überprüfte bis Mai 1991 insgesamt 150 Hochschulangehörige, von denen 16 negativ evaluiert wurden. Lediglich vier Personen wurden aus Gründen der persönlichen Integrität negativ beurteilt, während gegen die übrigen Personen fachliche oder bedarfsorientierte Gründe angeführt wurden. Die negativ evaluierten Hochschulangehörigen verteilten sich gleichmäßig auf mathematisch-naturwissenschaftliche, historisch-philologische und gesellschaftswissenschaftliche Fächer. Nur ein hoher Anteil von Personen aus der Geschichte und den Fachdidaktiken fällt unter den negativ evaluierten habilitierten/ B-promovierten Hochschulangehörigen auf.[59]

Während der laufenden Evaluierungen der habilitierten/B-promovierten Hochschulangehörigen hatte das brandenburgische Kabinett eine Integritätsüberprüfung aller Angehörigen des öffentlichen Dienstes beschlossen, sodass auch das übrige Hochschulpersonal überprüft werden musste. Darin eingeschlossen waren Teile des Personals der ehemaligen Juristischen Hochschule und der abgewickelten Hochschule für Recht und Verwaltung. Die Landesregierung schrieb dazu vor, dass die Überprüfungskommission aus bereits überprüften und integren Persönlichkeiten und nicht ausschließlich aus Hochschulangehörigen bestehen sollte.[60] Im April 1991 gab das Rektorat in einem Brief an die Hochschulöffentlichkeit die Zusammensetzung der Kommission bekannt. So sollten der 1. Prorektor, der Kanzler, der Beauftragte des Rektors, ein Mitglied des Personalrats, die

57 Vgl. Zur fachlichen und politischen Evaluierung der Hochschullehrer der Universität Potsdam; UAP 6985.

58 Vgl. beispielsweise Beratungen der Evaluierungskommission im Fachbereich Physik; UAP 8618.

59 Vgl. Brief von Rolf Mitzner an Hinrich Enderlein vom 23.5.1991, Anlage 1 Evaluierungskommissionen der Fachbereiche an der Brandenburgischen Landeshochschule, Anlage 2 Vorläufige Liste der zur Abberufung anstehenden Hochschullehrer der Brandenburgischen Landeshochschule, UAP 8618.

60 Vgl. Manfred Görtemaker, Dokumentation zur personellen Erneuerung der Universität Potsdam, Potsdam 1995, S. 19.

Justitiarin, eine Vertrauensperson des Ministerpräsidenten sowie zwei Mitglieder der jeweiligen Struktureinheit, im Falle der Hochschulen also der Fachbereiche, die Hochschulangehörigen überprüfen.[61] Letztendlich war die Überprüfungskommission bis auf die Vertrauensperson des Ministerpräsidenten ausschließlich mit Hochschulangehörigen besetzt.

Zur Evaluierung wurden den Hochschulangehörigen Personalfragebögen übergeben, die von der Kommission auf folgende Aspekte hin durchgesehen wurden: persönliche Verantwortung für Verletzungen der Menschenrechte und der Grundsätze der Rechtsstaatlichkeit, hauptamtliche oder informelle Tätigkeit für die Staatssicherheit, Wehrdienst im Wachregiment „Felix Dzierzynski", langjährige hauptamtliche Tätigkeit im SED-Parteiapparat, hervorgehobene SED-Parteifunktion sowie prädestinierte Dienststellungen und langjährige Tätigkeit als NVA-Offizier. Die Brandenburgische Landeshochschule setzte also weitgehend auf die für eine außerordentliche Kündigung vorgesehenen Kriterien des Einigungsvertrages. Nach der ersten Prüfung der Personalfragebögen führte die Überprüfungskommission mit 115 Hochschulangehörigen, die aufgrund der genannten Kriterien aufgefallen waren, ein persönliches Gespräch. In den Gesprächen wurde über die Zumutbarkeit der Weiterbeschäftigung für die jeweilige Struktureinheit gesprochen.[62] Für die überprüften 1249 Personen empfahl die Kommission letztendlich 23 Kündigungen sowie 11 Dringlichkeitsanfragen beim Bundesbeauftragten für die Stasi-Unterlagen.[63] Die Hochschule übermittelte die Ergebnisse dem zuständigen Staatssekretär am 12. Juli 1991, sodass die Integritätsprüfung vor Gründung der Universität Potsdam am 15. Juli 1991 abgeschlossen war.

Anders als in Brandenburg war im Hochschulerneuerungsgesetz von Sachsen-Anhalt eine Personalkommission zur Integritätsüberprüfung aller Hochschulangehörigen von vornherein festgeschrieben. Die Kommission sollte aus sieben ständigen Mitgliedern, unter ihnen drei Personen des öffentlichen Lebens, und fünf je nach Struktureinheit wechselnden nicht-ständigen Mitgliedern bestehen. Hochschulinterne Mitglieder überwogen also gegenüber Personen des öffentlichen Lebens. Als Basis für die Evaluierungen dienten vorhandene Personalunterlagen sowie weitere von den Hochschulangehörigen eingereichte Unterlagen und eine Stellungnahme über die eigene politische Entwicklung. Auch wurde das Hochschulpersonal dazu

61 Vgl. Brief an alle Mitarbeiterinnen und Mitarbeiter der Brandenburgischen Landeshochschule vom 24.4.1991, in: Manfred Görtemaker (Hrsg.), Dokumentation zur personellen Erneuerung der Universität Potsdam, Potsdam 1995, Anlage 4.

62 Vgl. Brief von Rolf Mitzner an Jürgen Dittberner vom 12.7.1991, in: Manfred Görtemaker (Hrsg.), Dokumentation zur personellen Erneuerung der Universität Potsdam, Potsdam 1995, Anlage 5.

63 Vgl. Görtemaker, Das Problem der personellen Kontinuität. Belastung oder Chance?, S. 60.

aufgerufen, Informationen über Hochschulbeschäftigte schriftlich oder mündlich zur Verfügung zu stellen, was durchaus als Aufruf zur Denunziation verstanden werden kann.[64]

Insgesamt fanden an 26 Tagen 10- bis 20-minütige Anhörungen vor der Personalkommission statt, die durch einzelne Arbeitsgruppen innerhalb der Kommission vorbereitet wurden. Unmittelbar vor den Anhörungen wurde die Aktenlage erläutert, gegebenenfalls die persönliche Stellungnahme vorgetragen und eine Vorbesprechung durchgeführt. Die Kommission sprach nach der Anhörung eine Empfehlung an das zuständige Wissenschaftsministerium aus, über die auch die Evaluierten wenige Tage nach der Anhörung informiert wurden. Blickt man auf die Ergebnisse der Integritätsüberprüfungen, erwiesen sich nicht nur die im Einigungsvertrag für außerordentliche Kündigungen vorgesehenen Kriterien als Knackpunkt. In den hallenser Integritätsüberprüfungen wurde anders als in Potsdam die „persönliche Eignung" in den Mittelpunkt gestellt und anhand des Auftretens in der Anhörung beurteilt. Aus vielen Einsprüchen geht hervor, dass weniger konkrete Funktionen und wissenschaftsfremdes Handeln während der DDR-Zeit als vielmehr die von der Personalkommission antizipierte Zukunftsfähigkeit der jeweiligen Person beurteilt wurde. Diese Vorgehensweise wurde von vielen negativ Evaluierten als ungerecht und nicht nachvollziehbar empfunden.[65]

Von den 750 überprüften Hochschulangehörigen in Sachsen-Anhalt evaluierte die Personalkommission letztendlich 101 Personen negativ und empfahl ihre Abberufung/Kündigung. Die Personalkommission beendete am 4. Mai 1992 ihre Arbeit und übergab ihre Unterlagen dem Ministerium für Wissenschaft und Forschung.[66]

Abschließend bleibt festzuhalten, dass sich die rechtliche Rahmensetzung in Sachsen-Anhalt und Brandenburg aufgrund des in Brandenburg fehlenden Hochschulerneuerungsgesetz unterschied. Trotzdem fanden an beiden Hochschulen Integritätsüberprüfungen statt, deren Aufgabe die Kommissionen unterschiedlich auslegten. In Potsdam konzentrierte sich die Kommission überwiegend auf Kriterien, die im Einigungsvertrag für eine außerordentliche Kündigung festgeschrieben waren. Bei den zeitlich wesentlich aufwändigeren Evaluierungen in Halle

64 Vgl. Aufruf des Vorsitzenden der Personalkommission der PH Halle-Köthen Dr. Fikentscher an alle Mitarbeiterinnen und Mitarbeiter der Pädagogischen Hochschule Halle-Köthen vom 12.11.1991, LASA, L 2, Nr. 262.

65 Vgl. Korrespondenz und Entscheidungen zu Einzelfällen an der Pädagogischen Hochschule Halle-Köthen (1990–1994), LASA, L 2, Nr. 1272 – L 2, Nr. 1341.

66 Vgl. Bericht über die Tätigkeit der Personalkommission an der Pädagogischen Hochschule Halle-Köthen vom 1.6.1992, LASA, L 2, Nr. 262.

zählte neben diesen Faktoren eher das persönliche Auftreten im Evaluierungsgespräch. Hier wurde der sowohl im Einigungsvertrag als auch im Hochschulerneuerungsgesetz Sachsen-Anhalts genannte, jedoch recht schwammige Aspekt der „persönlichen Eignung" einbezogen.

Im Hinblick auf die Überprüfungspraxis in Halle und Potsdam lässt sich durchaus von einem speziellen „Brandenburger Weg" sprechen, welcher durch geringe ministeriale Vorgaben geprägt war. Abgesehen von der knappen Zeitvorgabe des Ministeriums lag die Handlungsmacht aufgrund der fehlenden Vorgaben in der Hand der Hochschule. Diese verfolgte – ganz im Sinne des Ministeriums, welches den Ausbau der Hochschul- und Wissenschaftslandschaft plante – einen arbeitnehmerfreundlichen Weg, der in wesentlich geringere Entlassungen mündete.

Die Übernahme des akademischen Mittelbaus – Ein Brandenburger Sonderweg?[67]

Am 28. Januar 2016 feierte die Universität Potsdam ihr 25-jähriges Jubiläum. Den Festvortrag hielt der Historiker Manfred Görtemaker. In seiner Rede ließ er die Geschichte der Universität Revue passieren und ging auch auf Schwierigkeiten im Gründungsprozess ein. Ein Problem stellte aus seiner Sicht die Übernahme vieler wissenschaftlicher Mitarbeiter*innen aus der ehemaligen Pädagogischen Hochschule „Karl Liebknecht" dar. Görtemaker kritisierte, dass die unbefristete Weiterbeschäftigung zu einer langfristigen Blockade im akademischen Mittelbau geführt habe, die eine gezielte Nachwuchsförderung verhinderte. Für diese vermeintliche Fehlentwicklung machte er die Politik der Stolpe-Regierung verantwortlich. Die seit Oktober 1990 regierende Ampel-Koalition unter Manfred Stolpe habe mit ihrem „Brandenburger Weg" dafür gesorgt, dass die ehemaligen DDR-Eliten auch nach dem Umbruch größtenteils in ihren alten Positionen verbleiben konnten.[68]

Welche Auswirkungen die von Görtemaker kritisierte Übernahmepraxis tatsächlich hatte, ist umstritten. Allerdings muss die von ihm beschriebene Personalpolitik genauer beleuchtet werden. Wie kam es Anfang der 1990er-Jahre dazu, dass ein Großteil des akademischen Mittelbaus in dauerhafte Verträge übernommen wurde? Ging diese Übernahme konfliktfrei vonstatten oder gab es unterschiedliche

67 Autorin dieses Teilabschnittes ist Lara Büchel.

68 Vgl. Manfred Görtemaker, 25 Jahre Universität Potsdam. Festvortrag anlässlich des Neujahrsempfangs des Präsidenten, Potsdam 2016, S. 11.

Interessengruppen? Und schlussendlich: Gab es für diese Übernahmepraxis vergleichbare Beispiele in anderen Ost-Bundesländern oder steht sie beispielhaft für einen „Brandenburger Weg"?

Nach der Gründung der Universität Potsdam am 15. Juli 1991 berief der Wissenschaftsminister Hinrich Enderlein einen Gründungssenat ein. Er sollte die künftige Struktur der Hochschule ausarbeiten. Der Senat war in der Mehrheit mit westdeutschen Wissenschaftler*innen besetzt. Sie sprachen sich dafür aus, dass die Universität Potsdam als wissenschaftliche Lehreinrichtung nur mit einem befristet beschäftigen „Mittelbau"[69] konkurrenzfähig sei.[70] Das Vorhaben sorgte unter den wissenschaftlichen Mitarbeiter*innen der Universität Potsdam für erhebliche Unruhe. Es stand nämlich im Widerspruch zum brandenburgischen Hochschulgesetz vom Juni 1991. Dort regelte der Paragraf 106 den Umgang mit dem wissenschaftlichem Personal aus den ehemaligen DDR-Hochschulen. Er besagte, dass das Personal im selben Arbeitsverhältnis verbleiben konnte, in dem es vor Inkrafttreten des neuen Hochschulgesetzes tätig war.[71] De facto konnten die Angestellten damit ihre alten, nach DDR-Recht geschlossenen Verträge behalten. In Potsdam hatten rund 70 Prozent der Mittelbauangehörigen einen unbefristeten Vertrag.[72]

Der brandenburgische Landtag wollte mit dem Paragraf 106 einerseits dem Wunsch der ostdeutschen Wissenschaftler*innen nach einem dauerhaften Erhalt ihrer Arbeitsplätze Rechnung tragen. Andererseits stand der Paragraf jedoch im Widerspruch zum westdeutschen Hochschulrahmengesetz. Laut Einigungsvertrag mussten die ostdeutschen Hochschulstrukturen bis zum 3. Oktober 1993 an dieses Gesetz angepasst werden. Das Wissenschaftsministerium versuchte den Widerspruch durch eine Ergänzung des Paragraf 106 um einen Abschnitt a aufzulösen. Diese Ergänzung bot nun auch die Möglichkeit, dass Universitätsangehörige in neue Beschäftigungskategorien überführt werden konnten. Sie mussten dafür einen Antrag stellen und konnten dann befristete Verträge nach westdeutschem Vorbild erhalten.

69 Diese Art der Befristungen waren im westdeutschen Universitätsbetrieb übliche Praxis. Im DDR-Hochschulalltag war der Begriff des sogenannten akademischen Mittelabaus hingegen nicht geläufig. Angehörige dieser Beschäftigungsgruppe wurden als „wissenschaftliche Mitarbeiter" bezeichnet. Sie umfasste alle wissenschaftlich tätigen Hochschulbeschäftigten, die nicht als „Professoren" oder „Dozenten" berufen worden waren.

70 Vgl. Protokoll des Gründungssenats vom 2./3.9.1991; UAP 13749.

71 Vgl. Gesetz über die Hochschulen des Landes Brandenburg – Brandenburgisches Hochschulgesetz vom 24.6.1991, in: GVBl. für das Land Brandenburg, 2. Jg, Nr. 12, S. 156.

72 Vgl. Joachim Borchardt/Hilde Sändig, Hochschulgesetz in Brandenburg, in: Hilde Schramm (Hrsg.), Hochschule im Umbruch. Zwischenbilanz Ost, Berlin 1993, S. 105–108, hier S. 106.

Die Voraussetzung dafür war, dass sie fachlich geeignet waren, Bedarf von Seiten der Universität bestand und ausreichende Mittel vorhanden waren. Zudem ermöglichte der Paragraf 106a der Universitätsleitung, Arbeitsverhältnisse bei fehlendem Bedarf oder fehlender Eignung auch nachträglich zu kündigen. Der Gesetzgeber zielte mit der Ergänzung des Paragrafen darauf ab, die Mittelbauangehörigen in neue Arbeitsverhältnisse zu überführen. Da der ursprüngliche Paragraf 106 mit seiner Möglichkeit zur Weiterbeschäftigung jedoch bestehen blieb und durch den Abschnitt a ergänzt wurde, standen den Beschäftigten nun faktisch zwei Wege zur Auswahl. Mit dieser Gesetzgebung beschritt Brandenburg einen Sonderweg. Denn obwohl das Hochschulrahmengesetz die Möglichkeit bot, Angehörige des Mittelbaus gegen ihren Willen in neue Personalkategorien überzuleiten, verzichtete das Wissenschaftsministerium auf Zwangsüberleitungen. Die nur schwer zu erfassende Rechtslage führte bei den Betroffenen zu großer Unsicherheit. Aufgrund der undurchsichtigen Regelungen und der bereits angekündigten Kürzungen im Haushaltsplan der Universität erwarteten sie drastische Personalkürzungen. Sie suchten sich deshalb rechtliche Hilfe bei westdeutschen Gewerkschaftsvertreter*innen und gründeten ihre eigene Interessenvertretung, die sogenannte AG Mittelbau. An zahlreichen ostdeutschen Universitäten schlossen sich Mittelbauangehörige zusammen, um ihre spezifischen Interessen zu artikulieren und ihre Position gegenüber den Hochschulleitungen zu stärken.[73]

Aus Sicht der Potsdamer Mittelbauangehörigen bedeutete die Übernahme in neue Arbeitsverhältnisse nach Paragraf 106a eine Verschlechterung ihrer Situation. Es winkte ihnen zwar ein „echter Westvertrag", dieser würde aber in der Regel befristet sein. Ein Personalratsvorsitzender aus dem Partnerland Nordrhein-Westfalen beriet die Mittelbauangehörigen. Er illustrierte ihre Situation mit einem Beispiel: Kein Kleingärtner würde einen neuen Kleingartenvertrag unterschreiben, wenn er einen alten habe, der noch gültig sei. Er empfahl deshalb ausdrücklich, den Antrag auf Überleitung nicht zu stellen und die alten Verträge zu behalten.[74] Die Potsdamer Mittelbauangehörigen konnten außerdem auf die Unterstützung westdeutscher Gewerkschaftsvertreter*innen zählen. Besonders die Gewerkschaft für Erziehung und Wissenschaft (GEW) hatte sich während des Vereinigungsprozesses in Ostdeutschland engagiert und fünf neue Landesverbände gegründet. So veröffentlichte der brandenburgische Landesverband im Frühjahr 1993 ein Flugblatt, in dem er den Potsdamer Mittelbauangehörigen Argumente an die Hand gab, wie sie die bevorstehenden personellen Überleitungen erfolgreich überstehen konnten. Zwei Punkte waren hierbei von entscheidender Bedeutung: Zum einen erlaube der Paragraf 106a

73 Vgl. ebenda, S. 106 f.

74 Vgl. Interviewprotokoll, Gespräch der Verfasserin mit Uta Sändig am 24.6.2020.

keinen Befristungszwang. Zum anderen bedürfe die Befristung eines Arbeitsvertrages eines „sachlichen Grundes".[75]

Zwei Rechtsgutachten kamen jedoch zum Schluss, dass ein solcher Grund nicht vorlag. Die Mittelbauangehörigen zählten nicht zum wissenschaftlichen Nachwuchs und hätten zudem Daueraufgaben in Lehre und Forschung zu bewältigen. Darüber hinaus sei eine nachträgliche Befristung nur aus „betrieblichen Gründen" möglich. Ein betrieblicher Grund sei jedoch nicht, dass der Gründungssenat im Mittelbau ein ähnliches quantitatives Verhältnis von unbefristeten und befristeten Anstellungen herstellen wollte wie in den alten Bundesländern. Die GEW riet abschließend dazu, das Recht auf angemessene Bedenkzeit in Anspruch zu nehmen. Niemand könne von Seiten der Universität zu einer voreiligen Entscheidung gedrängt werden. In Härtefällen gebe es Möglichkeiten, die Rechtmäßigkeit einer Kündigung in Frage zu stellen.[76]

Im Sommer 1993 begannen die Überleitungsverfahren, nachdem der Gründungssenat im August endgültig den Struktur- und Stellenplan verabschiedet hatte. Hierfür wurden Fachkommissionen eingesetzt, die auf der Grundlage von Publikationslisten und bisherigen Forschungsarbeiten prüften, ob die wissenschaftlichen Mitarbeiter*innen einer Stelle ihres Fachbereiches zugeordnet werden konnten. Bei der überwiegenden Mehrheit war das der Fall.[77] Gleichzeitig hatten die Mittelbau-Vertreter*innen, der Personalrat und die Gewerkschaftsgruppen es geschafft, den Großteil des Personals davon zu überzeugen, ihre alten unbefristeten DDR-Verträge zu behalten. Im Rückblick beschrieb eine Potsdamer Vertreterin der GEW die „Überleitungsgeschichte" als den „großen Coup" ihrer Amtszeit.[78] Trotz dieses Erfolges hatte das Verfahren für die Angehörigen des Mittelbaus auch seine Schattenseiten, die bis heute fortwirken. So beziehen die ostdeutschen Mittelbauangehörigen nach Eintritt in den Ruhestand grundsätzlich niedrigere Renten. Zudem bot der Verbleib in den alten Arbeitsverhältnissen nur wenig Karriereperspektiven. Auf der einen Seite war ein Wechsel mit altem DDR-Vertrag an eine andere Universität sehr unattraktiv, da dort eine Befristung drohte. Auf der anderen Seite konnten viele, die schon vor 1989 eine Habilitationsschrift begonnen hatten, diese nicht fortführen, weil sie Daueraufgaben in der Lehre übernehmen mussten.

Abschließend ist die Frage zu beantworten, ob die Übernahmepraxis des akademischen Mittelbaus an der Universität Potsdam einen spezifischen „Brandenburger

75 Vgl. Flugblatt GEW vom 13.7.1993; Sammlung Uta Sändig.

76 Ebenda.

77 Vgl. Abschlussbericht der Kommission zur Feststellung der fachlichen Eignung der Mitarbeiter des wissenschaftlichen Mittelbaus vom 30.9.1992; UAP 14629.

78 Vgl. Interviewprotokoll, Gespräch der Verfasserin mit Uta Sändig am 24.6.2020.

Weg" widerspiegelt. Der Artikel 38 des Einigungsvertrages vom 31. Oktober 1990 gab die Einpassung der DDR-Wissenschaft und Forschung in die Struktur der Bundesrepublik vor. Das Verhältnis von unbefristeten zu befristeten Stellen sollte an das westdeutsche Modell angepasst werden. Auch der Wissenschaftsrat empfahl 1992, den Anteil an unbefristeten Stellen im akademischen Mittelbau möglichst gering zu halten.[79] Aus diesem Grund erlaubte der Einigungsvertrag die nachträgliche Befristung von in der DDR geschlossenen Arbeitsverträgen. Diese weitreichenden Regelungen sollten die als erforderlich angesehenen Personalreduzierungen an den ostdeutschen Hochschulen ermöglichen und arbeitsrechtliche Auseinandersetzungen verhindern. Durch die Anpassung der Hochschulgesetze der ostdeutschen Länder an das Hochschulrahmengesetz wurde zudem die Überführung in die dort geltenden Beschäftigungskategorien empfohlen.

Die im Einigungsvertrag angestoßenen rechtlichen Mittel zur Personalreduzierung wurden in allen ostdeutschen Ländern – bis auf Brandenburg – in die Hochschulerneuerungsgesetze übernommen und teilweise noch ausgeweitet. Dies führte zu einem starken Personalabbau an den ostdeutschen Hochschulen. Er betraf besonders den sogenannten Mittelbau.[80] Hier wurden mehr als die Hälfte der Stellen wegrationalisiert – circa 58,2 Prozent. Da die Personalplanungen im Bereich des Mittelbaus oftmals nicht spezifiziert wurden, dauerte der Abbau der Mittelbaustellen aufgrund von starken Haushaltskürzungen teilweise bis Ende der 1990er-Jahre an. Er führte auch zu einem deutlichen Rückgang der Promotionen und Habilitationen an den ostdeutschen Universitäten.[81]

Die hohen Übernahmezahlen des akademischen Mittelbaus an der Universität Potsdam – vor allem in unbefristete Verträge – stellten also einen Sonderweg dar.[82] Hierfür waren folgende drei Faktoren ausschlaggebend: Von Seiten des Wissenschaftsministeriums gab es die Vorgabe, auch personell nicht mit der Vergangenheit

79 Vgl. Wissenschaftsrat, Empfehlungen zu den Geisteswissenschaften an den Universitäten der neuen Länder, in: Wissenschaftsrat (Hrsg.), Empfehlungen zur künftigen Struktur der Hochschullandschaft in den neuen Ländern und im Ostteil von Berlin. Teil IV, Köln 1992, S. 5–123, hier S. 45.

80 Siehe hierzu Dieter E. Zimmer, Einstürzende Mittelbauten, in: Die Zeit vom 27.11.1992.

81 Zahlen aus: Anke Burkhardt/Doris Scherer, Wissenschaftliches Personal, in: Gertraude Buck-Bechler/Hans-Dieter Schaefer/Carl-Hellmut Wagemann (Hrsg.), Hochschulen in den neuen Ländern der Bundesrepublik Deutschland. Ein Handbuch zur Hochschulerneuerung, Weinheim 1997, S. 283–355, hier S. 323 f.

82 Insgesamt unterzogen sich 499 wissenschaftliche Mitarbeiter_innen des akademischen Mittelbaus einem sogenannten Bedarfsfeststellungsverfahren. Davon wurden 401 Personen übernommen, 56 Mitarbeiter_innen erhielten Verträge neuen Rechts. Siehe Manfred Görtemaker: Dokumentation zur personellen Erneuerung der Universität Potsdam, Potsdam 1995, Anlage 27.

zu brechen und die ostdeutschen Universitätsangehörigen in die neuen Verhältnisse zu integrieren. Es wurde bewusst darauf verzichtet, ein Hochschulerneuerungsgesetz zu erlassen. Dies führte dazu, dass der Evaluierungsprozess keine große Hürde für die Weiterbeschäftigung der Mittelbauangehörigen an der Potsdamer Universität darstellte.

Das Wissenschaftsministerium um Hinrich Enderlein war zwar durchaus gewillt, den Wünschen des Gründungssenats hinsichtlich eines Personalumbaus und einer höheren Fluktuation im Mittelbau entgegenzukommen. Die vom Brandenburger Parlament vorgenommene Ergänzung des Paragrafen 106a bot jedoch ein Wahlrecht für die Weiterbeschäftigung in unbefristeten Verträgen. Für die Gründung der Universität war zudem der Aufbau von Strukturen entscheidend. Personal sollte eher auf- statt abgebaut werden. Für die Aufrechterhaltung des Lehr- und Forschungsbetriebs war die Universität Potsdam auf die Mittelbauangehörigen angewiesen.

Resümee

Die brandenburgische Landesregierung knüpfte in den frühen 1990er-Jahren an die Pläne zur Gründung einer Landesuniversität aus der Umbruchszeit an, ohne jedoch alle Einrichtungen gleichberechtigt in den Aufbau einzubeziehen. Während die Angehörigen der Pädagogischen Hochschule Potsdam weitgehend vollständig in die Universität Potsdam integriert wurden, hatten sowohl die west- als auch die ostdeutschen Mitglieder der Landesregierung große Vorbehalte gegenüber der ehemaligen Akademie für Staats- und Rechtswissenschaft bzw. der Hochschule für Recht und Verwaltung. Dennoch stand eine vollständige Auflösung nicht zur Disposition: Einerseits hatte der Wissenschaftsrat für eine Fortsetzung der juristischen Ausbildung in Potsdam plädiert, andererseits war es das Anliegen des Wissenschaftsministers, allen Studierenden eine nahtlose Fortsetzung ihrer Studiengänge zu ermöglichen. Vor dem Hintergrund der Bestimmungen des Einigungsvertrags, die Auflösungen rechtliche Grenzen setzte, bot die Teilabwicklung der Einrichtung aus Sicht der politischen Entscheidungsträger in den belasteten Fächergruppen letztlich die Möglichkeit zum Ausgleich zwischen Neuanfang und Kontinuität. Auf rechtlich umstrittene Maßnahmen, wie in den anderen ostdeutschen Ländern, wurde somit bewusst verzichtet. Damit beschritt Brandenburg einen Sonderweg.

Die hohen Übernahmezahlen des Personals aus der ehemaligen Pädagogischen Hochschule stellten ebenfalls einen Sonderweg dar. Wissenschaftsminister Enderlein entschied ähnlich wie bei der Teilabwicklung, den Evaluierungs- und Übernahmeprozess nur mit wenigen rechtlichen Vorgaben zu steuern. Vonseiten des Rektorats und der Evaluierungskommissionen der Universität Potsdam wurde dieser politische Handlungsspielraum zum Vorteil des bestehenden Personals genutzt. Schon in den Überprüfungen der habilitierten/B-promovierten Hochschulangehörigen fielen die negativen Empfehlungen gering aus. Auch in den hauseigenen Integritätsüberprüfungen der übrigen Mitarbeitenden legten die Kommissionen die Kriterien des Einigungsvertrages zur personellen Erneuerung wesentlich großzügiger aus als die restlichen neuen Länder. Seitens des Wissenschaftsministeriums gab es zudem die Vorgabe, die ostdeutschen Universitätsangehörigen auch vertraglich in die neuen Verhältnisse zu integrieren. Durch das mit Paragraf 106a eingeräumte Wahlrecht schafften es viele, die neugewonnene Wissenschaftsfreiheit mit den für sie günstigen Arbeitsbedingungen aus der DDR-Zeit zu verbinden.

Diese vergleichsweise milde Verfahrensweise führte vor allem in der ersten Hälfte der 1990er-Jahre zu heftigen Diskussionen über den Umgang der Universität mit ihrer eigenen Vorgeschichte. Die teilweise starken personellen und strukturellen Kontinuitätslinien zu den ehemaligen Potsdamer „Kaderschmieden" stießen in der Öffentlichkeit auf Kritik. In Presseberichten und Meinungsartikeln wurde die Erneuerung des Lehrkörpers als mangelhaft empfunden.[83] Die neu gegründete Universität sah sich dem Vorwurf ausgesetzt, ihre eigene DDR-Vergangenheit auszublenden. Vor allem der ostdeutschen Universitätsleitung wurde vorgeworfen, dass sie die Aufarbeitung gezielt unterbinde und mögliche politische Belastungen des Lehrkörpers ignoriere. Diese Vorwürfe wurden einerseits von westdeutschen Wissenschaflter*innen und Mitarbeiter*innen, die nach 1990 an die Universität kamen, erhoben. Andererseits kritisierten bürgerbewegte Ostdeutsche sowie Opfer des DDR-Hochschulsystems die als mangelhaft empfundene Aufarbeitung in Brandenburg.[84] Einen weiteren Kritikpunkt bildete die verzögerte Überprüfung des Hochschulpersonals auf etwaige MfS-Mitarbeit durch die sogenannte Gauck-Behörde. Diese zog sich teilweise bis zur Mitte der 1990er-Jahre hin.[85] Aufseiten vieler ostdeutscher Hochschulbeschäftigter führten diese vergangenheitspolitischen Debatten häufig zu einer Abwehrhaltung. Viele sahen sich von westdeutscher Seite dem pauschalen Vorwurf ausgesetzt, Teil einer ehemaligen

83 Vgl. etwa Hendrik Röder/Volker Oelschläger, Drei Diesteln machen noch keinen Blumenstrauß. Die Universität Potsdam hat sich eine Dokumentation über ihre personelle Erneuerung geschenkt, in: POTZ – Das Potsdam-Magazin, Mai 1995, S. 19–23.

84 Siehe hierzu z. B. Jan Kixmüller, Eine Operation am offenen Herzen. 25 Jahre Universität Potsdam: Debatte zur Gründungsgeschichte zum Ende des Jubiläumsjahres, in: Potsdamer Neuste Nachrichten vom 7.12.2016.

85 Vgl. Görtemaker, Das Problem der personellen Kontinuität. Belastung oder Chance?, S. 66 f.

sozialistischen Bildungselite gewesen zu sein und damit das SED-Regime wesentlich gestützt zu haben. Damit einher ging auch eine pauschale Abwertung ihrer wissenschaftlichen Lebens- und Forschungsleistungen, die besonders in den Geistes- und Gesellschaftswissenschaften als ungenügend und politisch belastet eingestuft wurden.[86]

Diese Problemlage gipfelte schließlich in einer Debatte anlässlich der Feierlichkeiten des 25-jährigen Bestehens der Universität im Jahr 2016. Sie wurde durch die bereits zitierte Festrede des westdeutschen Historikers Manfred Görtemaker entfacht, in der er den nach 1990 auf unbefristeten Stellen übernommenen Mittelbau und dessen vermeintlich fehlende Forschungsleistung als Hemmnis für die neue Universität bezeichnete.[87] Insbesondere aus den Naturwissenschaften kam vehementer Widerspruch gegen die These Görtemakers.[88] Eine der lautesten Stimmen in der Debatte gehörte dem ehemaligen Physikprofessor Ludwig Brehmer, der schon zuvor zur Geschichte der Einrichtung publiziert hatte.[89] Er hob in seinen Entgegnungen hervor, dass die Pädagogische Hochschule Potsdam „mit allen Rechten und Pflichten einer wissenschaftlichen Forschungshochschule ausgestattet und den anderen Universitäten der DDR gleichgestellt war".[90] Auch der 1989/90 tätige Rektor der Pädagogischen Hochschule Axel Gzik meldete sich in diesem Zuge zu Wort und betonte, dass an der Pädagogischen Hochschule intensive Forschungstätigkeiten stattgefunden hätten.[91]

Die Brandenburger Hochschul- und Wissenschaftspolitik hatte in den frühen 1990er-Jahren zur vergleichsweise schnellen und konfliktarmen Integration von

86 Siehe etwa Peer Pasternack, Geisteswissenschaften in Ostdeutschland 1995. Eine Inventur, Leipzig 1996.

87 Vgl. Görtemaker, Das Problem der personellen Kontinuität. Belastung oder Chance?, S. 71.

88 Beispielsweise Ludwig Brehmer, Vorbemerkungen des Herausgebers, in: Ludwig Brehmer (Hrsg.), Von der Hochschulstadt in Sanssouci zur Universität Potsdam. Mitgestalter der Gründergeneration schildern den Problembeladenen Übergangsprozess von der BLH zur UP, Potsdam 2017, S. 12–13, hier S. 12.

89 Beispielsweise Ludwig Brehmer, Die Brandenburgische Landeshochschule zu Potsdam im Jahre Eins. Die Hochschule in Potsdamer Schulen. Daten und Fakten. Kommentare und Dokumente, Potsdam 2011; Ludwig Brehmer, Eine Hochschulstadt in Sanssouci. Kommentierte Chronologie. 1945–1995, Potsdam 2014.

90 Vgl. Ludwig Brehmer, Zur „Aufarbeitungsdebatte" an der Universität Potsdam. Ein Riss geht durch die Universität, in: Ludwig Brehmer (Hrsg.), Von der Hochschulstadt in Sanssouci zur Universität Potsdam. Mitgestalter der Gründergeneration schildern den Problembeladenen Übergangsprozess von der BLH zur UP, Potsdam 2017, S. 14–35, hier S. 15.

91 Vgl. Axel Gzik, Auf dem Weg zur Universität. Weichenstellungen an der Pädagogischen Hochschule Potsdam 1989/90, in: Die Hochschule. Journal für Wissenschaft und Bildung, 1 (2017), S. 166–175, hier S. 170.

ostdeutschen Hochschulangehörigen in die neue Universität geführt. Das unterschied Brandenburg von den anderen ostdeutschen Bundesländern. Die in Potsdam gewählte Praxis der Umstrukturierung, Evaluation und Überleitung begünstigte wiederum erinnerungs- und geschichtspolitische Konfliktlinien, die weit über die eigentliche Gründungsphase der 1990er-Jahre hinauswirkten.

Polizeifahrzeug vor einem Haus in der Gutenbergstraße in Potsdam, 1991.
Foto: Hassan Richter

JAKOB WARNECKE

„Autonome Stadterweiterungen“

Hausbesetzungen und Alternativkultur in Potsdam und Brandenburg in den 1990er-Jahren

Noch Ende der 1980er-Jahre war die Potsdamer Gutenbergstraße von verfallenen und leeren Gebäuden geprägt. Doch bereits kurz nach dem Fall der Berliner Mauer war dort ein deutlicher Wandel zu beobachten: Transparente und Fahnen hingen aus den notdürftig mit Gittern versehenen Fenstern von nun bunt bemalten und mit Graffiti versehenen Häusern und transportierten kämpferische Botschaften in die Öffentlichkeit – Hausbesetzer*innen waren in den Kiez gezogen, womit die dem Leerstand geschuldete Verschlafenheit des Viertels der Vorwende-Tage alternativer Aufbruchsstimmung wich.

Die Bewohner*innen der 1991 besetzten Gutenbergstraße 95 fanden für diese Entwicklungen ihres Wohnumfeldes den Namen „Zweite autonome Stadterweiterung“, den sie mit weißer Farbe auf die bröckelige Fassade ihres neuen Domizils pinselten. Dies bot nicht nur Platz für eine Galerie und eine Wohngemeinschaft, sondern beinhaltete auch ein zur Nachahmung empfohlenes Modellprojekt zur ökologischen Abwasserversorgung. Schräg gegenüber, in der Gutenbergstraße 22, betrieben Besetzer*innen eine Kneipe, einige Schritte weiter in Richtung Park Sanssouci gab es im Eckhaus der Dortustraße 65 ein Café, noch weiter hinten im Hinterhof der Gutenbergstraße 105 belebte das 1990 besetzte Kulturzentrum „Fabrik“ das kulturelle Leben mit Tanz und Konzertbetrieb und links davon befand sich die Besetzer*innenkneipe „108“. Doch nicht nur in der Innenstadt, auch in Potsdam West und Babelsberg okkupierten junge Menschen leer stehende Häuser für alternative Lebenspraxen. 1991 lag die Landeshauptstadt mit etwa 30 besetzten Häusern – setzt man die besetzten Häuser mit der Anzahl der Einwohner*innen in Beziehung – bundesweit an der Spitze. Doch auch in anderen brandenburgischen Städten besetzten in den frühen 1990er-Jahren vor allem junge Menschen aus recht unterschiedlichen Motiven leer stehende Häuser.

Der folgende Beitrag richtet seinen Blick auf die Hausbesetzungen im Land Brandenburg als ein spezifisches Phänomen des Umbruchs nach 1989.[1] Am Fallbeispiel

1 Ich danke besonders Alexander Rohde und Christoph Schulze für kritische Anmerkungen und Anregungen zu diesem Text.

Potsdam werden Besetzungen im Kontext der 1980er- und 1990er-Jahre untersucht und nach Wandel, Kontinuität und Zäsuren befragt. Dabei folgt der Beitrag einem akteurszentrierten Ansatz und untersucht die Besetzungen als soziale Praxis vor dem Hintergrund eines tiefgreifenden gesellschaftlichen Wandels. Ausgangspunkt sind dabei primär die Erfahrungen und Perspektiven der damaligen Akteure. Wo fanden Besetzungen im Land Brandenburg statt? Welchen individuellen und kollektiven Motiven folgten die Besetzer*innen? Unter welchen spezifischen Umständen gestaltete sich das Besetzen von Häusern? Dass Hausbesetzungen und die damit verbundenen Projekte in ihrer Heterogenität und Vielschichtigkeit auch den gesellschaftlichen Wandel in Ostdeutschland politisch wie kulturell mitgestalteten, soll hier als These vorangestellt werden.

Hausbesetzungen im Westen, „Schwarzwohnen" im Osten

Hausbesetzungen gehören seit Anfang der 1970er-Jahre zu einem Phänomen, das als Teil der „Neuen Sozialen Bewegungen" in fast allen westeuropäischen Ländern vorzufinden war. Besetzungen lassen sich grundsätzlich nach fünf Typen differenzieren: Am häufigsten wurden die stillen Wohnungsbesetzungen praktiziert, die der individuellen Lösung von Wohnungsnot dienen, aber auch von sozialen Initiativen getragen werden. Ein weiterer Typ sind Besetzungen, die auf den Erhalt städtischer und baulicher Strukturen und die Etablierung alternativer Stadterneuerungsstrategien oder Aneignungspraktiken abzielen. Zudem gibt es Besetzungen, die eine alternative, vom gesellschaftlichen „Mainstream" abweichende Wohnform in der Gemeinschaft anstreben, während sich „unternehmerische Besetzungen" Räume für soziale und kulturelle Zentren oder alternativ-ökonomische Betriebsstrukturen aneignen. Außerdem gibt es die „politischen Besetzungen", die auf die Aneignung von autonomen oder politischen „Freiräumen" abzielen, die eine Auseinandersetzung mit dem Staat einkalkulieren, was, den strategischen Überlegungen der Akteure folgend, gesellschaftlichen Wandel auslösen soll.[2]

In der Geschichte der Bundesrepublik finden sich Hausbesetzungen verstärkt in einer ersten großen Welle von Besetzungen vor allem seit Anfang der 1970er-Jahre in Westdeutschland, wo sich die Aneignung leerer Häuser im Bewegungszentrum Frankfurt am Main gegen Wohnraumspekulation und Abrisspolitik richtete.

2 Vgl. Armin Kuhn, Hausbesetzungen, in: Bernd Belina/Matthias Naumann/Anke Strüver (Hrsg.), Handbuch kritische Stadtgeografie, Münster 2018, S. 206–211, hier S. 207.

Die Besetzungen dieser Zeit entwickelten sich auch zu einem Mittel der bundesweit florierenden Jugendzentrumsbewegung, die bis in die westdeutsche „Provinz" der Bundesrepublik vordrang.[3] Eine zweite Welle von Hausbesetzungen erreichte Anfang der 1980er-Jahre West-Berlin, als Kreuzberger Stadtteilinitiativen die ersten „Instandbesetzungen" organisierten – dabei zogen Aktivist*innen in leere und zum Abriss vorgesehene Häuser und begannen mit der eigenständigen Sanierung. Diese Mischung aus Kritik an der auf Abriss orientierten Kahlschlagpolitik des Berliner Senats und der unmittelbaren Praxis der alternativen Stadtaneignung bescherte der Bewegung Zulauf und wurde zu einer tragenden Säule des alternativen Milieus. Nachdem der Berliner Senat im Januar 1981 über einen Bauskandal stürzte, weitete sich die Bewegung angesichts des nun entstandenen Machtvakuums sprunghaft aus – innerhalb kürzester Zeit wurden 165 Häuser im Westteil der Stadt besetzt. Damit entstand der notwendige Druck, der bewirkte, dass die Stadtregierung auf eine Politik der „behutsamen Stadterneuerung" einschwenkte, die nicht nur von den anvisierten Abrissplänen abrückte, sondern auch über partizipative Planungen die betroffene Bevölkerung in den Sanierungsgebieten mit in Entscheidungen zu den Entwicklungen im Stadtteil einband. Dazu gehörte auch die Legalisierung etlicher besetzter Häuser.[4]

Auch in der DDR besetzten Menschen leer stehenden Wohnraum, doch hier gestaltete sich diese Praxis unter ganz anderen Voraussetzungen. Eines der dortigen dringlichsten Probleme war die ausreichende Versorgung der Bevölkerung mit Wohnraum. Im Rahmen des 1971 durch die SED-Führung beschlossenen Konzepts der Einheit von Wirtschafts- und Sozialpolitik versuchte man die „Wohnungsfrage" schwerpunktmäßig über den massenhaften Neubau zu lösen. Gleichzeitig verfielen in vielen Städten die Altbaugebiete und etliche Häuser wurden zu unvermietbaren Objekten. Der städtische Verfall wurde zu einem Symptom der sich in den 1980er-Jahren zuspitzenden Krise des Systems, das jahrelang über seine ökonomischen Verhältnisse gelebt hatte. Der hohen Zahl an Wohnungsuchenden stand auch ein hoher Leerstand gegenüber. Daher verbreitete sich vielerorts die Praxis, auch ohne Genehmigung der entsprechenden Behörden in die zahlreichen baufälligen und leeren Wohnungen einzuziehen und somit die staatliche Wohnraumlenkung zu unterlaufen. „Schwarzwohnen" nannte sich diese Praxis, die sich

3 David Templin, Freizeit ohne Kontrollen. Die Jugendzentrumsbewegung in der Bundesrepublik der 1970er Jahre, in: Hamburger Beiträge zur Sozial- und Zeitgeschichte, Band 52, Göttingen 2015.

4 Vgl. Andrej Holm/ Armin Kuhn, Häuserkampf und Stadterneuerung, Blätter für deutsche und internationale Politik 3/2010, online unter: https://www.blaetter.de/ausgabe/2010/maerz/haeuserkampf-und-stadterneuerung [15.2.2023].

in den meisten Fällen auf einzelne Wohnungen, bisweilen aber auch auf ganze Häuser ausdehnte.[5]

Mit den öffentlichkeitswirksamen Hausbesetzungen, wie sie in Westdeutschland oder Westberlin zu finden waren, hatten diese Besetzungen allerdings nur wenig gemein. Sie waren deutlich stiller und fanden in den staatlichen Medien der DDR keinen Widerhall. Oft wurden „Schwarzwohner" nicht bemerkt, oft geduldet, aber auch in manchen Fällen zum Auszug gezwungen. In einigen Städten der DDR verdichteten sich „Schwarzwohnungen" zu kleinen lokalen Szenen wie etwa im Potsdamer „Holländischen Viertel", das in den 1980er-Jahren von vielen leer stehenden Häusern geprägt war. Potsdam galt vor dem Mauerfall einerseits als „rote Bezirksstadt" und als ein sicher geglaubtes Zentrum der SED-Herrschaft, die sich auf eine hohe Anzahl von loyalen Mitgliedern in den Parteien und Massenorganisationen verlassen konnte. Sie war nicht nur Grenz- und Garnisonstadt, sondern verfügte über eine Reihe bedeutender „Kaderschmieden" sowie Bildungseinrichtungen und galt als Sport- und Kulturzentrum in der Region. Potsdam entwickelte sich andererseits in den 1980er-Jahren auch zu einem Zentrum oppositioneller Aktivitäten und des Umbruchs 1989/90, das auf den vielfach miteinander verzweigten formellen und informellen Netzwerken und städtischen Institutionen in den Bereichen Kirche, Kultur, Wissenschaft und Sport sowie auf den Alternativszenen und Subkulturen basierte.[6]

Beispielsweise bildete sich im Holländischen Viertel in der zweiten Hälfte der 1980er-Jahre eine Szene heraus, zu der etwa Künstler*innen, Punks und jene, die man allgemein zu den Alternativen und/oder Aussteiger*innen zählen würde, gehörten. Sie suchten nicht nur ein Dach über dem Kopf, sondern versuchten sich auch der Kontrolle des SED-Systems zu entziehen und dabei die Möglichkeiten eines selbst organisierten kulturellen Lebens auszuloten. Eigenständige und ohne staatliche Genehmigung organisierte Ausstellungen sowie unabhängige Super-Acht-Filmkunst, Bandproberäume und Fotokunst- sowie Siebdruck-Projekte waren Ausdruck eines Bedürfnisses nach Unabhängigkeit und Selbstbestimmung. Dieser „Underground" war aber keineswegs isoliert oder nur in schwer zugänglichen Nischen zu finden, sondern bewegte sich zwischen Öffentlichkeit und Privatem. Diese Aktivitäten im Holländischen Viertel gerieten bald in das Visier der Staatssicherheit, die in einem 1988 verfassten Bericht zu der Einschätzung kam, „daß sich das ‚Holländer Viertel' zunehmend zu einem Sammelbecken/Konzen-

5 Udo Grashoff, Schwarzwohnen. Die Unterwanderung der staatlichen Wohnraumlenkung in der DDR, Göttingen 2011.

6 Vgl. Peter Ulrich Weiß/Jutta Braun, Im Riss zweier Epochen. Potsdam in den 1980er und frühen 1990er Jahren, Berlin 2017.

trationspunkt vorrangig negativ-dekadenter Personen entwickelt hat. Die Mehrzahl dieser Personen ist ohne Arbeitsrechtsverhältnis und mißachtet bewußt die Normen des gesellschaftlichen Lebens (u. a. illegales Wohnen). Aufgrund bestehender Verbindungen/Kontakte und zum Teil eigener Aktivitäten in der Vergangenheit stellen diese Personenzusammenschlüsse ein Reservoir für feindlich-negative Kräfte dar.“[7]

Bei all dem Feindbild- und Schwarz-Weiß-Denken, dass sich im Duktus der Staatssicherheit spiegelt, verweisen die Berichte doch auch auf wesentliche Vorläufer, die für die Entwicklung der Hausbesetzungen ab 1989/90 von Bedeutung sind. Denn das Milieu der „Schwarzwohner“ überlappte sich mit dem der Potsdamer Oppositionsgruppen, die in der zweiten Hälfte der 1980er-Jahre immer aktiver wurden. Dazu gehörte die eng mit der Punkszene verknüpfte Potsdamer Antifa-Gruppe, die ab 1987 unter dem Dach der Kirche agierte und es sich zum Ziel gemacht hatte, das zunehmende und vom Staat weitgehend ignorierte Neonaziproblem publik zu machen. Trotz staatlicher Repressionen blieben die Gruppe und ihr breites Netzwerk bis Ende der DDR bestehen. Bei den SED-kritischen Protesten am 7. Oktober 1989 beteiligten sich auch die Antifa-Aktivist*innen und die Alternativszene der Stadt, was die Volkspolizei mit einem gewalttätigen Einsatz und zahlreichen Verhaftungen beantwortete. Doch der Wandel im ganzen Land war unaufhaltbar: Nur wenige Wochen später waren die Tage des alten Systems gezählt.

Kurz nach dem Fall der Mauer kam in Ostdeutschland eine neue Welle von Besetzungen in Bewegung: Im Ostteil Berlins wurden bis zum Herbst 1990 etwa hundert Häuser besetzt, bis die Räumung der Mainzer Straße im November 1990 das Ende der Bewegung einleitete.[8] In Rostock, Dresden, Halle, Leipzig und Potsdam besetzten Angehörige der alternative Szenen jedoch weiter Häuser. Obwohl Hausbesetzungen eine Domäne weitgehend linker Initiativen waren, gab es in den 1990er-Jahren erstmals auch einzelne Fälle von Besetzungen durch rechtsextreme Akteure. Beispiele dafür finden sich etwa in Ost-Berlin, Dresden, Cottbus, Halle, Weimar oder Guben, unter anderem von Neonazi-Organisationen wie „Deutsche Alternative“, „Nationale Alternative“, „Nationale Offensive“ oder „Hallesche Deutsche Jugend“. Dabei blieben die Besetzungen von rechts nur eine von Linken übernommene und ins Rechstextreme umgedeutete Aktionsform, die für

7 OV „Aussteller“, BArch, MfS, HA XX KK ZMA-Nr. 21357, Bl. 19, zit. aus: Jakob Warnecke, „Wir können auch anders“. Entstehung, Wandel und Niedergang der Hausbesetzungen in Potsdam in den 1980er und 1990er Jahren, Berlin 2019, S. 64.

8 Siehe dazu: Christine Bartlitz u. a. (Hrsg.), Traum und Trauma. Die Besetzung und Räumung der Mainzer Straße 1990 in Ost-Berlin, Berlin 2020.

die rechte Szene eher eine Randerscheinung und letztlich kein Massenphänomen wurde.[9]

Linksalternative Hausbesetzer*innenkultur und rechte Gewalt in Brandenburg

Die Besetzungen außerhalb der brandenburgischen Landeshauptstadt haben in der zeithistorischen Forschung bisher nur wenig Aufmerksamkeit erfahren. Die folgenden Beispiele sollen – ohne Anspruch auf Vollständigkeit – einen quer durch die Landschaft verlaufenden Blick über die Hausbesetzungen in Brandenburg Anfang der 1990er-Jahre liefern.

In Guben besetzten im Frühjahr 1990 einige Jugendliche aus einem schon vor dem Mauerfall entstandenen örtlichen Antifa-Zusammenschluss ein Haus, um daraus ein Jugendzentrum für eine linksalternative Szene zu schaffen. Die Gruppe sah sich allerdings einer deutlich größeren rechten Szene gegenüber, die mit Organisationen wie „Gubener Heimatfront", „Gubener Hitlerjugend" oder dem „Bund deutscher Mädel" keinen Zweifel an ihrer ideologischen Stoßrichtung aufkommen ließen. Die links motivierte Besetzung versetzte die lokale rechte Szene offensichtlich in Zugzwang und so besetzten auch sie ein Haus in Guben. Einige Monate nach der Besetzung griff eine Gruppe Berliner Autonomer das Haus an und verwüstete es komplett. Am Abend des gleichen Tages folgte der Gegenangriff von rund 200 Rechten auf das „linke" Haus. Für die Gubener linke Szene bedeutete diese Eskalation letztlich das Ende der Hausbesetzung, das Engagement gegen die rechte Szene wurde allerdings fortgesetzt.[10]

Auch im westhavelländischen Premnitz gab es in den frühen 1990er-Jahren Hausbesetzungen: „Einige Häuser hielten sich bis zu drei Jahre lang. Doch wirklich langfristiges Squatten ist bei der negativen Atmosphäre in Premnitz nie möglich gewesen: Naziangriffe, Ärger mit der Polizei, der unvermeidliche Umzug zum Studieren".[11] Ein damaliger Premnitzer erinnerte sich an die Besetzung einer ehemaligen Fleischerei, die sich links orientierte Jugendliche der Stadt zum Treffpunkt

9 Jakob Warnecke, Failed takeover: The phenomenon of right-wing squatting, in: Udo Grashoff (Hrsg.), Comparative Approaches to Informal Housing Around the Globe, London 2020, S. 223–237.

10 Vgl. Sich abzuschotten, nützt nichts. Gespräch mit einer Antifa-Gruppe aus Guben, 10.6.2001, https://www.nadir.org/nadir/archiv/PolitischeStroemungen/antifa/node6.html [29.6.2021].

11 Vgl. [squat!net] – Squatten im Land Brandenburg – Eine Reportage, 12.1.2002, https://old.squat.net/de/news/inforiot0102120102.html [29.6.2021].

auserkoren hatten. Da Übergriffe durch die Rechten dort an der Tagesordnung waren, postierten sie immer eine Wache auf dem Dach.[12]

Über das etwa neun Kilometer von Premnitz entfernte Rathenow gingen im Jahr 1993 Schlagzeilen über Angriffe auf besetzte Häuser durch die Presse: „Nach einem Radiobericht des Senders Freies Berlin (SFB) wurden in den Häusern Fenster zerschlagen, Betten zerschlitzt, Mobiliar zertrümmert und Tiere in einem Terrarium getötet. Ferner sei versucht worden, in den Räumen ein Feuer zu legen.“[13] Ein Überbleibsel der Rathenower Subkultur der 1990er-Jahre ist das heute noch existierende „Café Handgemenge“. Zudem gibt es noch weitere aus Besetzungen hervorgegangene Projekte, die sich trotz ähnlicher Bedrohungslage in ihren Kommunen fest etablieren konnten. So beispielsweise in Strausberg: 1991 besetzten junge Menschen die dortige Villa Eckertstein. In deren Selbstverständnis wurde „die Villa […] besetzt, um Räume für eine selbstorganisierte, antifaschistische und partizipatorische Jugendkultur in unserer Stadt zu schaffen“.[14] Ab 1995 ging aus dieser Besetzung das Projekt „Horte“ hervor, das bis heute durch den Verein Alternatives Jugendprojekt 1260 e. V. getragen wird und mit Kneipe, Konzertsaal, mehreren Werkstätten, Büros, Sport- und Proberaum, einer Bibliothek und einem Garten zu einem wichtigen Kulturzentrum der Stadt geworden ist. Das „Horte“ versteht sich selbst „als alternatives Zentrum für ein heterogenes Bündnis von politischen, künstlerischen und soziokulturellen Gruppen und Einzelpersonen. Wir wollen ein Beispiel sein für ein solidarisches, demokratisches und kollektives Miteinander“.[15]

Ein ähnlich beständiger Teil in der Neuruppiner Stadtgesellschaft ist das alternative Zentrum „Mittendrin“ geworden. Im Jahr 1993 besetzten junge Neuruppiner*innen ein Haus und forderten ein Jugendzentrum. Sie trafen mit ihrer Initiative unmittelbar auf die offenen Ohren von Lokalpolitiker*innen und nahmen ein seitens der Stadt offeriertes Ausweichhaus für die Umsetzung ihres Projekts an, das noch mehrfach umzog, bis schließlich der Verein Mittendrin e. V. 2015 ein altes Bahnhofsgebäude in der Stadt bezog. Zu den Angeboten des selbstverwalteten Zentrums gehören eine Bibliothek, eine Kneipe, Konzert- und Bandproberäume, ein Garten, Werkstätten und ein Umsonstladen. Eine wichtige Säule des Vereins sind die Jugendarbeit und die Einbindung von Sozialarbeiter*innen in das Projekt. Dabei folgt das „Mittendrin“ einem demokratischen Selbstverständnis, das sich auch in einem antirassistischem und antifaschistischem Gesellschafts-

12 Vgl. E-Mail von Ken Madfrog* an den Verfasser vom 4. September 1991.

13 Skins gegen Besetzer, in: taz vom 10.4.1993, https://taz.de/!1621318/ [29.6.2021].

14 Selbstverständnis – horte, 31.8.2021, https://horte-srb.de/selbstverstaendnis/ [21.6.2021].

15 Ebenda.

bild zeigt, welches sie durch Bildungsangebote an Jugendliche zu vermitteln versuchen.[16]

In Brandenburg fanden sich aber auch Besetzungen, die mit einer Art Landflucht aus der Hauptstadt einhergingen. 1991 machte sich eine Gruppe von Hausbesetzer*innen aus Berlin und Potsdam mit ambitionierten Plänen im Gepäck in das brandenburgischen Zeesen auf, um das dortige Gutsschloss zu beziehen. Die ursprünglichen Ideen zum Aufbau einer freien Schule und einer Bio-Bäckerei lösten sich zwar im Laufe der Zeit infolge interner Unstimmigkeiten auf. Gleichwohl entstanden dort ein Bauwagenplatz und ein soziokulturelles Zentrum, das Konzerte anbot und einen Kinderzirkus sowie eine Harfenbauerwerkstatt beherbergte.[17] Das Schloss avancierte bald zum Hassobjekt der dortigen Neonaziszene, die das Schloss in den frühen 1990er-Jahren mehrfach angriff. 1994 eskalierte die Situation: Neonazis schossen mit einer Pistole auf die Schloss-Besetzer*innen und verletzten eine Person. 1996 verließen die Besetzer*innen nach einer Einigung mit dem Alteigentümer das Anwesen.[18]

In Frankfurt (Oder) besetzten Anfang der 1990er-Jahre linke Jugendliche ein Haus in der Görlitzer Straße 32. In der Bahnhofstraße besetzten wiederum rechtsorientierte Jugendliche ein Gebäude. Ein Grund für diese Besetzungen war unter anderem das Fehlen von Trefforten für 12- bis 18-Jährige, da sich die vormals staatlich geleiteten Jugendclubs in der Wahrnehmung der Jugendlichen zu „Schicki-Micki-Ställen“[19] verwandelt hätten. In der Stadtverwaltung trafen sie damit auf wenig Verständnis und in der knappen Stadtkasse fehlten die dringend notwendigen Mittel für die Jugendarbeit vor Ort. Erst nachdem sich die Jugendgewalt in der Stadt zugespitzt hatte, fanden sich Gelder für einige, allerdings deutlich zu wenige, Sozialarbeiter*innen.[20]

In der zweitgrößten Stadt Brandenburgs, in Cottbus, besetzte 1991 eine linke Gruppe ein Haus in der Blechenstraße. Die Stadt war schon zu jener Zeit eine Hochburg der rechtsextremen Szene, zu der die neonazistische Partei „Deutsche Alternative“ und eine aktionsorientierte neonazistische Skinhead-Subkultur gehörte.[21] Nur wenige Wochen nach der Besetzung griff eine Gruppe Neonazis das Haus mit Molotowcocktails an. Aus dieser Besetzung entstand letztlich ein legales alternatives

16 Verein – JWP „MittenDrin“, 31.8.2021, https://jwp-mittendrin.de/verein/ [21.6.2021].

17 Vgl. Vera Gaserow, Solvente Besetzer suchen Bauernhof, 14.3.1997, https://taz.de/!3205925/ [29.6.2021].

18 Vgl. Interview mit Frank Rauhut und Thomas Thiele | Blühende Landschaften, 3.9.2021, http://landschaften.djb-ev.de/node/12 [3.9.2021].

19 Stilleben mit Reizgas, in: Wochenpost vom 17.12.1991.

20 Ebenda.

21 Siehe dazu den Beitrag von Christoph Schulze in diesem Band.

Wohnprojekt, das heute ein Quartier der Jugendhilfe Cottbus ist. Ebenfalls aus einer Hausbesetzung ist auch das Cottbusser Jugendwohnprojekt „Zelle 79“ hervorgegangen.

Es gab auch regionalpolitisch bedingte Besetzungsformen wie in der Lausitz: 1991 protestierten junge Menschen, u. a. aus der Cottbuser linken Szene, mit der Besetzung von vier Häusern im Dorf Lakoma gegen die Abbaggerung des Dorfes. Den Anstoß zum Protest gaben Vertreter*innen aus Kirchenkreisen und der „Grünen Liga“. Im Mai 1992 besetzten junge Menschen weitere Häuser in Lakoma, und die Besetzungen entfalteten bald eine immer größere Anziehungskraft: „So kamen immer mehr ins Dorf. Schüler, Maler, Kriegsdiensttotalverweigerer, Punks, Dichter, Sozialarbeiter, Biobauern, Studenten, Musiker, Aussteiger, Autoschrauber und viele anderer mehr, aus den verschiedensten Schubladen.“[22] Nach sechs Jahren war die ursprüngliche Gruppe der Hausbesetzer*innen aufgrund interner Konflikte zerfallen. Das Dorf blieb trotzdem noch einige Jahre ein Ort für Protest- und Umweltbildungsarbeit – bis es 2006 den schweren Gerätschaften des Braunkohletagebaus Cottbus-Nord weichen musste.[23]

Dieser skizzenhafte Überblick zu den Hausbesetzungen in Brandenburg zeigt, wie breit das Spektrum und die Motive der Besetzungen waren: Der Kontext unterschied sich von Fall zu Fall deutlich, wenn es etwa um die Akzeptanz der Hausbesetzungen in den jeweiligen Kommunen ging oder die langfristige Verwirklichung der anvisierten Pläne. Ebenso unterschieden sich die Aneignungspraktiken der Besetzer*innen: Die Spannbreite reichte vom übergangsweisen „Abhängen“ in abrissreifen Häusern, über alternative Wohngemeinschaften bis zum Betreiben von Kulturzentren. Einige Projekte blieben kurzfristige Episoden, andere existieren bis heute und haben sich als soziokulturelle Orte etabliert.

Was aber bei dieser ersten Bestandsaufnahme ins Auge sticht: So gut wie jedes dieser Projekte war von rechtsmotivierter, teils äußerst brutaler Gewalt betroffen, nicht zuletzt, weil sie den vielerorts gehegten räumlichen Vormachtansprüchen der rechtsextremen Szenen im Weg standen. Diese allgegenwärtige Bedrohungslage schrieb sich auch in das Erscheinungsbild der besetzten Häuser und in die Alltagspraxis ihrer Bewohner*innen ein. Sie drückte sich in vergitterten Fenstern, verstärkten Türen, Wachposten und anderen Kontrollpraktiken aus. Hier offenbart sich die paradoxe Dialektik des „Freiraums“, der einerseits Selbstentfaltung und Autonomie versprach, andererseits Nutzer*innen um Leib und Leben fürchten ließ und dementsprechende Schutzvorkehrungen notwendig machte. Diese

22 Thomas Meyer, Im Niemandsland, in: Karsten Krampitz (Hrsg.), Kaltland. Eine Sammlung, Berlin 2011, S. 185–190, hier S. 186.

23 Ebenda., S. 189 f.

Begleitumstände sind nicht nur typisch für die Besetzungen in Brandenburg, sondern decken sich mit den Erfahrungen von Hausbesetzer*innen in anderen ostdeutschen Städten in den frühen 1990er-Jahren. Unter dem Hashtag Baseballschlägerjahre hat die Perspektive von Betroffenen rechter Gewalt in der Nachwendezeit ab Ende 2019 Eingang in den medialen Diskurs und breite Resonanz gefunden. Das Thema rückt zudem mittlerweile auch in den Fokus zeitgeschichtlicher Forschung.[24] Dabei wird deutlich, dass die von Rechten ausgehende Gewalt keine Ausnahme war, sondern zum Alltag vieler Linker, Deutscher mit Migrationshintergrund oder Ausländer*innen in Brandenburg gehörte. Entsprechend ist sie ein „elementarer Bestandteil vieler Erzählungen von der Transformation".[25] Eng mit dieser Erfahrung ist ein Phänomen verknüpft, dass sich als „Binnenmigration" fassen lässt:[26] die Abwanderung der von Gewaltakten Betroffenen aus ihren inzwischen von Rechten dominierten Heimatorten. Das hatte Auswirkungen auf die regionale Struktur des ostdeutschen Alternativmilieus. Es gibt etliche Beispiele von Menschen aus diesem Milieu, die ihren Lebensmittelpunkt aus der Kleinstadt oder dem Dorf in die Szenen der Metropolen verlagert haben, wegen Arbeit, Studium, einem vielfältigeren kulturellen Angebot, aber auch wegen der weniger dramatischen Bedrohungslage durch Nazis.

Stadtsoziolog*innen begriffen die Hausbesetzungen der frühen 1990er-Jahre als Ausdruck eines umfassenden städtischen Wandels in Ostdeutschland, der nicht zuletzt Teil einer „nachholenden Modernisierung" und eines Anpassungsprozesses an die Bundesrepublik gewesen sei.[27] Doch waren die Entwicklungen in den 1990er-Jahren sehr deutlich von den spezifischen lokalen Kontexten bestimmt und sind ohne die Vorgeschichten in der DDR der 1980er-Jahre nicht zu verstehen. Anhand der Entwicklungen in Potsdam soll diese Perspektive weiter vertieft werden, ebenso sollen die Entstehung und der Wandel von Hausbesetzungen untersucht werden. Dabei soll nach Kontinuitäten wie auch nach Brüchen gefragt werden.

24 Gab es 1991 einen zweiten „Deutschen Herbst"? Tagung der Uni Halle thematisiert rechte Gewalt der Wendejahre, 14.10.2021, https://nachrichten.idw-online.de/2021/09/20/gab-es-1991-einen-zweiten-deutschen-herbst-tagung-der-uni-halle-thematisiert-rechte-gewalt-der-wendejahre/ [14.10.2021].

25 Johannes Schütz, Wenn Heimat Angst macht | zeitgeschichte | online, 6.9.2021, https://zeitgeschichte-online.de/themen/wenn-heimat-angst-macht [6.9.2021].

26 Vgl. ebenda.

27 Margit Mayer, Städtische soziale Bewegungen, in: Roland Roth (Hrsg.), Die sozialen Bewegungen in Deutschland seit 1945. Ein Handbuch, Frankfurt a. M. 2008, S. 293–318.

Die Anfänge der Hausbesetzer*innenszene in Potsdam 1989/90

Nach dem Mauerfall änderten sich die Rahmenbedingungen in Potsdam grundlegend: Die einstige Hochburg der SED erlebte einen Funktionswandel zur Landeshauptstadt unter der Führung der erstmals frei gewählten SPD im nun ebenso sozialdemokratisch regierten Land Brandenburg. Wie in den meisten ostdeutschen Städten waren auch in Potsdam die Folgen von 40 Jahren SED-Herrschaft und der rasch vollzogenen Einheit im Alltagsleben der Potsdamer*innen in den 1990er-Jahren deutlich spürbar. Die bis dahin nicht gekannte Arbeitslosigkeit stieg infolge weitgehender Deindustrialisierung in Ostdeutschland in immense Höhen, was zu einer Binnenmigration gen Westen führte und die Bevölkerung Potsdams von 1991 bis 1999 von 138 876 Einwohner*innen auf 127 653 schrumpfen ließ.[28] Trotzdem herrschte weiter eine große Wohnungsnot. Dem standen die leeren, jahrzehntelang vernachlässigten Häuser gegenüber. Auch nach der Einheit konnten sie aufgrund der im Einheitsvertrag fixierten Regel „Rückgabe vor Entschädigung“ und langwierigen Restitutionsansprüchen oftmals jahrelang nicht vermietet oder verkauft werden. Gerade die frühe Phase des ostdeutschen Transformationsprozesses war von einer gewissen Unübersichtlichkeit in den sich im Aufbau begriffenen städtischen Institutionen und vom sukzessiven Verfall der Strukturen des alten Systems geprägt. Die Potsdamer Alternativszene nutzte diese Situation und ergriff die Gelegenheiten, weitere Freiräume zu erschließen.

An einem Dezembertag 1989 hingen am viergeschössigen Eckhaus Dortustraße/Gutenbergstraße Transparente und eine Gruppe junger Menschen verteilte Flugblätter, in denen sie das Haus für besetzt erklärten: „Seit Jahren stehen in unserer Stadt Häuser und Wohnungen leer. Sie sind dem Verfall und der Zerstörung preisgegeben. [...] Immer wieder trifft es die Jugend. Aber auch anderen Potsdamer Bürger/innen geht so wertvoller, dringend benötigter Wohnraum verloren. [...] Weiterhin sind wir der Meinung, daß es an der Zeit ist, in Potsdam ein unabhängiges Jugendzentrum einzurichten.“[29]

Die Besetzer*innen stammten aus der Potsdamer Antifa-Gruppe, die im politischen Umbruch das vormals schützende Dach der Kirche verlassen konnte und sich nun öffentlich äußerte. Die Wochen nach dem 7. Oktober waren auch für sie ereignisreich verlaufen. Am 9. November konnte sie in Erinnerung an die Reichspogromnacht des Jahres 1938 zu einer ersten genehmigten Antifa-Demonstration

28 Landeshauptstadt Potsdam, Bereich Statistik und Wahlen, Statistischer Informationsdienst 2/2007, Bevölkerungsentwicklung der Landeshauptstadt Potsdam von 1991 bis 2005, S. 6.

29 Flugblatt der Besetzer der Dortustraße 65 vom Dezember 1989, zitiert aus: Warnecke, „Wir können auch anders“, S. 107.

500 Menschen mobilisieren. Im Dezember demonstrierten sie gegen die lauter werdenden Forderungen nach einer Vereinigung beider deutscher Staaten, da sie jenem politischen Spektrum anhingen, dass auf eine Reform des Sozialismus setzte. Als sich im gleichen Monat in Potsdam der „Rat der Volkskontrolle" gründete, war auch die Antifa-Gruppe vertreten. Einige der Besetzer*innen der Dortustraße 65 gaben ab Januar 1990 das alternative Blatt namens *Winkelement* heraus und waren damit Teil einer republikweit florierenden alternativen Presselandschaft. Das *Winkelement* gehörte zu den etwa fünfzig unabhängigen Zeitungen, die in der DDR nach dem Mauerfall (ohne Genehmigung, aber geduldet) in vielen Städten aus dem Boden sprossen, jedoch meist nicht über das Ende des Jahres 1990 hinaus erschienen.

Jugendliche aus dem Umfeld der Jungen Gemeinde besetzten ebenfalls im Dezember 1989 ein Haus im Holländischen Viertel, das als Wohnprojekt genutzt werden sollte und machten die Besetzung unter anderem mit einem Konzert auf dem Dach des Hauses öffentlich. Einige Künstler*innen, die in den 1980er-Jahren in besetzten Wohnungen im Holländischen Viertel die Alternativkultur organisierten, besetzten ebenfalls 1990 in der Gutenbergstraße ein leer stehendes Industriegebäude im Hinterhof und bauten dieses zu dem Kulturzentrum „Fabrik" aus. Die Besetzung der „Fabrik" war auch eine Antwort auf die Folgen einer umfassenden Transformation der Potsdamer Stadtgesellschaft: „In Sorge über das im Zuge der Wiedervereinigung verstärkte Versacken aller kulturellen Werte und aus Angst jede Beziehung zu unserer Stadt zu verlieren, wenn sie nach rein kommerziellen Gesichtspunkten saniert werden würde, besetzten wir im Februar diesen Jahres das Hofgebäude in der Gutenbergstraße 105, um es zu einer kulturellen Begegnungsstätte auszubauen."[30]

Im November 1989 besetzten Filmschaffende ein Haus in der Einsteinstraße am Potsdamer Brauhausberg, in dem die Zeitung *Prinz* schon 1990 das Herz der ostdeutschen Filmavantgarde schlagen sah. Noch vor dem Mauerfall drehten einige von ihnen als Mitglieder der Gruppe *Film & Foto Man Ray* surreale Filme mit vielsagenden Titeln wie „Man muß die Toten schlagen, wenn sie kalt sind" oder „Scombermix". Deren eigensinniger Humor spiegelt sich auch auf dem Flugblatt zur Besetzung des Hauses. Mit ironischem Pathos wird der Bezug des Mehrfamilienhauses als Höhepunkt einer heroischen Selbstbefreiungsgeschichte erzählt: „Die himmelschreiende Situation auf dem Wohnungsmarkt hatte sie hart & eisern gemacht. Jahrelang getreten und pausenlos eingeengt … … suchten sie nun die Konfrontation.

30 Broschüre der Fabrik e. V. zur Arbeit des Projekts vom Dezember 1990, zitiert aus: ebenda, S. 113.

Ihre Seelen schrien nach Hausbesetzung. Wochenlang schlichen sie unaufhaltsam durch die Enge der Stadt, bis sie IHR Haus fanden."[31]

Dort, wo sich heute das studentisch organisierte „KuZe" befindet, riefen im Herbst 1989 Künstler*innen die „Kunstfabrik" aus, die nicht nur Ort des Schaffens, sondern ebenso der Auf- und Verarbeitung der „Wende"-Erfahrungen sein sollte: „Die politische Situation verlangte damals nach Orten der künstlerischen und politischen Auseinandersetzung. Berichte von Augenzeugen oder reflektierte Selbsterfahrungen fanden ein stark interessiertes Publikum. Der Großteil aller öffentlichen Galerien und kulturellen Einrichtungen war nicht in der Lage, Angebote zu machen oder Voraussetzungen für diese Auseinandersetzungen zu schaffen."[32]

Im Vergleich zu den Besetzungen vor der Grenzöffnung waren die illegalen Raumaneignungen nun deutlich offensiver, demonstrativer und öffentlich wahrnehmbar. Sie profitierten dabei von der spezifischen historischen Situation des Übergangs, in der alte Herrschaftsstrukturen sich auflösten und neue noch nicht vollständig etabliert waren – das vormalige staatliche Kontroll- und Lenkungswesen lag weitgehend brach. Dies bedeutete die Eröffnung neuer Handlungsspielräume, in die eben jene Milieus vorstießen, deren Entfaltungsmöglichkeiten bisher vom Staat blockiert worden waren. Vielfach ist in der Literatur das letzte Jahr der DDR als eine Zeit der Selbstermächtigung von DDR-Bürger*innen beschrieben worden. Als Akteure des Umbruchs waren auch die Hausbesetzungen häufig von einem Anspruch geprägt, den Wandel der Gesellschaft politisch und kulturell mitzugestalten. So war ihr forderndes Zugehen auf die Institutionen der Noch-DDR vielfach von Erfolg gekrönt, wenn es um das Aushandeln von Nutzungsverträgen und die Duldung der besetzten Häuser ging.

Hochburg der Besetzer*innenkultur

1991 wuchs die Zahl der besetzten Häuser in Potsdam rapide. Zeitweise waren etwa 30 Häuser gleichzeitig besetzt. Ein wichtiger Grund für diesen Zuwachs war der Niedergang der Hausbesetzer*innenbewegung in Ostberlin. Denn seit November 1990, nach der dortigen gewaltvollen Räumung der Mainzer Straße, verfolgte der Berliner Senat eine deutlich härtere Politik gegenüber Hausbesetzungen. Einige ehemalige

31 „Es war im November 1989", Selbstbeschreibung der Hausbesetzer der E15, zitiert aus: ebenda, S. 109.

32 Steffen Mühle, Die Kunstfabrik Potsdam-Dokumentation und persönliche Anmerkung (Diplomarbeit an der HGB Leipzig), S. 1, zitiert aus: ebenda, S. 111.

Besetzte Häuser und Gebäudesanierung in Potsdams Stadtmitte, 1992.
Foto: Hassan Richter

Besetzer*innen aus dem autonomen Spektrum Berlins besetzten daher ab Januar 1991 Häuser in Potsdam, weil hier die Lage und Möglichkeiten für Besetzungen aussichtsreicher schienen. Was von manch „alteingesessenen" Besetzer*innen als Bereicherung betrachtet wurde, löste bei anderen wiederum Befremden aus. Gerade einige Potsdamer*innen beklagten auch eine mit dem Zuzug einhergehende Dominanz der westdeutschen Szene. In einem Beitrag der *taz* monierte ein Potsdamer Ex-Besetzer im Mai 1991, dass seit dem Zuzug der Berliner nur Unruhe in der Gutenbergstraße herrschen würde, und beklagte Vandalismus und Ruhestörung. Das rege Leben der Besetzer*innen kollidierte in der Tat mit den Lebensvorstellungen der meisten Anwohner*innen und Gewerbetreibenden, die eine Bürgerinitiative gegen die Besetzungen ins Leben riefen und an die Stadt appellierten, gegen die Hausbesetzungen vorzugehen.

Insgesamt waren in der 1990er-Jahren etwa 70 Häuser in Potsdam besetzt. Die äußerst heterogene Gruppe der Potsdamer Hausbesetzer*innen schuf ihren Zusammenhalt dabei durch Kneipen, Läden und politische wie kulturelle Zentren ebenso wie durch Partys, gemeinsame Arbeitseinsätze an Häusern und bei Protestereignissen. In den Kulturzentren äußerten sich die Praktiken musikorientierter jugendkultureller Szenen, etwa in Form von Konzerten und Tanzveranstaltungen. Eine zentrale Steuerung der Hausbesetzungen gab es dabei nicht. Allerdings bestand das Potsdamer „Häuserplenum“, das unregelmäßig Versammlungen abhielt, an denen Vertreter*innen der besetzten Häuser der Stadt teilnahmen. Diese Treffen dienten unter anderem dazu, in Zeiten des Protests gemeinsame Handlungsstrategien zu diskutieren.

Insgesamt lassen sich die Motive der Potsdamer Hausbesetzungen, die sich vielfach überlagerten, als sehr facettenreich beschreiben. Das reichte von staatskritischen und revolutionären Ambitionen autonomer Kollektive bis zum einfachen Bedürfnis, ein sicheres Dach über dem Kopf zu haben. Trotz aller Vielfältigkeit der einzelnen Projekte, die der Potsdamer Szene zuzurechnen sind, gab es ein zentrales Motiv: das gemeinschaftliche alternative Leben und Arbeiten. Oft waren die nach Autonomie strebenden Projekte der Hausbesetzer*innen konsumkritisch ausgerichtet und wandten sich betont gegen Kommerzialisierung und kapitalistische Verwertungslogik sowie gegen bürgerliche Wohn- und Lebensvorstellungen. Zu den Selbstentfaltungsmotiven der Wendezeit kamen auch solche, die mit den sozialen Folgen der Transformation zu erklären sind:

„Ein Haus zu besetzen, war für viele keine plötzliche Entscheidung. Die Liebe zum Zusammenleben ist ein Grund, diesen Schritt zu tun. In jeder Art von Besetzung steckt der Wille sich ein eigenes Leben aufzubauen. Oft ist das mit viel Mühe, Arbeit und Kraft verbunden. Eigene Kommunikations- und Informationsmöglichkeiten herzustellen, eine Kultur aufbauen und Arbeitsplätze schaffen mit unseren Möglichkeiten. Es sind für jeden und für jede ganz persönliche Gründe und auch verschiedene Erfahrungen mit dem Leistungssystem, die uns veranlassen, kollektive Zusammenhänge zu erproben.“[33]

Das alternative Leben im besetzten Haus bewegte sich in einem Spannungsfeld: Der Idee der Gemeinschaft wurde viel Bedeutung zugesprochen, was sich in ostentativer Offenheit äußern konnte, aber mitunter auch zur „Selbstghettoisierung“ reichenden Abschottung und strikter Grenzziehung zur „Restgesellschaft“ führte. Einige Akteur*innen der Szene stellten diese Tendenz zur Selbstausgrenzung allerdings infrage, weil die Gleichzeitigkeit von Ausgrenzung und dem Versuch, Verständnis für alternative Lebensformen in der Gesellschaft zu erhalten und zu fördern, als Widerspruch wahrgenommen wurde. Die jugendlich geprägte Szene war nicht homogen und ihre Akteure änderten sich immer wieder: Es herrschte hohe personelle Fluktuation, was – abgesehen durch polizeiliche Räumungen – an den ohnehin nicht sehr komfortablen Bedingungen in den ruinösen Wohnobjekten,

33 Unterlagen zur Ausstellung „2 Jahre links und rechts vom broadway“, zitiert aus: ebenda, S. 156.

nicht selten auch an unterschiedlichen Vorstellungen über das gemeinschaftliche Leben lag. Der Drang nach Selbstverwirklichung und das Leben in der Gemeinschaft harmonierten nicht immer – festgelegte libertäre Regeln des Zusammenlebens waren das eine, tatsächlich vorhandene Hierarchien und ungleiche Machtstrukturen das andere.

Wie schon angedeutet, überschnitten sich die Hausbesetzungen mit anderen sozialen Bewegungen und politischen Gruppierungen. Zu nennen sind beispielsweise die Antifa-Gruppen, aber auch die Kampagne gegen Wehrpflicht, Zwangsdienste und Militär, die Anti-Atom-Bewegung sowie diverse autonome Gruppen und Zusammenhänge. Erwähnenswert ist hier auch die linke Fanszene von Babelsberg 03, die in den frühen 1990er-Jahren von der Potsdamer Hausbesetzer*innenszene geprägt wurde.

Räumungen, Proteste, Legalisierungen

Im Laufe des Jahres 1991 endete die Phase, in der die Regierenden der Stadt nur eingeschränkt handlungsfähig waren und sich daher die Hausbesetzungen relativ ungehindert ausbreiten konnten. Nun griffen die Potsdamer Behörden härter durch, was schließlich auch zu einem Politisierungs- und Radikalisierungsschub unter den Hausbesetzer*innen führte. Die angespannte Situation eskalierte im Herbst 1993, als Hausbesetzer*innen mit Steinwürfen die Räumung des Kulturzentrums „Fabrik“ zu verhindern versuchten, bei der die Polizei mit äußerster Härte vorging, und die schließlich mit dem Brand des Hauses endete. In der Tageszeitung PNN erschien zwei Tage nach der Räumung eine anonyme Anzeige, in der sich die Enttäuschung über die Räumung ausdrückte: „Auf diese unverhältnismäßige und unfaire Art darf man mit Menschen nicht umgehen. Wir verurteilen ganz entschieden den vom Magistrat in Kauf genommenen Gewaltakt, der das bislang relativ friedliche Klima in der Stadt grundlegend zugunsten von Mißtrauen, Wut und Kampf verändert hat.“[34]

Auf die Räumung der „Fabrik“ folgte die Besetzung der „Villa Besenrein“ in der Hegelallee 5, die zu einem neuen autonomen Kulturzentrum ausgebaut, aber bereits nach einigen Monaten wieder geräumt wurde. Eine weitere Welle von Protesten folgte. Sie reichte von Demonstrationen, die friedlich verliefen, bis zu handfesten Auseinandersetzungen mit der Polizei und Randale in der Innenstadt. Den Hausbesetzer*innen ging es um die Anerkennung alternativer Kultur- und Lebens-

34 Anzeige in den Potsdamer Neuesten Nachrichten vom 25.9.1993, zitiert aus: ebenda, S. 196.

formen. Das verband sich mit einer Kritik an innerstädtischen Aufwertungs- und Verdrängungsprozessen. Vertreter*innen von Kirche und Jugendverbänden sowie linke Stadtverordnete zeigten Verständnis für die Anliegen der Hausbesetzer*innen und bemühten sich um Dialog, friedliche Lösungsstrategien und Vermittlungsversuche. Dagegen dramatisierten einzelne Politiker*innen der SPD und der CDU Hausbesetzungen als Sicherheitsrisiko, kriminalisierten Besetzer*innen und sprachen sich für ein striktes polizeiliches Vorgehen und Häuserräumungen aus. Die Strategien der „Hardliner“ in diesem Konflikt blieben allerdings auch im bürgerlichen Lager nicht unwidersprochen: Im Jahr 1994 gründete sich eine „Bürgerinitiative gegen Kriminalisierung von Jugendlichen“. Sie wandte sich gleichermaßen gegen Polizeigewalt wie gegen militante Aktionsformen aus der Szene. Durch die Proteste erhöhte sich der Druck auf die Kommunalpolitik, den Hausbesetzungen auf moderate Weise zu begegnen, nicht weiter eskalierend zu wirken und Alternativen für geräumte Häuser zu schaffen. Gleichzeitig bemühte sich die Stadtverwaltung, eine Linie durchzusetzen, die Neubesetzungen nicht mehr duldete, mit besetzten Häusern in Verhandlungen trat und sich vorbehielt, besetzte Wohnorte, von denen mutmaßlich Straftaten ausgingen, zu räumen. Damit wurden die in der „Wende“-Zeit entstandenen Freiräume für Besetzungen Stück für Stück Geschichte.

Zu erneuten Protestwellen kam es 1997 nach der Räumung des drei Jahre zuvor besetzten Kulturzentrums „Archiv“ sowie nach der Räumung des „Bouman's“ im Sommer 2000. Doch die meisten besetzten Häuser in Potsdam wurden bis zum Jahr 2000 friedlich geräumt. Nur ein kleiner Teil wurde legalisiert. Für einige geräumte Häuser stellte die Stadtverwaltung Ausweichmöglichkeiten zur Verfügung. Diese Form der Legalisierung war an die Bereitschaft gekoppelt, sich auf langfristige Baumaßnahmen und Vereinsstrukturen einzulassen. Etliche der damals entstandenen Projekte bestehen noch heute als Teil eines vielseitigen Kulturbetriebs der Stadt. Aus der heutigen Perspektive lässt sich daher sagen, dass die frühen Besetzungen und anschließenden Aushandlungsprozesse das wohnpolitische und kulturelle Leben der Stadt nachhaltig geprägt haben.

Die vorliegende Darstellung endet Anfang der 2000er-Jahre. Vereinzelte Besetzungen hat es in den vergangenen 20 Jahren zwar trotzdem immer wieder gegeben. Diese konnten sich aufgrund der städtisch forcierten Linie, Neu-Besetzungen umgehend wieder räumen zu lassen, meist aber nicht langfristig halten – eine Ausnahme bildet die 2008 besetzte und bis heute geduldete „Datscha“ im Babelsberger Park. Besetzungen in den letzten Jahren hatten in der Regel nur noch symbolischen Charakter. Dennoch sind aber diese Ausdruck aktueller, alternativer Stadtbewegungen, die unvermindert ihr „Recht auf Stadt“ einfordern und sich gegen die wachsende Gentrifizierung in Potsdam richten.

Fazit

Das Ende der SED-Herrschaft schuf in den frühen 1990er-Jahren in Brandenburg vielerorts neue Lebens- und Wohn-Freiräume für das ostdeutsche Alternativmilieu. In den massenhaft leer stehenden und oft stark vernachlässigten Altbauten, die letztlich auch das Resultat der DDR-Wirtschaftspolitik waren, fanden sich die räumlichen Voraussetzungen. Für die Hausbesetzer*innen waren die leeren Häuser Problem und Lösung zugleich: Standen sie einerseits für den Widerspruch von Wohnungsnot und gleichzeitigem Leerstand, konnte dieser andererseits durch die illegale Aneignung aufgelöst und die Besetzungen dadurch legitimiert werden.

Zum Teil reichen die Kontinuitäten der Brandenburger Hausbesetzer*innenszene bis in die Zeit der späten DDR zurück. Mit dem „Schwarzwohnen" gab es schon vor 1989 eine Besetzungspraxis, die sich in der Regel still und von der Öffentlichkeit unbemerkt vollzog und dabei immer auch die Grenzen des Möglichen austestete. Eigenständige, alternative Vergemeinschaftungsprozesse waren zwar in den inoffiziellen und privaten Nischen möglich, überschritten jedoch immer wieder die Sphäre des Privaten und dehnten sich bis in halböffentliche bzw. öffentliche Zonen aus. Insofern war auch das „Schwarzwohnen" ein Politikum und nicht nur einfache Privatangelegenheit. Die Fortführung und Ausweitung dieser Praktiken in der Zeit der „Wende" war im Grunde die konsequente Weiterentwicklung der Autonomiebestrebungen von Teilen des alternativen Milieus in der DDR. Das Ende der SED-Herrschaft schuf das rechtliche und politische Vakuum, in dem sich die Milieus weiterentwickeln und ausprobieren konnten.

Viele der Projekte fallen in ihrer Entstehungszeit in die Jahre 1990 bis 1991 – also in das letzte Jahr der DDR und das erste Jahr nach der Einheit. Hausbesetzungen, die durch die Dynamik der „Wende" initiiert wurden, haben auf kommunaler Ebene den Wandel in Politik und Kultur mitgestaltet. Sie waren zweifelsohne Teil dessen, was sich als „Aufbruch einer neuen Graswurzelbewegung" beschreiben lässt.[35] Einige der damals angestoßenen Projekte spielen bis heute als soziokulturelle Zentren auch über das alternative Milieu hinaus eine feste Rolle in den lokalen und überregionalen Kulturszenen. Die Geschichte der brandenburgischen Hausbesetzer*innen lässt sich nicht ohne die des gleichzeitig um sich greifenden Rechtsextremismus erzählen. Besetzte Häuser waren gerade in den frühen 1990er-Jahren Ziel rechter Gewalt, gleichzeitig aber auch Ausgangsbasis für ein vom Selbstverständnis einer offenen Gesellschaft getragenen Gegenengagement. Auch in dem

35 Christoph Links, Die andere Geschichte der Umbruchjahre – alternative Ideen und Projekte, in: Ilko-Sascha Kowalczuk/Frank Ebert/Holger Kulick (Hrsg.), (Ost)Deutschlands Weg. 45 Studien & Essays zur Lage des Landes. Teil I: 1989 bis heute, Berlin/Bonn 2021, S. 251–254.

Sinne waren die Hausbesetzungen in vielen Fällen als Ausdruck einer Gegenkultur zu verstehen. Zahlreiche alternative Kulturzentren waren von alternativ-ökonomischen Vorstellungen und von partizipativ orientierten Werten getragen, was in der Nachwendezeit auch eine raumbezogene Antwort auf den tiefgreifenden Wandel der alten ostdeutschen Gesellschaft hin zu den neuen Realitäten der sozialen Marktwirtschaft war.

Mitglieder der alternativen kirchlichen Friedensbewegung nahmen im September 1987 mit eigenen Plakaten am internationalen Olof-Palme-Friedensmarsch teil, der auch durch Potsdam und etliche Brandenburger Orte führte. Die Wegstrecke von der Mahn- und Gedenkstätte Ravensbrück zur Gedenkstätte Sachsenhausen hatte die Aktion Sühnezeichen organisiert.
Foto: Andreas Bauer

ANKE SILOMON

Kirchliches Leben in der SED-Diktatur und danach

Strukturen und Themen der Evangelischen Kirche in Brandenburg

„Wollten wir, als wir die DDR wollten, Kirche in der DDR? Aber meine Damen und Herren – ohne Luft zu holen – nein.“[1] Klare Worte von einem Experten, Horst Dohle, der 20 Jahre lang persönlicher Referent des Staatssekretärs für Kirchenfragen Klaus Gysi war und als Inoffizieller Mitarbeiter zugleich für die Stasi berichtet hatte; ausgesprochen auf einer Veranstaltung mit Kirchenvertretern in Potsdam, eine Woche vor dem Mauerfall im November 1989, auf den viele Menschen gewartet hatten und der dennoch überraschend kam.

Bereits unmittelbar nach Kriegsende galt in der Sowjetischen Besatzungszone (SBZ), was Dohle kurz vor dem Ende der DDR etwas salopp geäußert hatte. In Anlehnung an die liberale Weimarer Verfassung wurde Christ*innen aller Konfessionen zwar die Glaubens- und Religionsfreiheit zugesichert, und sie waren sogar eingeladen, sich am Neuaufbau Deutschlands zu beteiligen. Das Zentralkomitee der Sozialistischen Einheitspartei Deutschlands (SED) formulierte es so: „Das Ziel heißt: Überwindung des Faschismus durch Demokratie und Sicherung des Friedens!“[2] Allerdings sollten die Kirchen oder vielmehr die Gläubigen aller Konfessionen lediglich als „Bündnispartner“ in Erscheinung treten. In der Praxis bedeutete das, dass sie sich nur in die gesellschaftlichen Bereiche einbringen sollten, die die Erfüllung ihrer religiösen Aufgaben betrafen. Unerwünscht war, dass Christ*innen sich in politische Angelegenheiten einmischten und sich in diesem Sinne aktiv am Aufbau des Sozialismus beteiligten.

Mit diesen Rahmenbedingungen mussten sich die Christ*innen in Brandenburg arrangieren, wenn sie kirchliches Leben aufbauen und gestalten wollten. Die Staatsdoktrin der 1949 fast gleichzeitig mit der Bundesrepublik Deutschland gegründeten DDR ging davon aus, dass Kirche als Relikt der bürgerlichen Gesellschaft von selbst verschwinden würde. War es also nur eine Frage der Zeit – konnte die SED-Führung entspannt abwarten, ohne weiteren Druck auf die Kirchen auszuüben? Welche autonomen Gestaltungsmöglichkeiten boten sich für Kirche und Religion

1 Brandenburgisches Landeshauptarchiv, Rep. 401 A/2502, Karton 309 B597, RdB Potsdam, Sektor Kirchenfragen.

2 SED und Christentum – eine notwendige Klarstellung des ZK der SED, vom 27.8.1946, in: Dokumente der SED, Berlin (Ost) 1948, S. 80.

in Brandenburg? Welche Themen wurden gesetzt bzw. trugen später zum Umbruch, zur Friedlichen Revolution im Jahr 1989/90 bei? Schließlich: Was veränderte sich mit der Deutschen Einheit, was konnte an Erreichtem darüber hinaus bewahrt werden? Diesen Fragen soll im Folgenden nachgegangen werden.

Kampf gegen Religion und Kirche

Auf die Überführung des Landes Brandenburgs 1952 in die Struktur der drei Bezirke Cottbus, Frankfurt (Oder) und Potsdam durch die SED-Führung reagierte die Evangelische Kirche in Berlin-Brandenburg nicht. Das hatte zur Folge, dass die Staats- und die Kirchengrenzen nicht mehr übereinstimmten. Im Jahr 1950 lag die Zahl der evangelischen Gemeindemitglieder der Bevölkerung in Berlin bei 71 Prozent und in Brandenburg bei 85 Prozent. Der West-Berliner Teil der Landeskirche musste sich an der bundesrepublikanischen Verfassung und am bundesdeutschen Recht orientieren. Die Teile der Landeskirche in Ost-Berlin (Hauptstadt der DDR) und Brandenburg waren der Verfassungswirklichkeit und dem politischen Agieren in der SBZ und DDR ausgesetzt. Die gemeinsame Arbeit und der kirchliche Zusammenhalt wurden in erheblichem Maße behindert und erschwert. Die volkskirchlichen Strukturen begannen zu erodieren. So gingen Taufen und Trauungen deutlich zurück – in der Potsdamer Heilig-Kreuz-Gemeinde bis Ende der 1950er-Jahre etwa um 50 Prozent, während bei kirchlichen Beerdigungen ein Rückgang von fast 35 Prozent zu verzeichnen war.[3] Diese Tendenz zeigte sich in ganz Brandenburg,[4] vor allem in größeren Städten.

Ebenfalls Anfang der 1950er-Jahre zielte die atheistische Politik der SED auf die Unterbindung der kirchlichen Jugendarbeit, was vor allem, aber nicht nur die sogenannte Junge Gemeinde betraf. Dazu instrumentalisierte die SED-Führung bevorzugt die Mitglieder der Jugendorganisation Freie Deutsche Jugend (FDJ). Wer der FDJ nicht freiwillig beitrat, musste erhebliche Nachteile in Kauf nehmen. Mitte der 1980er-Jahre gehörten etwa 80 Prozent der 14- bis 25-Jährigen dieser Massenorganisation an, deren Ziel es war, ihre Mitglieder zu klassenbewussten Sozialist*innen zu machen.

Das Politbüro der SED bewertete die Junge Gemeinde im Januar 1953 als „Tarnorganisation für Kriegshetze, Sabotage und Spionage, die von westdeutschen und

3 DStA Brandenburg, Po-G 334/454.

4 Dabei hielten sich unter den kirchlichen Amtshandlungen die Bestattungen im Brandenburgischen am längsten, während in Ost-Berlin die Zahlen stark zurückgingen. Vgl. dazu Werner Radatz/Friedrich Winter, Geteilte Einheit. Die Evangelische Kirche Berlin-Brandenburg 1961 bis 1990, Berlin 2000, S. 150–158, hier S. 153.

amerikanischen imperialistischen Kräften dirigiert wird."[5] Auch wenn die rigorosen politischen Maßnahmen, unter anderem Verbote kirchlicher Arbeit auch im Bereich der Seelsorge in Gefängnissen und Krankenhäusern, allen Landeskirchen auf dem Gebiet der DDR großen Schaden zufügten – Berlin/Brandenburg an der Nahtstelle der Systeme traf es besonders hart. Es kam zu zahlreichen Verhaftungen, unter anderem des Potsdamer Studentenpfarrers Günter Brandt, des Vikars Johannes Althausen und der Studentin Gisela Schwan aus Ost-Berlin. Die Angst vor und die Abschottung von den „imperialistischen" Staaten, insbesondere der Bundesrepublik Deutschland, war immens. Die evangelischen Kirchen, die zu diesem Zeitpunkt noch in der Evangelischen Kirche in Deutschland (EKD) gesamtdeutsch organisiert waren, waren auf beide deutsche Staaten verteilt und stellten somit aus Sicht der SED ein Einfallstor für westliche, „imperialistische" Einflüsse dar.

Am 7. Mai 1953 erklärte Walter Ulbricht in seiner sogenannten Turmrede anlässlich der Einweihung von Stalinstadt (heute: Eisenhüttenstadt) nicht von ungefähr: „Ja! Wir werden Türme haben, zum Beispiel einen Turm fürs Rathaus, einen Turm fürs Kulturhaus. Andere Türme können wir in der sozialistischen Stadt nicht gebrauchen."[6] Damit zeichnete er die künftigen Planungen in der Hauptstadt und den Bezirksstädten der DDR vor: Allein in Ost-Berlin wurden in den folgenden Jahren 17 Kirchen gesprengt, in Potsdam waren es vier.

Die gewaltsame Niederschlagung des Arbeiteraufstands durch die sowjetische Armee am 17. Juni 1953 traumatisierte viele DDR-Bürger*innen. Deutlich wurde, dass die SED-Führung nicht nur im Westen und seinem kapitalistischen System die „Feinde" des Aufbaus des Sozialismus verortete, sondern auch im Innern der DDR, und zwar besonders bei den Kirchen und Christ*innen: Jede Abweichung in den eigenen Reihen und unter den Arbeiter*innen wurde im „Arbeiter- und Bauernstaat" erbittert bekämpft. Daran änderte auch wenig, dass die SED auf Druck Moskaus einen „Neuen Kurs" verkünden musste, der das harte Vorgehen gegen Mitglieder der Jungen Gemeinde kurzzeitig etwas lockerte. Mit der Einführung der Jugendweihe (1954) – einem Bekenntnis Jugendlicher ab der 8. Klasse zur DDR – als Konkurrenz zur Konfirmation versuchte die SED, Jugendliche an den sozialistischen Staat und seine Ziele zu binden und christliche Prägungen weiter zurückzudrängen. Die Konsequenzen bei Verweigerung dieses offiziell als freiwillig geltenden Bekenntnisses reichte von schlechteren Lehrstellen bis hin zum Verbot eines Studiums. Der Beitritt

5 Frédéric Hartweg (Hrsg.), SED und Kirche. Eine Dokumentation ihrer Beziehungen. Bd. 1: SED 1946–1967. Neukirchen-Vluyn 1995, Dok. 23 (Auszug aus dem Protokoll Nr. 5/53 der Sitzung des Politbüros des ZK der SED am 27.1.1953, S. 88–91, hier S. 88).

6 BArch Berlin, NY 4182/423: Staatsakt zur Namensgebung im Eisenhüttenstadtkombinat Ost; vgl. auch Anke Silomon, Pflugscharen zu Schwertern. Schwerter zu Pflugscharen. Die Potsdamer Garnisonkirche im 20. Jahrhundert, Berlin 2014, S. 134, 160–170.

der Bundesrepublik zur NATO und der DDR zum Warschauer Pakt im Jahr 1955 zementierte die Blockbildung und den damit verbundenen politisch-ideologischen Druck nach innen noch einmal.

Nach der Unterzeichnung eines Militärseelsorgevertrags zwischen der Bundesregierung und der EKD im Jahr 1957, von dem die östlichen Gliedkirchen ausdrücklich ausgenommen waren, brach die DDR endgültig die Kontakte zur EKD ab und akzeptierte nur noch Gesprächspartner mit Wohnsitz in der DDR. Im Gegensatz zu den gesamtkirchlichen Zusammenschlüssen, also der EKD, der Evangelischen Kirche der Union (EKU) und der Vereinigten Evangelisch-Lutherischen Kirche Deutschlands (VELKD), ergriff die Berlin-brandenburgische Kirche angesichts der drohenden Kirchenspaltung vorbeugende Maßnahmen und beschloss 1959 eine „Notverordnung", um die Handlungsfähigkeit ihrer Organe auch regional voneinander getrennt zu erhalten. Die Landeskirche, deren Gebiet einen Ost- und einen Westteil umfasste, wurde nun zu einem noch schwierigeren Fall. Im Frühjahr 1961 war der Berlin-brandenburgische Präses Kurt Scharf als Nachfolger des von der DDR-Führung als „NATO-Bischof" abgelehnten Otto Dibelius zum Ratsvorsitzenden der EKD gewählt worden. Obwohl sich Scharf sehr zurückhaltend und konziliant verhielt, wurde er bereits wenige Wochen nach dem Mauerbau 1961 aus der DDR ausgebürgert. Weil seine Ernennung zum Bischof der Berlin-brandenburgischen Kirche von Seiten der SED-Führung für den Bereich der DDR als „wirkungslos" bezeichnet wurde, wurde der Generalsuperintendent des Kirchensprengels Eberswalde, Albrecht Schönherr, zum Verwalter der Ostregion ernannt.

Nicht zuletzt durch das Inkrafttreten der neuen „sozialistischen" Verfassung der DDR im Jahr 1968 wurde die evangelische Kirche in der DDR gezwungen, der Realität ins Auge zu blicken. Wenn sie ihre Existenz als Kirche in einem atheistischen Staat nicht aufgeben, sondern ihre gewisse Autonomie gegenüber dem totalen Anspruch von Staat und Partei bewahren und sogar ausbauen wollte, musste sie sich formal von der EKD lösen. So wurde im September 1969 ein separater und eigenständiger Kirchenbund in der DDR gegründet, der Bund der Evangelischen Kirchen in der DDR (BEK). Doch betonten sowohl die EKD als auch der neue DDR-Kirchenbund unter Vorsitz von Albrecht Schönherr, dass trotz der organisatorisch-rechtlichen Trennung an der „besonderen", der geistlichen Gemeinschaft, festgehalten werde. Auch wenn der Bund Evangelischer Kirchen erst eineinhalb Jahre später von der SED-Führung offiziell anerkannt wurde, ermöglichte seine Gründung die Aufnahme des schwierigen Dialogs zwischen Staat und Kirche, der besonders zur Verbesserung der Lage in der gespaltenen Landeskirche in Berlin und Brandenburg wichtig war.

Kirchliche Friedensarbeit als Schwerpunktthema

Wie in der ersten DDR-Verfassung von 1949 lag auch in der „sozialistischen" Verfassung von 1968 ein deutlicher Akzent auf der Sicherung des Friedens. Die DDR gerierte sich von Beginn an als Friedensstaat, bis hin zu dem Anfang der 1980er-Jahre ausgegebenen Slogan „Sozialismus und Frieden sind wesensgleich". Die Friedensfrage gehörte zu den wenigen Überschneidungspunkten in der ideologischen Grundhaltung des SED-Staates und der theologisch fundierten Position der evangelischen Kirche. Angesichts der Tatsache, dass die Kirche im Zuge des Aufbaus des Sozialismus als Relikt bürgerlicher Herrschaft nicht verschwand und die SED-Führung geradezu getrieben war von dem Wunsch nach staatlicher Anerkennung im internationalen Kontext, wuchs der Kirche Bedeutung zu. Es war aufgrund politisch-taktischer Überlegungen im Sinne der Staats- und Parteiführung, dass die evangelischen Kirchen in der DDR sich öffentlich zu sozialistischen Friedensinitiativen bekannten und dass sie durch ihre Mitarbeit in der Ökumene den Eindruck von Weltoffenheit der abgeschotteten DDR vermittelten. Zwar versuchte die SED, Einfluss zu nehmen auf die personelle Auswahl der Kirchenvertreter*innen, die zu kirchlichen Veranstaltungen und Treffen aus der DDR ausreisten oder aber einreisten. Jedoch gelang es dem Kirchenbund in den meisten Fällen, seine eigenen Wünsche durchzusetzen.

Unmittelbar nach Einführung der allgemeinen Wehrpflicht in der DDR im Januar 1962 hatten die evangelischen Kirchen gegen die fehlende Möglichkeit der Wehrdienstverweigerung Einspruch erhoben. In der Bundesrepublik waren 1961 die ersten Zivildienstleistenden angetreten. Mit der Einführung der Bausoldatenregelung im Jahr 1964 war die DDR zwar Vorreiter im sozialistischen Lager – nur handelte es sich hier um einen militärischen Dienst ohne Waffe, jedoch keineswegs um einen zivilen Wehrersatzdienst. Hinzu kam, dass viele Bausoldaten, unter denen sich zahlreiche Christen befanden, stigmatisiert wurden und berufliche Benachteiligungen zu erleiden hatten.

Auf der Bundessynode der DDR-Kirchen 1971 in Eisenach entstand die folgenreiche Formel „Kirche im Sozialismus". Dort erklärte Albrecht Schönherr, der Vorsitzende des BEK: „Wir wollen Kirche nicht neben, nicht gegen, sondern Kirche im Sozialismus sein". Damit versuchte er die gesellschaftlichen Rahmenbedingungen zu benennen, unter denen sich kirchliches Handeln vollzog. Diese Standortbestimmung war jedoch nicht eindeutig und daher so umstritten wie der Weg des Kirchenbundes zwischen Anpassung und Verweigerung. Die Formel verführte Vertreter*innen des SED-Staates und der Kirche gleichermaßen zu unterschiedlichen Auslegungen. Aber sie verlieh der evangelischen Kirche in der DDR trotz ihrer Missverständlichkeit ein gewisses Maß an Stabilität und Konsolidierung, was die Möglichkeit eröffnete, sich auch zu den Defiziten des SED-Staates kritisch zu äußern, „ohne sofort einer sozialismusfeindlichen Haltung bezichtigt zu werden".[7]

Bis zu dem Spitzengespräch zwischen SED-Staat und BEK am 6. März 1978 stand für die Kirche in der DDR vor allem ihre eigene Positionsbestimmung im sozialistischen Teil Deutschlands im Vordergrund, und sie begann parallel, ihre Eigenständigkeit gegenüber dem Staat zu behaupten. Hierbei konzentrierte sie sich auf Themen wie internationale Entspannung und Friedenssicherung, aber erhob auch gegen die zunehmende Militarisierung der Gesellschaft Einspruch. Als kurze Zeit nach dem Grundsatzgespräch, in dessen Verlauf Erich Honecker das Friedensengagement der evangelischen Kirche in der DDR ausdrücklich gewürdigt hatte, in den Schulen Wehrkundeunterricht als Pflichtfach eingeführt wurde, rief das den schärfsten offiziellen Widerspruch der Kirchen hervor, allerdings ohne Erfolg. Die Installation des obligatorischen Wehrkundeunterrichts durch die SED war jedoch ein Initialpunkt für die eigenständige Friedensarbeit der Kirchen in der DDR und erklärt zugleich, warum die evangelische Kirche in der DDR ihr Friedensengagement nicht nur auf den Weltfrieden richtete, sondern so stark binnengesellschaftlich orientierte.

Ende der siebziger Jahre wuchs die Zahl der Friedensgruppen an, und ihr Wirken drückte sich im Bereich der evangelischen Kirche durch verschiedene Aktivitäten aus. Die Berlin-brandenburgische Kirche und ihre Mitglieder waren besonders engagiert in der Gestaltung, der Durchführung und inhaltlichen Ausrichtung von unterschiedlichen Friedensveranstaltungen. Vor allem der NATO-Doppelbeschluss vom Dezember 1979 bestätigte die evangelische Kirche in ihrem Einsatz für die Sicherung des Friedens durch Entspannungspolitik, Abrüstung und Erziehung zum Frieden im eigenen Land. Von den Kirchenleitungen und Synoden bis hin zu Arbeitsgremien des DDR-Kirchenbundes beziehungsweise gemeinsamen Einrichtungen setzten sich zahlreiche kirchliche Stellen intensiv mit der Friedensthematik auseinander. Veranstaltungen mit großer Öffentlichkeits- und Außenwirkung wie zum Beispiel Friedensdekaden, Kirchentage und Synoden spielten dabei in Brandenburg eine wichtige Rolle und wurden von Staatsvertretern und dem Ministerium für Staatssicherheit (MfS) argwöhnisch beobachtet und akribisch überwacht.[8]

Das Jahr 1980 stellte eine wichtige Zäsur in der praktischen Fortführung kirchlicher Friedensarbeit dar. Im November 1980 fand die erste Friedensdekade in der DDR unter dem Motto „Frieden schaffen ohne Waffen" – „Schwerter zu Pflugscharen"

7 Vgl. Horst Dähn (Hrsg.), Die Rolle der Kirchen in der DDR. Eine erste Bilanz, München 1993, S. 7–20, hier S. 15.

8 Dazu Anke Silomon, Synode und SED-Staat. Die Synode des Bundes der Evangelischen Kirchen in der DDR in Görlitz vom 18. bis 22. September 1987, Göttingen 1997.

statt, während der sich viele Gemeinden in Brandenburg wie in der gesamten DDR zehn Tage lang ausschließlich der Friedensproblematik widmeten. Die angespannte politische Weltlage, die kritische Situation in Polen seit der Entstehung der Solidarność-Bewegung, der deswegen einsetzende Abschottungskurs der SED gegenüber Polen, der Einmarsch sowjetischer Truppen in Afghanistan, die mangelnde staatliche Informationspolitik, das Beharren der Christ*innen auf dem kirchlichen Versöhnungsauftrag und ihre Ablehnung des Konzepts einer „kommunistischen Erziehung", die Forderung nach einem „Sozialen Friedensdienst" – all diese Themen wurden bei der Friedensdekade kritisch diskutiert.

Weil die Staats- und Parteiführung die Teilnahme einiger offiziell akkreditierter Journalisten verhindert hatte, protestierte das Kirchenparlament der Evangelischen Kirche in Berlin-Brandenburg auf seiner Tagung Mitte November 1981 mit einer Präsidiumserklärung. Die Abwesenheit der Pressevertreter habe dazu geführt, „daß infolge der komplizierten Gesamtsituation diesmal die Öffentlichkeitswirksamkeit unserer Synode nicht voll gewährleistet ist". Das Präsidium gehe davon aus, dass es sich um eine „vorübergehende Maßnahme" handele. Die Forderung nach der Einrichtung eines „Sozialen Friedensdienstes" wurde auch von der Berlin-brandenburgischen Synode als Versuch eines „konstruktiven Beitrags" zum kirchlichen Friedenszeugnis beurteilt. Es sei allerdings nur ein Schritt auf dem „Weg zu einer Welt des unbewaffneten Friedens". Das staatliche Gegenargument, die Einführung eines nichtmilitärischen Wehrersatzdienstes trage zur „Schwächung der Verteidigungsposition der Staaten des Warschauer Vertrages" bei, wurde von dem Kirchenparlament mit dem Verweis abgelehnt, militärische Stärke diene nicht der Friedenssicherung. Zur weiteren Beschäftigung mit der Forderung nach einem waffenlosen Dienst wurde für die Dauer der Legislaturperiode ein Synodalausschuss „Friedensfragen" gebildet, der bis zum April 1982 eine Stellungnahme zu Fragen der Abrüstung in Europa erarbeiten sollte. Ferner sollten die Ausschussmitglieder die Debatten auf der aktuellen Synode zu „Fragen des Friedensdienstes" aufarbeiten. Es wurde sogar ins Auge gefasst, „langfristig ein Programm ‚Ohne Rüstung leben' in ökumenischer Zusammenarbeit zu entwickeln".[9] Die Berlin-brandenburgische Synode befürwortete nicht nur diese kritischen Themen, sondern stellte sich auch schützend vor neue Gottesdienstformen.

Das Symbol „Schwerter zu Pflugscharen", das auf allen vom BEK herausgegebenen Arbeitsmaterialien und auf den beigelegten Lesezeichen abgebildet war, war als Plastik von der Sowjetunion im Jahr 1959 den Vereinten Nationen in New York geschenkt worden. Dieses Geschenk, das der sowjetische Ministerpräsident Nikita

9 Vgl. Anke Silomon, „Schwerter zu Pflugscharen" und die DDR. Die Friedensarbeit der ev. Kirchen in der DDR im Rahmen der Friedensdekaden 1980–1982, Göttingen 1999, S. 102.

Chruschtschow übergeben hatte, sollte den Wunsch nach der Beendigung weltweiten Wettrüstens symbolisieren und damit der Ernsthaftigkeit des sowjetischen Friedensstrebens Ausdruck verleihen. Es war also nicht unbedingt damit zu rechnen, dass in der DDR die staatlichen Reaktionen auf das Tragen eines entsprechenden Aufnähers und die Sanktionen gegen die Friedensbewegten so scharf ausfallen würden. Das zeigte sich vor allem bei der Durchführung der zweiten Friedensdekade im Jahr 1981 mit dem Thema „Gerechtigkeit, Abrüstung, Frieden", während der die Auseinandersetzungen um das biblische Symbol „Schwerter zu Pflugscharen" eskalierten. Die SED-Führung interpretierte die kirchlichen Friedensbemühungen als Einmischung in die staatliche Politik und vermutete die Bildung einer oppositionellen Bewegung. Die FDJ wurde veranlasst, mit der Kampagne „Der Frieden muss verteidigt werden – der Frieden muss bewaffnet sein" dem auch von der bundesdeutschen Friedensbewegung verwendeten Slogan „Frieden schaffen ohne Waffen" entgegenzusteuern.

Nicht nur für die Berlin-brandenburgische Kirchenleitung bedeutete das, zwar nicht von den Forderungen nach einer Erziehung zum Frieden in der DDR, einem „Sozialen Friedensdienst" und einem Mitspracherecht im Bereich der Volksbildung abzurücken, gleichzeitig aber diejenigen zu bremsen, die das Abzeichen in Ausbildung, Schule, Beruf und Freizeit trugen. Das waren zumeist Jugendliche, aber keineswegs nur engagierte Christ*innen. Aus Sicht der Berlin-brandenburgischen Kirchenleitung sollten nun weder die Jugendlichen noch die neu erkämpften Handlungsspielräume der Kirche gefährdet werden – ein schwieriger Balanceakt, mit dem die Kirchenleitung Konflikte in beide Richtungen riskierte, also mit dem Staat und den Friedensbewegten. Während der Friedensdekade 1981 verteilte Gottfried Forck, erst seit Oktober des Jahres in Nachfolge von Schönherr Bischof der Evangelischen Kirche in Berlin-Brandenburg, in der Ostberliner Marienkirche die Aufnäher „Schwerter zu Pflugscharen". Dies wurde von der SED-Regierung als Zeichen der oppositionellen Stellungnahme verstanden. Noch im November 1981 wurde das Tragen des Aufnähers in der Öffentlichkeit verboten. Als Akt der Solidarität mit den Jugendlichen, die diesen Aufnäher trugen, trug Forck einen entsprechenden Aufkleber auf seiner Aktentasche und setzte sich außerordentlich für diese Jugendlichen ein.

Das unabhängige Netzwerk „Frauen für den Frieden" mit Ablegern unter anderem auch in Potsdam und engen Kontakten zu Friedensbewegungen außerhalb der DDR, gründete sich 1982 in Berlin. Die „Frauen für den Frieden", die sich teilweise unter dem Dach der Kirche organisierten, richteten eine Eingabe an Erich Honecker, um gegen die Einführung des neuen Wehrdienstgesetzes zu protestieren. Unter anderem Bärbel Bohley und Ulrike Poppe, Gründungsmitglieder, wurden daraufhin in Haft genommen.

Die dritte Friedensdekade „Angst – Vertrauen – Frieden" im November 1982 verlief nach Verhandlungen zwischen Staat und Kirche für beide Seiten zufriedenstellend. Seit 1982 war Manfred Stolpe Konsistorialpräsident für die Ostregion (Berlin-Brandenburg), setzte sich für innerkirchliche Klärungen sowie für gesamtkirchliche Belange ein und übernahm die Gesprächsführung mit staatlichen Stellen, unter anderem auch mit Vertretern des MfS.[10] Sein Austausch mit Bischof Forck über die kirchliche Situation in Brandenburg war intensiv, und er begleitete ihn zu Gesprächen mit Staatsvertretern, wenn es um den Schutz von in die staatliche Schusslinie geratenen Menschen ging.

Aber trotz des kirchlichen Einstehens für die beteiligten Jugendlichen und der Lösung von vielen „Einzelfällen" – übrigens eine beliebte Strategie der Staats- und Parteiführung und des MfS, um verbindliche Regelungen zu umgehen – verlor die Kirchenleitung in Berlin-Brandenburg und in einigen anderen Landeskirchen die Tuchfühlung mit der Basis, die sich oft schutzlos staatlichen Maßnahmen ausgesetzt sah. So erging es Peter Nowick, der nach seinem anderthalbjährigen Grundwehrdienst bei den Luftstreitkräften der NVA anfing, in Karl-Marx-Stadt Physik zu studieren. Weil er den politischen Druck nicht mehr aushielt, begann er eine Ausbildung zum Psychiatriediakon in den kirchlichen Samariteranstalten in Fürstenwalde/Spree. Nachdem er einen Ausreiseantrag gestellt hatte, musste er die Ausbildung abbrechen und arbeitete als Krankenpfleger in einem kirchlichen Altenheim. Nowick hatte keine Bindung zur Kirche, teilte aber die Ziele der Friedensbewegten, unterstützte die Forderung nach einem „Sozialen Friedensdienst" und empfand, wie so viele andere junge Menschen, kirchliche Freiräume und den offenen Gedankenaustausch mit Gleichgesinnten als wohltuend. Bei einer Urlaubsreise in die damalige ČSSR im Sommer 1982 wurde ein selbst angefertigter Aufnäher mit der Aufschrift „Abrüstung und Frieden" und der Abbildung einer Person, die ein Gewehr zerbricht, beanstandet. Nowick wurde zu einer dreijährigen Haftstrafe verurteilt, die er ab November 1982 in der Cottbuser Strafvollzugsanstalt absaß, bis er Ende Mai 1985 in den Westen abgeschoben wurde. Nowicks Ansicht nach haben sich die kirchlichen Stellen in Berlin-Brandenburg nicht wirklich hinter ihn und andere unter immensen staatlichen Druck geratene Jugendliche gestellt. Er habe mehrere Ordnungsstrafen bekommen und dies auch kirchlichen Stellen mitgeteilt, aber ihm sei nicht geholfen worden. Nachdem der Cottbuser Generalsuperintendent Gottfried Forck Ende 1981

10 Für seine Kontakte mit dem MfS, die Stolpe nicht eindeutig offenlegte, aber auch von Seiten der Kirche nicht dazu befragt wurde, vgl. Ludwig Große u. a. (Hrsg.), Überprüfungen auf Stasikontakte in den östlichen Gliedkirchen der EKD. Dokumentation und Kommentar. Im Auftrag des Kirchenamtes der EKD, in: Zeichen der Zeit, Bd. 51, Beih. 1, Leipzig 1997, S. 3–23, 32–36.

sein Amt als Bischof von Berlin-Brandenburg angetreten hatte, fühlte sich Nowick völlig auf sich allein gestellt.[11]

Selbstbestimmtes Kirchenleben vor Ort

Die Verschlechterung des Staat-Kirche-Verhältnisses muss im Zusammenhang mit den gesamten kirchlichen Friedensbemühungen betrachtet werden. Ein Konfliktpunkt lag bereits in der Tatsache begründet, dass die evangelische Kirche nach ihrem Selbstverständnis eigene Verantwortung für den Frieden übernahm und ihre ökumenischen Verbindungen dazu nutzte, weltweite Abrüstungsbemühungen zu fördern. Der Wunsch nach globaler Abrüstung und einem friedlichen Miteinander war das Ziel in weiter Ferne. Also richtete die evangelische Kirche die Forderung nach Mitsprache an den eigenen Staat. Für die DDR-Gesellschaft stellte sie aber auch die Frage nach einer Erziehung zum Frieden in Kindergärten und Schulen, der Möglichkeit eines zivilen Ersatzdienstes im sozialen Bereich und der grundsätzlichen Gewährleistung von Glaubens- und Gewissensfreiheit.

Auch der Brandenburger Dom war ein Ort, an dem die Freiheit des Evangeliums im Denken und Handeln und das Eintreten für den gemeinsamen Lernweg der christlichen Kirchen zu Gerechtigkeit, Frieden und Bewahrung der Schöpfung verkündet wurde. Entsprechende Initiativen und Veranstaltungen waren Teil des Konziliaren Prozesses, den die DDR-Delegation 1983 bei der Vollversammlung des Weltkirchenrats in Vancouver (Kanada) mit angestoßen hatte.[12] Dazu gehörte auch das Engagement für gesellschaftspolitische Veränderungen. So bot zum Beispiel der Kindergarten der Brandenburger Domgemeinde eine Alternative zur Erziehung zur „sozialistischen DDR-Persönlichkeit". Mitarbeiter*innen im Kirchenkreis Brandenburg an der Havel kümmerten sich um Wehrdienstverweigerer; der zweimal jährlich begangene Tag der Einberufung wurde mit einem Gebet zum Schutz des Lebens in der Domkrypta begleitet.

Die Staats- und Parteiführung, die die DDR als Friedensstaat ansah, strebte ein öffentliches Bekenntnis der Kirche zu ihrer sozialistischen Friedenspolitik an.

11 Vgl. Anke Silomon, „Schwerter zu Pflugscharen" und die DDR. Die Friedensarbeit der evangelischen Kirchen in der DDR im Rahmen der Friedensdekaden 1980–1982, Göttingen 1999, S. 252–270.

12 An dieser Stelle und bei den folgenden Bezügen zu den Aktivitäten der Brandenburger Domgemeinde dient mir der Aufsatz von und ein persönliches Gespräch mit der damaligen Dompfarrerin Cornelia Radeke-Engst als Quelle. Cornelia Radeke-Engst, Dom und Domgemeinde in der Wendezeit, in: Domstift Brandenburg (Hrsg.), 850 Jahre Domkapitel Brandenburg, Regensburg 2011, S. 151–160.

Gleichzeitig jedoch versuchte sie zu verhindern, dass die Kirche in Bereiche jenseits des ihr zugestandenen Spielraums vordrang, der auf die Ausübung des christlichen Glaubens beschränkt bleiben sollte. Mit ihrer Einmischung in außen- und innenpolitische Fragen und der Übernahme einer sogenannten Stellvertreterrolle für die Gesellschaft überschritt die Kirche diese vom Staat gesetzten Grenzen. Sie brachte gesellschaftspolitische Konflikte zur Sprache, deren Lösung der Staat nicht anstrebte, weil sie mit einer Korrektur des sozialistischen Systems in Richtung Demokratisierung und Öffnung verbunden gewesen wären. Der Staat sah die tabuisierte Machtfrage gestellt und reagierte mit Abgrenzung und Repressionen.

Der DDR-Kirchenbund geriet in eine Zwangslage. Die Vertreter von Partei und Staat versuchten, diese Forderungen bewusst in den Bereich der evangelischen Kirche abzudrängen. Sie drohten, Verhandlungen zwischen Staat und Kirche zu wichtigen Themen einzustellen und die Wirkungsmöglichkeiten der Kirche weiter einzuschränken. Auf der anderen Seite forderte die kirchliche und nichtkirchliche Friedensbewegung von den Kirchenleitungen die Unterstützung und die Vertretung ihrer Belange. Die Konsequenzen aus den Konflikten zwischen Staat und Kirche zeigten sich also vor allem im Bereich der staatlichen Kirchenpolitik. Die Diskussion innergesellschaftlicher Probleme wurde im Raum der Kirchen weitergeführt. Es ging nach dem Selbstverständnis der Kirchengemeinden weder darum, widerständiges Verhalten zu befördern noch antistaatliches Gedankengut zu verbreiten oder gar eine oppositionelle Bewegung zu bilden. Zum Beispiel boten die seit 1980 jährlich im Dom in Brandenburg an der Havel stattfindenden Liedermachertreffen ein Forum für Musik, Austausch und Inspiration jenseits der staatlichen Zensur. In Frauen-, Senioren- und Elternkreisen beschäftigten sich die Teilnehmenden mit Bibelthemen und Glaubensfragen – doch zu diesen Gesprächen gehörte die Erörterung des Lebens und des Alltags in der DDR, der von politischem Druck und Restriktionen beeinflusst, manchmal auch dominiert wurde. Die entstandene Unruhe wurde von den staatlichen Organen als ständiges Druckmittel gegenüber den Kirchen gebraucht. Allerdings versäumte die Staats- und Parteiführung, sich in ihren eigenen Gremien mit der Situation im Land auseinanderzusetzen, um Mittel und Wege zu finden, ohne Verlust ihrer Glaubwürdigkeit diese Probleme in den Griff zu bekommen. Die Kirche funktionierte hier nur vorübergehend als Katalysator, da sie – trotz großer Vorsicht und Zurückhaltung gegenüber der Regierung – ihre gewonnene Eigenständigkeit nicht mehr preisgeben wollte. Es kam zwar zu gefährlichen innerkirchlichen Konflikten; sie führten jedoch nicht zur Handlungsunfähigkeit der evangelischen Kirche in der DDR. Vielmehr wurde sie zum Sprungbrett für eigenständige Initiativen und Aktionen, die sich nicht nur auf die Friedensfrage beschränkten. Vor allem auch die Zustimmung des Deutschen Bundestages zur im NATO-Doppelbeschluss vorgesehenen

Raketenstationierung in Westeuropa wurde in Ost und West als herber Rückschlag empfunden.

Es bildete sich über Friedens-, Dritte Welt-, Ökologie- und Umweltschutzgruppen eine oppositionelle Bürgerbewegung, die den Zusammenbruch des SED-Regimes vorantrieb und beschleunigte. Im Sommer/Herbst 1989 schlossen sich viele Brandenburger Oppositionelle, Christ*innen und kirchliche Mitarbeiter*innen in neu gegründeten Bürgerrechtsgruppen zusammen. Zu nennen sind hier das „Neue Forum", „Demokratie Jetzt" oder der „Demokratische Aufbruch". Auf Initiative von diesen und weiteren Gruppierungen wurde der Zentrale Runde Tisch einberufen, moderiert von Vertretern des BEK, der Berliner Bischofskonferenz und der Evangelisch-methodistischen Kirche, womit die besondere Bedeutung von Christ*innen in der DDR-Opposition gewürdigt wurde. Der Runde Tisch tagte von Dezember 1989 bis zu den Volkskammerwahlen im März 1990.

Auch in den DDR-Bezirken und auf kommunaler Ebene gab es zahlreiche aktive Runde Tische.[13] Für die Stadt Brandenburg an der Havel lud Dompfarrerin Cornelia Radeke-Engst zusammen mit dem katholischen Kaplan Bernd Krause am 14. Dezember 1989 zum ersten Runden Tisch ein, der bis zur Kommunalwahl am 6. Mai 1990 zusammentrat, um zu beraten, wie man „besorgniserregenden Tendenzen", wie dem „Sinken der Schwelle zur Gewalt", der „wachsenden Angst unter Teilen der Bevölkerung", „zunehmender Ausländerfeindlichkeit" sowie „rechtsradikalen Tendenzen" entgegenwirken könne. Ein wichtiges Ziel war das „Einüben von politischem, demokratischem Meinungsstreit", um den Andersdenkenden mit Respekt zu begegnen. Und nicht zuletzt ging es um die Vorbereitung der ersten freien Kommunalwahlen, an der im Übrigen auch die Inhaftierten der örtlichen Haftanstalt teilnehmen sollten.[14]

Umorientierungen nach der Friedlichen Revolution

Zahlreiche politisch-alternative und damit von der SED als hochgradig oppositionell eingestufte Kreise und Gruppen, unter ihnen viele mit konfessionellem Hintergrund, hatten vor der Friedlichen Revolution von einem „verbesserlichen Sozialismus" gesprochen, die Einhaltung der Bürgerrechte, demokratische Wahlen, eine Entmilitarisierung der Gesellschaft sowie Reisefreiheit gefordert und sich für die Demokratisierung der DDR eingesetzt. Sie hatten sich von der Gruppe der „Ausreisewilligen"

13 Vgl. Francesca Weil, Verhandelte Demokratisierung. Die Runden Tische der Bezirke 1989/90 in der DDR, Göttingen 2011.

14 Radeke-Engst, Dom und Domgemeinde in der Wendezeit, S. 158.

abgegrenzt, die an eine Reformierung der DDR nicht mehr glaubten und das Land in Richtung Westen verlassen wollten. Das traf auch auf viele brandenburgische Oppositionsgruppen bzw. auf viele engagierte Brandenburger Christ*innen zu, die sich seit dem Sommer und Herbst 1989 in den neuen Bürgerbewegungen engagierten.

Nach dem Fall der Mauer am 9. November 1989 vollzog sich in der DDR-Bevölkerung allerdings eine gesellschaftspolitische Neuorientierung, in deren Folge eine Mehrheit die schnelle deutsch-deutsche Vereinigung favorisierte. Auf den Demonstrationen wurden nun keine Plakate mehr mit der Aufschrift „Wir sind das Volk!", sondern mit dem Slogan „Wir sind ein Volk" gezeigt. An die Spitze dieser Bewegung stellte sich bald das erfolgreiche christlich-konservative Wahlbündnis „Allianz für Deutschland", bestehend aus der ehemaligen DDR-Blockpartei CDU-Ost sowie den neu gegründeten Parteien Deutsche Soziale Union und Demokratischer Aufbruch. Mit ihrem überraschend klaren Sieg bei den Volkskammerwahlen vom 18. März 1990 lag die Regierungsverantwortung danach bei explizit christlich orientierten Parteien und Politiker*innen.

Auch in der Brandenburger Region war eine Reihe von Bürgerrechtler*innen mit kirchlichem Hintergrund, aber auch Kirchenfunktionäre und Pfarrer in die brandenburgische Kommunal- oder Landespolitik eingestiegen und hatte im Ergebnis mehrerer Wahlen Spitzenpositionen eingenommen, wie etwa Marianne Birthler (Bündnis 90/Die Grünen) oder Manfred Stolpe (SPD). Während hier Euphorie und Aufbruchsstimmung herrschten, machte sich unter der zusammengeschmolzenen Minderheit derjenigen, die sich nach wie vor für Basisdemokratie und einen „verbesserlichen" Sozialismus einsetzten und dies auch an den Runden Tischen vertraten, allerdings Enttäuschung breit, da sie ihre Bemühungen und Vorschläge im Vereinigungsprozess nicht oder zu wenig berücksichtigt sahen.

Ähnliches kann für den schwierigen Fusionsprozess von EKD und BEK gesagt werden, den sich insbesondere viele Mitglieder des DDR-Kirchenbundes ohne Substanzverlust gewünscht und erhofft hatten. Diesen Christ*innen erfolgte der Zusammenschluss beider Kirchen, wie bereits die Vereinigung beider deutscher Staaten (diese Parallele wurde in den Verhandlungen durchaus gezogen), erstens zu schnell und zweitens zu sehr als Anschluss einer mittellosen an eine finanzstarke Kirche – von einer Zusammenführung zweier gleichberechtigter Partner nach 20 Jahren grenzübergreifender „besonderer Gemeinschaft" konnte nicht wirklich die Rede sein. Einige der erkämpften Grundsätze des BEK waren innerhalb der EKD nicht konsensfähig, wie zum Beispiel der Beschluss des Kirchenparlaments „Bekennen in der Friedensfrage" aus dem Jahr 1987. Bedeutsam war hier aus theologischer Sicht vor allem die Verwendung des Wortes „Bekennen", das in seiner praktischen Wirkung nicht nur als verpflichtendes Bekenntnis der Synode in der Friedensfrage verstanden werden konnte, sondern sogar im Sinne eines „status confessionis" (Bekenntnisnotstand)

Die Berliner Oberkonsistorialrätin und bisherige Präses der ostdeutschen Synode, Rosemarie Cynkiewicz, und der Ratsvorsitzende der EKD, der Berliner Bischof Martin Kruse, besiegelten am 28.6.1991 auf der ersten gesamtdeutschen Synode in Coburg mit einem symbolischen Händedruck die Vereinigung.
epd-bild / Norbert Neetz

für die Entscheidung des einzelnen Christen in der Wehrdienstfrage interpretierbar war: „Die Kirche sieht in der Entscheidung von Christen, den Waffendienst oder den Wehrdienst überhaupt zu verweigern, einen Ausdruck des Glaubensgehorsams, der auf den Weg des Friedens führt", hieß es in dem Papier.[15] Der damalige Leiter der „Berliner Stelle des Kirchenamtes der EKD", Uwe-Peter Heidingsfeld, der zuständig war für die Kommunikation zwischen BEK und EKD, drückte sich dahingehend in einem Bericht gleichermaßen schwammig wie abgrenzend aus: Auch wenn dieser Beschluss höchstwahrscheinlich im EKD-Bereich nicht konsensfähig sei, müsste er „pfleglich" behandelt werden, weil „viel Bundes-Herzblut" an ihm hänge, ohne

15 Beschluss der Bundessynode in Görlitz vom 22.9.1987 (Kundgebungen. Worte, Erklärungen und Dokumente des Bundes der Evangelischen Kirchen in der DDR, hrsg. von Manfred Falkenau, Hannover 1996, Bd. 2, S. 262–265, hier S. 262 ff.).

dass dabei der Eindruck entstehe, die alte EKD wolle die Position des DDR-Kirchenbundes tatsächlich übernehmen: „Es muß eine unschädliche Fortgeltung – auf begrenzte Zeit – als partikulares Gut des einstigen Kirchenbundes ermöglicht werden."[16] Umgekehrt wollten die Vertreter des BEK in der DDR auf keinen Fall, dass der Militärseelsorgevertrag von 1957 bei der Zusammenführung für die östlichen Gliedkirchen Gültigkeit erlangte. Zudem bedauerten sie die Übernahme der bundesrepublikanischen Regelungen zum Schwangerschaftsabbruch (§ 218).

In den ehemaligen DDR-Landeskirchen kam in den 1990er-Jahren einiges in Bewegung, so auch in Brandenburg. Die Entwicklungen in Brandenburg an der Havel können hier einmal mehr beispielhaft in den Blick genommen werden. Die evangelische Kirche genoss aufgrund ihres wichtigen Anteils an der Friedlichen Revolution großes Ansehen. Manchen Menschen schien es nun opportun, statt in die SED in die Kirche einzutreten, auch um ihre Chancen auf dem Arbeitsmarkt zu verbessern. Auch viele Menschen, die sich in der DDR aus berechtigter Angst vor beruflichen und persönlichen Nachteilen von der Kirche ferngehalten hatten, fühlten sich nun frei, sich ihr wieder anzunähern. Es kam zu zahlreichen Kircheneintritten, und kirchliche Amtshandlungen wie Taufe, Konfirmation, Trauung und Bestattung erlebten eine Renaissance. In Frauen-, Senioren- und Elternkreisen des Brandenburger Doms wurde unter anderem über Erziehungsfragen und Politik diskutiert. Am Dom wurden zwei christliche Schulen gegründet, die Kita wurde erweitert, und die Eltern übernahmen die staatlichen Kitas. Auch aktuelle politische Fragen wurden im kirchlichen Rahmen intensiv diskutiert: Musste man als Christ*in die CDU wählen? Oder wurden die Themen, die für Christ*innen zentral waren, eher von den Grünen vertreten? Aufgrund von Wahlprüfsteinen wurden Entscheidungshilfen erarbeitet und angeboten. Glaubensseminare sollten Kirchenfernen eine Chance bieten, herauszufinden, ob sie in der evangelischen Kirche das finden konnten, was sie suchten.

Es wurden zudem Rüstzeiten und Kunstprojekte für Kinder veranstaltet, auch die Kirchenmusik am Brandenburger Dom hatte großen Zulauf. Die Friedensdekaden wurden weitergeführt, und der Konziliare Prozess war aus dem Gemeindeleben in Brandenburg für einige Jahre nicht mehr wegzudenken. Der Gemeindekirchenrat setzte sich halb aus ehemals Ost- und Westdeutschen zusammen, auch Frauen und Männer waren paritätisch vertreten. Neue Formate wie Familiengottesdienste wurden für Eltern von kleinen Kindern eingerichtet, Friedensgebete weitergeführt. Zu hohen kirchlichen Feiertagen wie Ostern und Weihnachten war der Brandenburger Dom in den 1990er-Jahren zum Bersten voll. Der Tag der Einberufung – nun in die Bundeswehr – wurde weiter von einem Gottesdienst begleitet, die Ökumene mit

16 Vgl. Anke Silomon, Anspruch und Wirklichkeit der „besonderen Gemeinschaft". Der Ost-West-Dialog der deutschen evangelischen Kirchen 1969–1991, Göttingen 2006, S. 646 f.

den Katholik*innen gelebt – am Martinstag führte ein gemeinsamer Umzug durch die Stadt Brandenburg, nun nicht mehr beobachtet von der Staatssicherheit, sondern begleitet und gesichert von der Polizei.

Aber es gab auch gegenläufige Entwicklungen: So verlor der „positive Kirchengeist" der vorrevolutionären und Umbruchzeit im Laufe der 1990er-Jahre wieder an Kraft im kirchlichen Gemeindeleben. Es kam (nicht nur) in Brandenburg nach einer Eintritts- zu einer Austrittswelle, die politisch engagierte oder politisch desinteressierte Christ*innen gleichermaßen erfasste. Die Gründe waren unterschiedlich: Manche mussten nach der politischen und kirchlichen Wiedervereinigung feststellen, dass sie mit den in der DDR erkämpften Spielräumen und politischen Erfolgen in der neuen gesellschaftlichen Heimat keinesfalls Türen aufstießen. Andere waren entsetzt, als bekannt oder häufig auch nur öffentlich gemutmaßt wurde, wie viele Christ*innen bzw. kirchliche Amtsträger für das MfS gearbeitet hatten.[17] Viele wollten aus wirtschaftlichen Gründen keine Kirchensteuer mehr bezahlen, die ihnen nun automatisch von ihrem Gehalt abgezogen wurde. Andere waren nicht gewillt, die moderaten Regelungen der ehemaligen DDR zum Schwangerschaftsabbruch zu verlieren. Hinzu kam, dass die großen gesellschaftlichen und wirtschaftlichen Umbrüche der Transformation, insbesondere die Massenarbeitslosigkeit, eine massive Abwanderung in den Westen auslösten, die sich zwangsläufig auch auf die Kirchen bzw. Kirchengemeinden Brandenburgs auswirkten.

Darüber hinaus traten Unterschiede in Mentalität und Haltung zwischen Gemeindemitgliedern ostdeutscher und westdeutscher Herkunft zutage. Letztere waren häufig konservativer eingestellt bzw. wurden von den „Ostdeutschen" so wahrgenommen. Das zeigte sich zum Beispiel am Streit um das Schulfach Lebensgestaltung-Ethik-Religionskunde (LER) – viele Pfarrer*innen aus der ehemaligen DDR waren dafür, das Fach Religion durch LER zu ersetzen. Konflikte, die zu DDR-Zeiten innerkirchlich direkt gelöst worden waren, wurden plötzlich zentralistisch von „oben nach unten" entschieden. Auch das war neu und wurde nicht als Fortschritt empfunden. Schließlich kann nicht unerwähnt bleiben, dass die Aufarbeitung von Nähe zum bzw. von Kooperation mit dem SED-Regime oder das Aufdecken von IM-Tätigkeiten für das MfS von Kirchenfunktionären, Pfarrer*innen und anderen kirchlichen Mitarbeiter*innen viel Konfliktpotenzial mit sich brachte und gleichermaßen für Erregung wie Polarisierung sorgte, egal, wie unterschiedlich die Perspektiven und Positionen dazu auch ausfielen.[18]

17 Vgl. Radatz/Winter, Geteilte Einheit, S. 221–223.

18 Vgl. Große u. a. (Hrsg.), Überprüfungen auf Stasikontakte in den östlichen Gliedkirchen der EKD; Harald Schultze, Stasi-Belastungen in den Kirchen? Die Debatten in den Evangelischen Kirchen zu Befunden und Unterstellungen (1990–1996), Gütersloh 2000.

Insofern war es eine ambivalente Entwicklung, die das kirchliche Leben in der Region über Jahre kennzeichnete. Was unabhängig von den Umorientierungen nach 1989 im individuellen oder gemeinschaftlichen Gedächtnis von Christ*innen verankert blieb, war die Erfahrung, unter den Zwängen einer Diktatur am Glauben und am Kirchenleben festgehalten zu haben, ganz gleich, ob man mit Anpassung, „Winterschlaf" oder Widerstand auf die Zumutungen der SED-Herrschaft reagiert hatte.

Mediale Verarbeitung und kollektive Erinnerungen

Moderatorin Tatjana Jury im Interview mit der brandenburgischen Sozialministerin Regine Hildebrandt in der beliebten ORB-Talkshow „Babelsberg Live". Während der Sendung konnten Zuschauer den prominenten Gästen telefonisch Fragen stellen. Screenshot der Sendung aus dem rbb-Archiv, die im Frühjahr 1993 ausgestrahlt wurde.
Privatarchiv PUW

PETER ULRICH WEISS · NIKOLAI OKUNEW

Der Osten auf der Mattscheibe

DDR-Bezüge und Transformationserfahrungen im Fernsehen des ORB/RBB

Als im Spätsommer 2003 plötzlich zahlreiche DDR-Shows über die Fernsehbildschirme der Haushalte flimmerten, verblüffte dies viele Brandenburger Zuschauerinnen und Zuschauer: Betitelt mit *Die Ostalgie-Show* (ZDF), *Die DDR-Show* (RTL), *Meyer & Schulz: Die ultimative Ostshow* (SAT 1) oder auch *Ein Kessel DDR* (MDR), berichteten darin aufgekratzte Moderatorenteams zusammen mit medienaffinen Ost-Prominenten wie Nachrichtensprecher Jens Riewa, Politiker Gregor Gysi oder Sportlerin Katharina Witt „ganz privat“ und gut gelaunt von ihren Kindheits- und Jugenderinnerungen in der DDR, gaben belustigende Alltagsanekdoten zum Besten und präsentierten ein untergegangenes Land, das scheinbar nur nebenbei eine Diktatur gewesen war.

Die populären Shows liefen auf den überregionalen Sendern ZDF, SAT 1, RTL und Pro 7 sowie im für derartige Formate bekannten Mitteldeutschen Rundfunk (MDR). Allerdings fehlte der märkische Landessender in der Reihe. Ausgerechnet der Ostdeutsche Rundfunk Brandenburg (ORB) bzw. 2003 frisch fusionierte Rundfunk Berlin-Brandenburg (RBB) beteiligte sich nicht an dieser (N)Ostalgiewelle, obwohl Ost-Kompetenz sein Markenzeichen war. Dabei garantierten DDR-Shows erstklassige Einschaltquoten, die der subventionierte Sender dringend nötig hatte.[1] Das lässt aufhorchen und führt zu der Frage, ob sich der ORB/RBB seinerzeit in einem anderen Fahrwasser bewegte als der vielen als provinziell-kleinbürgerlich und Stasi-belastet geltende MDR, der exzessiv die Schlager- und Volksmusiksparte bediente und sich mit seinen alten und recycelten Formaten dem begründeten Vorwurf aussetzte, die DDR-Zeiten zu verklären.

1 So erreichte die Ostalgie-Show des ZDF 22 Prozent Marktanteil, die RTL-Show, für die Katharina Witt auf einer Pressekonferenz mit einem FDJ-Blauhemd warb, sogar 25 Prozent (allein in den alten Bundesländern sahen 4 Millionen Zuschauer die RTL-Show). GfK-Daten vom 17.8.2003; SevenOneMedia vom 23.8.2003; GfK-Daten vom 3.9.2003. Michael Beyer, Retrofernsehen Ost. Fernsehen zur autobiographischen Erinnerung am Beispiel der DDR-Shows, Diplomarbeit an der HFF Potsdam 2004.

Die Beantwortung steht noch aus: Die Aufmerksamkeitskonzentration auf den größeren MDR bei diesem Thema, die langjährige Diskussion über die mangelhafte Medienpräsenz alles Ostdeutschen insgesamt, aber auch die Überpräsenz der Hauptstadtmedien generell sorgten dafür, dass der Umgang des kleinen brandenburgischen Landessenders mit der DDR-Vergangenheit weitgehend unbeobachtet blieb. Hinzu kommt fehlende Forschung. Im Ergebnis ist nur wenig bekannt über die Geschichte des aus der Konkursmasse des aufgelösten Staatsfernsehens hervorgegangenen Regionalsenders, über seine programmlichen DDR-Bezüge, arbeitsbiografischen Ost-Prägungen sowie über seine Darstellung der SED-Diktatur.

Will man die mediale Seite des Gesellschaftswandels ausleuchten, braucht es aber entsprechende Erkenntnisse. Umso mehr, wenn man sich aus der Perspektive historisch-politischer Bildung vor Augen führt, dass Medien im Allgemeinen wie Fernsehen im Besonderen gerade in unsicheren, von Zusammenbruch und Neuorientierung bestimmten Transformationszeiten das Geschichtsbewusstsein von Menschen und deren Umgang mit Vergangenheit erheblich prägen können. Immerhin war der Landessender damit angetreten, identitätsstiftend für die Brandenburger wirken zu wollen. Die nachfolgenden Ausführungen nehmen dies zum Ausgangspunkt, um erste Einblicke in die Entwicklung des ORB und seines Programms zu geben.[2]

Herbst ’89: Aufleben eines erstarrten Staatsfernsehens

Die Rolle der Medien sowohl im als auch für den Zusammenbruch des kommunistischen Ostblocks war außerordentlich bedeutsam.[3] Doch das Fernsehen der DDR spielte in diesem Prozess lange Zeit nur eine Nebenrolle. Zwar hatte das

2 Im Verlauf des Beitrags werden Trends im ORB/RBB-Fernsehprogramm für die 1990er- bis Mitte 2000er-Jahre benannt. Empirische Grundlage dafür bildet die im Unternehmens- und Historischen Archiv des RBB (UHA RBB) vorgenommene qualitative Auswertung von jeweils mehrwöchigen Programm-Stichproben pro Jahr, stichprobenartige Durchsichten von Fernsehprogramm-Heften sowie die Ergebnisverwertung bereits durchgeführter Erhebungen für den untersuchten Zeitraum. UHA RBB, Best.-Z-Archiv Potsdam, Nr. 1259/1 ff.

3 Die Ausführungen in diesem Abschnitt decken sich – teilweise wörtlich – mit: Peter Ulrich Weiß, Medienerbe Ost. Der Umbruch im ostdeutschen Fernsehen und seine Folgen, in: Martin Sabrow/Tilmann Siebeneichner/Peter Ulrich Weiß (Hrsg.), 1989 – Eine Epochenzäsur?, Göttingen 2021, S. 249–271, hier S. 251–253. Siehe darüber hinaus auch: Frank Bösch, Medien als Katalysatoren der Wende? Die DDR, Polen und der Westen 1989, in: Zeitschrift für Ostmitteleuropaforschung 59 (2010) 4, S. 459–471; Thomas Großmann, Fernsehen, Revolution und das Ende der DDR. Göttingen 2015; Frank Bösch/Christoph Classen, Bridge over troubled water? Deutsch-deutsche Massenmedien, in: Frank Bösch (Hrsg.), Geteilte Geschichte. Ost- und Westdeutschland 1970–2000, Göttingen 2015, S. 449–488, hier S. 476 ff.

Unterhaltungssegment in den 1980er-Jahren an Umfang zugenommen, dennoch galt es als feste, ideologisch reglementierte Stütze des SED-Regimes mit einer parteikonformen Berichterstattung, deren gesellschaftspolitische Inhalte und Botschaften den meisten DDR-Bürgern unglaubwürdig und uninteressant erschienen. Dies sorgte für eine tiefsitzende Mediendistanz beim Publikum. Man kann grob bilanzieren, dass das Fernsehen wie die Leitmedien der DDR insgesamt bis zur Ablösung Erich Honeckers am 18. Oktober 1989 weitgehend voll „auf Linie" lagen.[4]

Gleichzeitig war es aber genau diese „auf Linie"-Medienpolitik, die ungewollt zum Zusammenbruch des Sozialismus beitrug. Unmut und Protest wurden erstens durch die Zensurpolitik mobilisiert, wie es beispielsweise im Verbot der Zeitschrift *Sputnik* Ende 1988 seinen Ausdruck fand. Zum Zweiten beförderte die DDR-Medienberichterstattung die Unzufriedenheit, weil sie fortlaufend den Unterschied zwischen der erlebten grauen Alltagserfahrung und der bejubelten Scheinwelt des Regimes aufzeigte. Drittens schließlich verärgerte die DDR-Bevölkerung die Tabuisierung aktueller Krisen: allen voran jene der Flucht und Ausreise. Wenn ausnahmsweise doch reagiert wurde, dann wurden viertens die Ereignisse falsch oder halbwahr dargestellt und Westmedien oder Oppositionelle als vermeintliche Drahtzieher diffamiert, was das DDR-Fernsehpublikum in heimlicher Kenntnis des Westprogramms ebenfalls befremdete oder empörte.

Eine erste Zäsur in der Entwicklung des DDR-Fernsehens bildete der 18. Oktober 1989 mit der Wahl von Egon Krenz zum Honecker-Nachfolger und dem darauffolgenden Rücktritt von Joachim Herrmann als ZK-Sekretär für Agitation und Propaganda sowie der Auflösung seiner Abteilung. Damit endete die zentral gesteuerte Anleitung der Massenmedien – und ein vorsichtiger Wandel der Berichterstattung begann sich allgemein abzuzeichnen. Aber erst ab Anfang November 1989 kann man dem Fernsehen zubilligen, die kritische Auseinandersetzung mit dem Regime tatsächlich thematisch angenommen zu haben. Das führte sogleich zu einem sprunghaft höheren Zuschauerinteresse, wie auch die vierstündige Live-Übertragung der Demonstration auf dem Alexanderplatz vom 4. November im DDR-Fernsehen zeigt, die eine Spitzen-Sehbeteiligung von 44 Prozent erreichte.[5]

Das Fernsehen erlebte in der Folge einen ungeahnten Bedeutungszuwachs durch ungewohnte Themen, andere Präsentationsstile, jüngere TV-Gesichter sowie die

4 Rüdiger Steinmetz/Reinhold Viehoff (Hrsg.), Deutsches Fernsehen Ost: Eine Programmgeschichte des DDR-Fernsehens, Berlin 2008, S. 491 ff; Frank Bösch, Ostdeutsche Medien im gesellschaftlichen Wandel. Presse, Musikkultur und regionale Identität nach 1990, in: Marcus Böick/Constantin Goschler/Ralph Jessen (Hrsg.), Jahrbuch Deutsche Einheit 2020, Berlin 2020, S. 333–347, hier S. 336.

5 Großmann, Fernsehen, Revolution und das Ende der DDR, S. 198 ff.

Ausstrahlung bislang verbotener Filme. Einzelne neue Formate wie das *Donnerstagsgespräch*, *Klartext* oder *Elf99* forcierten mit ihren Beiträgen den Umbruch, wenn beispielsweise investigativ über Leipzigs Altstadtverfall oder das privilegierte Leben in der Politbüro-Siedlung bei Wandlitz berichtet wurde. Das Publikum nahm daran via Post oder Telefon massenhaft Anteil.[6] All dies wurde Bestandteil einer neuartigen, bis März 1990 andauernden Phase der Identitätssuche, in die das DDR-Fernsehen trat.[7]

Unter der neuen, Mitte November 1989 gewählten Regierung von SED-Funktionär Hans Modrow wurden dann innerhalb weniger Wochen mehrere Beschlüsse gefasst, die das bisherige Mediensystem umkrempelten, angefangen bei der Auflösung der übermächtigen Staatlichen Komitees für Rundfunk und Fernsehen und der Schaffung einer neuen Fernseh-Generalintendanz (30.11.) über den Beschluss über die Gewährleistung der Meinungs-, Informations- und Medienfreiheit (5.2.) bis zur Bildung eines Medienkontrollrates und zur Umbenennung des „Fernsehens der DDR“ in „Deutscher Fernsehfunk (DFF)“ (12.3.).[8]

Mit dem Sieg der CDU-geführten „Allianz für Deutschland“ bei den ersten freien Volkskammerwahlen am 18. März 1990 erhielt der Veränderungsprozess eine völlig neue Ausrichtung. Ging es bislang um die Reformierung von Medienpolitik, Medieninstitutionen und Medieninhalten, stand nun die Auflösung und Abwicklung auf der Agenda der Wahlsieger. Eine deutliche Mehrheit von Vertreterinnen und Vertretern aus „Allianz“, SPD, Liberalen und Bürgerbewegungen betrachtete das alte DDR-Staatsfernsehen als medienpolitische Erblast sowie als unreformierbar.

6 Rüdiger Steinmetz, Live-Wende in eine neue Zeit: Kontinuitäten und Brüche im deutsch-deutschen Fernsehen vor, am und nach dem 9. November 1989, in: Gerlinde Frey-Vor/Rüdiger Steinmetz (Hrsg.), Rundfunk in Ostdeutschland. Erinnerungen – Analysen – Meinungen, Konstanz 2003, S. 9–46; Thomas Schuhbauer, Umbruch im Fernsehen, Fernsehen im Umbruch. Die Rolle des DDR Fernsehens in der Revolution und im Prozess der deutschen Vereinigung 1989–1990 am Beispiel des Jugendmagazins *Elf 99*, Berlin 2001.

7 Knut Hickethier, Auf dem Weg zur Einheit – Fernsehen in Deutschland von 1989 bis 1991, in: ders., Geschichte des deutschen Fernsehens, Stuttgart/Weimar 1998, S. 493–513. Aus Akteursperspektive siehe: Michael Albrecht, Die programmliche und strukturelle Neuorientierung des DFF zwischen Maueröffnung und Wiedervereinigung, in: Roland Tichy/Sylvia Dietl (Hrsg.), Deutschland einig Rundfunkland? Eine Dokumentation zur Wiedervereinigung des deutschen Rundfunksystems 1989–1991, München 2000, S. 75–97.

8 Karola Wille, Vom Werden der Rundfunkordnung in den neuen Bundesländern, in: Gerlinde Frey-Vor/Rüdiger Steinmetz (Hrsg.), Rundfunk in Ostdeutschland, S. 133–144, hier S. 134 ff; Frauke-Anja Koch, Hörfunk und Fernsehen der DDR im Transformationsprozess – alternativloser Neubeginn oder verpasste Chance? Analyse des juristischen, ökonomischen und politischen Gestaltungsrahmens des Transformationsprozesses der elektronischen Medien von Oktober 1989 bis Oktober 1990, Driesen 2011, S. 66 ff, 120 f; Mandy Tröger, Pressefrühling und Profit. Wie westdeutsche Verlage 1989/90 den Osten eroberten, Köln 2019, S. 64 ff.

Sie lehnte einen Weiterbetrieb als quasi ostdeutsche Mehrländeranstalt ab. Im Ergebnis wurde die Auflösung bzw. teilweise Überführung in Länderanstalten bis zum 31. Dezember 1991 beschlossen, festgehalten im kontrovers diskutierten Rundfunküberleitungsgesetz sowie in Artikel 36 des Einigungsvertrages. Die Abwicklung wurde in die Hände des Rundfunkbeauftragten für die neuen Bundesländer Rudolf Mühlfenzl gelegt, ein 71-jähriger Medienmanager aus Bayern mit CSU-Parteibuch, der seinen Auftrag kompromisslos umsetzte.[9] Was 1990 zunächst als transformatorischer Umgestaltungsprozess des ostdeutschen Staatsfernsehens begonnen hatte, endete mit einer revolutionären, freilich von außen aufgezwungenen Neustrukturierung und der Einführung des westdeutschen Mediensystems in Brandenburg bzw. Ostdeutschland.

Ein neuer Landessender als identitätsstiftendes Medienorgan

Im Jahr 1990 arbeiteten zwei Trends neben- und gegeneinander: Zum einen öffnete und flexibilisierte sich das Programm des Staatsfernsehens, indem etliche neue Formate ausprobiert und bestehende – zum Teil unter neuem Titel – verändert und modernisiert wurden. Zum anderen begann die Abwicklung des alten Fernsehbetriebs: Von zwei Programmen wurde seit dem 15. Dezember 1990 nur noch ein Vollprogramm ausgestrahlt.[10] Zuvor hatte bereits der etappenweise Personalabbau der rund 7500 Mitarbeiterinnen und Mitarbeiter von Fernsehfunk und Studio-Technik bis zum Jahresende 1991 begonnen – mehr als 1500 Entlassungen waren allein bis Dezember 1990 ausgesprochen worden.[11]

9 Sylvia Dietl, Die Rundfunkneuordnung – eine Skizze aus wissenschaftlicher Perspektive, in: dies./Roland Tichy (Hrsg.), Deutschland einig Rundfunkland?, S. 17–29; Roland Tichy, Der Staatsrundfunk der DDR als Machtinstrument der Diktatur oder: Wie der gute Radiomensch unter den ‚Mühlfenzl' fiel, in: ders./Sylvia Dietl (Hrsg.), Deutschland einig Rundfunkland?, S. 31–54.

10 Knut Hickethier, Das Zerschlagen der Einrichtung. Der Weg vom Staatsfernsehen der DDR zum Rundfunkföderalismus in den neuen Bundesländern, in: Rainer Bohn/Knut Hickethier/Eggo Müller (Hrsg.), Mauer-Show. Das Ende der DDR, die deutsche Einheit und die Medien, Berlin 1992, S. 71–93; Klaus Behling, Fernsehen aus Adlershof: Das Fernsehen der DDR vom Start bis zum Sendeschluss, Berlin 2016, S. 335 ff.

11 Siehe dazu im Detail auch: Ernst Dohlus, In der Grauzone – Wie der Staatsrundfunk der DDR aufgelöst wurde: Phasen und Organisation, in: Deutschland Archiv vom 11.9.2014, www.bpb.de/191061 [4.1.2023]; ders., In der Grauzone – Wie der Staatsrundfunk der DDR aufgelöst wurde: Menschen, Material und Programmvermögen, in: Deutschland Archiv vom 22.9.2014, www.bpb.de/191086 [4.1.2023]; „Hier muss man Optimist sein". FF dabei sprach mit dem DFF-Intendanten Michael Albrecht, in: FF dabei 8/1991, S. 14–15.

Wie im Presserecht wurden auch im Rundfunkbereich die westdeutschen Regelungen und Modelle weitgehend von den neuen Landesmedienvertretern übernommen. Überlegungen für ein eigenständiges ostdeutsches Rundfunksystem wurden rasch begraben.[12] Unter den Verantwortlichen dominierten realer und gefühlter Zeit- und Entscheidungsdruck, Ablehnung und Misstrauen gegenüber den alten DDR-Fernsehmachern und dem Berliner Zentralismus, Angst vor SED-Seilschaften im Medienbetrieb, Unlust auf Experimente sowie ein Widerstreben gegen den zu erwartenden Gebühren- und Subventionsabfluss im Falle eines zusätzlichen überregionalen, öffentlich-rechtlichen Großsenders aus Ostdeutschland.[13]

Die medienpolitischen Kräfte konzentrierten sich auf die Frage nach der künftigen Größe und Zusammensetzung der neuen Landesanstalten. In Brandenburg wurde eifrig sondiert, inwiefern die Gründung einer Drei-Länder-Anstalt mit dem Namen „Nordostdeutsche Rundfunkanstalt" (NORA) zusammen mit Berlin und Mecklenburg-Vorpommern sinnvoll sei – eine eigens auf Initiative des Berliner Senats eingesetzte Sachverständigengruppe „Medienordnung" hatte diesen Vorschlag eingebracht.[14] Doch neben parteipolitischen Wechsel- und Ränkespielen erwiesen sich vor allem die ostdeutschen Ängste vor einer Vormachtstellung des West-Berliner SFB als zu groß, sodass sich der neue brandenburgische Ministerpräsident ebenso wie der Landtag für eine eigene Rundfunkanstalt aussprachen.[15] Dabei wurde gerade von führenden Brandenburger Sozialdemokraten wie Manfred Stolpe und Wolfgang Birthler immer wieder argumentiert, ein originär Brandenburger Sender stärke und kultiviere vor dem Hintergrund der neuen Länderbildung eine brandenburgische Identität.[16] Auch die PDS unter ihrem Fraktionsvorsitzenden,

12 Heike Trautloff/Melanie Brühler, Entstehung und Entwicklung der ostdeutschen Landespressegesetze und Rundfunkordnung, in: Marcel Machill/Markus Beiler/Johannes R. Gerstner (Hrsg.), Medienfreiheit nach der Wende: Entwicklung von Medienlandschaft, Medienpolitik und Journalismus in Ostdeutschland, Konstanz 2010, S. 75–96.

13 Koch, Hörfunk und Fernsehen der DDR im Transformationsprozess, S. 276 f; Marcel Machill/Markus Beiler/Johannes R. Gerstner, Systemwechsel – Die Transformation des DDR-Fernsehens 1989, in: Dossier Medienpolitik. Bonn 2014, http://www.bpb.de/gesellschaft/medien/medienpolitik/172174/die-transformation-des-ddr-fernsehens-1989 [4.1.2023].

14 Sachverständigengruppe „Medienordnung". Abschließende Empfehlungen für eine Rundfunkkonzeption in Berlin und Brandenburg vom 13.11.1990, in: SFB (Hrsg.), Rundfunk im Umbruch – Materialien zur Entwicklung von Hörfunk und Fernsehen der ehemaligen DDR im Jahr 1990, Berlin 1991, S. 21–27.

15 Reiner Stein, Vom Fernsehen und Radio der DDR zur ARD. Die Entwicklung und Neuordnung des Rundfunkwesens in den Neuen Bundesländern, Marburg 2000, S. 142–144; Sylvia Dietl, Transformation und Neustrukturierung des DDR-Rundfunks im Prozess der Wiedervereinigung Deutschlands. Akteure, Interessen, Prozesse, München 2022, S. 473 ff.

16 Tagesspiegel vom 13.12.1990; Landtag Brandenburg, 1. Wahlperiode, Plenarprotokoll 19, 12.6.1991, S. 1460.

dem Medienwissenschaftler und Rektor der Potsdamer Filmhochschule Lothar Bisky, machte sich für „eigenständiges Fernsehen" und „Medienhoheit für Brandenburg" stark. Dabei warb die SED-Nachfolgepartei zugleich für eine Übernahme möglichst vieler Mitarbeiter aus dem alten Staatsfernsehen.[17] Gegen diese Begründung verwahrte sich allerdings der DDR-Bürgerrechtler sowie Vorsitzende und medienpolitische Sprecher der Fraktion Bündnis 90, Günter Nooke, wenn er im Brandenburger Landtag erklärte, dass ihm nicht daran läge, „einen Rundfunk aufzubauen, der alle Mitarbeiterinnen und Mitarbeitern mit einer linken Gesinnung einsammelt, nur weil wir hier in Ostdeutschland das einzige Land sind, wo es keine CDU-Regierung gibt. Ich meine das schon ernst mit der Staats- und Parteiferne", so Nooke.[18]

Nach der Entscheidung für einen eigenen Sender berief die Landesregierung noch im Mai 1991 Friedrich-Wilhelm Freiherr von Sell zum „Gründungsbeauftragten für den Rundfunk in Brandenburg" – der 1926 in Potsdam geborene ehemalige ARD-Vorsitzende war von 1976 bis 1985 Intendant des Westdeutschen Rundfunks (WDR) – und brachte im Folgemonat den Entwurf eines „Vorschaltgesetzes zur Neuordnung des Rundfunks in Brandenburg" in den Potsdamer Landtag ein. Von Sells Einsetzung als quasi westdeutscher Aufbauhelfer ist nicht ganz zufällig, berücksichtigt man – neben der Herkunft – seine SPD-Mitgliedschaft und die Platzierung seiner Intendanzerfahrung in Nordrhein-Westfalen, dem offiziellen Partnerland Brandenburgs. Berufen, den künftigen Sendebetrieb vorzubereiten, wirkte er bis Ende November 1991 als Gründungsbeauftragter des ORB und stellte in dieser Funktion 180 neue Mitarbeiter ein. Dass er aufgrund des enormen Zeitdrucks per übertragenes Mandat quasi im Alleingang Fakten zu schaffen und Beschlüsse zu fassen hatte, führte dabei zu Konflikten mit Medienverantwortlichen der Parteien, die auf Mitbestimmung und Kontrolle drängten.[19]

Am 12. Oktober 1991 wurde der „Ostdeutsche Rundfunk Brandenburg"[20] gegen alle Einwände aus der ARD, wo man ein hohe Dauerbezuschussung befürchtete,[21]

17 Landtag Brandenburg, 1. Wahlperiode, Plenarprotokoll 25, 25.9.1991, S. 1876.

18 Ebenda, S. 1880.

19 Siehe dahingehende Korrespondenzen in: UHA RBB, Standort Potsdam, ORB Intendanz, Nr. 138/5.

20 Ursprünglich sollte der ORB erst als „Rundfunk Brandenburg", dann in Anlehnung an NDR und WDR als „Ostdeutscher Rundfunk (ODR)" an den Start gehen. Doch die Gründung des MDR mit seinem ebenfalls ostdeutschen Sendegebiet ließ den Namensvorschlag hinfällig werden.

21 Friedrich-Wilhelm von Sell, Nichts bleibt so, wie es ist, in (niedergeschrieben Oktober 1991): Edith Spielhagen (Hrsg.), So durften wir glauben zu kämpfen …Erfahrungen mit DDR-Medien, Berlin 1993, S. 201–205, hier S. 204 f.

schließlich als Anstalt des öffentlichen Rechts gegründet, und am 20. November trat das (am WDR-Gesetz von 1988 orientierte) Gesetz über den ORB in Kraft. Der Beitritt zur ARD erfolgte sieben Tage später. Zum infrastrukturellen Charakter-Schlagwort für den ORB wurde die „schlanke Anstalt". Dahinter verbarg sich in der Praxis angesichts begrenzter Mittel und Ressourcen ein vergleichsweiser kleiner Stamm von festem Personal, die Auslagerung von Verwaltungs- und Dienstleistungsbereichen sowie flache Hierarchien: Mit anfänglich nicht einmal 600 Mitarbeiterinnen und Mitarbeitern sowie lediglich drei Direktoren für jeweils den Hörfunk, das Fernsehen und den Bereich Produktion/Betrieb/Verwaltung war der ORB – gerade im Vergleich mit dem ehemaligen „Frontstadtsender" SFB – in der Tat ein kleiner ostdeutscher Sender. Hinzu kam, dass der Anspruch formuliert wurde, möglichst ohne ARD-Finanzausgleich auszukommen. In Summe beschritt Brandenburg damit einen eigenen Weg innerhalb der Riege der neuen Bundesländer.

Bereits einen Monat vor der offiziellen Sendergründung, am 12. September, hatte sich im Potsdamer Residence-Hotel der mehr als 20-köpfige ORB-Rundfunkrat konstituiert, dem Mitglieder verschiedener gesellschaftlicher Institutionen und Parteien angehörten und der unter anderem auch die Ausgewogenheit der Berichterstattung zu beobachten hatte. Zu seinem Vorsitzenden wählte er den Vertreter der evangelischen Kirche, Lutz Borgmann, zu dessen Stellvertreterin Angelika Mieth, Vertreterin der Frauenverbände.[22] Der 1933 in Potsdam geborene Borgmann galt als medienerfahren, hatte er doch zuvor als Chefredakteur der Sonntagsblätter „Potsdamer Kirche" und „Die Kirche", Geschäftsführer des Potsdamer Stiftungsverlages sowie Referent für Presse- und Information beim Sekretariat des Bundes der Evangelischen Kirchen in der DDR und beim Aufbau der kirchlichen Rundfunk- und Fernseharbeit in der DDR mitgewirkt.

Dieser durchweg ostdeutsch besetzte Rundfunkrat war es dann auch, der sich auf seiner vierten Sitzung am 8. November unter den drei Kandidaten Michael Albrecht, Klaus Klenke und Hansjürgen Rosenbauer für den WDR-Journalisten Rosenbauer als neuen Intendanten entschied. Auf ihn entfielen 14 von 24 Stimmen, auf den einzigen ostdeutschen Kandidaten Albrecht hingegen nur eine Stimme, obwohl sich dieser als letzter DFF-Intendant und Berater des ORB-Gründungsbeauftragten von Sell große Verdienste erworben hatte.[23] Dass eine westdeutsch gelenkte Postenvergabe vonstattengegangen sei, davon konnte hier nicht die Rede sein. Es waren Brandenburger Vertreter, die den 49-Jährigen, der beim WDR erst

22 Lutz Borgmann, Im Dienste der Allgemeinheit. Der Rundfunkrat des Ostdeutschen Rundfunks Brandenburg, Berlin 2004, S. 9–22.

23 Ebenda, S. 26–28.

die Programmgruppe Ausland, dann die Programmgruppe Kultur, Wissenschaft und Bildung geleitet hatte, zum Chef der Landesanstalt ernannten.

Ostdeutsche als Vertraute und Brückenbauer vor der Kamera

Mit der Abschaltung des DFF zum 31. Dezember 1991 und der Absage an ein Zusammengehen mit Berlin war zugleich das Ende des Sendestandortes in Berlin-Adlershof besiegelt. Der ORB schlug daher seinen Sitz in behelfsmäßig umgebauten Baracken des DEFA-Studios für Spielfilme auf dessen Gelände in Potsdam-Babelsberg auf, ein Provisorium, das bis zur Fertigstellung eines modernen Fernsehzentrums zur Jahrtausendwende bestehen blieb. Das Hauptstudio befand sich in Potsdam, weitere Regionalstudios wurden in Cottbus, Frankfurt (Oder) und später Perleberg eingerichtet.

Das Schlagwort von der Übernahme und „Kolonialisierung“ des ostdeutschen Fernsehens rührte vom radikalen Abwicklungsvorgehen Rudolf Mühlfenzls und seines westdeutschen Beraterstabes, aber auch von der Wahrnehmung der Personalbesetzungsentscheidungen an den Senderspitzen der neuen Dritten Programme im Osten.[24] So wurde auch beim ORB mit Hansjürgen Rosenbauer ein Intendant eingesetzt, der zuvor im bundesdeutschen Medienbetrieb Karriere gemacht hatte. Auf den Ebenen darunter sah es jedoch anders aus. So gab es prominente Entscheidungsträger wie Michael Albrecht, der seit 1985 als Erster Kameramann im Bereich Dramatische Kunst des DDR-Fernsehens gearbeitet hatte und seit 1990 als DFF-Intendant sowie seit 1992 als Fernsehdirektor des ORB tätig war. Ein anderes Beispiel ist Reinhard Griebner, der viele Jahre beim Fernsehen der DDR als Redakteur und Autor arbeitete und die Sendung „Kulturmagazin“ moderierte. Nach einer längeren TV-Pause stieg er 1992 beim ORB als Sendeleiter, arte-Beauftragter sowie Abteilungsleiter Kultur, Familienprogramm, Dokumentation und Zeitgeschehen ein. Rosemarie Wintgen war seit 1970 Dramaturgin beim Fernsehen der DDR und kam 1992 beim ORB unter, wo sie für viele Jahre die Filmredaktion leitete. (Den Posten übernahm später Cooky Ziesche, die seit 1986 erst als Dramaturgin beim Fernsehen und dann ab 1992 als Filmredakteurin im ORB tätig war.) Auch Alfred Roesler-Kleint war früher beim „Kulturmagazin“ des DDR- Fernsehens beschäftigt,

24 Lars von Törne, Mühlfenzl, oder Eine westdeutsche Medienpolitik nach Gutsherrenart, in: Wolfgang Dümcke/Fritz Vilmar (Hrsg.), Kolonialisierung der DDR – Kritische Analysen und Alternativen des Einigungsprozesses, Münster 1996, S. 299–317; Jörg Hildebrandt, Havarietraining von Anbeginn (niedergeschrieben Sommer 1991), in: Spielhagen (Hrsg.), So durften wir glauben zu kämpfen, S. 157–164.

bevor ihm dort gekündigt und er zum freien Texter von Rockmusik, Fernsehspielen und Kinderbüchern wurde. Beim DFF und nachfolgenden ORB erhielt er dann den Chefredakteurs- bzw. Redakteursposten für Politik und Zeitgeschehen bzw. für Fernsehspiele.

Aus datenschutzrechtlichen Gründen können keine exakten Angaben über die Herkunft aller Mitarbeiterinnen und Mitarbeiter eruiert werden. Dennoch lassen einzelne Angaben vermuten, dass zu Beginn des ORB mindestens 80 Prozent aller Angestellten eine ostdeutsche Sozialisation bzw. Arbeitsbiografie aufwiesen. Außerdem setzte Rosenbauer die Frauenquote von 50 Prozent konsequent um, wobei Frauen in den Redaktionen zumindest zeitweise sogar die Mehrheit stellten.[25]

Der Bezug zur DDR-Vergangenheit kam beim ORB auch in der Auswahl der Moderatorinnen und Moderatoren an den Bildschirmen zum Ausdruck. Diese waren zum Teil vom DFF übernommen, zum Teil neu eingestellt worden, wiesen dabei jedoch mehrheitlich eine ostdeutsche Sozialisation und Ausbildung auf wie beispielsweise Angela Fritzsch („Babelsberg live"), Tatjana Jury („Brandenburg aktuell"), Carla Kniestedt („Vorwahl Potsdam"), Erika Krause („Du und Dein Garten"), Sabine Kühn („Heimatjournal"), Monika Unferferth („Trend unterwegs") oder Madeleine Wehle („Abendjournal"). Das gleiche galt für Männer wie Hellmuth Henneberg, Gerald Meyer und Raiko Thal aus dem *Elf99*-Team oder Uwe Madel, der ebenso wie Henneberg in der Sektion Journalistik der Karl-Marx-Universität Leipzig studiert hatte. Diese Entwicklung zeigt Parallelen zur Besetzung beim MDR auf. Ebenso wurden einige ostdeutsche Moderatorinnen und Moderatoren auf Sendeplätzen der überregionalen Sender eingesetzt (beispielsweise Maybrit Illner, Wolfgang Lippert, Carmen Nebel oder Jens Riewa). Einen weiteren „Link" zwischen DDR-Vergangenheit und bundesdeutscher Fernseh-Gegenwart stellten prominente Rollenbesetzungen in Filmen und Serien mit ostdeutschen Schauspielerinnen und Schauspielern dar. All die genannten Personengruppen trugen beim ORB mit dazu bei, beim Brandenburger Zuschauer Identifikation, Vertrautheit und Heimatgefühl zu erzeugen und den Übergang von der „alten" zur „neuen" Zeit abzufedern.

Verheimlichte Stasi-Belastungen

Das Thema Stasi machte seit der Öffnung der Akten auch vor dem ORB nicht halt. Bereits kurz nach Sendestart geriet der „Fall Stolpe" zum umstrittenen Medienthema – dem neuen brandenburgischen Ministerpräsidenten wurde im Januar

25 Hansjürgen Rosenbauer im Gespräch (2) (Hörbar). Radio Eins vom 26.4.2003.

1992 vorgeworfen, früher als IM für das MfS gearbeitet zu haben.[26] Doch schon bald mussten auch Medienmacher den Kommentatorenplatz mit der Anklagebank tauschen. Nach Gründung des ORB fand Anfang der 1990er-Jahre im Rahmen einer Fragebogenaktion in mehreren Etappen eine Überprüfung der festen und freien Mitarbeiterinnen und Mitarbeiter auf IM-Tätigkeiten statt. Im Ergebnis der sich bis 1994 hinziehenden Überprüfung wurden 18 Personen von der zuständigen Kommission als stark belastet eingestuft bzw. anhand eines Kriterienkatalogs mussten rund drei Prozent der Befragten den Sender verlassen. Mit dieser Prozedur wähnte sich der ORB am Ende einer erfolgreichen „Selbstreinigung" bei gleichzeitigem Erhalt des Betriebsfriedens. Denn nicht jede erwiesene IM-Tätigkeit hatte zu einer Kündigung geführt, da Intendant Rosenbauer das Prinzip der zweiten Chance vertrat.[27]

Doch damit war die Thematik nicht abgeschlossen. Anfang 1995 wurde bekannt, dass die beiden Radiomoderatoren Lutz B. und Jürgen K. über Jahre aktiv für das MfS gespitzelt hatten. Da beide zum einen als Kult-Moderatoren und Aushängeschilder des ORB-Radios galten und zum anderen insbesondere der Antenne-Brandenburg-„Frühstücksdirektor" Lutz B. sich zuvor als Chefankläger gegenüber Christa Wolf, Sahra Wagenknecht oder Gregor Gysi gebärdet hatte, denen ebenfalls IM-Tätigkeiten vorgeworfen worden waren, gerieten ihre Fälle in die öffentliche Diskussion. Im gleichen Jahr wurde die Gauck-Behörde nun auch bei dem Fernsehmoderator Steffen T. fündig, der als ehemaliger Mitarbeiter bei *Elf99* gearbeitet hatte und nun durch die populäre Sendung *Vor Ort* führte.[28] Die ORB-Prüfkommission entschied, ihn nicht mehr im Programm zu belassen. Obwohl kein personenbezogener Schaden aus seiner Tätigkeit für den Geheimdienst dokumentiert werden konnte, befand man, dass er als Moderator einer stark auf politische Streitthemen spezialisierten Sendung nicht mehr geeignet sei.

26 Auslöser waren die medialen Anschuldigungen gegenüber Stolpe nach Erscheinen von Vorabdrucken seines Buches „Schwieriger Aufbruch" im Spiegel im Januar 1992, als ehemaliger Kirchenfunktionär nicht nur Kontakte zum MfS unterhalten zu haben, sondern auch als IM für die Stasi gearbeitet zu haben. Als „Fall Stolpe" beschäftige und spaltete der vor allem publizistisch ausgetragene Konflikt zwischen Anklage und Verteidigung über Jahre und Jahrzehnte Medien, Parteien und Öffentlichkeit in Brandenburg und bundesweit.

27 Zu der Problematik und im Folgenden auch: Ariane Mohl, Personelle und institutionelle Übergänge im Bereich der brandenburgischen Medienlandschaft. Gutachten für die Enquete-Kommission 5/1 des Brandenburger Landtags, Potsdam 2011, S. 87–102, https://www.landtag.brandenburg.de/media_fast/5701/Gutachten_Mohl_Medienlandschaft%2020.pdf [4.1.2023].

28 ORB-Moderator Steffen Twardowski unter Stasi-Verdacht, in: Neues Deutschland vom 2.5.1995; Twardowski nicht mehr Vor Ort, in: Berliner Zeitung vom 2.5.1995.

Anfang 1997 geriet der ORB erneut in die Schlagzeilen, als in die Medien gelangte, dass PDS-Pressesprecher und Mitglied des ORB-Rundfunkrates Hanno H. eine frühere, 13-jährige Stasi-Mitarbeit verschwiegen hatte.[29] Zwei Jahre später gab die *Superillu* bekannt, dass die Intendantin des Berliner Kabaretts „Die Distel“ und langjährige Moderatorin der ORB-Geschichtsserie *Am Tag als …*, Gisela O., ebenfalls in den 1970er-Jahren als IM tätig war;[30] ebenso wurde die IM-Tätigkeit von Dörte C. öffentlich, die nach einer Radiokarriere beim Berliner Rundfunk und bei DT 64 beim ORB-Fernsehen eingestiegen war, sich zur ARD-Auslandskorrespondentin hocharbeitete und schließlich von der Bundes-SPD als Parteisprecherin nominiert wurde.[31]

Zu den medial am stärksten diskutierten Fällen im Fernsehbereich gehörte danach die Causa Hagen B. Dieser hatte als Reporter für Radio DDR und DT 64 begonnen, seit 1992 die Sportredaktion beim ORB aufgebaut, sportliche Großereignisse als Journalist begleitet und 2002 mit erst 36 Jahren die Stelle als ARD-Sportkoordinator übertragen bekommen. Just in diesem Jahr wurden MfS-Karteieinträge publik, die eine IM-Tätigkeit von Hagen B. vermuten ließen, ohne sie jedoch eindeutig beweisen zu können. Da in den Folgejahren stets neue Dokumente und Details auftauchten,[32] sich verschiedene Institutionen und Personen der Aufarbeitungsszene in die Debatte einschalteten und der Fall mehrfach juristisch

29 „Egon“ steht vor der PDS-Fraktion. Stasi-Zuträger und PDS-Sprecher Harnisch noch im ORB-Rundfunkrat, in: taz vom 14.1.1997; Erst ärgern, dann nachgeben, schließlich abwarten, in: Der Tagesspiegel vom 15.1.1997; ORB: Harnisch beginn Vertrauensbruch, in: taz vom 23.1.1997. Bemerkenswert war, dass dem Rundfunkrat, der die Stasi-Überprüfungen im Sender angeregt hatte und nun Harnisch Vertrauensbruch vorwarf, keine rechtlichen Mittel zur Verfügung standen, diesen aus dem Gremium zu entlassen, sondern lediglich eine Empfehlung an die entsendende Partei, also die PDS, ausstehlen konnte. Im Ergebnis verblieb Harnisch – die PDS-Landtagsfraktion begründete dies mit dem Hinweis, dass es weder Verpflichtungserklärung noch einen Vertrauensmissbrauch gegeben habe – im Rundfunkrat und avancierte 2002 als Ressortleiter des PDS-nahen „Neuen Deutschland“ sogar zu einem der Kandidaten für den künftigen Posten des Hörfunkdirektors im vereinigten Sender RBB. 2003 übernahm er von PDS-Fraktionschef Lothar Bisky erneut den Vertreterplatz seiner Partei im RBB-Medienrat. Schaden und Nutzen, in: Der Spiegel vom 14.4.1997.

30 Das Lachen im Halse. Die Kabarettistin Gisela Oechelhaeuser hat der Stasi zugearbeitet, in: Die Zeit vom 15.4.1999; Wie die Oechelhaeuser über ihre Unmoral hinwegtäuscht, in: Die Welt vom 6.6.2000; Wie regiert man in diesen Tagen angemessen auf eine Stasi-Enthüllung?: Die letzte Akte, in: Berliner Zeitung vom 24.04.1999.

31 Jung, parteilos, ex-SED: Dörte Caspary, SPD-Sprecherin, in: Die Welt vom 14.1.1999; Eingeständnis in Raten, in: Der Spiegel vom 1.2.1999; Dörte Caspary verriet Bekannte, in: taz vom 6.2.1999.

32 Stasi-Aktenfunde belasten ARD-Sportkoordinator Boßdorf, in: Die Welt vom 2.12.2005; Aktenfund widerlegt einstigen ARD-Sportchef, in: FAZ vom 13.4.2007.

ausgetragen wurde,[33] entwickelte sich die Auseinandersetzung zum Dauerthema in den 2000er-Jahren.[34]

Nach Betrachtung all dieser Beispiele wird erstens deutlich, dass nicht nur der MDR als vermeintlicher „Stasi-Sender" ein Problem mit verheimlichten IM-Tätigkeiten hatte, sondern auch der ORB. Zweitens erinnerte die schlussendliche Entlarvung der ehemaligen IM das Fernsehpublikum daran, dass in der DDR ein diktatorisches Regime geherrscht hatte. Dass das mediale „Diktaturgedächtnis"[35] auf diese Weise geschärft wurde, hatte weniger mit der Berichterstattung überregionaler (West)Medien zu tun, als vielmehr mit dem Schweigemodus der darin verstrickten ostdeutschen Fernsehmacherinnen und -macher, die sich nur selektiv ihrer Vergangenheit stellen wollten.

Zwischen Wiederentdeckung und Nostalgie: Die DDR im Sendeprogramm (I)

Im Unterschied zum MDR überwog beim ORB zunächst der Wille, eine spezifisch-eigene Programmstruktur mit innovativen und teils intellektuellen Formaten zu entwickeln. Die Übernahme der renommierten westdeutschen und zuletzt DFF-Interviewreihe *Zur Person*, in der sich der linke Publizist und frühere SPD-Politiker Günter Gaus mit Prominenten unterhielt, stand ebenso in diesem Zeichen wie die neuen Unterhaltungs- und Medienmagazine *TELEwischen*, *Tip-TV* oder *Polylux*. Diese Ausrichtung resultierte aus der Nähe zur Kulturhauptstadt Berlin und zum konkurrierenden Sender Freies Berlin (SFB) sowie aus den fehlenden Mitteln, die es nicht zuließen, im großen Stil Archivmaterial für Retro-

33 Exemplarisch: Stasiforscher stellt Strafanzeige gegen Boßdorf, in: FAZ vom 14.4.2006; Boßdorf verliert Stasi-Streit mit der „Welt", in: Berliner Zeitung vom 29.6.2006.

34 Öffentlich führte er aber vor allem auch die Kompliziertheit einer Bewertung vor Augen, was allein schon dadurch abzulesen war, dass sich die ARD-Leitung zunächst entschied, B. in seiner neuen Funktion zu belassen und, trotz fachlicher Kritik aus Kollegenkreisen, 2006 seinen Vertrag erneut um weitere sieben Jahre zu verlängern. Am Ende war es der Vorwurf unerlaubter Schleichwerbung, der dafür sorgte, dass die ARD die Vertragsverlängerung zurückzog und sich von ihm im Frühjahr 2007 trennte. ARD-Fall Seppelt: Protestbriefe gegen Boßdorf, in: Die Welt vom 19.6.2006; Bildschirmverweis für ARD-Sportkoordinator Hagen Boßdorf, in: Deutschlandfunk vom 11.2.2006;Keine Vertragsverlängerung für ARD-Sportkoordinator Boßdorf, in: FAZ vom 11.10.2006; ARD und Boßdorf trennen sich, in: FAZ vom 19.2.2007.

35 Zum „Diktaturgedächtnis" in Abgrenzung zum „Arrangementgedächtnis" siehe: Martin Sabrow, Die DDR erinnern, in: ders. (Hrsg.): Erinnerungsorte der DDR, München 2009, S. 11–27, hier S. 18 ff.

Sendungen einzukaufen.[36] Dazu äußerte sich Intendant Hansjürgen Rosenbauer später wie folgt: „Wir hatten auch schlicht nicht das Geld, um das zu machen, was der MDR machen konnte. Die Programmverantwortlichen [des ORB, PUW], die ja zu diesem Zeitpunkt alle Ost waren, also Michael Albrecht, Reinhold Griebner, Rosemarie Wintgen, wollten bis auf wenige Ausnahmen unter gar keinen Umständen das Nostalgie-Programm des MDR machen. Das heißt, ich habe die Prügel für eine Programmphilosophie bekommen, die wir dann peu à peu verändert haben, als es möglich war, nach einer Aufbauphase ein bisschen mehr auf die Bedürfnisse einzugehen."[37] Das verstärkte Zugehen auf Brandenburger Zuschauerwünsche erfolgte dann rasch, nachdem die Zustimmungswerte und Einschaltquoten nur wenige Monate nach Sendestart in den Keller gefallen waren.[38] Zur Kurskorrektur gehörte das Anknüpfen an alte Seh-Gewohnheiten, indem einige etablierte Sendungen und Formate wie *Du und Dein Garten* oder *Willi Schwabes Rumpelkammer* aus DDR- bzw. DFF-Zeiten übernommen wurden.[39] Zu letzterem gehörte auch das ikonische DFF-Magazin *Klartext*, das zwischenzeitlich den Namen *FOCUS* trug.[40]

Mit Vorliebe wurde auf den alten Spielfilm-Stock zurückgegriffen, der in Reihen wie *Cinemathek* oder *Rückblicke* präsentiert wurde. Allein im Jahr 1993 strahlte der ORB 65 abendfüllende Spielfilme aus der DDR aus, sowie 45 Filme aus Polen, Ungarn, der Sowjetunion und ČSSR.[41] Die große Anzahl an ausgestrahlten DDR-Filmen erklärt sich daraus, dass der ORB ein größeres Paket von DEFA-Filmen erworben und mit der 1992 eingeführten Reihe *Rückblick. Film- und Fernsehproduktionen der DDR* donnerstags 21.45 Uhr einen fixen Sendeplatz eingerichtet

36 ORB: Im Schatten der Hauptstadt Profil entwickeln mit geringen Mitteln – Interview mit Hansjürgen Rosenbauer, in: Gabriele Frey-Vor/ Rüdiger Steinmetz (Hrsg.), Rundfunk in Ostdeutschland. Erinnerungen – Analysen – Meinungen, Konstanz 2003, S. 275–281.

37 „Ich wollte im gesellschaftspolitischen Sinne auch etwas verändern". Rundfunkhistorisches Gespräch mit Hansjürgen Rosenbauer (Auszüge), in: Rundfunk und Geschichte (2017) 1–2, S. 41–52, hier S. 51.

38 Gerhild Schulzendorf, Ende des Deutschen Fernsehfunks – 100 Tage danach. Eine Bilanz, in: Dieter Kopetz (Hrsg.), Aspekte der deutschen und europäischen Medienneuordnung, Bochum, 1992, S. 9–14. „Ostdeutsch durfte, brandenburgisch musste der Sender sein" umriss Rosenbauer rückblickend das weitere Konzept. UHA RBB, Bestand Z-Archiv Potsdam, Nr. 2333, Bd. 1, 1991–2001: Ostdeutscher Rundfunk Brandenburg – ein Rückblick, S. 1.

39 Die in diesem Beitrag aufgeführten konkreten Beispiele sowie benannten Trends und Themen im Programm des ORB sind stichprobenartigen Erhebungen im Umfang von jeweils mehreren Wocheneinheiten pro Jahr und deren Auswertung entnommen.

40 Klartext, (Abendjournal). ORB, 2.1.1996.

41 Filmstatistisches Taschenbuch 1994, zusammengestellt und bearbeitet von Carsten Plaff, Wiesbaden 1994, S. 61.

hatte, der DDR-Filmen gewidmet war. Hier wurden Werke aufgeführt, die inhaltlich, ästhetisch und/oder politisch eigensinnig waren,[42] aber auch solch umstrittene Arbeiten wie *Ernst Thälmann – Sohn seiner Klasse* (1954).[43] Gerade die Verbundenheit zur DEFA (die 1992 an einen französischen Konzern verkauft worden war) und ihren Produktionen blieb auch in den Folgejahren bestehen. So wurde beispielsweise anlässlich des 50. Jahrestages der DEFA-Gründung 1996 im ORB eine ganzjährige Retrospektive gezeigt, die im ersten Halbjahr Spielfilme, im zweiten Halbjahr Dokumentarfilme des Studios enthielt. Darüber hinaus liefen regelmäßig die *DEFA-Kinoabende*, an denen entweder Spiel- oder Dokumentarfilme zusammen mit alten, thematisch passenden Wochenschauen (*Der Augenzeuge*) gezeigt wurden.

Die Pflege des Medienerbes geschah auch durch die Ausstrahlung und regelmäßige Wiederholung populärer Reihen wie die *Flimmerstunde* mit ihren DDR-Kinder- und Indianerfilmen oder *Polizeiruf 110* und *Der Staatsanwalt hat das Wort*. Der Sendeplatz dienstags 21.45 Uhr war beispielsweise im ORB mehr oder weniger ausschließlich diesen beiden DDR-Kriminalfilmreihen vorbehalten. Ein anderer beliebter Sendeplatz für alte Serienstaffeln stellte die Sonntagsnachmittagsreihe dar, in der meist heitere Unterhaltungsproduktionen wie *Barfuß ins Bett* (1988–1990) oder *Tierparkgeschichten* (1989) gezeigt wurden. Das ORB-Sommerprogramm wiederum bot die Reihe *Wiedersehen mit …* mit Filmen früherer Fernsehlieblinge. Geboten wurde beispielsweise im Juni 1995 Agnes Kraus in dem Fernsehfilm *Florentiner 73* (1972) sowie dessen Fortsetzung *Neues aus der Florentiner 73* (1974), Angelica Domröse in *Vielgeliebtes Sternchen* (1961) und *Mein lieber Mann und ich* (1974) und Erwin Geschonneck in *Plantagenstraße 19* (1979). Derartige Produktionen brachten – bis auf einige Episoden der Kriminalfilmreihen – einen mehr oder weniger harmlosen DDR-Alltag mit seinen Problemen und Problemchen zur Aufführung. Der Diktaturcharakter des Herrschaftssystems trat – naturgemäß – bei diesen Beiträgen nahezu gar nicht zum Vorschein. Dass das beim Publikum aber gut ankam, belegt die vielfach überdurchschnittliche Sehbeteiligung.[44]

Einen zusätzlichen Fernsehlink zwischen DDR-Vergangenheit und bundesdeutscher Gegenwart bildeten prominente Rollenbesetzungen mit ostdeutschen Schau-

42 Zum Beispiel am 19.11.1992: Die dunklen Jahre (1983), am 15.4.1993: Ein altes Modell (1976) oder am 12.7.1995 ff.: Einzug ins Paradies. Teil 1–6 (1987).

43 Jeanette Wolf, Film in den neuen Dritten Programmen der ARD. Die Film- und Fernsehspielproduktion des ORB und des MDR im Vergleich, Diplomarbeit an der HFF Potsdam 1996, S. 29 ff.

44 In absoluten Zahlen bedeutete dies beim ORB eine Masse zwischen 10–100 000 Zuschauern. Ebenda, S. 107 ff.

spielerinnen und Schauspielern in neuen Produktionen. Ein Beispiel dafür war die im Frühjahr 1995 angelaufene ORB-Polizeiserie *Zappek*. Darin hatte das ungleiche Paar des raubeinigen, stets unrasierten Hauptkommissars Zappek aus dem Osten (gespielt von Uwe Kockisch) und seines angepassten jungen Partners Polikeit im „Karstadt-Look“ aus dem Westen (gespielt von Claudius Freyer) im vereinten Berlin der Nachwendezeit Mordfälle aufzuklären. Die regionale und überregionale Kritik reagierte euphorisch auf die Figurenkonstellation. Im Mittelpunkt der Presseresonanz stand vor allem der frühere Star des Maxim-Gorki-Theaters Uwe Kockisch, der gern auch mal erklärte, Fernsehen würde ihn eher langweilen. Doch solche Aussagen machten ihn und seine Figur nur noch populärer – und die Serie auch gesamtdeutsch äußerst erfolgreich.[45] Gleiches galt für die im Auftrag der ARD produzierte und 1995 ausgestrahlte Serie *Kanzlei Bürger* in der Regie von Heiner Carow. Sie spielte in der brandenburgischen Provinz, hatte eine Ost-West-Besetzung (unter anderem mit Anke Sevenich, Helga Piur und Peter Zimmermann) und lief auch im ORB und MDR.[46]

Zwischen Diktatur und Alltag: Die DDR im Sendeprogramm (II)

Nach ihrer Auflösung wurde die DDR rasch zur Geschichte erklärt und zu einem Gegenstand fernseh-publizistischer Vergangenheitsauseinandersetzung, die in Brandenburg vor allem die ostdeutsch Sozialisierten interessierte. Hielt sich die Zahl der Zeitgeschichts-Dokus 1992/93 noch in Grenzen, stieg sie in den Folgejahren kontinuierlich an. Das Spektrum an gezeigten Themen, Narrativen und Bildern zur DDR

45 Mal sehen, was aus Zappek wird, in: Berliner Zeitung vom 5.5.1994; Berlins neuer Kommissar: Zappek, in: Berliner Morgenpost vom 18.5.1994; Theater-Star Uwe Kockisch dreht ORB-Krimiserie. Zappek – ein Kommissar der leisen Töne, in: Super-TV 19 (1994); Uwe Kockisch (Zappek): Bille aus'm Bauch heraus, in: Bild + Funk. TV- und Radioprogramm vom 4. bis 10.3.1995, 24.2.1995, S. 10; Zappek – Neue Serie in der ARD. Kriminaler aus dem Osten, in: Neues Deutschland vom 6.3.1995; Uwe Kockisch: Zappek wider Willen, in: TV-Aktuell 8 (1995); Rein und raus. Uwe Kockisch über Zappek, Fernsehen und Theater, in: Zitty 6 (1995); UHA RBB, Standort Potsdam, Nr. 1544, Bd. 1: Alfred Roesler-Kleint an Lutz Marmor, 31.5.1995.

46 Beide Serien widerlegten damals angesichts ausgeglichen verteilter Zuschauerzahlen die Vorstellung einer durchgängig in Ost und West geteilten Stammseherschaft und Sendertreue. Je mehr inhaltlicher Ost-Bezug, desto mehr ostdeutsche Zuschauer – diese Formel, so die medienwissenschaftliche Erkenntnis, konnte schon bisweilen als Quoten-Erfolgsrezept funktionieren, aber nicht zwangsläufig und regelhaft. Entscheidender blieb nach wie vor die Qualität der Produktion. Werner Früh/Hans-Jörg Stiehler, Fernsehen in Ostdeutschland: Eine Untersuchung zum Zusammenhang zwischen Programmangebot und Rezeption, Berlin 2002, S. 139.

war breit und lässt sich weder auf die Schlagworte Diktatur und Repression, noch Alltag und Normalität reduzieren.[47] Versucht man eine grobe Phasenbildung, schält sich für die 1990er-Jahre ein Übergewicht an Produktionen heraus, die sich zunächst einmal mit der grundsätzlichen Frage befassten, was die DDR war, wie das Herrschafts- und Gesellschaftssystem funktionierte und warum es schließlich zusammenbrach – Beiträge also, die auf eine historische Bestandsaufnahme abzielten. Hier überwog eine regimekritische Sicht auf die Vergangenheit. Dazu trug nicht zuletzt die sprunghafte Zunahme von Wissen über Machtmechanismen und Geheimdienstarbeit, Unrecht und Verbrechen in der DDR bei. Auch die Prozesse gegen ehemalige SED-Spitzenpolitiker, die massenhaften IM-Enttarnungen, die Renaissance des Totalitarismus-Paradigmas und die Angst vor einem Erstarken der SED-Nachfolgepartei PDS beförderten diese Sehweise.

Einzelne Produktionen behandelten Repression, Parteilenkung und Herrschaftsdurchsetzung in der SBZ/DDR und stellten dabei deutlich den diktatorischen Charakter der SED-Machtausübung heraus wie *Am Tag als … die Mauer gebaut wurde. Eine Deutschstunde zum 13. August 1961* (ORB, 15.11.1992), *Honeckers Plan: Aufmarsch in Polen* (ORB, 14.4.1993) oder *Die gekaufte Freiheit: Häftlingsfreikauf im geteilten Deutschland. Teil 1 und 2* (RBB, 6.1. und 13.1.2005).[48] Weitere Produktionen zeigten die DDR als Schauplatz des Kalten Kriegs und Konflikts zwischen den Supermächten sowie die ostdeutsche Gesellschaft als Opfer von Sowjetisierung und Roter Armee. Dafür stehen beispielsweise die dreiteilige, 2002 mit dem Grimme-Preis ausgezeichnete Dokumentation *Roter Stern über Deutschland* (2001), die der ORB mitproduzierte, oder *Tausche Ostagent gegen Westagent: Endstation Glienicker Brücke* (RBB, 19.8.2004).[49] Auffällig sind die Verdichtungen rund um den 17. Juni (1953), 13. August (1961) und 9. November (1989), an denen regelmäßig auf die SED-Diktatur Bezug genommen wurde und wird, sei es im ORB/RBB, sei es aber auch in den überregionalen Medien.

In den Anfangsjahren des ORB stach die erfolgreiche Dokumentation *Chronik der Wende* heraus, die 1994 ihre Uraufführung erlebte und durch ihre quasi

47 So auch ein Ergebnis im Gutachten von: Sebastian Pfau/Ronja Schlemme/Reinhold Viehoff, Inhalt und Form der Berichterstattung der Brandenburger Medien über die DDR. Gutachterlicher Bericht für die Enquete-Kommission „Aufarbeitung der Geschichte und Bewältigung von Folgen der SED-Diktatur und des Übergangs in einem demokratischen Rechtsstaat im Land Brandenburg", Martin-Luther-Universität Halle-Wittenberg im Oktober 2012.

48 Oder auch: „Wer zu spät kommt … Honeckers letzter Republikgeburtstag" (RBB, 7.10.2004). – „Echt Ost: Genosse Polizist – Der ABV – dein Freund und Helfer" (RBB, 3.6.2004).

49 Oder auch: „Tausche Ostagent gegen Westagent. Anwalt Vogels erster Coup" (RBB, 26.8. 2004). – „Geheimnisvolle Orte: Wünsdorf – Eine Kommandozentrale der Geschichte" (RBB, 9.12.2004). – „Geheimnisvolle Orte: Check Point Charlie" (RBB, 1.12.2005).

Video-Box „Chronik der Wende“ mit sechs VHS-Kassetten. Daneben das Sonderheft Nr. 1/2003 der Zeitschrift „SUPERillu“, das für die DDR-Show des Senders RTL wirbt.
Privatarchiv PUW

medienreflexive Ebene auffiel. Idee des Projektes war es zunächst, im Abstand von fünf Jahren auf den Tag genau die Ereignisse vom 7. Oktober bis 18. Dezember 1989 anhand von Nachrichtenausschnitten verschiedener Fernsehsender zu dokumentieren bzw. in Erinnerung zu rufen. Zudem waren Interviews mit Zeitzeuginnen und Zeitzeugen der jeweiligen Tagesereignisse eingebaut.

Was zu erleben war, stellte im Prinzip eine wortwörtliche Mediengeschichte der Friedlichen Revolution dar, deren Inhalt und Reichweite sich letztlich aus zeitgenössischer Berichterstattung zusammensetzte und quasi dort stoppte, wo die Kameras nicht gefilmt hatten. Flankiert wurden die Ausstrahlungen durch gekürzte Ton-Fassungen in Radiosendern des ORB sowie durch eine zweibändige Buchausgabe, die in ausführlicherer Form bis zum 3. Oktober 1990 reichte. Dieses „Paket“ wurde ein großer Publikumserfolg; die Macher Wolfgang Drescher und Geri Nasarski erhielten dafür 1995 den Grimme-Preis und auch andere Sender strahlten die Folgen aus. Vor diesem Hintergrund wurde das Format 1999/2000 gleichermaßen wiederholt wie chronologisch erweitert, diesmal bis zum 18. März 1990. Zusätzlich wurde nun noch ein Internet-Auftritt realisiert, der die Ereignisse mit weiteren Bildern, Dokumenten und audiovisuellen Mitschnitten veranschaulichte.[50]

50 Siehe auch die Website www.chronikderwende.de [13.7.2023].

In den 2000er-Jahren entstanden dann mehr Beiträge, die sich mit Phänomenen des DDR-Alltags, der Kultur, des Sports oder auch des Soziallebens beschäftigten und dabei auch die Frage von tatsächlichen oder vermeintlichen Leistungen und Erfolgen der DDR zu beantworten suchten. Dabei entwickelten – beflügelt durch die eingangs beschriebene mediale (N)Ostalgiewelle mit dem Höhepunktjahr 2003 – etliche Beiträge eine neutrale, bisweilen auch positive Sicht auf die Zeit vor 1990. Zudem bildeten sich Mischformen, die Politik, Privatbereich und Vergnügen mit bisweilen Schlüssellochperspektive miteinander zu verschmelzen suchten, zum Beispiel *Politbüro Privat. Teil 1 und 2* (RBB, 22.9. und 29.9.2005).[51] Andere Beiträge favorisierten eine topografisch-biografische ausgerichtete Perspektive und porträtierten die ostdeutsche Provinz mit ihren Menschen, Lebensläufen und liebenswert-diversen Charakterzügen. Ein prominentes Beispiel dafür stellt die Langzeitdokumentation *Die Kinder von Golzow* dar, in denen Barbara und Winfried Junge zwischen 1961 bis 2007 die Lebenswege von achtzehn Menschen der Jahrgänge 1953 bis 1955 aus Golzow im Oderbruch begleiteten. Für einen Großteil der 20 Folgen agierte der ORB/RBB hierbei als Ko-Produzent, was dazu führte, dass die Doku-Filme kontinuierlich im Sender ausgestrahlt wurden.

Insgesamt fällt für die Zeit bis Mitte der 2000er-Jahre auf, dass in den neu entstandenen Dokumentationen für den Zeitraum der DDR vor allem zwei Akteursgruppen thematisiert wurden: die oberste Machtelite der SED (in der Regel das Politbüro) und die allgemeine DDR-Bevölkerung bzw. „das Volk". Hingegen waren Oppositionelle oder auch widerständiges Leben bzw. nonkonformes Verhalten kaum Gegenstand fernsehmedialer Berichterstattung – erst später wuchs das Interesse an Menschen, Gruppen und Lebensformen abseits der angepassten DDR-Mehrheitsgesellschaft.[52]

Ostdeutsche Sichtweisen auf Konflikte der Transformationszeit

Wie in anderen Gesellschaftsbereichen zeigte sich auch im Journalismus bzw. in der Berichterstattung über die ostdeutsche Transformation, dass sich Herangehensweise, Stil und Argumentation von Ost und West voneinander unterschieden. Dies lag nicht allein nur an den verschiedenen Printmedien und Sendern, sondern auch an jeweils anderen professionellen Prägungen und Medienkulturen, mit denen die

51 Oder auch: „Liebe an der Macht: Margot und Erich Honecker" (RBB, 20.1.2005). – „Liebe Ost, Liebe West: Die geteilte Suche nach dem Glück. Teil 1 und 2" (RBB, 17.11. und 24.11.2005).

52 Ausnahmen stellten beispielsweise Dokumentarfilme mit Ost-Vergangenheit wie „Lychener 67" und „Too much future" dar oder auch die Folge „Bilderbuch Deutschland: Berlin Prenzlauer Berg" (RBB, 28.7.2005).

Journalistinnen und Journalisten groß geworden waren – mit allen Vor- und Nachteilen. Dies führte bei bestimmten Themen mitunter zu spezifisch ost- und westdeutschen Sichtweisen. Das konnte man auch beim ORB/RBB beobachten, wie nachfolgende Beispiele zeigen.

Bereits frühzeitig wurde in den deutschen Leitmedien die Bedeutung und Gefahr rechtsextremer Umtriebe im vereinigten Deutschland erkannt. Den Auftakt einer umfangreichen Berichterstattung deutscher Medien über rechtsextreme Übergriffe in Ostdeutschland bildeten zweifellos die rassistisch motivierten Ausschreitungen von Hoyerswerda zwischen dem 17. und 23. September 1991. Die Gewaltausbrüche richteten sich gegen ein Wohnheim für Arbeitsmigranten sowie gegen ein Flüchtlingswohnheim und endeten mit der Evakuierung bzw. Verbringung der Bewohnerinnen und Bewohner an einen anderen Ort.[53] Dass der Rechtsextremismus ein dezidiertes Problem der ostdeutschen Transformationsgesellschaft war, wurde im ORB nicht geleugnet. Die Blickrichtungen, die die regionalen Fernseh-Nachrichtenmeldungen jenseits von Wahlen und Parteien auf das Thema warfen, waren im Laufe der Jahre divers und deckten viele Facetten ab. Dabei stellte sich der ORB auch der Herausforderung, nicht nur über spektakuläre, ins Terroristische ragende Untaten zu berichten, sondern auch über die in Teilen Brandenburgs normalisierte rassistische Gewalt.[54]

Drei journalistische Brennpunkte lassen sich hervorheben: erstens konkrete rechtsextremistische Umtriebe und kriminelle Gewalt und dahingehende juristische und polizeiliche Interventionen, zweitens die Nachforschungen zu Mitgliedern und Sympathisanten der rechten Szene innerhalb der Organe des Verfassungsstaates sowie drittens Strafprozesse gegen neonazistische Täter. Gerade längere Beiträge zeichneten sich einerseits durch gute Recherchearbeit aus, andererseits durch eine explizit auf Täter-Verstehen und Täter-Differenzierung ausgerichtete Perspektive. Ostdeutschland wurde darin als vertraute Heimatregion gezeigt und nicht als gesetzloses Wild-West-Terrain, wie es westdeutsche Journalisten verschiedentlich darstellten. Allerdings endete die Suche nach dem Warum bisweilen damit, dass sich den Tätern mit Einfühlung genähert wurde. Deren Radikalisierung und Gewalt wurde häufig als Folge des gesamtgesellschaftlichen Zusammenbruchs und allgemeiner

53 Dabei zeichneten insbesondere die überregionalen, westdeutschen Medien in ihrem Bestreben, die Vorgänge aufzuarbeiten, das Horrorbild einer „Brutalo-City", wo „Mordstimmung", Verwahrlosung und blanke Tristesse herrschen würde – ein Stigma, von dem sich die Stadt Jahrzehnte lang nicht erholte. Jagdzeit in Sachsen, in: Der Spiegel vom 30.9.1991; Faustrecht der Freiheit, in: Focus Magazin vom 20.9.1993.

54 Maria Bürger/Ulrike Gellert, Rechte Gewalt in Schwedt (Die Woche). ORB, 24.09.1993; Ute Barthel, Rechte Gewalt (Die Woche). ORB, 6.1.1995; o. A., Gedenksteinschändung Guben (Brandenburg aktuell). ORB, 2.12.2000.

Orientierungslosigkeit gedeutet, verbunden mit dem Ruf an die Politik „draußen“, sich mit jugendpolitischen Sozialmaßnahmen um die nach rechts Abgedrifteten zu kümmern. Im Bemühen, multikausale gesellschaftspolitische Erklärungen zu finden, verschwanden dann bisweilen das Täter-Individuum, sein Gewalthandeln und die persönliche Verantwortung hinter einem Dickicht an makropolitischen Veränderungsprozessen.[55] Hinzu kam: Trotz aller Verurteilung rechtsextremer Straftaten und bekundeter Solidarität mit den Opfern lag der Schwerpunkt der Berichterstattung auf den Tätern. Dies ist ein Befund, der überregional gleichermaßen für Fernseh- und Kinoproduktionen zutraf und zu Recht als fragwürdige Medienfaszination für Rechte kritisiert wurde.[56]

Darüber hinaus legten die Programmverantwortlichen beim ORB Wert darauf zu zeigen, dass der Rechtsextremismus in erster Linie im Westen seine Wurzeln und Basis habe und insofern eine „Mitgift“ der alten Bundesrepublik sei. Diese Perspektive trat in zwei Filmen besonders zum Vorschein. Mit der Ausstrahlung der TV-Dokumentation *Wir sind wieder da. Neonazis in Deutschland* von Winfried Bonengel setzte der ORB am 8. Dezember 1992 ein substanzielles Ausrufezeichen nach dem tödlichen Brandanschlag in der westdeutschen Kleinstadt Mölln zwei Wochen zuvor. Filmisch verarbeitet wurden rechtsextremistische Umtriebe der Gegenwart. Für den 45-minütigen Film recherchierte der Regisseur von Mai 1991 bis September 1992 in der bundesdeutschen Neonazi-Szene und kam dafür mit führenden Personen zusammen, unter anderem mit dem Ostberliner „Führer“ Ingo Hasselbach.[57]

55 Beispielsweise in der ORB-Sondersendung „Jugend und Gewalt in Brandenburg“ vom 31. August 1996, UHA RBB, Standort Potsdam, Nr. 2470/2, Sondersendungen 1996: ORB-Themenabend „Jugend und Gewalt in Brandenburg“ vom 31.8.1996, 20.15–20.45 Uhr (Film) / 20.45–21.30 Uhr Live-Diskussion.

56 Vgl. Julia Stegmann, Denn die Geschichten der Opfer sind das Wichtigste. Rassismuskritische Analysen zu rechter Gewalt im deutschen Spiel- und Dokumentarfilm 1992–2012, Göttingen 2019. Zu den wenigen Opfergeschichten, die aus dem Schema fielen, gehörte die von Noel Martin. So strahlten am 22. Juni 2001 sowohl ARD/Das Erste als auch der ORB einen Film über die Rückkehr des durch einen rechtsextremen Angriff gelähmten britischen Staatsbürgers ins brandenburgische Mahlow aus. („Noel Martin – Ein Opfer kehrt zurück“ / 20.15 Uhr im ORB; „Rückkehr im Rollstuhl“ / 21.40 Uhr in Das Erste) Jörg Thomann, Eine blöde Koinzidenz. Doppeltes Mitgefühl: Die ARD konkurriert heute mit sich selbst, in: FAZ vom 22.6.2001.

57 Vgl. auch: Ingo Hasselbach/Winfried Bonengel, Die Abrechnung. Ein Neonazi steigt aus, Berlin/Weimar 1994; Ingo Hasselbach, Fuehrer Ex, Random House 1995. Bereits frühzeitig wurde allerdings auch Kritik geübt, die Hasselbach eine Vermarktung seiner rechtsextremen Vergangenheit vorwarf. Siehe den Beitrag von Tina Mendelsohn, Vermarktet. Ingo Hasselbach in Amerika (Klartext). ORB, 6.2.1996.

Gut fünf Monate später leistete die Ausstrahlung der aufsehenerregenden Dokumentation *Wahrheit macht frei* von Michael Schmidt einen weiteren Beitrag zur öffentlichen Analyse und Aufklärung. Denn darin wurde nicht nur der deutsche Rechtsradikalismus, sondern auch das internationale Netzwerk der Neonazis thematisiert. Der Autor hatte, ermöglicht durch Protektion von Neonazi-Führer Michael Kühnen, dafür mehrere Jahre in der rechtsextremen Szene gefilmt und beklemmende Aufnahmen von Umtrieben, Aktivitäten und Verbindungen gerade jenseits der rechten „Glatzen"-Szene sammeln können."[58] Schmidts Film, der im ORB am 20. April 1993 zu einer guten Sendezeit (21.45 Uhr) ausgestrahlt wurde, ließ für das Brandenburger bzw. ostdeutsche Fernsehpublikum keinen Zweifel daran, dass der organisierte und ideologisch-programmatisch auftretende Rechtsextremismus der Gegenwart seine Herkunft in Westdeutschland bzw. in der westlichen Welt hatte – und nicht in der DDR bzw. in Ostdeutschland.

Spezifisch ostdeutsche Perspektiven ließen sich auch entdecken, wenn über Themen von Ökologie und Umweltschutz berichtet wurde. Dies zeigt die Geschichte der Sendung *Ozon – Das Umweltmagazin*, die am 21. November 1989 noch im DDR-Fernsehen mit dem Thema „Luft zum Atmen" und den langjährigen Öko-Aktivisten Reimar Gilsenbach und Matthias Platzeck als Studiogästen an den Start ging.[59] Was in der Öffentlichkeit als Fernseh-Neuanfang und Sieg der Umweltbewegung gefeiert wurde, hatte aufseiten des Teams der Sendung eine lange Vorgeschichte. Sie reichte bis in das Jahr 1983 und das Agrar-Fernsehmagazin *Kreisläufe* zurück, wo bis zum Verbot im Sommer 1989 immer wieder umweltkritische Beiträge eingestreut worden waren. Das bis 2016 im ORB bzw. RBB laufende und vielfach ausgezeichnete Magazin verstand sich als ostdeutsches Korrektiv in Umweltfragen mit einem eindeutigen politisch-aufklärerischen Impetus, das auch über unbequeme Themen wie die ökologischen Folgen der Kriegsbombardierungen im Irak und in Jugoslawien in den 1990er-Jahren berichtete. Man praktizierte nicht Infotainment, sondern bevorzugte ernsthafte Darstellung und strebte konkrete Veränderung vor Ort an.[60] Die

58 Michael Schwelien, Was zusammengehört, in: Die Zeit vom 21.5.1993.

59 Hartmut Sommerschuh, 22 Jahre Ozon – Umweltberichterstattung in den Medien, in: Studienarchiv Umweltgeschichte, 16 (2011), S. 65–79.

60 UHA RBB, Standort Potsdam, Nr. 250713, Redaktion Ozon Wissenschaft. Archiv 1989–2016; UHA RBB, Standort Potsdam, Nr. 2504/1, Ozon-Manuskripte; Sanddornsaft statt Cola, in: Wochenpost vom 4.5.1990; Es geht um die Umwelt – da sind Tabus jetzt tabu, in: Bauernecho vom 10.5.1990; Ozon, das Umweltmagazin: Einst verpönt, jetzt gefordert, in: Die Union vom 16.8.1990; Umweltmagazin Ozon (DFF): Kupfer aus der Giftküche, in: Neue Zeit vom 4.1.1991; Ozon rät zu Bürgerprotest, in: Berliner Zeitung am Abend vom 7.3.1991; Frische Luft zum Denken und zum Atmen. Das Umweltmagazin „Ozon" des DFF als Kritiker und Ratgeber, in: Süddeutsche Zeitung vom 24.4.1991.

Ausgestaltung der neuen Sendung lag wesentlich in der Hand der ostdeutschen Journalisten um Hartmut Sommerschuh und Moderator Hellmuth Henneberg, die sie ganz im Geist des 1989er-Umbruchs und der DDR-Umweltbewegung produzierten und die gut mit der Natur- und Umweltschutzbewegung vernetzt waren. *Ozon* transportierte keine Ostalgie, sondern verstand sich als ostdeutsche Stimme in einer westdeutsch dominierten Vereinigungsgesellschaft. In diesem Sinne war die Sendung vor allem ein Erbe der Bürgerbewegung und der friedlichen Revolution, was aber nicht heißt, dass die Macher der westdeutschen Ökologiebewegung keine Bedeutung beimaßen.

Einen sozialkritisch-aufklärerischen Impetus verfolgten auch andere Sendungen wie beispielsweise *Ungeschminkt – ein Frauenjournal*. Das Magazin war von Bärbel Romanowski, einer Journalistin, die seit Ende der 1970er-Jahre in verschiedenen Redaktionen des DDR-Fernsehens gearbeitet hatte, ins Leben gerufen worden und hatte am 8. April 1990 im DFF seine Premiere erlebt.[61] Die einmal pro Monat ausgestrahlte, 45-minütige Aufzeichnung war ein Mix aus Kurzberichten, Reportagen und Diskussionsrunden und thematisierte vor allem Lage, Alltag und Probleme der ostdeutschen Frauen in der Transformationszeit. Die angesprochenen Probleme reichten vom Leben mit Behinderung auf dem Land über sexuellen Missbrauch bis zur Rentenversorgung von Frauen.[62] Zentral, vor allem in den ersten Jahren, war das Thema Frauenarbeitslosigkeit.[63] Romanowskis Magazin, das später von Gisela Zimmer moderiert und im ORB bis in die 2000er-Jahre ausgestrahlt wurde, korrespondierte dabei unmittelbar mit den Anliegen der ostdeutschen Frauenbewegung und des Ende 1989/Anfang 1990 gegründeten Unabhängigen Frauenverbandes. Ein Ziel war es dabei auch, bestimmte frauenpolitische Errungenschaften aus DDR-Zeiten zu erhalten und konservative Rollenbilder und Familienvorstellungen kritisch zu hinterfragen.[64] Insofern kann auch hier zweifellos von Ost-Prägung und Nachleben gesprochen werden.

61 Anja Kreutz/Uta Löcher/Doris Rosenstein, Von Aha bis Visite. Ein Lexikon der Magazinreihen im DDR-Fernsehen (1952–1990/91), Potsdam 1998, S. 270–272.

62 Siehe: Verunsicherte Frauen. DFF 1: Sozial engagiertes Journal Ungeschminkt, in: Berliner Zeitung vom 10.4.1990; Alles was Recht ist. Ungeschminkt hilft Frauen, sich zu wehren, in: Der Morgen vom 19./20.5.1990; Richtung Abgrund – ohne Bremse? Ungeschminkt zum Thema Frauen und Drogen, in: FF dabei, Nr. 8 (1991); Ungeschminkt im DFF: ostdeutscher Befindlichkeit auf der Spur. Frauen müssen draußen bleiben, in: Leipziger Volkszeitung vom 11.9.1991; Ungeschminkt: Lesbisch ist auch normal, in: Tribüne vom 21.8.1991.

63 Manuela Jödicke/Christiane Hein, Frauen in der Schwerindustrie (Ungeschminkt). ORB vom 14.9.1992; Anne Schwarz, Akademikerinnen abgewickelt (Ungeschminkt). ORB vom 2.10.1996; Marina Farschid, Armut, weiblich (Ungeschminkt). ORB vom 27.12.2000.

64 Ungeschminkt – so will sich das neuen Frauenjournal geben, in: Freies Wort vom 28.3.1990; Anfrage. Bärbel Romanowski. Moderatorin beim DFF, in: Tribüne vom 13.5.1990.

Fazit: Ost-Verklärung auf der Mattscheibe?

Die Umgestaltung des Fernsehens in Ostdeutschland war zentraler Bestandteil der Medienpolitik nach 1989. Sie vollzog sich in eigener Schrittfolge und Geschwindigkeit. Besonders war neben dem späten Ende des alten Fernsehbetriebs im Dezember 1991 die zäsurgeschichtliche Dynamik: So setzte seit Herbst 1989 erst ein vorsichtiger Transformationsprozess im Staatsfernsehen ein, der dann in eine völlige Neuordnung der ostdeutschen Fernsehlandschaft (nach westlichem Modell) mündete. Dieser Umbruch vollzog sich vor dem Hintergrund einer globalen Medienwende, die mit der Einführung des dualen Rundfunksystems und der gesteigerten Kommerzialisierung des Fernsehens Mitte der 1980er-Jahre begonnen hatte.

Personalzusammensetzung und Programmgestaltung lassen den ORB zugleich als institutionelle Neuschöpfung wie auch als Übergangs- und Begleitmedium vom Gestern ins Heute, von der Diktatur in die Demokratie erscheinen. Der Sender milderte fürs Publikum auf seine Weise den scharfen Zäsurcharakter von 1989/90 ab. Grundlage dafür war erstens das Fortleben einer spezifisch ostdeutschen Medienkultur und Beschäftigtengruppe im ORB, deren Sozialisation, Ausbildung und Arbeitsleben zusammen mit der allgemeinen Diktatur- und Alltagserfahrung ein biografisches Gepäck bildete, das wiederum als Kit im Dreiecksverhältnis Zuschauer-Fernsehmacher-Sender wirkte. Zweitens sorgten die zahlreichen Bezugnahmen auf die jüngste Vergangenheit in Programm und Berichterstattung für ein *Feeling* des Übergangs. Auch wenn der ORB nicht so exzessiv die „DDR-Karte" spielte wie der MDR, war der Brandenburger Landessender auf diesem Feld aktiver, als es bislang den Anschein hatte. Die DDR und ihr Fernsehen lebten durch die Fortführung und Adaption alter Sendeschemata und Formate ebenso weiter wie durch gezielte Themenwahl. Insbesondere im Filmsegment und der Ausstrahlung von DDR-Programmvermögen belegte der Sender in den 1990er-Jahren einen quantitativen Spitzenwert. Das sicherte Akzeptanz und Marktanteile.

Für die 1990er- und 2000er-Jahre lässt sich eine inhaltliche Ausgeglichenheit in der Darstellung von DDR-Vergangenheit beobachten. Dabei war es keinesfalls so, dass der Bereich Herrschaft/Diktatur den Bereich Leben/Alltag erkennbar dominierte – oder umgekehrt. In Fernsehbeiträgen über Herrschaft, Macht und Unrecht in der DDR lag gleichwohl der Fokus meist auf den Tätern, weniger hingegen auf den Opfern. Dies lag aber nicht unbedingt in ideologischen Prämissen begründet, sondern mehr in der Eigenlogik medialer Aufmerksamkeitsökonomie, die der Täterperspektive stets den Vorrang gibt. Für eine Stärkung des medialen „Diktaturgedächtnisses" sorgten dagegen die verheimlichten Stasi-Vergangenheiten beim ORB (befeuert durch das Schweigen der Beschuldigten selbst).

Auch wenn Brandenburg ein von den Transformationsfolgen geschütteltes Bundesland war, in dem die SED-Nachfolgepartei PDS lange Zeit hohe Wählerstimmenanteile gewinnen konnte: Ostalgie-TV wurde in den 1990er- und 2000er-Jahren nicht gepflegt. Eine nostalgische Wirkung entfaltete sich lediglich dadurch, dass die DDR als Teil einer gemeinsamen Erfahrung und verbindenden Geschichte inmitten einer Zeit thematisiert wurde, die ihrerseits von Bedeutungsverlusten und enttäuschten Zukunftserwartungen geprägt wurde und somit Raum für derartige Gefühlslagen bot.[65] Auf der „Mattscheibe" kam dies aber nur selten verklärend rüber, sondern meist aufklärend. Ganz im Sinne all derjenigen Zuschauerinnen und Zuschauer, die nach dem Ende der DDR noch viel über deren Geschichte und die Mechanismen der SED-Herrschaft erfahren wollten.

65 Siehe dazu stellvertretend: Elke Sieber, Erinnerung an die DDR. Zwischen (N)Ostalgie und Totalverdammung, in: Jahrbuch für Historische Kommunismusforschung 2014, Berlin 2014, S. 17–28.

Erinnern und Gedenken: Ehemalige Inhaftierte des sowjetischen Speziallagers Nr. 1 in Mühlberg (Landkreis Elbe-Elster) hatten sich zum 32. Mahn- und Gedenktreffen der Initiativgruppe Lager Mühlberg am Hochkreuz der Gedenkstätte noch einmal für ein gemeinsames Foto aufgestellt, 3.9.2022.
Stadt Bad Liebenwerda / Matthias Böttger

IRMGARD ZÜNDORF

Erinnerungskulturlandschaft im Wandel

Museen und Gedenkstätten in Brandenburg seit 1990

Der Umbruch 1989/90 markierte auch in Brandenburger Museen und Gedenkstätten einen tiefen Einschnitt. Viele historische Ausstellungen wurden zunächst geschlossen, da sie entweder unter dem Verdacht standen, von der sozialistischen Propaganda geprägt zu sein, oder es ganz offensichtlich waren. Die Museen und Gedenkstätten mussten sich vor allem hinsichtlich der Präsentation der Geschichte des 20. Jahrhunderts neu erfinden. Dies betraf sowohl ihre Ausstellungen als auch ihre Sammlungen und pädagogischen Angebote. Nicht nur die Einrichtungen in Brandenburg, sondern auch die Institutionen in den anderen östlichen Bundesländern standen vor dieser Herausforderung. Ebenso waren die Präsentationen in der alten Bundesrepublik nicht mehr aktuell und mussten überarbeitet werden. Daher wurde sowohl auf Bundesebene über die Neuausrichtung der Aufarbeitung der Diktaturgeschichte diskutiert als auch auf lokaler Ebene nach alternativen Wegen zur Präsentation der Geschichte des 20. Jahrhunderts gesucht. Die deutsche Museums- und Gedenkstättenlandschaft war dadurch in den 1990er-Jahren gleichermaßen von Unsicherheiten wie von Experimentierfreudigkeit geprägt, was Mitte/Ende der 2000er-Jahre in einer Vielzahl von neuen Präsentationen mündete und zusammengenommen für einen Museums- und Ausstellungsboom sorgte. Seitdem kann auch in Brandenburg von einer gewandelten, vielfältigen Erinnerungskultur gesprochen werden. Dass dieser Prozess dabei von Konflikten, Debatten und Auseinandersetzungen begleitet war, wundert angesichts der Zäsur von 1989 und dem Infragestellen von alten Normen und Gewissheiten kaum.

Um diese Entwicklung nachvollziehen zu können, werden im Folgenden zunächst die politischen Entscheidungen auf Bundes- und auf Landesebene betrachtet. Anschließend werden die Entwicklungen in Museen und Gedenkstätten getrennt voneinander in den Blick genommen, da beide Bereiche unterschiedlich organisiert waren und kaum zusammenarbeiteten.[1] Da die Zeit nach 1990 nicht ohne ihre Vorgeschichte zu verstehen ist, sind dabei immer wieder Rückblicke vor allem in die 1980er-Jahre notwendig.

1 Dies war und ist leider immer noch der Fall, was zu bedauern ist, aber hier nicht weiter thematisiert werden kann, sondern an anderer Stelle einmal genauer untersucht werden müsste.

Frühe Entscheidungen auf Bundesebene

Um darüber entscheiden zu können, wie die künftige „Aufarbeitung der Geschichte und Folgen der SED-Diktatur" umzusetzen sei, setzte der Bundestag 1992 eine gleichnamige Enquete-Kommission ein, der 1995 eine zweite folgte, die sich mit der „Überwindung der Folgen der SED-Diktatur" auseinandersetzen sollte.[2] Dabei ging es nicht nur um die Frage, wie die SED-Diktatur erforscht, präsentiert und vermittelt werden könne, sondern auch um die künftige Präsentation der NS-Geschichte. So musste geklärt werden, wie mit den ehemaligen Nationalen Mahn- und Gedenkstätten der DDR umgegangen werden sollte, die bis dahin zentral aus öffentlichen Mitteln finanziert worden waren. Ein vergleichbares zentrales Finanzierungsmodell gab es in der Bundesrepublik nicht. Eine einfache Übernahme der Kosten durch die Bundesregierung schien nicht möglich, da Gedenkstätten zu den Kulturaufgaben zählten und damit im Zuständigkeitsbereich der Bundesländer lagen. Diese wären jedoch mit der Förderung der großen Einrichtungen finanziell überfordert worden.

Insgesamt schien die Übertragung der alleinigen Verantwortung für das Gedenken an die Schrecken des 20. Jahrhunderts auf die Länder nicht sinnvoll. Die zweite Enquete-Kommission erklärte daher in ihrem Abschlussbericht 1998 die Bundesregierung verantwortlich für die Erinnerung an die beiden deutschen Diktaturen und ihre Opfer. In der Folge wurde die Institution eines Bundesbeauftragten für Kultur und Medien (BKM) eingeführt, der auf Bundesebene für Kulturpolitik zuständig war. Der oder die Bundesbeauftragte ist seitdem unter anderem für die Förderung der Gedenkstätten und Museen von nationaler Relevanz mitverantwortlich. Als eine wichtige erste Maßnahme veröffentlichte der BKM 1999 das erste Gedenkstättenkonzept des Bundes.[3] Darin wurde unter anderem festgelegt, dass die Bundesregierung Gedenkstätten und Ausstellungsprojekte fördert, die eine oder mehrere Formen des Repressionscharakters der SED-Diktatur darstellen. Dieser Fokus prägte daher zunächst die Erinnerungskultur in allen Bundesländern. Nach heftigen Diskussionen[4] über die Erweiterung des Themenspektrums der bundesstaatlichen Förderpolitik wurde 2008 ein neues Gedenkstättenkonzept veröffentlicht, das bis heute gilt. Darin heißt es: „Die Bundesregierung wird unter Wahrung der

2 1992 „Enquete-Kommission zur Aufarbeitung von Geschichte und Folgen der SED-Diktatur in Deutschland"; 1995 „Enquete-Kommission zur Überwindung der Folgen der SED-Diktatur im Prozess der deutschen Einheit".

3 Zur Entwicklung der Enquete-Kommissionen und des Gedenkstättenkonzeptes siehe: Carola S. Rudnick, Die andere Hälfte der Erinnerung. Die DDR in der deutschen Geschichtspolitik nach 1989, Bielefeld 2011, S. 47–89.

4 Siehe die Zusammenstellung der Diskussion in der Presse in: Martin Sabrow u. a. (Hrsg.), Wohin treibt die DDR-Erinnerung? Dokumentation einer Debatte, Göttingen 2007, S. 185–367.

grundsätzlichen Zuständigkeit der Länder und Kommunen im Rahmen der Verantwortung des Gesamtstaates dazu beitragen, geeignete Rahmenbedingungen für die Gedenkstättenarbeit zu schaffen. Sie wird dabei die Heterogenität der Trägerschaften von Gedenkstätten achten und unterstützen. Damit trägt sie dazu bei, den dezentralen und pluralen Charakter der Gedenkstättenlandschaft zu festigen, der sich durch ein Neben- und Miteinander von ehrenamtlicher und professioneller Arbeit, lokaler, regionaler und überregionaler Verantwortungsübernahme sowie individuellem und kollektivem Engagement auszeichnet. In diesem Sinne wird die Bundesregierung die Unabhängigkeit der Gedenkstätten von politischen Weisungen respektieren."[5]

Die deutsche Erinnerungskultur sollte also trotz finanzieller Mitverantwortung des Bundes weiterhin stark durch eine dezentrale und unabhängige Organisation geprägt sein. Die Kriterien für die Förderung waren daher auch relativ allgemein gehalten, was die Unterstützung unterschiedlichster Einrichtungen ermöglichte. Wichtig waren „der nationale und internationale Stellenwert des Ortes, die Authentizität des Ortes, die Exemplarität für einen Aspekt der Verfolgungsgeschichte der NS-Terrorherrschaft oder der SED-Diktatur, die Qualität des Projektkonzepts, die Kooperation von Einrichtungen".[6] In Bezug auf die Aufarbeitung der kommunistischen Diktatur wurden zudem Gedenkstätten, Erinnerungsorte und Museen als förderungswürdig benannt und in folgende Themenfelder gegliedert: „(1) Teilung und Grenze, (2) Überwachung und Verfolgung, (3) Gesellschaft und Alltag, (4) Widerstand und Opposition".[7]

Damit wurde neben der in der ersten Gedenkstättenkonzeption genannten Repressions- und Diktaturgeschichte erstmals auch die Gesellschafts- und Alltagsgeschichte der DDR stärker in den Blick genommen. Dies führte dazu, dass sich das Bild der DDR deutlich ausdifferenzierte, auch wenn von Seiten des Bundes weiterhin die Darstellung des Diktaturcharakters im Vordergrund stehen sollte. Die Bundesländer folgten dieser Fokussierung weitgehend. Allerdings lässt sich in Brandenburg schon früh eine Erweiterung der Perspektive auf die Alltagsgeschichte der DDR erkennen, die in Museen präsentiert wurde. Diese wiederum wurden jedoch entweder privat oder von Kommunen und dem Land finanziert. Der Bund hatte in Brandenburg zunächst nur die Gedenkstätten Ravensbrück, Sachsenhausen und Brandenburg-Görden in die institutionelle Förderung aufgenommen, die entsprechend ihrer Ortsgeschichte die Repression fokussierten. Die ungleiche Behandlung von Museen und Gedenkstätten ist keine Besonderheit Brandenburgs. Sie führte hier

5 Deutscher Bundestag, Drucksache 16/9875: Fortschreibung der Gedenkstättenkonzeption des Bundes „Verantwortung wahrnehmen, Aufarbeitung verstärken, Gedenken vertiefen", S. 3.

6 Ebenda.

7 Ebenda, S. 7.

wie auch in anderen Bundesländern dazu, dass beide Institutionen kaum kooperierten, sondern sich immer wieder in Konkurrenz um Fördermittel sahen und sehen.[8]

Späte Reaktion auf Länderebene – Die Enquete-Kommission zur Aufarbeitung in Brandenburg

Die Entscheidungen der Enquete-Kommissionen des Bundes hatten weitreichende Auswirkungen auf die gesamte deutsche Erinnerungskulturlandschaft zur Geschichte des 20. Jahrhunderts. Sie legten das Fundament für eine bundesstaatliche Förderung, die jedoch immer nur einen Teil der Kosten von Einrichtungen und Präsentationen übernahm. Mindestens die Hälfte der benötigten Gelder sollte von den jeweiligen Bundesländern gestellt werden. Die Entwicklung der Erinnerungskultur hing damit auch weiterhin mit den entsprechenden Mitteln, aber natürlich auch mit dem Willen der Entscheidungsträger zusammen. Brandenburg wurde bis in die 2000er-Jahre eine vernachlässigte Förderung der erinnerungskulturellen Aufarbeitung der SED-Diktatur vorgeworfen. In der Forschung wird dies zum Beispiel mit dem Versuch erklärt, nicht über die Rolle des Ministerpräsidenten Manfred Stolpe bzw. seine Kontakte zu Vertretern des MfS in seiner Funktion als Repräsentant des Bundes der Evangelischen Kirchen in der DDR aufklären zu wollen.[9]

Wie sich die „Aufarbeitung der Geschichte und Bewältigung von Folgen der SED-Diktatur und des Übergangs in einen demokratischen Rechtsstaat im Land Brandenburg" seit 1990 entwickelt hatte, sollte in einer 2010 eigens vom Brandenburger Landtag berufenen Enquete-Kommission geklärt werden. Diese legte 2014 ihren Abschlussbericht vor. Im Verlauf ihrer vierjährigen Arbeit setzte sie sich in rund 40 Sitzungen auf der Grundlage von Gutachten und der Anhörung von Sachverständigen mit dem politischen, wirtschaftlichen und gesellschaftlichen Transformationsprozess in Brandenburg auseinander – „unter besonderer Berücksichtigung des Umgangs mit der DDR-Vergangenheit".[10] Ziel war es unter anderem, sowohl Bilanz der bisherigen Aufarbeitungsleistung zu ziehen als auch Handlungsempfehlungen zu geben.

In Bezug auf die gesellschaftliche Aufarbeitung der kommunistischen Diktatur kam die Kommission zu einer im Konsens getroffenen Einschätzung. Danach war „den Opfern und Benachteiligten des SED-Regimes lange Zeit die ihnen zustehende

8 Susanne Köstering, DDR-Geschichte in brandenburgischen Museen. Wo stehen wir, wo gehen wir hin?, in: Museumsblätter 31/2017, S. 8–15, hier S. 9.

9 Siehe dazu auch den Beitrag von Jens Gieseke über den Brandenburger Weg in diesem Band.

10 Landtag Brandenburg, Drucksache 5/8500, Abschlussbericht der Enquete-Kommission 5/1 „Aufarbeitung der Geschichte und Bewältigung von Folgen der SED-Diktatur und des Übergangs in einen demokratischen Rechtsstaat im Land Brandenburg", 6.3.2014, S. 3.

Anerkennung nicht zuteil geworden". Das in dieser Hinsicht größte Versäumnis wurde in dem „langjährige[n] Fehlen einer Landesbeauftragten für Aufarbeitungsfragen, wie sie in anderen Bundesländern in ähnlicher Form mit den Landesbeauftragten für die Unterlagen des Staatssicherheitsdienstes der ehemaligen DDR existiert[e]" gesehen.[11] Dieses Versäumnis war jedoch 2009 mit der Verabschiedung des Brandenburgischen Aufarbeitungsbeauftragtengesetzes und der Wahl der ersten Landesbeauftragten zur Aufarbeitung der Folgen der kommunistischen Diktatur (LAkD) behoben worden. Die Enquete-Kommission sah darin einen Baustein für die weitere Aufarbeitung im Land und hielt fest, die „kritische Beschäftigung mit der DDR-Vergangenheit" müsse „Bestandteil des politischen und gesellschaftlichen Lebens in Brandenburg bleiben."[12]

Konkret empfahl die Kommission abschließend „eine stärkere Würdigung von Opposition und Widerstand in der DDR." So sollte die Mitwirkung von ehemals politisch Verfolgten an der historischen Aufarbeitung und Bewältigung der Folgen der SED-Diktatur gefördert werden. Eine der bereits 2012 eingeführten Maßnahmen war das jährliche Treffen des Ministerpräsidenten mit Vertreter*innen der Opferverbände und Aufarbeitungsinitiativen. Zudem regte die Kommission die bessere finanzielle Unterstützung der Verbände und ihrer Aufarbeitungsprojekte sowie die stärkere Einbindung der Vertreter*innen in die Beratungs- und Entscheidungsgremien der Gedenkstätten und Dokumentationszentren an.[13] Weiterhin wurden einzelne Gedenkstätten aufgezählt, die eine bessere bzw. möglichst eine institutionelle Förderung bekommen sollten. So wurde empfohlen, die Dokumentationsstelle Zuchthaus Brandenburg an der Havel zu einem Gedenk- und Dokumentationszentrum auszubauen, das Grundkonzept „Straße der Erinnerung" in der Gedenklandschaft Jamlitz/Lieberose umzusetzen, die kleineren Gedenkorte für die Opfer stalinistischer Gewalt Mühlberg oder auch Ketschendorf mit Landesmitteln zu fördern und die Förderung des Menschenrechtszentrums Cottbus in der ehemaligen Haftanstalt Cottbus zu verstetigen. Von den Museen wurden die engere Zusammenarbeit mit Schulen sowie mehr Wanderausstellungen und interaktive Installationen gefordert. Außerdem sollten kleinere Heimatmuseen in ihrer Arbeit unterstützt, die Zusammenarbeit mit Zeitzeug*innen intensiviert und bestimmte Themen wie die Bodenreform verstärkt präsentiert werden. Auffällig ist, dass für die Gedenkstätten konkrete Unterstützungsmaßnahmen empfohlen wurden, während für die Museen eher allgemeinere Hinweise ausgesprochen wurden.[14]

11 Landtag Brandenburg, Drucksache 5/8500, S. 3.
12 Landtag Brandenburg, Drucksache 5/8500, S. 4
13 Landtag Brandenburg, Drucksache 5/8500, S. 379/380.
14 Landtag Brandenburg, Drucksache 5/8500, S. 384/385.

Nicht alle Empfehlungen sind inzwischen in vollem Umfang umgesetzt worden, aber die Bestrebungen einer stärkeren finanziellen Unterstützung der Erinnerungskulturlandschaft in Brandenburg sind in der Rückschau deutlich sichtbar. Um dies zu verdeutlichen, werden im Folgenden zunächst die Geschichte der brandenburgischen Museen und Gedenkstätten bis 1990 und anschließend die Transformation nach der Wiedervereinigung dargestellt.

Brandenburgische Museen bis 1990

Die Entwicklung der Museumslandschaft in Brandenburg begann im 19. Jahrhundert. Dabei wurde allerdings mit dem Märkischen Museum das zentrale landesgeschichtliche Museum in der preußischen Metropole Berlin eingerichtet. Eine Entscheidung, die ein Grund für das Fehlen einer solchen Einrichtung in Brandenburg sein dürfte. Bereits 1912 wurde jedoch ein eigener Museumsverband Brandenburg gegründet. Er ist damit die älteste Museumsorganisation dieser Art in Deutschland. Dies wird auf die im Vergleich zu anderen Regionen des Deutschen Reiches sehr große Museumsdichte in Brandenburg zurückgeführt.[15]

Bis 1945 prägte eine Vielzahl von Heimatmuseen das Bild der brandenburgischen Museumslandschaft. Dies änderte sich in der Folgezeit. In der DDR wurden einerseits der Ausbau der thematisch übergreifenden Bezirksmuseen und andererseits die Abgrenzung von Kunst-, Natur-, Geschichts- oder Technikmuseen betrieben. Die Bezirks-, aber auch die Stadt- und Heimatmuseen unterlagen den „Grundsätzen über die sozialistische Umgestaltung der Heimatmuseen in der Deutschen Demokratischen Republik“.[16] Danach sollten sie sich vor allem der Geschichte der Arbeiterbewegung widmen. Der thematische Bezug zur Region sollte hingegen nicht im Fokus stehen. Die Präsentationen waren durch eine Art Einheitsstil geprägt, der zu einer „starken Einebnung der regionalen und lokalen Besonderheiten“ führte.[17] In der Praxis fanden sich zwar trotzdem beispielsweise Ausstellungen über die NS-Zeit, die meisten von ihnen waren jedoch „dogmatisch

15 Zur Geschichte des Verbandes siehe: 100 Jahre Museumsverband in Brandenburg, Museumsblätter 20 und 21/2012.

16 Zu den Grundsätzen der Museumsumgestaltung siehe: Jan Scheunemann, „Gegenwartsbezogenheit und Parteinahme für den Sozialismus“. Geschichtspolitik und regionale Museumsarbeit in der SBZ/DDR 1945–1971, Berlin 2009, S. 261 ff.

17 Stefan Wolle, Der Beitrag der Brandenburger Heimatmuseen zur Aufarbeitung der DDR-Geschichte. Expertise für die Enquete-Kommission des Brandenburger Landtages „Aufarbeitung der Geschichte und Bewältigung von Folgen der SED-Diktatur und des Übergangs in einen demokratischen Rechtsstaat im Land Brandenburg“, 2012, S. 22.

und formelhaft".[18] Diese ideologische Formelhaftigkeit wurde besonders in der Darstellung der DDR-Geschichte deutlich. Die Ausstellungen feierten jeweils ritualisiert die Bodenreform von 1945, die Gründung der DDR 1949 sowie Erfolge im sozialistischen Aufbau des Staates und der jeweiligen regionalen Industrie.[19]

Im Laufe der Zeit und vor allem in den 1980er-Jahren wurden die Handlungsspielräume der Museumsmitarbeiter*innen jedoch größer, und auch lokale Themen konnten in den Präsentationen in den Vordergrund rücken. Susanne Köstering, langjährige Leiterin des Brandenburgischen Museumsverbands, konstatierte für die 1980er-Jahre „eine gewisse Liberalisierung und Hinwendung zur Stadtgeschichte" in den Museen.[20] Dies ging einher mit einer deutlichen Professionalisierung der Mitarbeiter*innen in den größeren Museen und der Ausweitung des dortigen Personalstamms, aber nicht mit einer Verbesserung der materiellen Ausstattung der Häuser. Zudem blieben die kleineren Heimatmuseen von der Professionalisierung ausgeschlossen. Im Ergebnis gab es daher 1990 in Brandenburg zwar eine vielfältigere Museumslandschaft als in der frühen DDR mit einem im Vergleich zu heute sehr großen Personalbestand. Aber diese war mit durchweg schlechten materiellen Ressourcen ausgestattet. Bei den Inhalten der Dauer- und temporären Ausstellungen bestand akuter Handlungsbedarf angesichts der ideologischen Überformung und Propagandahaftigkeit auf der einen und des Systemwechsels in eine freiheitlich-demokratische Gesellschaftsordnung mit einem grundsätzlich anderen Geschichtsverständnis auf der anderen Seite.

Struktureller Wandel seit 1990

Bereits im Juli 1990 wurde der Museumsverband Brandenburg neu gegründet, um an die Arbeit der Vorgängerinstitution anzuknüpfen, die während der NS-Zeit aufgelöst und auch in der DDR nicht wieder initiiert worden war. Ziel war es zunächst, den einzelnen Museen bei den anstehenden Veränderungen zu helfen und dafür die Unterstützung der Landesregierung zu gewinnen.[21]

Rückblickend zeigt sich, dass neben den inhaltlichen Veränderungen die 1990er-Jahre vor allem durch Personalentlassungen auf der einen Seite und Museums-

18 Susanne Köstering/Christian Hirte, Entnazifizierte Zone?, in: Museumsverband des Landes Brandenburg (Hrsg.), Entnazifizierte Zone? Zum Umgang mit der Zeit des Nationalsozialismus in ostdeutschen Stadt- und Regionalmuseen, Bielefeld 2015, S. 9–16, hier S. 9.

19 Wolle, Brandenburger Heimatmuseen, S. 71.

20 Susanne Köstering, Linientreu oder Eigensinn? Die brandenburgische Museumslandschaft in der DDR, in: Museumsblätter 20/2012, S. 18–25, hier S. 23.

21 Reinhard Schmook, Die DDR zerbricht: Was wird aus den Museen? Die Wiedergründung des Brandenburgischen Museumsverbandes, in: Museumsblätter 20/2012, S. 26–31.

neugründungen auf der anderen geprägt waren. Rund die Hälfte der heute in Brandenburg existierenden Museen sind erst in den 1990er-Jahren gegründet worden. Es wird daher auch von einem Museumsgründungsboom in dieser Zeit gesprochen. 2001 gab es in Brandenburg insgesamt 350 Museen.[22] Aber nicht nur die Anzahl der Museen wuchs, sondern auch deren thematische Grundausrichtung erweiterte sich. So stellte Christian Hirte für die 1990er-Jahre neben einem Wandel von regionalen zu städtischen Themenbezügen vor allem einen Ausbau der Technik- und Spezialmuseen fest.[23] Die Anzahl der Museen stieg in den 2000er-Jahren weiter an, auch wenn die Leiterin des Museumsverbandes Brandenburg nach Auswertung einer vom Verband initiierten Enquete 2003 beklagte, dass sich die „institutionelle, finanzielle und personelle Ausstattung der Museen […] in den letzten zehn Jahren dramatisch verschlechtert" habe.[24] 2009 wurden in einem Museumsführer des Museumsverbands rund 400 Museen im Land Brandenburg aufgeführt.[25] Eine Befragung von 2017 zeigte schließlich, dass sich „die Verhältnisse seitdem etwas stabilisiert, in mancher Hinsicht sogar leicht verbessert" hatten. Gebäude waren saniert, Ausstellungen erneuert worden und der Personalbestand war stabil geblieben.[26] Allerdings wurden und werden die meisten der heute in Brandenburg existierenden Museen ehrenamtlich geführt.[27]

Einen aktuellen Überblick über die thematischen Schwerpunkte und die geografische Lage der im Museumsverband gelisteten Mitgliedsmuseen gibt dessen Website.[28] Bei der Durchsicht wird deutlich, dass die thematische Vielfalt der Museen erhalten geblieben ist. Nach wie vor verfügt Brandenburg über kein zentrales Landesmuseum, dafür aber über viele stadtgeschichtliche Museen. Einem Landesmuseum am nächsten kommt das Haus der Brandenburgisch-Preußischen Geschichte in Potsdam, dessen Gesellschafter zu zwei Dritteln das Land und zu einem Drittel die Landeshauptstadt Potsdam ist. Es wurde 2003 allerdings mit dem dezidierten Hinweis eröffnet, dass hier keine eigene Sammlung angelegt werden soll, sondern

22 Gabi Förder-Hoff, Museen im Umbruch, in: Museumsblätter 3/2003, S. 14–16, hier S. 14.

23 Christian Hirte, Ich weiß nicht woher, ich weiß nicht wohin, wie wundert's mich, dass ich so fröhlich bin, in: Museumsblätter 3/2003, S. 8–13, hier S. 8.

24 Susanne Köstering, Museumslandschaft im Winter, in: Museumsblätter 3/2003, S. 20–23, hier S. 23.

25 Museumsverband des Landes Brandenburg, Museen in Brandenburg, Berlin 2009; siehe auch: https://www.museen-brandenburg.de/publikationen/katalogebuecher/museen-in-brandenburg/ [5.2.2022]. Wikipedia listet aktuell rund 440 Museen und Gedenkstätten im Land Brandenburg auf: https://de.wikipedia.org/wiki/Liste_der_Museen_in_Brandenburg [5.2.2022].

26 Susanne Köstering, Eckdaten und Strukturen. Trägerschaft, Finanz- und Personalausstattung brandenburgischer Museen, in: Museumsblätter 33/2018, S. 8–19, hier S. 8.

27 Grundsatzpapier des Museumsverbandes des Landes Brandenburg e. V., in: Museumsblätter 28/2016, S. 16–17, hier S. 16.

28 https://www.museen-brandenburg.de/museen/nach-standort/ [4.1.2023].

dass das Haus als Schaufenster der Sammlungen im Lande diene. Die Bewahrung der materiellen Hinterlassenschaften Brandenburgs bleibt somit weiter den vielen kleinen und größeren stadt- und regionalgeschichtlichen Museen vorbehalten.

Inhaltliche Neuorientierung ohne Zeitgeschichte

Die Museumsarbeit war nach 1990 vor allem durch die Schließung der alten Ausstellungen und deren Abbau geprägt. Manche Museen behalfen sich jedoch zunächst auch damit, nur die Beschriftungen in den Präsentationen zu entfernen, die im Duktus der DDR-Geschichtsschreibung verfasst waren. So wurde zum Beispiel die Ausstellung im Heimatmuseum Luckenwalde 1993 provisorisch neu gestaltet und erst 2004 ganz geschlossen, um 2006 eine komplett neue Ausstellung zu eröffnen.[29] Manche Museen erlaubten sich aber auch den Trick, die alte Ausstellung aus DDR-Zeiten komplett zu erhalten und sie als Gesamtobjekt der Museumsgeschichte des Hauses zu deklarieren. So wurde im Agrarmuseum Wandlitz im Eingangsbereich eine Tafel angebracht, die die Gesamtausstellung zu einem Objekt aus den 1980er-Jahren erklärte. In den meisten regionalgeschichtlichen Museen zeigte sich jedoch eine so große Verunsicherung darüber, wie NS- oder DDR-Geschichte ausgestellt werden könnten, dass diese Bereiche einfach komplett geschlossen wurden. Zeitgeschichte wurde daher oftmals gar nicht ausgestellt. Dieser Einschnitt prägte mindestens bis 2005 das Bild in vielen regionalgeschichtlichen Dauerausstellungen, die einfach vor Beginn der NS-Zeit endeten.[30] Und selbst danach wurde „die NS-Zeit insgesamt sehr zurückhaltend, ja nachgerade marginal, oft höchstens schematisch behandelt“, wie Susanne Köstering feststellte.[31]

Besser sah es seit den 2000er-Jahren hinsichtlich der DDR-Geschichte aus. So stellte der Historiker Stefan Wolle 2012 in seinem Gutachten für die Enquete-Kommission des Landes Brandenburg zwar fest, dass sich viele der kleineren Heimatmuseen auf Themen der Vorgeschichte oder der Volkskunde konzentrierten und die DDR-Geschichte ausschlossen.[32] Gleichzeitig kam er jedoch zu dem Schluss, dass die größeren Einrichtungen mit festem Mitarbeiterstamm durchaus versuchten, die Zeitgeschichte in den Blick zu nehmen: „Fast alle Stadt-, Regional- und Heimatmuseen“

29 Wolle, Brandenburger Heimatmuseen, S. 56/57. Zur Neugestaltung siehe auch: Stadt Luckenwalde (Hrsg.), Ausstellungskatalog Heimatmuseum Luckenwalde, 2009.

30 Susanne Köstering, DDR-Geschichte in brandenburgischen Museen. Eine Zwischenbilanz, in: Katrin Hammerstein/Jan Scheunemann (Hrsg.), Die Musealisierung der DDR. Wege, Möglichkeiten und Grenzen der Darstellung von Zeitgeschichte in stadt- und regionalgeschichtlichen Museen, Berlin 2012, S. 173–189, hier S. 179 f.

31 Suanne Köstering, NS-Geschichte im Museum. Ostdeutsche Stadt- und Regionalmuseen vor und nach 1989/90, in: Museumsblätter 29/2016, S. 8–11, hier S. 8.

32 Wolle, Brandenburger Heimatmuseen, S. 34.

bezögen „die DDR als Thema auf diese oder jene Weise ein". Insgesamt attestierte er Brandenburg eine vielfältige „lebendige Museumslandschaft" und einigen Häusern ein „museumsdidaktisch beachtliches Niveau".[33] Auch Köstering konstatierte im selben Jahr, dass die Mehrheit der stadt- und regionalgeschichtlichen Museen die DDR-Geschichte inzwischen in ihren Dauerausstellungen präsentieren würde. Dies führte sie unter anderem auf verschiedene Förderprogramme der Bundesstiftung zur Aufarbeitung der SED-Diktatur und des Landes Brandenburg zurück.[34] Auch das HBPG überarbeitete 2011 mit diesen Mitteln seine Dauerausstellung und fügte einen neuen Bereich mit dem Titel „Alltag und Diktatur in der DDR" ein.

Insgesamt war diese Entwicklung aber nicht nur in Brandenburg zu beobachten, sondern in allen östlichen Bundesländern. 20 Jahre nach dem Ende der DDR schien der zeitliche Abstand groß genug, um sich in den Museen sowohl mit der SED-Diktatur insgesamt als auch mit ihren regionalen Ausprägungen zu beschäftigen, ohne im städtischen Umfeld persönliche Verletzungen und Kontroversen über den Umgang mit der Vergangenheit zu verursachen. Zudem war inzwischen eine Generation herangewachsen, die keine eigenen Bezüge zur DDR-Geschichte mehr hatte und der verstärkt Informationen über die Entwicklung des verschwundenen Landes vermittelt werden sollte.[35]

Die Lücke, die die öffentlich geförderten Museen mit der Ausblendung der DDR oder dem Fokus auf deren Herrschaftsgeschichte in den 1990er- und frühen 2000er-Jahren gelassen hatten, führte dazu, dass in dieser Zeit zahlreiche privat organisierte DDR-Museen entstanden. Diese versprachen, die Erinnerung an die Lebenswirklichkeit der DDR zu präsentieren, waren und sind jedoch vor allem Anhäufungen von Konsumwaren, deren Präsentation „bisweilen Reliquiencharakter annehmen".[36] Die Objekte waren meist kaum beschriftet und wurden auch nicht in ihrem historischen Kontext erklärt. Bis zu 20 private DDR-Museen dieser Art entstanden seit den 2000er-Jahren in den östlichen Bundesländern. Dazu zählen Einrichtungen mit den klangvollen Namen „nOstalgie-Museum" auf dem Domstiftsgut Mötzow, das „DDR-Museum Zeitreise" in Radebeul, das „Museum für DDR-Produkte" in Erfurt, die Museumsbaracke „Olle DDR" in Apolda, das „Ostalgie-Kabinett" in Langenweddingen oder das „Haus der Geschichte" in Wittenberg.[37] Christian Gaubert

33 Wolle, Brandenburger Heimatmuseen, S. 107/108.

34 Köstering, DDR-Geschichte in brandenburgischen Museen. Eine Zwischenbilanz, S. 173.

35 Thalia Gigerenzer, Gedächtnislabore. Wie Heimatmuseen in Ostdeutschland an die DDR erinnern, Berlin 2013, S. 135.

36 Köstering, DDR-Geschichte in brandenburgischen Museen. Eine Zwischenbilanz, S. 177.

37 Irmgard Zündorf, Vitrine oder Wühltisch? DDR-Alltagsgeschichte im Museum, in: Katrin Hammerstein/Jan Scheunemann (Hrsg.), Die Musealisierung der DDR, Berlin 2012, S. 96–109, hier S. 99.

arbeitete dazu heraus, dass der „ideale Nährboden" für diese Ausstellungsinitiativen in Kleinstädten und Regionen lag, die entweder „zu DDR-Zeiten von industrieller Bedeutung waren oder als beliebte Urlaubsziele galten".[38] Durch den Fokus auf Konsumgüter und die mangelnde Kontextualisierung präsentierten sie inhaltlich weder eine Herrschafts- noch eine Gesellschaftsgeschichte. Vielmehr schienen sie vor allem für die einen Altbekanntes und für die anderen Kuriositäten zu zeigen und daher zum Stöbern einzuladen, ohne mit diesen Objekten konkrete Geschichten zu verbinden.

Neben diesen eher als Kuriositätenkabinette denn als Museen zu bezeichnenden Einrichtungen sind die etwa 25 neu gegründeten Technikmuseen in Brandenburg besonders zu erwähnen, die in stillgelegten Industrieanlagen sowohl die Maschinen als auch die Werksgeschichte präsentieren. Häufig wurden sie von früheren Mitarbeiter*innen gegründet, die neben Erläuterungen der Funktion der Geräte und Anlagen auch ihre eigenen Biografien in die Präsentation einbrachten. Köstering bewertet die Industriemuseen auch als „hot spots" der DDR-Geschichtsdarstellung.[39] Weitere wichtige Akteure waren zudem Literatur- und Kunstmuseen. All diese Entwicklungsstränge waren keine genuin Brandenburger Phänomene, sondern lassen sich in allen östlichen Bundesländern feststellen.[40]

In Brandenburg wurde die Museumslandschaft jedoch mehrfach evaluiert. So legte das Ministerium für Wissenschaft, Forschung und Kultur des Landes Brandenburg (MWFK) 2009 einen Bericht über die Erinnerungskultur vor und attestierte dieser ebenfalls eine große Pluralität.[41] Der Museumsverband veröffentlichte im gleichen Jahr eine Museumsentwicklungskonzeption und betonte darin, dass „die Beschäftigung der Museen mit Zeitgeschichte" aufgrund der Diktaturerfahrung in Brandenburg besonders wichtig sei und weiter gefördert werden solle.[42] Dabei ging es auch darum, den entsprechenden Forschungsbedarf zu decken. 2012 mahnte Köstering daher erneut für den Verband an, dass die lokale Diktaturgeschichte weiterer Forschung bedürfe, um tatsächlich adäquat ausgestellt werden zu können.[43]

38 Christian Gaubert, DDR: Deutsche Dekorative Restbestände? Der DDR-Alltag im Museum, Berlin 2019, S. 19.

39 Köstering, DDR-Geschichte in brandenburgischen Museen, S. 179.

40 Irmgard Zündorf, DDR-Museen als Teil der Gedenkkultur in der Bundesrepublik Deutschland, in: Institut für Kulturpolitik der Kulturhistorischen Gesellschaft e. V. (Hrsg.), Jahrbuch für Kulturpolitik 2009, Essen 2009, S. 139–145.

41 Ministerium für Wissenschaft, Forschung und Kultur des Landes Brandenburg (Hrsg.), Geschichte vor Ort. Erinnerungskultur im Land Brandenburg für die Zeit von 1933 bis 1990, Potsdam 2009.

42 In Bewegung. Museumsentwicklungskonzeption für das Land Brandenburg, in: Museumsblätter 14/2009, S. 25.

43 Köstering, DDR-Geschichte in brandenburgischen Museen. Eine Zwischenbilanz, S. 189.

Aktuell lässt sich feststellen, dass die Aufarbeitung des 20. Jahrhunderts in Brandenburger Museen einen Schwerpunkt darstellt. Nach einer Sichtung der einzelnen Museumswebsites setzen sich etwa 200 von ihnen mit Themen des 20. Jahrhunderts auseinander. Davon präsentieren 41 eher die Geschichte des frühen 20. Jahrhunderts, 15 konzentrieren sich allein auf die NS-Geschichte, 61 allein auf die SBZ/DDR-Geschichte und 62 bieten sowohl NS-Geschichte als auch SBZ/DDR-Geschichte. 24 Museen konnten nicht eindeutig zugeordnet werden. Zudem lässt sich herausfiltern, dass von den Museen und Gedenkstätten, die die SBZ/DDR-Geschichte präsentieren (entweder allein oder im breiteren historischen Rahmen) 68 privatwirtschaftlich organisiert sind.[44] Die Museumslandschaft ist somit weiterhin heterogen aufgestellt und finanziert. Dies ist jedoch nicht unbedingt negativ zu bewerten, sondern kann im Sinne der Multiperspektivität und Vielfältigkeit, also heute gängiger Grundanforderungen an Museen, durchaus positiv gesehen werden.

Gedenkstätten-Wandel und seine erinnerungskulturelle Brisanz

Gedenkstätten, die auch als zeithistorische Museen bezeichnet werden, sind besondere Einrichtungen der Geschichtspräsentation. Nach 1945 nutzte die sowjetische Besatzungsmacht ehemalige Konzentrationslager wie Buchenwald und Sachsenhausen als „Speziallager" weiter. Nach der Schließung der Speziallager wurden die früheren großen Konzentrationslager Ende der 1950er-/Anfang der 1960er-Jahre in „Nationale Mahn- und Gedenkstätten" der DDR umgewandelt. In Brandenburg zählten dazu Ravensbrück und Sachsenhausen, wo die Gedenkstätten 1959 bzw. 1961 eröffnet wurden. Dafür sollten die Gelände nach einem einheitlichen Konzept umgewandelt werden, das sich auf die „Kernbereiche, insbesondere das ehemalige Häftlingslager" bezog und die „Errichtung mehr oder weniger monumentaler Gedenkanlagen" mit zentralem Versammlungsplatz sowie „Abriss und Überformung der original erhaltenen Bausubstanz" vorsah. Ziel der Gestaltung war es, „den Sieg des Antifaschismus in der Dominanz der Gedenkanlage gegenüber den Relikten zum Ausdruck zu bringen", wobei die antifaschistischen Widerstandskämpfer im Zentrum des Gedenkens stehen sollten und zum Beispiel aus rassistischen Gründen Verfolgte gar nicht oder nur marginal thematisiert wurden.[45] Die neuen

44 Für die online-Recherchen danke ich Christin Haubenreißer, die mir ihre Ergebnisse zur Verfügung gestellt hat.

45 Günter Morsch, Der Umgang mit dem Erbe der DDR in den früheren Mahn- und Gedenkstätten: Das Beispiel Sachsenhausen, in: Bernd Faulenbach/Franz-Josel Jelich (Hrsg.), „Asymmetrisch verflochtene Parallelgeschichte?" Die Geschichte der Bundesrepublik und der DDR in Ausstellungen, Museen und Gedenkstätten, Essen 2005, S. 123–144, hier S. 124/125.

Gedenkstätten mit Sammlungen und Ausstellungen dienten somit vor allem der Erinnerung an den antifaschistischen Widerstand und der daraus abgeleiteten Legitimation des SED-Staates. Bei aller Propaganda erinnerten sie aber auch an die Verbrechen während der NS-Zeit. Vergleichbare staatlich geförderte Gedenkorte gab es in der Bundesrepublik zu diesem Zeitpunkt nicht.

Nach 1990 entwickelte sich ein breiter gesellschaftlicher Konsens darüber, dass die früheren Nationalen Mahn- und Gedenkstätten der DDR komplett überarbeitet werden sollten. Zudem legten die oben erwähnten Enquete-Kommissionen und das daraus entstandene Gedenkstättenkonzept des Bundes fest, dass diese Überarbeitung von Land und Bund gemeinsam finanziert werden sollte. Sie betraf zum einen die Gesamtanlagen inklusive der Außengestaltung und der Gedenkbereiche und zum anderen die Ausstellungen und Sammlungen. Vor allem die Ausstellungen wurden inhaltlich komplett neu erarbeitet, aber auch die Sammlungen mussten sowohl physisch gesichert als auch thematisch neu erfasst werden. Es war zwar viel gesammelt, aber leider nicht sorgsam aufbewahrt und registriert worden. Um zu klären, wie die Gedenkstätten überarbeitet werden sollten, berief das Ministerium für Wissenschaft, Forschung und Kultur eine Expertenkommission ein, die 1992 ihre Empfehlungen einreichte.[46] Danach sei eine „völlige Neukonzeption der Gedenkstätten und Gedenkstättenarbeit notwendig", so die Kommission.[47] Dies betraf vor allem die historischen Ausstellungen. Zudem sollten im Gegensatz zur DDR-Gedenkkultur auch die Bereiche der früheren Konzentrationslager, die außerhalb der bisherigen Gedenkstättengelände lagen, zumindest in die Erinnerung einbezogen und die Überreste der Lager unter Schutz gestellt werden. Gleichzeitig empfahl die Kommission aber auch, die „vorhandene Gedenkstättenarchitektur und -kunst ‚als repräsentative Beispiele antifaschistischer Denkmalskultur der DDR, die historisch von beträchtlichem Interesse sind', zunächst zu erhalten".[48]

Siehe dazu auch: Katrin Hammerstein, Gemeinsame Vergangenheit – getrennte Erinnerung? Der Nationalsozialismus in Gedächtnisdiskursen und Identitätskonstruktionen von Bundesrepublik Deutschland, DDR und Österreich, Göttingen 2017.

46 Empfehlungen zur Neukonzeption der brandenburgischen Gedenkstätten, in: Ministerium für Wissenschaft, Forschung und Kultur des Landes Brandenburg in Zusammenarbeit mit der Brandenburgischen Landeszentrale für Politische Bildung. Reihe deutsche Vergangenheit (Hrsg.), Brandenburgische Gedenkstätten für die Verfolgten des NS-Regimes. Perspektiven, Kontroversen und internationale Vergleiche, Berlin 1992, S. 215–270.

47 Ebenda, S. 226.

48 Dieter Hübener, Einmal Denkmal – immer Denkmal? Politische Denkmale und ihre Neubewertung nach 1990 im Land Brandenburg, in: Jürgen Danyel/Thomas Drachenberg/Irmgard Zündorf (Hrsg.), Kommunismus unter Denkmalschutz? Denkmalpflege als historische Aufklärung, Worms 2018, S. 33–44, hier S. 35.

Um der Opfer würdig zu gedenken, die Öffentlichkeit umfassend zu informieren und die Relikte professionell zu bewahren, wurde 1993 die Stiftung Brandenburgische Gedenkstätten gegründet. Zu ihr gehörten zunächst die KZ-Gedenkstätten Sachsenhausen und Ravensbrück sowie die Gedenkstätte Zuchthaus Brandenburg-Görden. Alle Einrichtungen standen vor der Aufgabe einer konzeptionellen Neuausrichtung. Sachsenhausen stand zusätzlich vor der Herausforderung, die zweifache Vergangenheit des Ortes als Konzentrationslager und als Speziallager zu thematisieren. Vertreter*innen der Opfer des NS-Terrors lehnten aber zunächst eine Ausstellung zur Geschichte des Speziallagers auf dem Gelände des früheren Konzentrationslagers sowie die Zusammenarbeit mit Opferverbänden der Speziallager grundsätzlich ab. Sie befürchteten eine Gleichsetzung der Lagergeschichten. Die Gedenkstättenleitung trat dieser Annahme entgegen, indem sie betonte, dass die Geschichte der Konzentrationslager gegenüber derjenigen der Speziallager vorrangig behandelt werden würde. Dagegen sei „die Bedeutung der Geschichte des sowjetischen Speziallagers zwischen 1945 und 1990 […] eindeutig nachgeordnet", so Stiftungsdirektor Morsch.[49] Diese Festlegung führte zu heftigen Auseinandersetzungen darüber, wie und mit welchem Gewicht die jeweilige Geschichte präsentiert und der Opfer gedacht werden sollte. Denn durch diese Aussagen sahen sich die früheren Häftlinge der Speziallager als Opfer zweiter Klasse behandelt und abgewertet. Dieser Eindruck wurde dadurch gestützt, dass die NS-Opferverbände davon ausgingen, dass in den Speziallagern vor allem „ehemals tätige und aktive Nazis interniert gewesen" seien.[50] Die früheren Speziallagerhäftlinge hoben dagegen die Willkür bei den Verhaftungen in der sowjetischen Besatzungszone hervor und betonten, mit Verweis auf die 1990 entdeckten Massengräber, den unmenschlichen Charakter der Speziallager.[51]

Eine gemeinsame Arbeit an der Überarbeitung der Gedenkstätte schien somit zunächst nicht möglich. Bernd Faulenbach, der damalige Vorsitzende der Fachkommission der Stiftung Brandenburgische Gedenkstätten, bemühte sich um einen Kompromiss und formulierte einen seit dem viel zitierten Leitsatz, der auch in das Gedenkstättenkonzept des Bundes übernommen wurde. Die sogenannte Faulenbach-Formel lautet: „Jede Erinnerung an die Diktaturvergangenheit in Deutschland

49 Günter Morsch, Sachsenhausen – auf dem Weg zur Neugestaltung und Neukonzeption der Gedenkstätte, in: Jürgen Dittberner/Antje von Meer (Hrsg.), Gedenkstätten im vereinten Deutschland. 50 Jahre nach der Befreiung der Konzentrationslager, Berlin 1994, S. 46–60, hier S. 49.

50 Petra Haustein, Geschichte im Dissens. Die Auseinandersetzungen um die Gedenkstätte Sachsenhausen nach dem Ende der DDR, Leipzig 2006, S. 141.

51 Andrew H. Beattie, Gedenkstätten als Katalysatoren geschichtspolitischer Konflikte. Umstrittene Erinnerung und Konkurrenz der Opfer, in: Enrico Heitzer u. a. (Hrsg.), Von Mahnstätten über zeithistorische Museen zu Orten des Massentourismus? Gedenkstätten an Orten von NS-Verbrechen in Polen und Deutschland, Berlin 2016, S. 84–94, hier S. 89.

hat davon auszugehen, dass weder die nationalsozialistischen Verbrechen relativiert werden dürfen noch das von der SED-Diktatur verübte Unrecht bagatellisiert werden darf."[52] Ganz pragmatisch wurde in Sachsenhausen Anfang der 1990er-Jahre die Lösung des Konflikts darin gesucht, zwei getrennte Beiräte einzurichten: „Beiratskommission I zur Geschichte der Konzentrationslager" und „Beiratskommission II zur Geschichte der NKWD-Lager".[53] Außerdem wurden die Lagergeschichten in räumlich deutlich voneinander getrennten Ausstellungen präsentiert. Die Geschichte des Speziallagers wird seit 2001 in einer Dauerausstellung in einem in den Erdboden abgesenkten Neubau am Rande der Gedenkstätte gezeigt. Auch wenn mit der Ausstellung eine Hauptforderung der Speziallager-Opferverbände erfüllt worden ist, wurde bei vielen Betroffenen und Engagierten die örtliche Randlage als Ausdruck geringerer Wertigkeit kritisch betrachtet.

Insgesamt listet die Gedenkstätte Sachsenhausen derzeit auf ihrer Website dreizehn Dauerausstellungen, von denen sich eine mit dem Speziallager und eine mit der Nationalen Mahn- und Gedenkstätte auseinandersetzen. Der Fokus auf die NS-Geschichte ist somit deutlich erhalten geblieben. Das Speziallager bleibt ein marginalisierter Annex am Rande der Gedenkstätte in Sachsenhausen. Auch wenn sich die öffentliche Diskussion um die Darstellung der Speziallagergeschichte und auch der Streit zwischen den Opferverbänden im Verlauf der 1990er- und 2000er-Jahre etwas beruhigte, bestehen die Konflikte weiter. Dabei verlaufen die Auseinandersetzungen wiederholt zwischen Gedenkstättenleitung und Opferverbänden. Das bekannteste Beispiel dafür dürfte der Streit um die Gedenkstätte in der Leistikowstraße in Potsdam sein. In dem ehemaligen Untersuchungsgefängnis des sowjetischen Geheimdienstes wurde 2012 nach umfangreichen Sanierungen und Forschungen zur Geschichte des Ortes eine neue Dauerausstellung eröffnet, die bereits im Vorfeld heftige Diskussionen zwischen Vertreter*innen der Opferverbände und Gedenkstättenleitung ausgelöst hatte.[54] Auch hier bestand (und herrscht nach wie vor) Uneinigkeit über die Darstellung der Häftlingsgeschichten, aber auch über die angemessene Form und den passenden Tag des Gedenkens.[55] Grob vereinfacht

52 Fortschreibung der Gedenkstättenkonzeption, S. 2.

53 Diese Trennung ist auch bis heute beibehalten worden, siehe die Gremienseite der Gedenkstätte: https://www.stiftung-bg.de/die-stiftung/gremien/ [17.7.2023].

54 Wolfgang Benz (Hrsg.), Ein Kampf um Deutungshoheit. Politik, Opferinteressen und historische Forschung. Die Auseinandersetzungen um die Gedenk- und Begegnungsstätte Leistikowstraße Potsdam, Berlin 2013.

55 Siehe die jüngste Auseinandersetzung um den 23. August als „Europäischer Tag des Gedenkens an die Opfer von Stalinismus und Nationalsozialismus", den der Verein Gedenk- und Begegnungsstätte ehemaliges KGB-Gefängnis Potsdam e. V. seit Jahren in der Gedenkstätte begeht, was von der Stiftungsleitung kritisch gesehen wird. Dazu der Beitrag von Karl Schlögel, Eine Diktatur folgte auf die andere, in: Märkische Allgemeine Zeitung vom 15.8.2023.

dargestellt liegen die gegensätzlichen Ansätze zwischen dem Wunsch nach einer sachlich distanzierten Darstellung der Geschichte des Ortes und dem nach einer emotional immersiven Würdigung der Opfer in den Gedenkstätten. Dazwischen einen Kompromiss zu finden, erfordert viel diplomatisches Geschick – in Brandenburg ebenso wie in anderen Bundesländern.

Innerhalb der Stiftung Brandenburgische Gedenkstätten zog ihr damaliger Leiter, Günter Morsch, 2007 die Bilanz, dass ein Wandel der Gedenkstätten zwar umfassend vollzogen sei, zugleich aber im Hinblick auf die hohen Besucherzahlen, die großen Anlagen und die zahlreichen Ausstellungen „ein eklatantes Missverhältnis" besonders hinsichtlich der Personalausstattung der Einrichtungen bestehe.[56] So seien zum Beispiel in den 20 Jahren nach der Gründung der Stiftung keine zusätzlichen Mitarbeiter eingestellt, sondern rund ein Fünftel der Stellen abgebaut worden.[57]

Neben der Umwandlung bestehender Einrichtungen entstanden auch neue Gedenkstätten, zunächst vor allem durch private Initiativen wie lokale Geschichtsvereine. Neu zur Stiftung Brandenburgische Gedenkstätten kamen 2008 die genannte Gedenk- und Begegnungsstätte Leistikowstraße in Potsdam, 2010 die Gedenkstätte Todesmarsch im Belower Wald und 2012 die Gedenkstätte für die Opfer der Euthanasie-Morde in Brandenburg an der Havel.

Aber auch außerhalb der Stiftung gibt es neu gegründete Gedenkstätten. Viele von ihnen setzen sich mit dem Besatzungs- und dem SED-Regime auseinander, deren Verbrechen erst ab den 1990er-Jahren umfassend aufgearbeitet werden konnten. Zu den neuen Einrichtungen, die zwar nicht institutionell vom Bund, dafür aber vom Land gefördert werden, gehörten die Gedenkstätte Lindenstraße in Potsdam, die Gedenk- und Dokumentationsstätte „Opfer politischer Gewaltherrschaft 1933–1989" in Frankfurt (Oder) und das Menschenrechtszentrum Cottbus. Alle drei Einrichtungen befinden sich in früheren Gefängnissen und thematisieren zu größeren Teilen die Geschichte des Ortes nach 1945. Ihr Entstehungs- und inhaltlich-infrastruktureller Entwicklungsprozess verlief keinesfalls geradlinig und zügig, sondern über viele Jahre, wobei wichtige Impulse und Aufbauarbeit aus bürgerschaftlichem Engagement herrührten.

Zudem gibt es Orte, die zwar als Gedenkstätten bezeichnet werden, aber eigentlich lediglich Gedenkorte sind, da sie keine eigene Institution mit pädagogischem Personal umfassen und nur von Ehrenamtlichen bzw. von Initiativgruppen und Vereinen betreut werden. Dazu zählen zum Beispiel die Gedenkstätten für die Sowjetischen

56 Günter Morsch, Zum Wandel der Gedenkstätten nach der Deutschen Einheit, in: Museumsblätter 10/2007, S. 10–14, hier S. 14.

57 Markus Ohlhauser, Entwicklung der Personalstruktur der Stiftung Brandenburgische Gedenkstätten, in: Museumsblätter 22/2013, S. 22–25, hier S. 22.

Speziallager in Ketschendorf, Jamlitz, Mühlberg und Weesow bei Werneuchen.[58] Die Vereine leisteten dabei mit der Abhaltung öffentlicher Gedenkveranstaltungen und der Erarbeitung von Totenbüchern einen wesentlichen Beitrag zur Erinnerung an und Aufarbeitung von kommunistischen Verbrechen und SED-Unrecht.

Neben diesen neuen Gedenkorten blieben aber auch noch solche aus DDR-Zeiten erhalten, die an die „Opfer des Faschismus" erinnern. Nach wie vor gibt es in jeder größeren Stadt ein entsprechendes Monument, das zwar meist erhalten, aber kaum noch gepflegt wird. Insgesamt kam es in Brandenburg, wie in den anderen östlichen Bundesländern auch, nach 1990 zwar zu etlichen Entfernungen, jedoch zu keinem flächendeckenden Denkmalsturz der DDR-Relikte.[59] Selbst Monumente wie das Wilhelm-Pieck-Denkmal in Guben oder das Bodenreform-Denkmal in Kyritz blieben erhalten bzw. wurden inzwischen – wenn auch nach heftigen Diskussionen – aufwändig saniert. Grob vereinfacht gesagt, setzte sich in den Diskussionen die Denkmalpflege im Sinne ihrer Aufgabenstellung für den Schutz ein, Historiker*innen sprachen sich ebenfalls häufig im Sinne der Quellenarbeit für den Erhalt und die zusätzliche Kontextualisierung ein. Gegenstimmen vor allem aus den betroffenen Gemeinden sahen in den Denkmalen, die letztendlich für die Erinnerungskultur der SED-Diktatur stehen, einen Schandfleck in der eigenen Stadt, und die kommunale Politik wiederum argumentierte mit den knappen Finanzen, die nicht für den Erhalt dieses „Schandflecks" investiert werden sollten, sondern eher zum Beispiel für die Kinderbetreuung.[60]

Eine Erklärung dafür, dass sich letztendlich der Erhalt durchgesetzt hat, sieht die Kunsthistorikerin Leonie Beiersdorf auch darin, dass „mit dem Wegfall von Paraden und Feierstunden, des erinnerungspolitischen Zeremoniells, […] der ideologische Bann sozialistischer Denkmäler 1989/90 bereits gebrochen" war und „eine weitere materielle Beschädigung […] kaum verfangen" hätte.[61] Auch die Gedenkensembles zur Erinnerung an die Opfer der sowjetischen Armee im Krieg gegen Deutschland finden sich nach wie vor in fast jeder größeren Stadt in Brandenburg.

58 Einen Überblick über alle Gedenkorte in Brandenburg (Stand ca. 2015) zur Geschichte der SBZ/DDR mit kurzen Erläuterungen zum jeweiligen Ort findet sich in: Anna Kaminsky (Hrsg.), Orte des Erinnerns. Gedenkzeichen, Gedenkstätten und Museen zur Diktatur in SBZ und DDR, 3. überarb. Aufl., Berlin 2016, S. 173–254.

59 Hübner, Einmal Denkmal – immer Denkmal?, S. 42.

60 Zur Diskussion um das Denkmal in Guben siehe beispielsweise den Bericht im Deutschlandfunk Kultur: Vanja Budde, Pieck soll bleiben, in: Deutschlandfunk Kultur vom 25.10.2017: https://www.deutschlandfunkkultur.de/ueber-den-umgang-mit-kommunistischen-denkmaelern-pieck-soll-100.html [10.8.2023].

61 Leonie Beiersdorf, Zum Umgang mit dem Denkmalserbe der DDR nach 1990, in: Danyel/Drachenberg/Zündorf (Hrsg.), Kommunismus unter Denkmalschutz?, S. 17–26, hier S. 20.

Prominentestes Beispiel ist die Gedenkanlage Seelower Höhen, die neben einem Denkmal von Lev Kerbel und einer Gräberanlage in einer Ausstellung über die im Oderbruch stattgefundene Schlacht und die Instrumentalisierung der Erinnerung in der DDR informiert. Während die Anlage in Seelow allerdings gut gepflegt wird, verfallen vielerorts die Gedenkensembles, deren Bewertung mit dem russischen Überfall auf die Ukraine inzwischen auch noch einmal in einem neuen Licht diskutiert wird.

Gewaltherrschaft oder Alltagsnormalität – DDR-Geschichte im Museum

DDR-Geschichte wird in Brandenburg von ganz unterschiedlichen Museen ausgestellt. 2018 wurde auf Initiative des Museumsverbands das brandenburgische Netzwerk „DDR-Geschichte in Museen“ gegründet, um die Kooperation der verschiedenen Museen zu fördern, die sich im Schwerpunkt oder auch nur neben vielen anderen Themen mit der DDR-Geschichte auseinandersetzen.[62] Die Zusammenarbeit betrifft sowohl den Austausch in Fragen der Sammlungen, der Ausstellungen, der Vermittlungsangebote und der Forschung als auch gemeinsame Werbung und schließlich die Entwicklung gemeinsamer Projekte. So wurde 2020 die Broschüre „DDR-Geschichte in brandenburgischen Museen“ veröffentlicht, in der 21 Objektgeschichten aus ebenso vielen verschiedenen Museen des Landes präsentiert werden. Diese Geschichten sollen „eine Idee vom ‚großen Ganzen‘ vermitteln: vom Alltag der Menschen in der DDR und ihrer Arbeit, vom Staat und seinem Untergang sowie dem Neuanfang“.[63] Hier wird erneut deutlich, dass die museale Aufarbeitung der DDR-Geschichte in Brandenburg nicht allein auf den Repressionscharakter des Landes fokussiert, sondern die gesellschaftliche Entwicklung insgesamt in den Blick nimmt.

In dem Netzwerk sind rund 45 Einrichtungen vertreten, die sich, wie das öffentlich geförderte Dokumentationszentrum DDR-Alltagskultur in Eisenhüttenstadt und das privat geführte DDR-Museum in Perleberg, explizit mit der DDR-Geschichte beschäftigen. Hinzu kommen Museen, die bestimmte Aspekte der DDR in den Fokus nehmen, wie das Kunstarchiv Beeskow, das Filmmuseum Potsdam, das Industriemuseum Brandenburg an der Havel oder der Ziegeleipark Mildenberg. Und auch stadtgeschichtliche Museen wie in Brandenburg an der Havel, Cottbus, Eberswalde,

62 Köstering, DDR-Geschichte in brandenburgischen Museen. Wo stehen wir, wo geht es hin?, S. 14.

63 Museumsverband des Landes Brandenburg (Hrsg.), DDR-Geschichte in brandenburgischen Museen, Potsdam 2020.

Ausstellungsraum im Dokumentationszentrum Alltagskultur der DDR in Eisenhüttenstadt, 2021. Foto: A. Savin, *https://commons.wikimedia.org/wiki/File:Eisenhuettenstadt_asv2020-09_img13_Dokumentationszentrum.jpg*

Frankfurt (Oder), Guben, Luckenwalde, Neuruppin, Potsdam oder Schwedt sind Teil des Netzwerks. Gedenkstätten wie die Gedenkstätte Zuchthaus Brandenburg-Görden, das Menschenrechtszentrum Cottbus, die Gedenkstätte Lindenstraße Potsdam, die Gedenk- und Begegnungsstätte Leistikowstraße Potsdam gehören ebenfalls dazu. Damit wird hier zugleich der Versuch unternommen, die Arbeit der Museen und Gedenkstätten in einen engeren Zusammenhang zu bringen. Mit diesem Engagement ist Brandenburg Vorreiter.

Zu bieten hat Brandenburg eine weitere bereits frühe Pionierarbeit der 1990er-Jahre im Rahmen der Sammlung und Ausstellung von DDR-Alltagsgeschichte: Bundesweit herausragend ist das 1993 in Eisenhüttenstadt gegründete Dokumentationszentrum, das den Blick auf die materielle Kultur der DDR und das alltägliche Leben in Beziehung zur Gesellschafts- und Politikgeschichte lenkte.[64]

64 Zur Geschichte des Dokumentationszentrums siehe: Andreas Ludwig, Alltagskultur als Zugang zur DDR-Geschichte? Sammlungs- und Ausstellungskonzepte des Dokumentationszentrums Alltagskultur der DDR, in: Bernd Faulenbach/Franz-Josef Jelich (Hrsg.), Geschichte und Erwachsenenbildung, Essen 2005, S. 169–180.

Das Land Brandenburg setzte mit der Förderung des Dokumentationszentrums „ein deutliches Signal für die Bedeutung der Darstellung von DDR-Geschichte".[65] Das Dokumentationszentrum bildet seit 2016 zusammen mit dem Kunstarchiv Beeskow, das 1995 als „Sammlungs- und Dokumentationszentrum Kunst der DDR" gegründet wurde, einen Verbund, der inzwischen unter dem Namen Museum Utopie und Alltag firmiert.[66] Jede Einrichtung für sich und beide zusammen bieten einen „außergewöhnlichen Bestand zur Kulturgeschichte der DDR". Über vergleichbare Einrichtungen verfügt kein anderes Bundesland und es bleibt zu hoffen, dass das Museum erhalten bleibt und die Förderung weiter ausgebaut wird. Denn um die Objekte für die Zukunft zu bewahren, benötigen sie geeignete konservatorische und sicherheitstechnische Bedingungen, die vor allem in den Depots des Dokumentationszentrums nicht ausreichend sind. Dies wurde schon 2013 in einem von Bund und Land finanzierten Gutachten beklagt.[67] Seitdem hat sich die Lage jedoch eher verschlechtert. Daher wird nach wie vor gefordert, dass auch der Bund sich an der Finanzierung dieses weit über Brandenburg hinaus wirkenden Museums beteiligt, das die DDR-Geschichte insgesamt und nicht nur die der Region in den Blick nimmt und dessen Sammlung einzigartig ist.[68]

Die schwierige konservatorische Lage betrifft auch das privat geführte DDR-Museum in Perleberg. Auch diese Einrichtung ist in Umfang und inhaltlicher Ausrichtung einzigartig. Bereits in den 1980er-Jahren hatte das Ehepaar Freimark angefangen, Objekte zur DDR-Geschichte zu sammeln. 2006 konnten die Freimarks ihr Museum eröffnen, das sowohl Konsumgüter als auch Herrschaftsinsignien und viele persönliche Dinge der Familie präsentierte. Ziel war es, anders als in anderen privaten DDR-Museen, die Geschichte der SED-Diktatur und deren Auswirkung auf die Menschen zu zeigen. Susanne Köstering attestierte dem Museum daher, dass es „den Spagat vom Thema Alltagsleben zur Analyse von DDR-Propaganda und politischer Repression" schaffe.[69] Leider ist die Zukunft des Museums ungewiss, denn ein Erhalt der Einrichtung lässt sich nur mit erheblichen Mitteln sichern. Dafür benötigt es jedoch ein erneutes Signal des Landes Brandenburg, dass die Aufarbeitung der DDR-Geschichte von besonderer Bedeutung ist.

65 Köstering, DDR-Geschichte in brandenburgischen Museen. Eine Zwischenbilanz, S. 185.

66 Florentine Nadolni, Kunst und Alltag in der DDR. Das Kunstarchiv Beeskow und das Dokumentationszentrum Alltagskultur der DDR im Verbund, in: Museumsblätter 31/2017, S. 20–23.

67 Elke Kimmel/Doris Müller-Toovey, Sammlungsbewertung Dokumentationszentrum Alltagskultur der DDR Eisenhüttenstadt, 30.12.2013, S. 41 ff, https://www.utopieundalltag.de/wp-content/uploads/2019/05/Sammlungsbewertung_DOK_EHS.pdf [4.1.2023].

68 Axel Drieschner, Das Dokumentationszentrum Alltagskultur der DDR. Eine Bestandsaufnahme, in: Museumsblätter 31/2017, S. 24–31.

69 Köstering, DDR-Geschichte in brandenburgischen Museen. Eine Zwischenbilanz, S. 177.

Fazit

2017 zog Susanne Köstering für den Museumsverband eine Bilanz hinsichtlich der DDR-Geschichte in brandenburgischen Museen. Sie kam zu dem Schluss, dass die vielfältigen Fördermaßnahmen seit der Veröffentlichung des Erinnerungskulturkonzepts des MWFK, der Museumsentwicklungskonzeption des Museumsverbands und der Ergebnisse der Brandenburger Enquete-Kommission die Erforschung und Darstellung der Zeitgeschichte gefruchtet hätten, allerdings wesentlich mehr Gelder in die Gedenkstättenlandschaft und dort auch in die Gründung und Ausstattung von neuen Einrichtungen geflossen seien als in die bestehenden Museen.[70] Wie gezeigt, lobte die Stiftung Brandenburgische Gedenkstätten zwar den geförderten Um- und Ausbau der Gedenkstätten, fordert jedoch auch mehr Geld, um der wachsenden Besucher*innenzahl gerecht zu werden. An dieser Stelle kann nicht entschieden werden, welche Institutionen insgesamt mehr Förderung erhalten haben, aber es bleibt bedauerlich, dass beide Bereiche nach wie vor gegeneinander aufgerechnet werden, statt sie als Teil der gesamten förderungsbedürftigen Erinnerungslandschaft zu sehen.

Das MWFK hatte laut Köstering inzwischen den Schluss gezogen, „dass künftig die vorhandene Infrastruktur gestärkt werden soll. Neue Ausstellungen, vor allem solche auf freier Flur und ohne Anbindung an Museen oder Gedenkstätten, welche die Vermittlungsarbeit leisten können, sollen nicht oder nur in außerordentlich gut begründeten Ausnahmefällen gefördert werden."[71] Sowohl der Museumsbund als auch das Ministerium sind somit vorerst mit der Gesamtheit der Einrichtungen, die sich mit der DDR-Geschichte auseinandersetzen, zufrieden und möchten diese erhalten, aber nicht erweitern. Es gilt, die vorhandene dezentrale und vielfältige Erinnerungskulturlandschaft zu stärken, sowohl personell (vor allem mit pädagogisch qualifiziertem Personal für die Vermittlung) als auch materiell (mit musealen Standards, entsprechenden Ausstellungs-, aber auch Depotgebäuden). Inhaltlich geht es zudem darum, die Dauerausstellungen der zahlreichen Heimat-, Stadt- und Regionalmuseen um Aspekte sowohl der NS-Geschichte als auch der SBZ/DDR-Geschichte zu erweitern. Brandenburg ist hier auf einem sehr guten Weg, aber ganz ohne weitere finanzielle Förderprogramme des Landes und Unterstützung durch den Bund wird dies nicht umzusetzen sein.

70 Köstering, DDR-Geschichte in brandenburgischen Museen. Wo stehen wir, wo gehen wir hin?, S. 9.

71 Ebenda.

Eingangsbereich der im September 2021 eröffneten Sonderausstellung „VEB Zukunft GmbH“ im Industriemuseum Brandenburg an der Havel.
Foto: Marius Krohn

MARIUS KROHN

Wandel statt Totalverlust

Arbeitsbiografische Transformationserfahrungen in Brandenburg an der Havel im Kontext der Ausstellung „VEB Zukunft GmbH“ (2021/22)

Die Industriestadt Brandenburg an der Havel und der Umbruch 1989

Brandenburg an der Havel ist seit der Mitte des 19. Jahrhunderts eine Industriestadt, die durch das allmählich breiter werdende Spektrum an Wirtschaftszweigen und bedeutenden Großbetrieben zu einem herausragenden Wirtschaftsstandort in der Brandenburger Region wurde. Auch wenn es immer wieder zu ökonomischen Erschütterungen kam, beispielsweise in der ansässigen Tuchindustrie in der zweiten Hälfte des 19. Jahrhunderts, wuchs und prosperierte die Stadt im Großen und Ganzen kontinuierlich.[1]

In der Zeit der nationalsozialistischen Gewaltherrschaft wurde eine eigene Rüstungsindustrie aufgebaut, was dazu führte, dass die Stadt im Zweiten Weltkrieg zum Ziel alliierter Luftangriffe wurde. Infolge der Kampfhandlungen waren am Ende des Krieges rund 75 Prozent der dortigen Industriekapazität zerstört. Da sämtliche Großbetriebe für die Rüstung gearbeitet und Zwangsarbeiter*innen ausgebeutet hatten, wurden die verbliebenen Maschinen und Anlagen zum größten Teil enteignet, demontiert und als Reparationen in die Sowjetunion abtransportiert. Auch die Produktionsanlagen des ansässigen Stahl- und Walzwerks, das so gut wie unbeschädigt geblieben war, wurden vollständig abgebaut und in die Sowjetunion verbracht.

Trotzdem blieb Brandenburg an der Havel auch unter den neuen politischen Verhältnissen eine Stadt der Schwerindustrie. Der VEB Stahl- und Walzwerk wurde auf der beräumten Fläche des alten Werkes am Silokanal von Grund auf neu errichtet. Am ehemaligen Brennabor-Standort am Hauptbahnhof wurde der VEB Branden-

1 Vgl. im Folgenden zur wirtschaftlichen Entwicklung auch: Uwe Müller, Die Wirtschaft der Stadt im industriellen Zeitalter, in: Gerd Heinrich/Klaus Hess/Winfried Schich/Wolfgang Schössler (Hrsg.), Stahl und Brennabor. Die Stadt Brandenburg im 19. und 20. Jahrhundert, Berlin 1998, S. 379–417; Sieglinde von Treskow/Wolfgang Spanholz, Stahlstandort am Silokanal, in: ebenda, S. 419–431.

burger Traktorenwerke gegründet, aus dem in den 1960er-Jahren das Getriebewerk hervorging. Andere Industriebetriebe, wie die Elisabethhütte, wurden an ihren alten Standorten als VEB weitergeführt. Neben der Schwerindustrie blieben auch zahlreiche Betriebe der Leicht- und Konsumgüterindustrie erhalten oder wurden zum Teil auch neu gegründet.

Die Schwerindustrie entwickelte sich zum Motor für weitere Ansiedlungen, kleine Betriebe wurden zusammengelegt bzw. ausgebaut. Dabei ging es auch um die Erschließung des Arbeitskräftepotenzials des weiblichen Teils der Bevölkerung. Während die Mehrheit der Männer in den Großbetrieben der Schwerindustrie arbeiteten, wurden für die Frauen Arbeitsplätze im Bereich der Leicht-, Nahrungsmittel- und Konsumgüterindustrie geschaffen. Diese im DDR-Maßstab „kleinen" Betriebe waren beispielsweise die Kammgarnspinnerei, der VEB Mechanische Spielwaren oder die Konsum-Waffenfabrik. Dort arbeiteten jeweils zwischen 900 und 1300 Personen. Die schwere wirtschaftliche Krise, in der die DDR am Ende der 1980er-Jahre steckte, kam in Brandenburg an der Havel zunächst nicht so stark zum Vorschein wie anderswo. Das lag an der vergleichsweise guten Entlohnung und Versorgung vieler Ansässiger ebenso wie an der günstigen Fahrverbindung in die privilegierten Haupt- und Bezirksstädte Ost-Berlin bzw. Potsdam. Hinzu kam, dass der Aufbau des neuen Elektrostahlwerkes weniger den Eindruck von Stagnation und Krise vermittelte, sondern vielmehr den von Ausbau und Aufschwung.

Diese Faktoren beeinflusste auch die überschaubare Größe der politisch-alternativen Szene, der vor Ort nicht viele Personen angehörten. (Allerdings hielten sich organisierter Protest und Widerspruch in ganz Brandenburg im Vergleich zu anderen DDR-Regionen in Grenzen.) Immerhin wirkte der 1982 gegründete kirchlich-oppositionelle „Friedensarbeitskreis" der evangelischen St.-Gotthardt-Kirchgemeinde sowie der „Freundeskreis der Wehrdienstverweigerer" als Anlaufpunkt für kritische Geister in der Stadt. Als es dann im Frühjahr 1989 um die kritische Beobachtung der Kommunalwahlen und deren Auszählung ging, spielten dieser Ort und seine Aktiven eine wichtige Rolle.[2] Darüber hinaus war es ein einheimischer Brandenburger, der zu den Erstunterzeichnern des Gründungsaufrufes „Aufbruch 89" der am 9./10. September in Berlin-Grünheide ins Leben gerufenen Bürgerbewegung Neues Forum gehörte. Nicht zuletzt ihm und seinem Freundeskreis war es zu verdanken, dass sich die Ideen der Bürgerbewegung früh in der Stadt verbreiteten und

2 Ralf-Stephan Rabe, Opposition in den 80er Jahren und die Aufdeckung des Wahlbetruges zur Kommunalwahl am 7. Mai 1989 in der Stadt Brandenburg, in: 10. Jahresbericht 2000–2001 des Historischen Vereins Brandenburg (Havel) e. V., Brandenburg an der Havel 2001, S. 120–138; ders., Der Freundeskreis der Wehrdienstverweigerer in der Stadt Brandenburg an der Havel 1986–1992, in: 21. Jahresbericht 2011–2012 des Historischen Vereins Brandenburg (Havel) e. V., Brandenburg an der Havel 2012, S. 149–177.

sich am 20. Oktober im angrenzenden Kirchmöser die Regionalgruppe Brandenburg des Neuen Forums gründete. Um sich bekannt zu machen, lud die Gruppe für den Folgetag zu einer Informationsveranstaltung in den Brandenburger Dom ein, was einen so großen Andrang auslöste, dass die Veranstaltung zweimal durchgeführt werden musste. Damit war die Initialzündung für die Protestbewegung und die Friedliche Revolution in der Stadt gelegt.[3]

In der folgenden Zeit brach sich die Unzufriedenheit über die politischen Verhältnisse vollends Bahn, und Tausende Brandenburger beteiligten sich an den Demonstrationen und öffentlichen Veranstaltungen. Früher Höhepunkt bildete dabei die sogenannte „Dialogveranstaltung“ vom 30. Oktober 1989 in der Stahlsporthalle am Quenz mit mehreren Tausend Teilnehmern, zu der die SED geladen hatte, um gegenüber den aufgebrachten Menschen Gesprächsbereitschaft zu demonstrieren. Das Meeting entwickelte sich zu einer offenen Bühne für gesellschaftliche Gesamtkritik, auf der unter anderem auch die bestehende Umweltpolitik angeprangert wurde, ein Bereich von besonderer Brisanz am Industriestandort Brandenburg an der Havel. Das trat Wochen später zutage, als die Ergebnisse einer seit 1986 unter Verschluss gehaltenen Studie öffentlich wurden, die belegten, dass im Umkreis von zwei Kilometern um die Schlote des Stahlwerkes herum der Boden mit überhöhten gesundheitsschädlichen Konzentrationen von Blei, Nickel und Chrom vergiftet war. Diese massive Umweltbelastung bestätigten auch Angaben, die im Juli 1990 der Betriebsleitung des Stahl- und Walzwerkes im Rahmen vorlagen. Demnach verursachte die bisherige Produktion jährlich 9000 über die Stadt niedergehende Tonnen Staub sowie 4000 Tonnen giftige Schwermetalle, die auf Schlackenhalden nahe des Werkes deponiert waren.

In den folgenden Wochen und Monaten vollzog sich – wie in anderen brandenburgischen Städten und Gemeinden auch – in raschen Schritten erst die Entmachtung der SED und ihrer Staats- und Sicherheitsapparate und dann der Übergang bzw. Beitritt zur neuen politischen und wirtschaftlichen Ordnung der Bundesrepublik. Bei den ersten freien Kommunalwahlen im Mai 1990 erhielt die SPD mit 40,5 Prozent die

3 Zum Niedergang der SED-Herrschaft und zum politischen Umbruch 1989/90 siehe auch: Eleonore Strobach, Der politische Umbruch 1989/90 und seine Folgen für Verwaltung und Industrie, in: Gerd Heinrich/Klaus Hess/Winfried Schich/Wolfgang Schössler (Hrsg.), Stahl und Brennabor. Die Stadt Brandenburg im 19. und 20. Jahrhundert, Berlin 1998, S. 547–562; Ralf-Stephan Rabe, 12. November 1989: Brandenburg an der Havel erlebt (s)eine Großdemonstration, in: 14. Jahresbericht 2004–2005 des Historischen Vereins Brandenburg (Havel) e. V., Brandenburg an der Havel 2005, S. 63–80; ders., Zeitenwende 1989/90 in der Stadt Brandenburg an der Havel, in: 18. Jahresbericht 2008–2009 des Historischen Vereins Brandenburg (Havel) e. V., Brandenburg an der Havel 2009, S. 191–202; Andrea Bahr, Parteiherrschaft vor Ort. Die SED-Kreisleitung Brandenburg 1961–1989, Berlin 2016, S. 303 ff.

meisten Stimmen in der Stadt und stellte als stärkste Fraktion zusammen ihren Koalitionspartnern CDU und Neues Forum den neuen Oberbürgermeister.

Der von der Mehrheit gewählte, gleichwohl blitzartige Wechsel von der sozialistischen Planwirtschaft zur liberalen Marktwirtschaft veränderte bzw. verringerte binnen kurzem die Wirtschaftsstruktur und Wirtschaftskraft der Stadt. Angesichts der rasanten Deindustrialisierungserscheinungen bemühte sich die Stadt zwar erfolgreich um Anerkennung als Oberzentrum, was bald darauf die Ansiedlung von überregionalen Behörden und Einrichtungen möglich machte, wie das Oberlandesgericht, die Generalstaatsanwaltschaft, das Landesamt zur Regelung offener Vermögensfragen und vor allem die Technische Hochschule Brandenburg. Dies konnte allerdings in Summe nicht den Schwund des industriellen Sektors ausgleichen. Die Arbeitslosigkeit stieg bereits 1991 auf über zehn Prozent und hatte damit längst noch nicht ihren Zenit erreicht. Bevölkerungswegzug und Stadtschrumpfung waren die Folge: Insgesamt sind seit 1990 in der Stadt rund 16 000 Industriearbeitsplätze verloren gegangen, die Zahl der Einwohner*innen sank von fast 100 000 auf gegenwärtig rund 72 000 Personen.

Aber es gab auch gegenläufige Entwicklungen. Die Betriebe der Schwerindustrie, wie Stahl- und Walzwerk, Getriebewerk, Plattenwerk oder das Werk für Gleisbaumechanik konnten sich in stark verkleinerter Form am Markt behaupten, während vor allem die personalintensiven Betriebe der Leichtindustrie bis ca. 1995 fast vollständig verschwanden. Auf einem neu erschlossenen Industriegebiet am Rande der Stadt errichtete die Heidelberger Druck AG einen neuen Standort, der nicht auf lokale Traditionen zurückging. Diese Ansiedlung gab den Anstoß für die weitere Entwicklung dieses Areals auf dem heute rund 2500 Menschen in verschiedenen Unternehmen des metallverarbeitenden Gewerbes, des PKW- und Maschinenbaus arbeiten.

Vom alten Stahl- und Walzwerk zum neuen Industriemuseum[4]

Brandenburg an der Havel war einer der fünf verschiedenen großen Stahlstandorte im heutigen Land Brandenburg, wo 1989 insgesamt rund 33 000 Stahlarbeiter beschäftigt waren. Der VEB Stahl- und Walzwerk Brandenburg (SWB) wiederum war der größte Produzent von Rohstahl in der DDR und prägte die Stadt Brandenburg auf vielfältige Weise. Gleichzeitig war das Werk mit seinen bis zu 10 000 Mit-

4 Dieser Abschnitt basiert auf meinem bereits veröffentlichten Beitrag: Marius Krohn, Vom DDR-Stahlwerk zum Kulturdenkmal, in: Stiftung Deutsches Historisches Museum (Hrsg.), Alltag Einheit. Portrait einer Übergangsgesellschaft, Berlin 2015, S. 82–85; zudem wurde zurückgegriffen auf Ausführungen und neue Erkenntnisse von Wolf-Rüdiger Knoll, Die Treuhandanstalt in Brandenburg. Regionale Privatisierungspraxis 1990–2000, Berlin 2022, Kap. III.2.

arbeiter*innen der größte Industriebetrieb der Stadt. In dessen Schatten gab es zahlreiche weitere Betriebe der Schwerindustrie, der Leichtindustrie und der Nahrungs- und Konsumgüterindustrie.

Mit der demokratischen Revolution von 1989 und der folgenden wirtschaftlichen und politischen Transformation begann für Brandenburg an der Havel und sein Stahl- und Walzwerk eine spannungsreiche Zeit. Im Mai 1990 wurde der „volkseigene Betrieb" in eine Gesellschaft mit beschränkter Haftung umgewandelt und der „Anstalt zur treuhänderischen Verwaltung des Volkseigentums", kurz „Treuhand" (THA), zugeordnet. Ab Herbst 1991 setzten Verkaufsverhandlungen der THA mit verschiedenen Interessenten ein, die begleitet waren von diversen Streiks und Protesten der verunsicherten wie aufgebrachten Belegschaft. Letztere befürchtete, die Verhandlungen würden zum Nachteil der Beschäftigten geführt, wozu auch bewusst gestreute Gerüchte, verkürzte Nachrichten und eine schwache Kommunikationspolitik seitens der Treuhand beitrugen. Über allem schwebten erstens die Symptome und Auswirkungen der in diesem Jahr ausbrechenden Krise der europäischen Stahlindustrie, die auf dem ganzen Kontinent zu roten Zahlen und Arbeitsplatzabbau führten. Zweitens waren für den Erhalt des Standorts erhebliche Investitionen im hohen dreistelligen Bereich erforderlich, um den Modernisierungsstau aufzulösen und die Umweltbelastungen abzubauen.

Treuhand-Präsident Detlev Rohwedder hatte die Aufgabe seiner Anstalt 1991 in folgendem Satz zusammengefasst: „Privatisierung ist die wirksamste Sanierung". Diese Aussage hat sich in Bezug auf Teile des Werkkomplexes durchaus bewahrheitet. Am Ende ging das Rennen gegen die deutschen Bieter zugunsten des italienischen Stahlproduzenten RIVA aus, der in vielen Punkten das beste Angebot eingereicht hatte. Allerdings war das Misstrauen gegenüber dem Mailänder Familienkonzern groß, wie die Demonstration von mehr als 3000 Stahlbeschäftigten Ende November 1991 zeigte. Die Übernahme erfolgte dann im Mai 1992: Das relativ moderne Elektrostahlwerk wurde aus der SWB GmbH ausgegliedert und gemeinsam mit der kontinuierlichen Drahtstraße verkauft. Es ist bis heute in Betrieb und beschäftigt rund 700 Mitarbeiter. Das alte Stahlwerk mit seinen Siemens-Martin-Öfen und der drei Walzwerke konnte nicht erhalten werden. Am 13. Dezember 1993 wurde hier zum letzten Mal Stahl abgestochen.

Für die rund 9000 Arbeiter und Angestellten des Stahl- und Walzwerkes Brandenburg sahen die Zukunftschancen recht unterschiedlich aus. Die hochqualifizierten Ingenieure aus den Entwicklungsabteilungen hatten es verhältnismäßig leicht, auf dem Arbeitsmarkt Fuß zu fassen. Viele machten sich selbständig, wechselten in die Stadtverwaltung Brandenburg an der Havel, an die neu gegründete Fachhochschule oder fanden ihr Auskommen in einer der neuen Firmen, die aus Ausgliederungen von SWB-Abteilungen entstanden waren. Um die Arbeiter aufzufangen, die keine neue Arbeit gefunden hatten und zu jung für den Vorruhestand waren, wurde im Februar 1992 die „Gesellschaft für Arbeitsförderung, Beschäftigung und Strukturentwicklung Brandenburg mbH" (GABS) gegründet. Die GABS war Trägerin der Arbeitsbeschaffungs- und Qualifizierungsmaßnahmen, die es den ausscheidenden Arbeitskräften ermöglichen sollten, andere Arbeitsstellen zu bekommen.

Für das Siemens-Martin-Stahlwerk bot sich die Möglichkeit, dies in Teilen als Museum zu bewahren und die weltweit fast verschwundene Technologie der Stahlerzeugung mit dem Siemens-Martin-Verfahren zu dokumentieren sowie einen der Öfen zu erhalten. Bereits am 1. März 1992 wurde das ABM-Projekt „Industriemuseum Brandenburg an der Havel" bewilligt. Für zunächst ein Jahr wurden 12 ehemalige Mitarbeiterinnen und Mitarbeiter des Stahl- und Walzwerks eingestellt. Sie sollten die auslaufende Produktion mit Video- und Fotokamera dokumentieren. Außerdem begannen sie damit, Gegenstände und Dokumente des Produktionsalltags zu sammeln und sicherzustellen. Ein ehemaliges Handwerkergebäude diente als erste Unterkunft, als Lager und Archiv.

Die Akzeptanz für diese Idee war geteilt: So waren die frühen 1990er-Jahre stark von sozialen Verwerfungen gekennzeichnet, die mit dem massenhaften Abbau von Arbeitsplätzen in den Großbetrieben der Stadt verbunden waren. Viele konnten unter diesen Umständen nicht nachvollziehen, weshalb man an das Werk erinnern solle, das für sie nur noch Schrottwert hatte. So verhallten Appelle in der Presse, Objekte und Dokumente aus der Geschichte des SWB nicht einfach auf den Müll zu werfen, oft ungehört. Dennoch gelang es, eine Ausstellung zusammenzustellen und im sogenannten Informationszentrum der SWB GmbH zu zeigen, die allein im November und Dezember 1992 von 2500 Menschen besucht wurde. Im Frühjahr 1993 konnte das ABM-Projekt „Industriemuseum" in ein 1926 errichtetes Verwaltungsgebäude umziehen, das die Möglichkeit bot, eine erste dauerhafte Ausstellung einzurichten. Diese beleuchtete nicht nur die technische Seite des Werkes, sondern auch dessen wirtschaftliche, soziale und politische Bedingungen. Diese Bandbreite ist auch in den folgenden Ausstellungen (inzwischen steht die dritte Dauerausstellung und daneben gibt es immer eine Reihe von Wechselausstellungen) erhalten geblieben. Der zeitliche Schwerpunkt liegt jeweils auf der DDR-Geschichte, aber auch die Vorgeschichte und die Zeit nach 1990 werden in den Blick genommen. Zudem werden auch der Betriebsalltag thematisiert und die Bereiche, die mit einem großen Industriebetrieb in der DDR in Verbindung standen, wie die paramilitärischen „Kampfgruppen der Arbeiterklasse" oder die SED-Betriebsparteiorganisation.[5]

5 Zur ausführlicheren Darstellung der aktuellen Dauerausstellung siehe: Marius Krohn, Zwischen Zwangsarbeit und Arbeitervarieté. Zeitgeschichte im Industriemuseum Brandenburg an der Havel, in: Museumsblätter 39/2021, S. 40–43.

Die Ausstellungen erfreuten sich steigender Beliebtheit, und auch die Sammlung wuchs. Bis Anfang 1994 waren bereits rund 2000 Objekte zusammengetragen worden, hinzu kamen 4000 Negative und 3000 Dias sowie persönliche Aufzeichnungen und Dokumente ehemaliger Stahl- und Walzwerker. Eine heftige Kontroverse, die auch die Zukunft des Museumsprojektes betraf, entzündete sich an der Frage nach dem Denkmalwert der Produktionsanlagen. Die Treuhandanstalt hatte einen Liquidator damit beauftragt, die Reste der SWB GmbH möglichst gewinnbringend zu veräußern. Ein Denkmalstatus hätte die Verkaufschancen gemindert. Dennoch gelang es im August 1994, Ofen und Halle in die Denkmalliste der Stadt Brandenburg eintragen zu lassen. Die damit verbundenen Diskussionen und die solide Arbeit der Museumsmannschaft hatten bei vielen Bürgerinnen und Bürgern die Einsicht gefördert, dass auch technische Anlagen für die Nachwelt erhalten werden sollten. Am 3. März 1994 wurde der Förderverein Stahlmuseum Brandenburg an der Havel e. V. gegründet. Er übernahm die Trägerschaft für die stetig wachsende Sammlung.

Allerdings gab es immer noch keine sichere Lösung für den Standort der Dauerausstellung und das Klima zwischen Liquidator und Museum war angespannt, seitdem Ofen und Halle unter Denkmalschutz gestellt worden waren. Der Konflikt spitzte sich ab dem Frühjahr 1995 zu. Ein Recyclingunternehmen stellte 180 Arbeitsplätze in Aussicht – ein starkes Argument in einer Stadt, in der damals fast 6000 Menschen arbeitslos waren. Der Ton der Auseinandersetzung wurde im Laufe des Jahres immer schärfer, in der Tagespresse wurden die 18 Museumsarbeitsplätze und die 180 geplanten Arbeitsplätze des Recyclingunternehmens gegeneinander hochgerechnet. Der Streit beschäftigte auch den brandenburgischen Landtag und die Stadtverordnetenversammlung Brandenburg. Letztere beschloss einstimmig den Abriss des Ofens. Schließlich schaltete sich jedoch das Kulturministerium des Landes Brandenburg als oberste Denkmalschutzbehörde ein und im Februar 1996 war ein Kompromiss gefunden, der sowohl die Einrichtung der geplanten Arbeitsplätze als auch den Erhalt des Ofens ermöglichte.

Der Aufbau eines geregelten Museumsbetriebes war der nächste große Kraftakt und zugleich der erste, den der neu gegründete Förderverein Stahlmuseum Brandenburg e. V. leisten musste. Auf der Grundlage einer Studie der BBJ Service GmbH kamen die Verantwortlichen zu dem Schluss, dass ein Museumsbetrieb nur in der Stahlwerkshalle selbst, in unmittelbarer Nähe zum Hauptexponat, dem Siemens-Martin-Ofen, sinnvoll sei. Im Oktober 1998 wurden weitere Mittel bewilligt und im April 1999 konnte der Grundstein für ein neues Museumsgebäude in der Stahlwerkshalle gelegt werden. Mit der Eröffnung des neuen Gebäudes im Jahr 2000 übernahm schließlich der Förderverein die vollständige Trägerschaft für das Museum. Damit war der Aufbau im Wesentlichen abgeschlossen. Seither hat sich das Industriemuseum Brandenburg an der Havel als eine feste Größe in der Kulturlandschaft der

Stadt und des Landes Brandenburg etabliert, dessen Arbeit überregionale Anerkennung findet. 2011 wurde im Industriemuseum Brandenburg die Dauerausstellung zur 100-jährigen Geschichte des Stahlstandortes Brandenburg an der Havel eröffnet.

Die Sonderausstellung „VEB Zukunft GmbH"

Im Jahr 2021 eröffnete das Industriemuseum Brandenburg an der Havel seine Sonderausstellung „VEB Zukunft GmbH". Im Mittelpunkt der Ausstellung standen die Industriestadt Brandenburg an der Havel in der Zeit der Friedlichen Revolution und die anschließende Zeit der wirtschaftlichen und politischen Transformation, die hier bis mindestens zum Beginn der 2000er-Jahre dauerte. Den gewaltigen Wandel dokumentierte die Ausstellung anhand von zehn Industriegebieten in der Stadt. Je ein Industriebetrieb, der 1989 produzierte, stand beispielhaft für die Entwicklungen vor und nach 1989. Dabei wurde in der Ausstellung die Frage gestellt, wie die Menschen, die 1989 in den vorgestellten Industriebetrieben gearbeitet haben, dem Wandel begegnet sind, der für sie oft mit großen biografischen Veränderungen einherging. Zudem wurde der Frage nachgegangen, was mit den Orten der Arbeit geschah, nachdem sie nicht mehr oder nur noch in sehr begrenztem Umfang als Arbeitsorte gebraucht wurden.

Dabei strebte das Ausstellungsprojekt einen Perspektivwechsel an: Während in der Regel die Zeit nach der Revolution und Wiedervereinigung als eine Zeit der radikalen De-Industrialisierung wahrgenommen wird – eine Sichtweise, für die es gerade mit Blick auf die Stahlproduktion viele gute Gründe gibt –, sollte es nunmehr stärker darum gehen, den Blick auf das in der Stadt zu richten, was überlebt hatte, was in veränderter Form weiter existierte oder was an Neuem entstand. Auch aus dem Stahl- und Walzwerk hatten sich zahlreiche neue Einzelbetriebe ausgegründet, und in der Stadt siedelten sich unbekannte Branchen an, die neue Arbeitsplätze schufen. In dieser Perspektive erscheint die Transformationszeit weniger als nur ein einseitiger, auf das Beseitigen konzentrierter De-Industrialisierungsvorgang, sondern vor allem als ein Wandlungsprozess von Produktionsstätten und Arbeitsverhältnissen insgesamt – und damit als kein Totalverlust.

In der Ausstellung berichteten dann auch ehemalige Mitarbeiter*innen von Betrieben, die 1989 noch unangefochten das Stadtbild prägten, von ihren persönlichen Umbruchserfahrungen, die zugleich als Bewältigungserfahrungen des gesellschaftlichen, wirtschaftlichen und politischen Umbruch 1989/90 zu deuten sind. Menschen, die die Zeit nach 1989 nutzten, um die ehemaligen VEB in die Privatwirtschaft zu führen, kamen darin ebenso zu Wort, wie diejenigen, die sich in den letzten Jahren auf das Wagnis einer Firmengründung oder -übernahme eingelassen

Blick auf das Ausstellungsareal innerhalb des Industriemuseums Brandenburg an der Havel.
Foto: Marius Krohn

haben. Sowohl auf den Ausstellungstafeln als auch in den vorherigen Interviews dazu wurde allerdings deutlich, wie sehr die damalige Arbeit im jeweiligen Betrieb und Kollektiv bis heute die Erinnerung an das eigene Leben bis 1989 und an die DDR insgesamt prägt.

Für den Berichterstatter erstaunlich war einerseits die anfängliche Scheu vor der Rolle, als „Zeitzeuge" aufzutreten, sowie sogar die gewisse Scham, über die eigene Vergangenheit zu erzählen, und andererseits die immer wieder geäußerte Dankbarkeit für diese Gelegenheit zum Gespräch und zum Austausch. Es entstand der Eindruck, dass die Gesprächspartner sich regelrecht befreit fühlten, über diesen Teil ihres Lebens zu sprechen. Das zeigte sich erst recht auf den Begleitveranstaltungen. Unter dem Titel „'Cafés'@Industriemuseum" wurden parallel zur Ausstellung Zeitzeugen-Zusammenkünfte durchgeführt, die jedoch bewusst nicht als „Zeitzeugentreffen" oder „Zeitzeugenkaffee" bezeichnet wurden. Nach wie vor besteht bei vielen ehemaligen Beschäftigten eine Zurückhaltung, als „Zeuge" vor anderen zu erzählen, da die Erwartung herrscht, dass dann bestimmte betriebliche Ereignisse abgefragt werden. Das offene Format des „Cafés" hingegen als einfacher Treffpunkt oder Raum ohne weitergehende Erwartungen erwies sich als erfolgreich, wie nicht zuletzt die Zahl zwischen jeweils 20 und 40 Teilnehmenden belegte. Zur Einleitung und

Zeitzeugendialog im Rahmen der Sonderausstellung „VEB Zukunft GmbH“ im März 2022.
Foto: Marius Krohn

als „Gesprächsanreger“ wurden Bilder auf einem großen Touchbildschirm gezeigt, die aus früheren Projekten oder aus zuvor älteren Einlieferungen stammten. Darüber hinaus konnten auch mitgebrachte Fotos und Dokumente vor Ort eingescannt und präsentiert werden. Mit Hilfe entsprechender Bearbeitungsprogramme konnten Stichpunkte und Hinweise der Teilnehmenden unmittelbar auf die Bilder geschrieben werden. Im Ergebnis kam so eine erstaunliche Fülle an Informationen zu Personen, Daten und Orten zusammen.

Entwicklung und Quintessenz der Gespräche lassen sich nicht in wenigen Stichworten wiedergeben oder auf ein, zwei Narrative beschränken. Den mehr oder weniger gemeinsamen Erinnerungen aus der Arbeitswelt vor 1989 sowie der Kollektiverfahrung des radikalen wirtschaftlichen Um- und Zusammenbruchs ab 1990 standen sehr unterschiedliche arbeitsbiografische Fortgänge gegenüber, die dann aber weniger als gemeinschaftliche, denn als individuelle Wege beschrieben wurden. Vor allem die Frauen arbeiteten kaum noch in den erlernten und bis 1989/90 ausgeübten Berufen. Bei den Männern gab es hingegen durchaus häufiger stabile Berufsbiografien, in einem Fall blieb der Arbeitsweg seit dem Antritt der Ausbildung bis in die Gegenwart gleich, obwohl der Betrieb mehrfach umfirmiert wurde. Die Teilnehmenden beurteilten ihre persönliche Lebenssituation der letzten 30 Jahre überwiegend positiv. Verlust und Unzufriedenheit wurden nicht als Dauererscheinungen bezeichnet. Innerhalb der Austauschgruppen mag das – vielleicht – auch daran gelegen haben, dass diejenigen, die sich als Verlierer*innen der Transformation fühlen, weniger dieses Gesprächsformat aufsuchten. Offenbleiben muss ohnehin, nach welchen Kriterien sich Zeitzeugen selbst den Status eines Transformationsverlierers zuweisen. Während ein ehemaliger Mitarbeiter des Stahl- und Walzwerkes, der noch am Abriss bzw. der Sanierung des Werkes beteiligt war und anschließend mehrere ABM durchlief, bis er in den frühen 2000er-Jahren wieder eine längerfristige Anstellung fand, äußerte: „Wenn ich 1990 gewusst hätte, dass es doch immer so weitergeht, hätte ich mir doch ein Häuschen gekauft", wurde dies von einem anderen Zeitzeugen mit ähnlicher Berufsbiografie hingegen als „durchmogeln" abqualifiziert.

„Dass ich das erreicht habe, was ich im Leben wollte" – Individuelle Rückblicke

Insgesamt zeigten die Ausstellung und die Gespräche mit den Zeitzeug*innen, dass das Interesse an der Transformationszeit und den Erfahrungen der Betroffenen groß ist und dass die „große" Industriegeschichte Brandenburgs prägend für die Individualbiografien der Einwohner*innen war.

Drei dieser Brandenburger Lebensgeschichten, die auch in der Ausstellung vorkommen, sollen im Folgenden auf illustrative Weise kurz vorgestellt werden:

I. Irmgard K., ehemalige Ingenieurin für Forschung und Entwicklung, VEB Brandenburger Kinderkleidung

Irmgard K. war 19 Jahre alt, als sie sich 1957 beim VEB Brandenburger Kinderkleidung (Braki) an die Nähmaschine setzte. Ein Studium, wie es ihre beiden älteren Brüder ganz selbstverständlich beginnen durften, war für sie trotz Abitur zunächst nicht vorgesehen. Doch in der Produktion fiel auf, dass ihre Interessen und Fähigkeiten über den Nähtisch hinausreichten und nach zwei Jahren konnte sie ein Fernstudium an der Ingenieurschule für Bekleidungstechnik in Berlin aufnehmen. Während des Studiums arbeitete Irmgard K. weiter bei Braki, sodass sie unmittelbar nach dem Ingenieurexamen die Stelle der Technischen Leiterin übernehmen konnte. In dieser Funktion bereitete sie den Umzug des Betriebes von der Bauhofstraße in die Kirchhofstraße im Jahr 1968 vor. Den Umzug selbst erlebte sie nur von außen, da sie sich bis 1974 ihren Kindern widmete.

Nach ihrer Rückkehr wurde sie als Ingenieurin für Forschung und Entwicklung eingesetzt, aber nur kommissarisch, denn für solche Positionen waren eigentlich nur Mitglieder der SED vorgesehen. Doch Irmgard K. konnte sich aufgrund ihrer Kompetenzen und der Androhung, den Betrieb zu verlassen, durchsetzen. Die neue Stelle schien ihr wie auf den Leib geschneidert, dabei halfen ihr auch ihre Erfahrungen als Näherin. Zudem ging sie immer in die Produktion, um die verschiedenen neuen Pläne mit den Kolleg*innen vor Ort zu besprechen. In dieser Funktion arbeitete sie bis 1990.

Die Einführung der Marktwirtschaft war auch für den VEB Brandenburger Kinderkleidung der entscheidende Umbruch. Die Kinderkleidung war nun zu teuer für den West-Markt, aber vor allem der Wegfall der Großbestellungen aus der Sowjetunion brachte das Geschäftsmodell zum Einsturz – bereits am 30. Dezember 1990 war die Braki GmbH zahlungsunfähig. Doch für Irmgard K. und rund 100 weitere Beschäftigte tat sich eine Zukunft auf, als der Wuppertaler Konfektionär Manfred von Baum den Betrieb aufkaufte und die Produktion auf Damenoberbekleidung umstellte. „Das war natürlich eine ganz neue Herausforderung, erinnerte sich Irmgard K., „Herr von Baum schickte mich für ein halbes Jahr nach Griechenland, wo er auch Nähereien besaß und fünf Wochen arbeitete ich in der Produktentwicklung in Berlin mit, um das neue Produkt kennen zu lernen. Die Umstellung von den Riesenaufträgen, manchmal waren das 30 000 Stück in nur fünf Größen, auf diese eher kleinen Lose, war herausfordernd. Das kannten die Näherinnen bis dahin auch nicht."

Als Irmgard T. mit 60 Jahren in den Ruhestand ging, war sie keinesfalls frustriert oder unzufrieden. Im Gegenteil, sie zeigte sich über den Verlauf ihres Berufslebens sehr zufrieden und empfand die letzten fünf Jahre als „schöne Herausforderung": „Ich kann schon sagen, dass ich das erreicht habe, was ich im Leben wollte", schloss sie ihr Gespräch mit den Ausstellungsmachern. Über die Betriebssportgemeinschaft, der sie angehörte, blieb sie auch später dem alten Betrieb über viele Jahre verbunden.

II. Uwe Z., ehemaliger Lehrmeister, VEB Mechanische Spielwaren

Uwe Z. kam 1963 als Lehrling in den Betrieb, wurde Werkzeugmacher, absolvierte dann einen Meisterlehrgang und qualifizierte sich schließlich bis 1970 zum Lehrmeister, woraufhin er die Leitung der Berufsausbildung im VEB Mechanische Spielwaren übernahm. Die Lehrwerkstatt für die künftigen Werkzeugmacher befand sich ab 1986 in einem Gebäude der Brennabor-Werke an der Geschwister-Scholl-Straße.

Die Werkzeugmacher der Spielwarenfabrik stellten die Pressen, Bohrer und Biegemaschinen her, die für die Modelle benötigt wurden. Für Uwe Z. war es eine spannende Aufgabe, gemeinsam mit Lehrlingen und ausgelernten Arbeitern Lösungen für die oft komplexen Anforderungen zu finden. Rund drei Jahre dauerte die Entwicklung eines neuen Spielzeugs, und alleine die Konstruktion eines einfachen Werkzeugs kostete rund 6000 Mark. Bei komplizierteren Anlagen kamen schnell 15 000 bis 20 000 Mark zusammen. Uwe Z. erinnert sich, dass ungefähr zu Beginn der 1980er-Jahre der Erfindungsgeist und Arbeitselan der Produktentwickler jedoch zu lahmen begannen. Die Modellwechsel wurden seltener, um die Maschinen länger nutzen zu können. Immer mehr Blechteile wurden durch Plastikspritzguss ersetzt, um Material zu sparen. Die benötigten Spezialbleche aus Eisenhüttenstadt waren teuer und wurden oft lieber ins westliche Ausland statt nach Brandenburg geschickt.

Mit der Einführung der Marktwirtschaft wusste Uwe Z., dass die Produktion unter den neuen Bedingungen grundlegend gestrafft werden musste, wenn sie weiterbestehen wollte. Von Ideen für eine Neuausrichtung seitens dem Inhaber einer Modelleisenbahnfirma in Nürnberg hörte er aber nur noch, denn im Oktober 1990 erhielt er seine Kündigung. Danach arbeitete er auf verschiedenen Strecken und Positionen, vor allem im Bereich Pädagogik und Sozialarbeit, was er aufgrund von befristeten Arbeitsverhältnissen und im Vergleich zu früher bisweilen als ein gewisses „Durchschleichen" empfand. In den frühen 1990er-Jahren war er Mitglied einer IHK-Prüfungskommission, die in verschiedenen Betrieben im Land Abschlussprüfungen abnahm. Er betreute Asylbewerber*innen, reparierte mit Jugendlichen ohne Schulabschluss Mopeds und leitete eine ABM für kriminell gefährdete Jugendliche.

III. Monika G., Werkleiterin, VEB Kammgarnspinnerei Brandenburg

Mit nur 40 Jahren stand Monika G. vor grundstürzenden Veränderungen in ihrem beruflichen Umfeld. Der Betrieb, der Hand- und Maschinenstrickgarne herstellte und den sie seit 1986 leitete, musste privatisiert werden. Und nicht nur das: Nach über 30 Jahren als unselbständiger Betriebsteil des VEB Altenburger Wollspinnerei (ALWO) mit knapp 900 Angestellten musste er auch auf eigene Füße gestellt werden. In dieser Situation zahlte es sich aus, dass Monika G. und ihr Führungsteam schon in der Zeit vor 1989 nicht nur „Dienst nach Vorschrift" geleistet hatten. Die Belegschaft hatte sich stark mit ihrem Betrieb identifiziert und immer wieder neue Ideen für Handstrickwolle umgesetzt sowie eigene Präsentationsformate entwickelt. Zweimal jährlich hatte der Betrieb eine Modenschau im Stadtcafé organisiert und dort Modelle aus den neuen Materialien präsentiert, die von Mitarbeiterinnen des Werkes entworfen und umgesetzt worden waren. Auch im örtlichen Magnet-Kaufhaus wurden immer wieder „Messestände" aufgebaut, an denen die Brandenburger*innen sich über die Neuheiten informieren und diese auch gleich mit nach Hause nehmen konnten.

Nach der Privatisierung teilten sich vier Personen die Geschäftsführung, neben Monika G. eine weitere Ingenieurin aus dem alten Leitungsteam und zwei Kaufleute aus den alten Bundesländern. Unter marktwirtschaftlichen Bedingungen waren nach wie vor Können und Kreativität gefragt, weniger jedoch Massen- und Industriewaren. So etwas war zu weit günstigeren Preisen auch anderswo zu haben. Um den Betrieb weiter am Leben zu halten, wurde die Produktion auf Nischenprodukte umgestellt und damit von Maschinengarnen aus Kunstfaser auf edle Handgarne aus Naturwolle.

Die Abkehr von der Massenproduktion brachte große Arbeitsplatzverluste mit sich. Unter den neuen Vorzeichen waren nur noch ca. 70 Beschäftigte von früher 800 bis 900 Mitarbeiter*innen nötig. Über die Entlassungen entschied die neue Geschäftsführung gemeinsam. Bei aller wirtschaftlichen Vernunft war es doch emotional sehr belastend, für den Bruch in so vielen Biografien verantwortlich zu sein.

Ein weiteres Problem war das riesige Werksgelände an der Neuendorfer Straße. Die Mitarbeiter*innen der Treuhand-Außenstelle in Potsdam erkannten das Potenzial des kleinen Unternehmens und überließen dem Betrieb die Immobilie an der Havel. Sie sollte als Sicherheit für die Kredite eingesetzt werden, die dringend für den Aufbau eines neuen Standortes in Hohenstücken benötigt wurden. Ein Grundschuldbrief über neun Millionen D-Mark wurde ausgestellt. Die Arbeit begann, es herrschte Aufbruchstimmung. Große Händler aus der alten Bundesrepublik und aus dem Ausland bestellten die Brandenburger Wolle, auf Messen gab es viel Lob und Anerkennung, das renommierte Handelsblatt berichtete über das kleine Wirtschaftswunder. Doch dann geschah das Unfassbare: Auf dem Postweg von der Bank zur Kammgarnspinnerei verschwand der Grundschuldbrief. Ohne dieses Dokument verloren die Kredite ihre Absicherung, von einem Tag auf den anderen war die Kammgarnspinnerei zahlungsunfähig. Und der Brief blieb verschwunden, die Neuausstellung zog sich in die Länge und kam schließlich zu spät – 1996 musste die Insolvenz beantragt werden.

Monika G. betreute die Insolvenz noch bis zum Jahr 2000, dann schloss sich das Kapitel Kammgarnspinnerei auch für sie. Schnell wurde ihr angesichts der Lage auf dem Brandenburger Arbeitsmarkt klar, dass sie hier auch kein neues Kapitel mehr schreiben würde. Sie fand, wie so viele, Arbeit im „Westen". Zunächst bei einem Großhändler für Markenbekleidung, dann in Tschechien bei einer Firma, die im großen Stil Kleiderbügel für die Wiederverwendung vorbereitete. Die Arbeit in einer PET-Recyclinganlage in Premnitz ermöglichte ihr nach sechs Jahren die Rückkehr nach Brandenburg. Am 1. Januar 2011 ging sie in den Ruhestand – zufälligerweise genau an dem Tag, an dem das Insolvenzverfahren der Kammgarnspinnerei abgeschlossen wurde.

Insgesamt zeigten Ausstellung und Zeitzeug*innen-Gespräche, dass erstens die städtische Industriegeschichte die Biografien der Einwohner*innen stark geprägt hat und dass zweitens das Interesse an der Aufarbeitung der DDR-Zeit, der Transformationsphase und der individuellen Betroffenen-Erfahrungen auch nach mehr als 30 Jahren unvermindert groß ist. Diesem Befund steht allerdings entgegen, dass die städtische Industriegeschichte im öffentlichen Diskurs kaum eine Rolle spielt und die Selbstdarstellung Brandenburgs an der Havel fast ausschließlich darauf gerichtet ist, ein Bild als mittelalterliche Stadt am Wasser zu zeichnen. Da die jüngste Vergangenheit die Gegenwart und ihre Wahrnehmung formt und somit Teil unserer Identität ist, wäre es aus meiner Sicht daher wünschenswert, wenn die Spuren der letzten Jahrzehnte und des Wandels in der Stadt erhalten blieben und die Erinnerungen ihrer Bewohner*innen daran umfassend gesammelt und in all ihrer Diversität zur Kenntnis genommen werden würden.

Im September 2020 eröffnete die Sonderausstellung „Mensch Brandenburg! 30 Jahre, 30 Orte, 30 Geschichten" im Potsdamer Haus der Brandenburgisch-Preußischen Geschichte. Darin ging es auch um das Thema „Aufarbeitung" der Vergangenheit, das am Beispiel des Menschenrechtszentrums Cottbus dargestellt wurde.

Foto: Florentine Schmidtmann

FLORENTINE SCHMIDTMANN · PETER ULRICH WEISS

Transformation ausstellen

Ein Gespräch über gesellschaftliche Umbrüche und kuratorische Erfahrungen

Anlässlich des 30. Jahrestages der Deutschen Einheit zeigte das Haus der Brandenburgisch-Preußischen Geschichte (HBPG) in Potsdam vom 26. September 2020 bis 5. April 2021 die Sonderausstellung „Mensch Brandenburg! 30 Jahre, 30 Orte, 30 Geschichten". 30 Orte und Themen wurden vorgestellt, die das Bundesland seit 1990 geprägt haben. Darüber hinaus erzählten 30 ausgewählte Menschen über ihre Arbeit und ihr Engagement vor Ort. Thematisiert wurden wirtschaftlicher Zusammenbruch und sozialer Wandel ebenso wie grassierender Rechtsextremismus und zivilgesellschaftliches Engagement, Zukunftsvisionen und Illusionen im Flächenland Brandenburg. Das Ergebnis war ein eindrucksvolles Mosaik von Geschichten, Erzählungen und Erfahrungen über den Umbruch 1989/90 und die Transformationszeit, die zeitlich in die Gegenwart hineinreichten.

Mit der Ausstellungskuratorin Florentine Schmidtmann vom Haus der Brandenburgisch-Preußischen Geschichte sprach Peter Ulrich Weiß.

Peter Ulrich Weiß: Frau Schmidtmann, Ausgangspunkt unseres gemeinsamen Sammelbandes war ja die von Ihnen kuratierte Ausstellung „Mensch Brandenburg!", die viele Leute interessiert und zum Erinnern, Nachdenken und Diskutieren angeregt hat. Wie ist es eigentlich zu dieser Idee gekommen, die Brandenburger Transformationszeit zu einem Ausstellungsthema zu machen?

Florentine Schmidtmann: Im Frühjahr 2019 habe ich die Aufgabe übernommen, zum 30. Jahrestag der Deutschen Einheit eine Ausstellung für und über Brandenburg zu kuratieren. Die bundesweiten Feierlichkeiten im Jubiläumsjahr 2020 waren in der Landeshauptstadt Potsdam geplant. Gleichzeitig war dies auch der 30. Jahrestag des Landes Brandenburg. Zu diesem Anlass erhielt das Haus der Brandenburgisch-Preußischen Geschichte Potsdam Geld vom Land für die Umsetzung einer Präsentation. Die grundlegende Idee, 30 Jahre über 30 Themen zu erzählen, kam vom damaligen Direktor des Hauses Dr. Kurt Winkler. Zusammen mit meinem Projektteam habe ich die Idee weiterentwickelt. Standen bisher die großen Jahrestage der Friedlichen Revolution im Vordergrund, um an den Sturz und das Ende der Diktatur zu erinnern, war es nun an der Zeit, die Deutsche Einheit und die Auswirkungen genauer zu betrachten.

Welche Rolle hatten denn bis dahin die Umbruchsjahre seit 1989 in der Brandenburger Museumslandschaft gespielt?
Erstaunlich wenig, und das nicht nur in Brandenburg. Man kann verallgemeinern und sagen, dass die Friedliche Revolution durch die Jahrestage des 9. Novembers 1989 gut aufgearbeitet war. Dazu hatte es in Stadt- und Regionalmuseen diverse Sonderausstellungen gegeben, die sich auf vorhandene Regionalforschung, Fotografien und Zeitzeugnisse aus der Bevölkerung stützten. Die konkrete Umbruchszeit, das Verhandeln, Hoffen und Bangen, die neue Landespolitik, die zähen Aushandlungen mit der Treuhand, die Arbeitslosigkeit, dies waren Themen, die noch nicht im Museum angekommen waren, aber auch nur bedingt in anderen Medien wie Filmen oder Büchern. Natürlich ist es aber so, dass die Gegenwart erst eine Weile vergangen sein muss, damit sie zu Geschichte wird und das Geschehene mit etwas Abstand eingeordnet werden kann. Insofern war es eine große Chance, die Ausstellung zu diesen Themen machen zu können.

In der Ausstellung geht's um die Transformationszeit. Allerdings ist Transformation ein weit reichender, bisweilen auch umstrittener Begriff. Was verstehen Sie, was verstand das Ausstellungsteam darunter?
Der Untertitel der Ausstellung verrät unsere Interpretation bereits: „30 Jahre, 30 Orte, 30 Geschichten". Wir haben also einen ungewöhnlich langen Untersuchungszeitraum gewählt. Viel strenger geht es in den Politikwissenschaften zu. Dort wird die Transformation von einem politischen System zu einem anderen in vier Phasen aufgeteilt: Vermischung der Einflüsse im alten System, Ende des alten Systems, Institutionalisierung des neuen Systems und schließlich Abgrenzung und Konsolidierung des neuen Systems. Die Konsolidierung der Demokratie erfolgte auf Bundesebene durch die dazugehörigen Instrumente der Deutschen Einheit, also Zwei-plus-Vier-Vertrag und Einigungsvertrag. Das waren auf Landesebene die Neugründung des Bundeslands Brandenburg am 3. Oktober 1990, die erste Wahl des brandenburgischen Landesparlaments am 14. Oktober 1990 und die Annahme der brandenburgischen Verfassung durch den Volksentscheid am 14. Juni 1992.

Das wäre die eher enge politikwissenschaftliche Perspektive. Aber Transformation umfasst ja inzwischen mehr als nur die Revolution und den Umbau politischer Strukturen 1989 und kurz danach …
In der Tat, die gesellschaftliche Konsolidierung ist nicht so einfach zu bestimmen. In den letzten Jahren hat sich der Begriff Transformation weiter im Sprachgebrauch

etabliert und ist dabei auch über die Zeit der politischen Transformationsphase hinausgewachsen. Oft wird er mit den wirtschaftlichen Herausforderungen der Nachwendezeit gleichgesetzt. Das Wegbrechen alter Eliten, sozialer Infrastruktur in Betrieben, Schulen und parteinahen Institutionen, die enormen Arbeitslosenzahlen und Orientierungslosigkeit in einer neuen Gesellschaft. Selbst wenn sich im Privaten nicht für alle etwas änderte, veränderte sich das Außen. So heißt es im Roman Machandel von Regina Scheer: „Die Erde unter unseren Füßen war in Bewegung geraten, befremdet sah ich, wie aus dem Chaos etwas entstand, das nicht das war, wovon wir geträumt hatten."

Die Transformationszeit ist auch deshalb schwer zu fassen, da alle Auswirkungen und verwobene Prozesse mithineinwirken, ohne immer explizit benannt zu werden: Da ist die Globalisierung, die anfangs als Äquivalent für Fortschritt und Vernetzung, heute als Übel der Beschleunigung und Ausbeutung steht. Miteinher gehen Prozesse der Digitalisierung, die für Demokratisierung, aber auch für Informationsüberfluss und gleichzeitige Selektion stehen, sowie der Trend der allgemeinen Individualisierung. Zugleich befand sich auch die neugewählte, alt-bundesrepublikanische Gesellschaftsordnung in einem Veränderungsprozess, sodass ein „Ankommen" in einem stabil-statischen Zustand, der bis heute noch teils suggeriert wird, schwerlich möglich war. Und nicht wenige DDR-Bürger*innen zogen für Jobs und Möglichkeiten in den Westteil Deutschlands und brachten den Wind der Transformation in alle Regionen. Daher muss Transformation noch weiter gefasst werden und die gesamtdeutschen und auch europäischen Prozesse miteinbezogen werden. Für mich ist die gesellschaftliche Transformation also eine, die deutlich über 1992 hinausgeht. Zum Anlass der Ausstellung haben wir uns den langen Zeitraum bis 2020 angesehen. Somit standen nicht nur Akteur*innen der unmittelbaren Umbruchszeit im Fokus, sondern auch jüngere oder zugezogene Brandenburger*innen, die in die Nach-Wende-Situation reingewachsen waren.

Wie war das Ausstellungskonzept ausgerichtet, was sollte konkret gezeigt werden?
Im Eingangsbereich war eine Zeitleiste angebracht, die vom Jahr 2020 aus bis 1990 ausgewählte Ereignisse und Strukturen nannte, die das Land nachhaltig beschäftigen. Dies diente auch dazu, der themenzentrierten Ausstellung eine chronologische Struktur zu geben und Besuchende in der Gegenwart abzuholen.

Der Schlüssel des Konzepts war die Zahl 30, angelehnt an das Jubiläum zur Deutschen Einheit und zur Neugründung des Bundeslands Brandenburg. 30 Personen aus 30 Orten aus den letzten 30 Jahren, die für ein bezeichnendes Thema der Transformation stehen. Das Wort Transformation selbst kam übrigens in den Texten nicht vor. Das jeweilige Thema des Orts wurde als „Shape" dargestellt – also ein Symbol, dass das jeweilige Thema visualisiert, wie ein Windrad für das

Je ein dreidimensionales „Shape“ aus Sperrholz repräsentierte ein Thema der 30 Jahre.
Foto: BKG / Sven Gatter

energieautarke Dorf Feldheim. Auf der Webseite und Karte von Brandenburg waren diese Symbole abgebildet, in der Ausstellung bauten wir teils große Konstruktionen aus gefärbten Holzplatten in 3D, um einen visuellen Einstieg in die Ausstellung, in die jeweilige Ortsgeschichte zu schaffen. Auf jedem Holz-„Shape“ war zudem eine Fotografie abgebildet, die 2020 von dem Fotografen Sven Gatter für uns vor Ort angefertigt wurde. Je nach Thema gab es zudem historische Fotos, wie zu den Streiks am Textilfaserwerk Premnitz, ein Objekt, wie die Mahnsäule der Protestmärsche in der Kyritz-Ruppiner Heide gegen die Weiternutzung des Militärfluggebiets durch die Bundeswehr, es gab Multimedia-Anwendungen, wie zur niedersorbischen Sprache, oder Mitmach-Elemente, wie das Memory zu alten Gemüsesorten, die in der Biolandwirtschaft wieder angebaut werden. Zu jedem Ort gehörte ein Video-Interview mit einer Person, die über die Vorgänge besonders gut Auskunft geben konnte. Diese Videos waren das Herzstück der Ausstellung, da sie unmittelbar ansprechen und über die Laufzeit der Ausstellung erhalten bleiben. Sie sind auf der Projektwebseite www.menschbrandenburg.de und auf dem YouTube-Kanal des HBPG zu sehen. Produziert wurden sie von der Agentur Kooperative Berlin, die auch für die gesamte Projektgestaltung zuständig war. Geplant war außerdem ein großes Veranstaltungsprogramm, das ursprünglich in den 30 Orten hätte stattfinden sollen, wegen des Lockdowns aber nicht umgesetzt werden konnte.

Und wie wurden die Geschichten und Orte ausgewählt?
Um dem Flächenland zumindest ansatzweise gerecht zu werden, waren alle 14 Landkreise und vier kreisfreien Städte vertreten. Intern haben wir mit drei Kategorien gearbeitet, um ausgewogene Inhalte zu bieten: Menschen / Landschaften / Strukturen. Konzeptionell waren mir folgende Eckpunkte wichtig: nicht auf eine reine Umbruchsausstellung (1989–1992) beschränken, keine „fertige" Geschichte erzählen, Erzählungen bis in die Gegenwart laufen lassen und dabei auch Negativverläufe einbeziehen, Schwerpunkt auf Personen und deren Erlebnisse, Vielfalt von Berichten und Biografien, Regionen und Orten. Die Themenauswahl sollte Bekanntes mit Überraschendem kombinieren.[1]

Das klingt recht anspruchsvoll und komplex. Konnte der Anspruch in der Praxis durchgehalten werden?
Das war tatsächlich gar nicht so einfach. Durch die vielfältigen und langjährigen Netzwerke der Brandenburgischen Gesellschaft für Kultur und Geschichte – meine Arbeitgeberin und Trägerin des HBPG – sowie durch intensive Recherche und Kontakte konnten viele spannende Themen und Personen zusammengetragen werden. Die finale Auswahl richtete sich nach den oben genannten Vorgaben, aber natürlich auch nach der Verfügbarkeit geeigneter Personen, die Lust auf das Projekt hatten. Das Ziel war, die 30 Jahre als chancenvolle, lebensverändernde und herausfordernde Zeit darzustellen, und dieser Vielfalt und den Biografien Raum und Stimme zu geben. Ich denke, das ist gelungen.

Wie beim Bücherschreiben durchläuft man auch bei der Ausstellungserarbeitung einen Prozess, der dazu führt, dass man sich mitunter von bestimmten Anfangsüberlegungen

1 Folgende Themen und Orte wurden in der Ausstellung behandelt: Aufarbeitung in Cottbus, Kohleausstieg in Welzow, Treuhand in Premnitz, Sperrgebiet in Wünsdorf-Waldstadt, Ökolandbau in Basta, Rechtsextremismus in „Vielerorts", Tourismus in Zehdenick, Exekutive in Eberswalde, Rückbau in Rheinsberg, Dunkelheit in Parey, Hochwasser in Mühlberg, Umsiedlung in Horno, Bombodrom in Wittstock/Dosse, Umwandlung in Blumberg, Religion in Brandenburg an der Havel, Kulturland in Klein Leppin, Leistungssport in Kienbaum, Stadtleben in Frankfurt (Oder), Jugendarbeit in Angermünde, Sorben/Wenden in Vetschau/Wětošow, Rückkehr in Finsterwalde, Hausbesetzung in Potsdam, Ankommen in Müncheberg, Windkraft in Feldheim, Arbeitslosigkeit in Wittenberge, Investitionen in Krausnick, Nachbarschaft in Guben, Stadtsanierung in Doberlug-Kirchhain, Architektur in Eisenhüttenstadt, Landlust in Klein-Glien.

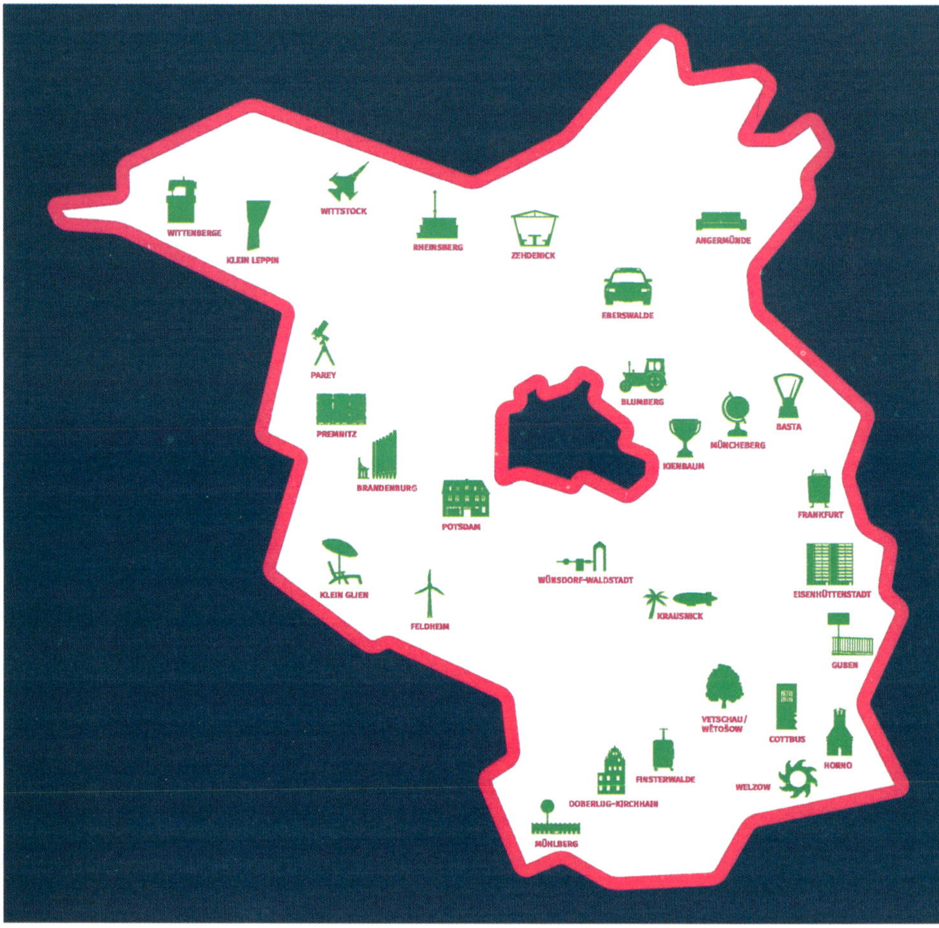

Übersichtskarte mit einem Umriss von Brandenburg mit den Ortsnamen und den zugeordneten „Shapes".
Grafik: BKG / Kooperative Berlin, museeon

verabschiedet. Ging es Ihnen auch so? Haben die Recherchen Ihren Blick bzw. Ihre Blickrichtung verändert?

Je mehr wir suchten, desto vielfältiger wurden die Geschichten aus Brandenburg. Naturschutz, Aufbauhilfe, Fusion Berlin-Brandenburg, Korruption, Migration, der Brandenburger Weg und die SPD, fehlende Aufarbeitung der SED-Diktatur. Die Liste ließe sich ins Unendliche fortführen. Es sollte letztlich nicht nur das Offensichtliche und Bekannte gezeigt werden: der Wolf, die Kohle, die Leere und die Platten in Eisenhüttenstadt. Wir wollten etwas Neues erzählen, das das mit Brandenburg vertraute Publikum überraschen würde. So wurde es nicht das Oderhochwasser, sondern das Elbehochwasser, nicht Tesla und der BER, sondern die Cargo-

Lifter-Halle – das heutige „Tropical Island“ bei Krausnick –, nicht die neu-barocke Schönheit Potsdams, sondern die Hausbesetzerszene (Schwarz-Wohner), nicht die Abwicklung des Nähmaschinenwerks Veritas in Wittenberge, sondern die langfristige Entwicklung der Stadt als Pendlerstadt. Die Regionen haben mehr zu bieten als „Lost Places“ und Abwanderung.

Sie haben zahlreiche Videointerviews geführt, die Teil der Präsentation wurden. Welche Fragen haben Sie denn den Interviewten gestellt, was wollten Sie wissen?
Es war ein ganzes Set an Fragen: Wie geht es den Menschen, die an dem ausgewählten Ort leben? Welche Ideen und Visionen wurden umgesetzt, welche Probleme tauchten auf, was erwies sich als Illusion? Wer war geblieben, wer war gekommen und wer ist irgendwann (wieder) gegangen? Gibt es Wünsche für die Zukunft? Mit den Einzelgeschichten sollte das Besondere, das Spezifische an Brandenburg herausgearbeitet werden, eine Region, die – ob man es will oder nicht – ja immer auch im Windschatten von Berlin steht oder sich zumindest in einer permanenten Konkurrenzsituation zur Hauptstadt befindet.

Nennen Sie doch mal Beispiele von Personen, die Sie ausgewählt haben?
Prominentester Gesprächspartner war der ehemalige Ministerpräsident Matthias Platzeck, den wir zum Elbehochwasser befragt haben, als die Stadt Mühlberg 2002 kurz vor einem Deichbruch stand. Die jüngste Person war die 12-jährige Mette Schlegel, die bei der Kulturveranstaltung „Dorf macht Oper“ in Klein Leppin in der strukturschwachen Prignitz zusammen mit professionellen Sängerinnen und Sängern auf der Bühne eines ehemaligen Schweinestalls mitwirkt. Mutig finde ich Uta Leichsenring, die als erste Polizeipräsidentin in Eberswalde dafür zuständig war, die DDR-Volkspolizei in die bundesdeutsche Polizei zu überführen, und parallel gegen rechtsextreme Straftaten vorgehen musste. Bereits 1990 erlangte Eberswalde mit dem Mord an Amadeu Antonio traurige Berühmtheit. Er war eines der ersten Opfer rassistischer Gewalt nach der Deutschen Einheit. Uta Leichsenring nahm sich entschlossen diesen schwierigen Themen an. Später wurde sie Beauftragte der SED-Diktatur für Sachsen-Anhalt. Beeindruckt hat mich auch die Geschichte von Jörg Möller aus Rheinsberg, dessen Vater als Ingenieur beim Aufbau des ersten Kernkraftwerks der DDR mitgewirkt hat. Er selbst arbeitete dann im Kernkraftwerk, um ab 1992 den Rückbau zu leiten, der aufgrund der hohen Kontaminierung der Bauteile nun schon länger dauert, als das Werk jemals in Betrieb war.

Sich mit der Transformation in Ostdeutschland zu beschäftigen bedeutet zwangsläufig, sich mit dem schwierigen Erbe und den Folgen der SED-Diktatur auseinanderzusetzen, sei es politisch, wirtschaftlich, kulturell oder auch sozial. Dass Leid und

Der Eingangsbereich der Ausstellung „Mensch Brandenburg!“
mit Zeitleiste und „Shape“ zu Frankfurt (Oder).
Foto: BKG / Sven Gatter

Unrecht, aber auch Anpassen und Mitmachen die Menschen bis 1989 geprägt hat, steht dabei außer Frage, und ist auch Ursache für bestimmte Verhaltensweisen. Inwiefern spielten die DDR-Geschichte und der Umgang mit der Diktatur-Vergangenheit eine Rolle in der Ausstellung?

DDR-Geschichte steckte fast in jedem vorgestellten Ort, da es immer auch um die Ausgangssituation, das Davor ging. Einige Themen bezogen sich direkt darauf, wie die Auflösung der LPG und Wiedereinrichter in der Landwirtschaft in Blumberg, die Rolle der Kirche im Umbruch am Beispiel des Brandenburger Doms, der Rückbau des Kernkraftwerks Rheinsberg oder der Erhalt der DDR-Architektur in Eisenhüttenstadt.

Da sich die Ausstellung auf Personen und Orte konzentrierte, war es schwierig und heikel, konkrete negative Ereignisse und Fehlverhalten zu benennen. Für die Bezugnahme auf SED-Unrecht hatten wir uns für die Geschichte des Cottbuser Menschenrechtszentrums entschieden, das durch Geschädigte der SED-Diktatur von einer Haftanstalt in einen Ausstellungs- und Gedenkort gewandelt wurde. Das „Shape“ zum Thema SED-Unrecht (siehe Bild S. 300) zeigte Details des ehemaligen Gefängnisses in Cottbus. Auf dem Tablet lief ein animierter Film, der bei einem

Workshop im Menschenrechtszentrum von Jugendlichen erarbeitet wurde. Gesprächspartner war der Pfarrer Christoph Polster, der unmittelbar an der Aufarbeitung der Machenschaften der Stasi in Cottbus beteiligt war und sich heute aktiv für eine tolerante Stadtgesellschaft einsetzt. Im Nachhinein habe ich mir gewünscht, wir hätten zur SED-Aufarbeitung einen weiteren thematischen Schwerpunkt gesetzt, da die einzelne Nennung bei 30 Orten leicht untergehen kann.

Viele unserer Geschichten zeugten von Engagement und Selbstermächtigung der Beteiligten in ihrem Lebensumfeld. Diese Energie und Bereitschaft sind nicht selten ausgelöst worden durch die positiven Erfahrungen während der Friedlichen Revolution. Wir stellten in diesem Zusammenhang auch drei Proteste mit unterschiedlichem Ausgang vor: der Streik und Arbeitskampf im Chemiefaserwerk Premnitz, die Protestmärsche zur Kyritz-Ruppiner Heide und die international beachtete Kampagne gegen den Abriss des Lausitzer Dorfes Horno, das letztendlich dem Braunkohletagebau weichen musste.

In der Geschichte des Bundeslandes Brandenburg gibt es ja so manchen Skandal und Mangel an Aufarbeitung. Was war Ihnen denn besonders wichtig zu thematisieren?
Ein absolutes Muss war das Benennen der rechten Gewalt, die insbesondere in den 1990er-Jahren ein riesiges Ausmaß annahm. Um nicht eine Stadt oder ein Dorf exklusiv mit diesem negativen Thema zu verbinden, um nicht zu stigmatisieren, aber auch um nicht das restliche Land zu entlasten, haben wir in diesem Fall eine Bushaltestelle als Ort gewählt und diesen „Vielerorts" genannt. An Bushaltestellen passiert bis heute überdurchschnittlich viel rassistische Gewalt. Als Interviewpartnerin sprach Frauke Postel, die von Anfang an bei der mobilen Beratungsstelle gegen Rechtsextremismus gearbeitet hat – übrigens eine brandenburgische Erfindung der Ausländerbeauftragten Almuth Berger. Rechtsextremismus war aber auch ein Thema im Interview mit dem Journalisten Christian Bangel aus Frankfurt (Oder), der von den „Baseballschlägerjahren" erzählt. Eine weitere Erzählung zur rechten Gewalt brachte Manja Präkels als Gast bei unserer Podiumsdiskussion ein. Sie ist Autorin des Bestsellerromans „Als ich mit Hitler Schnapskirschen aß", der in Zehdenick spielt. Daraus ergab sich übrigens die persönliche Leihgabe für die 2022 eröffnete landesgeschichtliche Ausstellung im HBPG – ein Koffer voller Zeitungsausschnitten zu rechter Gewalt in Brandenburg seit 1990.

Eine Ausstellung braucht Bildmaterial. Wie wurde für die Bebilderung bzw. Visualisierung des Themas vorgegangen?
Um die Orte visuell in die Ausstellung zu bringen, engagierten wir den Fotografen Sven Gatter, der sich schon in seinen vorherigen Arbeiten mit dem gesellschaftlichen Wandel Ostdeutschlands nach 1990 auseinandergesetzt und 2018 den Kunstpreis

Brandenburg für Fotografie erhalten hatte. Mit dem Auftrag, die von uns ausgewählten Orte zu porträtieren, fuhr der 1978 in Halle (Saale) geborene und aus Bitterfeld stammende Fotograf durch ganz Brandenburg und fing Nuancen der Transformation in den Fotografien ein. Im Ergebnis sind sehr unterschiedliche Motive entstanden, zwischen Landschaft, Architektur und Infrastruktur.

Ja, in der Tat. Sven Gatters Fotografien besitzen, wie ich finde, ein hohes Maß an Ästhetik und eine malerische Bildkraft, die den Betrachter nahezu verzaubert und in den Bann schlägt. Man erkennt schnell, dass der Fotograf mehr bieten wollte als nur Illustration. Das Verblassen, Verlassen und Verschwinden, aber auch die „Rückeroberung" von Orten und Landschaften durch die Natur scheint mir dabei ein wichtiger Anhaltspunkt für seine Fotoreise gewesen zu sein. Dennoch erging es mir bei einigen Bildern so, dass sich der historische Kontext aus den gezeigten Motiven – Häuser, Bäume, Feldwege – nicht sofort und aus sich selbst heraus erschlossen hat. Wie wurde das in der Ausstellung gelöst, erläuterten etwa Bildunterschriften die jeweiligen Geschichten, die dahintersteckten?
Die Bilder standen für sich und waren ohne Text nur den Orten zugeordnet. Es ist ein künstlerischer Beitrag, der subtil wirkt. Zusammen mit den Ausstellungstexten und Videointerviews ergaben sie das Dreieck, das der Versuch ist, die Transformationszeit für eine Ausstellung einzufangen. Statt historischer Aufnahmen, wie vielleicht eher zu erwarten, zeigen diese Bilder einen Ist-Zustand, erzeugt durch den historischen Wandel.

Lassen Sie uns konkret über die Bilder und Geschichten dahinter sprechen: Das folgende Motiv ist mir sehr vertraut, da ich seit mehr als 35 Jahren in Potsdam zu Hause bin. Es zeigt einen Häuserabschnitt im Holländischen Viertel an der Gutenbergstraße / Ecke Hebbelstraße. Weshalb haben Sie dieses Foto gewählt?
Potsdams Altstadt war nicht immer ein Magnet für Tourist*innen. Was kaum mehr vorstellbar ist: Rund 70 illegal besetzte Häuser gab es hier in den 1980er- und 1990er-Jahren. Wer heute die Landeshauptstadt als Tourist*in bereist, möchte vor allem die einstige königliche Residenzstadt besichtigen und die preußischen Schlösser und Parks besuchen. Noch in den 1980er-Jahren jedoch boten der Zerfall der Innenstadt und die leer stehenden maroden Häuser kein schönes Bild. Hier entwickelte sich ein Raum für Akteur*innen aus der alternativen Szene und der Bürger*innenbewegung, für verschiedene Jugendkulturen und sogenannte Schwarzwohner*innen.

Nach dem Mauerfall wurde Potsdam schließlich mehr und mehr eine Hochburg der Hausbesetzer*innenszene. Schon 1991 zählte die Stadt 35 besetzte Häuser und verfügte damit – gemessen an der Einwohner*innenzahl – über die höchste Besetzungsdichte Deutschlands. Vor allem in der Potsdamer Gutenbergstraße und im Holländischen Viertel gab es alternative Wohnkonzepte. Die freie Kunstszene

Baulücke in der Gutenbergstraße, Ecke Hebbelstraße in Potsdam.
Foto: BKG / Sven Gatter

Potsdams konnte sich in diesem Raum etablieren und trug wesentlich dazu bei, das kulturelle Leben in der Stadt zu fördern. Ein wichtiges Zentrum war dabei die „fabrik“, die 1990 von Kulturschaffenden in einem leer stehenden Brauereigebäude mitten in der Potsdamer Innenstadt gegründet wurde. Eine davon war Helen Thein-Peitsch, die in den 1980er-Jahren Punkerin und Schwarzwohnerin im Potsdamer Holländischen Viertel war. Heute leitet sie die Bibliothek des ZZF Potsdam. 1993 eskalierte die Situation in der „fabrik“ jedoch, als nach zweifacher Räumung und erneuter Besetzung das Haus in Flammen aufging. Mit Unterstützung der Stadt, die das kulturelle Leben durchaus förderte, wurde ein neuer Standort für die „fabrik“ gefunden. Heute gehört das Konzert- und Tanzhaus zum Kulturstandort Schiffbauergasse, der ebenso für das „Waschhaus“ und das Hans Otto Theater bekannt ist. Bei all der neu-barocken Schönheit in Potsdam sollte nicht aus dem Blickfeld geraten, dass die lebendige Potsdamer Kreativszene in den 1990er-Jahren maßgeblich durch die Szene der Hausbesetzer*innen begründet und aufgebaut wurde. Auf dem Foto zeigt Sven Gatter das Holländische Viertel, das mit seinen Rundgiebelhäusern eine der wichtigsten Touristenattraktionen ist, in einer ungewöhnlichen Perspektive. Die prachtvoll sanierte Häuserreihe an der Gutenbergstraße endet abrupt auf einem Baufeld. Hier wuchern die Sträucher.

Landmaschinen des Pomona Gartenbaus in Blumberg.
Foto: BKG / Sven Gatter

Auf diesem Bild sind landwirtschaftliche Fahrzeuge und Geräte abgebildet, die in Blumberg, einem Ortsteil im Süden des Landkreises Barnim, geparkt bzw. untergestellt sind. Mit diesem Foto, habe ich gelesen, verbinden sich die Geschichten der ortsansässigen LPG sowie der Boden-Rückübertragungen, die nach 1989 in der agrarstrukturierten Region Thema wurden.

So ist es. Im Ortsteil Blumberg in Ahrensfelde wurde 1960 die LPG „Pomona Blumberg-Elisenau“ gegründet. Sie produzierte fortan Obst und Gemüse für Ost-Berlin und war Hauptarbeitgeberin im Dorf. Vorausgegangen war eine Zwangskollektivierung der privaten Höfe durch die SED in den 1950er-Jahren. Die Familie unseres Interviewpartners Reiner Mathes verließ nach der Enteignung die DDR. 1990 mussten die Großbetriebe, die lange mit veralteter Technik, fehlenden Ersatzteilen und schlechten Arbeits- und Umweltbedingungen produziert hatten, sich den Herausforderungen des freien Marktes stellen. Mit dem Landwirtschaftsanpassungsgesetz wurde die Frist zur Umwandlung aller LPG auf das Ende des Jahres 1991 gesetzt. In diesem kurzen Zeitraum sollten die LPG-Mitglieder, die bisher kollektiv gearbeitet hatten, die Eigentumsverhältnisse von Gebäuden, Gerätschaften und Boden klären sowie diese preislich bewerten. Nach diesen Bilanzen wurden Anteile an LPG-Mitarbeiter*innen vergeben oder ausgezahlt. Der hohe Zeitdruck, die mangelnde

Erfahrung und manche bewusst fehlerhafte Bewertung führten zu Verfahrensfehlern und Benachteiligung von ausscheidenden Mitgliedern und vorteilhaften Ankäufen durch (westdeutsche) Großbetriebe. In Brandenburg wurden 350 von 794 LPG in gesamtdeutsche Rechtsformen als Neugründungen und Wiedereinrichtungen überführt. Im Nachhinein wurden bei elf Prozent dieser Umwandlungen schwere Mängel nachgewiesen.

1990 wurde die LPG zur „Pomona GmbH und Co. KG" mit circa 150 Gesellschafter*innen. Der gelernte Betriebswirt Reiner Mathes, der im Westerwald aufgewachsen war, fing im Oktober 1990 als Wiedereinrichter mit einem kleinen Pachtstück in der Landwirtschaft an. Im Jahr 2011 führte sein Betrieb die Flächen der ehemaligen LPG als „Pomona Gartenbau" wieder zusammen. Heute leitet Mathes den Großbetrieb mit Ackerbau, Obstplantagen mit Selbstpflücke sowie einem Hofladen.

Diktatur funktioniert durch Mitmachen und Stillhalten, aber natürlich besonders auch dadurch, dass es ein ausgeprägtes Repressionssystem gibt, das all diejenigen, die zu Feinden erklärt werden, die opponieren oder die nicht mehr mitmachen wollen, bestraft und wegsperrt. Gefängnisse waren daher exponierte Stätten der Unterdrückung, die nach 1989 genau deshalb zu besonderen Orten der Aufarbeitung und Erinnerung von erlittenem Unrecht wurden. Es gibt mehrere davon in Brandenburg, aber Sie haben sich für Cottbus entschieden, warum?
Cottbus ist diesbezüglich ein besonderer Ort, denn das dortige ehemalige Zuchthaus blickt auf eine lange und wechselhafte Geschichte zurück. Die Geschichte des hier geschehenen Unrechts geriet weitestgehend in Vergessenheit, bis ehemalige Häftlinge einen Gedenkort einrichteten. Schon 1860 diente das Cottbuser Zuchthaus als königliches Zentralgefängnis. In den 1930er-Jahren war in dem Gebäude ein Jugend-, Männer- und Frauengefängnis untergebracht. Im Zweiten Weltkrieg inhaftierten die Nationalsozialist*innen hier ausschließlich Frauen. Nach Kriegsende zählte das Cottbuser Gefängnis zu den bedeutendsten Haftanstalten für politische Gefangene in der DDR. 1983 waren 540 Menschen inhaftiert, 340 davon wegen versuchter Republikflucht. Einer von ihnen, Werner Greifendorf, machte auf besonders tragische Weise auf die Haftbedingungen aufmerksam: 1978 setzte er sich in dem Gefängnisinnenhof selbst in Brand. Drei Wochen später starb er im Krankenhaus an seinen Verbrennungen.

Werner Greifendorfs Schicksal ist ein Beispiel für das Unrecht, das in den Gefängnissen der DDR herrschte. Ehemalige Häftlinge haben es sich zur Aufgabe gemacht, die Erinnerung daran aufrechtzuerhalten. Sie gründeten 2007 den Verein Menschenrechtszentrum Cottbus und kauften 2011 das vormalige Gefängnis mithilfe des Landes und privater Spender*innen für fast eine halbe Million Euro. Die „Gedenkstätte Zuchthaus Cottbus" eröffnete ein Jahr später. Ihr Ziel ist es, aus den

Das ehemalige Zuchthaus in Cottbus.
Foto: BKG / Sven Gatter

Geschehnissen in der DDR auch Lehren für aktuelle Ungerechtigkeiten zu ziehen. Das Foto zeigt den Innenhof des Gefängnisses. Dort steht eine Trauerweide, die erst 1990 dort gepflanzt wurde. Am hinteren Gebäude ist der moderne Anbau zu sehen. Wie schon erwähnt, sprachen wir stellvertretend für Cottbus mit Christoph Polster, Pfarrer im Ruhestand. Er war nach dem Mauerfall Teil des Auflösungskomitees der Staatssicherheit und der Umweltgruppe Cottbus. Er mischt überall mit, wo es um Aufarbeitung, Versöhnung und Toleranz geht: im Menschenrechtszentrum Cottbus e. V., im Verein Aufarbeitung Cottbus, in der Initiative Cottbus ist bunt oder in seiner Gemeinde und erzählt im Interview darüber.

Hier ist eine Aufnahme aus Wünsdorf. Kein unbekannter Ort in Brandenburg und der DDR, befand sich doch dort bis 1994 die „verbotene Stadt", wo das Oberkommando der sowjetischen Streitkräfte residierte und Zehntausende Offiziere und Soldaten stationiert waren.

Ja, dieses Foto steht stellvertretend für die gewaltige militärische Besatzungsmacht und die damit verbundenen Lasten und Sperrzonen, die die gesamte DDR durchzogen. Etwa so groß wie das Saarland war die Fläche, die die sowjetischen Truppen auf dem Gebiet der DDR für sich beanspruchten. Circa 6000 Objekte wurden bis heute

Ein übrig gebliebener Spitzbunker
in einer Häusersiedlung in Wünsdorf-Waldstadt.
Foto: BKG / Sven Gatter

als ehemalige Sperrgebiete identifiziert. Das kleine Städtchen Wünsdorf war ab den 1950er-Jahren Sitz des Oberkommandos der sowjetischen Streitkräfte in Deutschland. Bis zu 75 000 Menschen aus der Sowjetunion lebten hier, zumeist Offiziere, ihre Familien und Hausangestellten. Sie lebten getrennt von der deutschen Bevölkerung. Nur einige ostdeutsche Arbeiter*innen durften in das Sperrgebiet, daher der Name „verbotene Stadt“. Erst 1994 erfolgte der endgültige Abzug der sowjetischen Truppen. Übrig blieben eine menschenleere Garnisonstadt und über 250 Hektar munitionsverdächtige Fläche. Zurückgelassene Kampfmittel und Müll mussten entsorgt werden. Das Foto zeigt einen Bunker vor einer Neubausiedlung, der seinen historischen Bezug verloren hat. Gleichzeitig erinnert er an die militärische Nutzung der Waldstadt.

Gesprochen hatte ich mit der Stadtplanerin Birgit Flügge. Seit 1992 ist sie an der Umwandlung Wünsdorfs beteiligt. Zunächst arbeitete Birgit Flügge für die Landesentwicklungsgesellschaft LEG Brandenburg, die Entwicklungskonzepte für die Wohnraumnutzung und alternative Konzepte entwarf. Seit 2006 leitet sie die Entwicklungsgesellschaft Wünsdorf/Zehrensdorf (EWZ). Immer wieder interessierten sich Investoren für das Gelände und machten große Pläne. Einiges wurde bereits umgesetzt. Drei große Antiquariate sind in der Stadt ansässig und geben ihr den Beinamen „Bücherstadt". Die ehemaligen Bunker sind heute eine Attraktion für Tourist*innen. Das Foto zeigt einen Bunker vor einer Neubausiedlung, der seinen historischen Bezug verloren hat. Gleichzeitig erinnert er an die militärische Nutzung der Waldstadt. Mit der Corona-Krise hat die Nachfrage nach Wohnraum im verkehrsgünstigen Speckgürtel wieder zugenommen.

Vielen Dank für die aufschlussreichen Erläuterungen, die geholfen haben, einen Eindruck von den verschiedenen Zeitschichten und Zeitgeschichten zu bekommen. Ich hoffe, dass es den Besucherinnen und Besuchern ebenso ging – wie war denn insgesamt die Resonanz auf Ihre Ausstellung?

Wie alle Kultureinrichtungen im Jahr 2020 war auch das Haus der Brandenburgisch-Preußischen Geschichte während der Corona-Lockdowns geschlossen. Sehr positiv für alle Projektbeteiligten war, dass die Eröffnung, wenn auch mit Auflagen, stattfinden konnte und das Eröffnungswochenende hervorragend von Presse und Besuchenden angenommen wurde. Insgesamt wünschten sich Besuchende noch mehr Hintergründe zu den einzelnen Themen, andere vermissten bestimmte Themen. Das war bei 30 Themen auch aus Platzgründen nicht möglich. Ausstellungen machen, bedeutet immer auch eine klare Auswahl treffen. Die Videos kamen besonders gut an. Im hinteren Bereich der Ausstellung stand ein riesiger Touch-Bildschirm, auf dem alle 30 Interviewpartner*innen abgebildet und deren Interviews abzurufen waren. Manche Besuchende kamen darüber ins Gespräch. Mehr kann ich mir für eine Ausstellung nicht wünschen, als Gesprächsanlässe zu bieten. Als bald darauf der nächste Lockdown kam, luden wir die gesamten Interviews auf die Projektwebseite www.mensch-brandenburg.de und probierten uns mit digitalen Führungsangeboten. Das groß angelegte Veranstaltungsprogramm, das ursprünglich in den 30 Orten hätte stattfinden sollen, reduzierte sich rasch auf wenige, die noch im Rahmen der Vorgaben umsetzbar waren. Highlight blieb die Ringvorlesung in Kooperation mit der Universität Potsdam und dem Leibniz-Zentrum für Zeithistorische Forschung, die im Wintersemester in hybrider Form stattfand. Einige der Autor*innen aus dem vorliegenden Band präsentierten ihre Forschungsergebnisse zur Transformation in Brandenburg. Dass auf Grundlage der Vortragsreihe nun diese Veröffentlichung entstanden ist, schließt nicht nur Wissenslücken, es rundet auch das Ausstellungsprojekt ab.

Alle paar Jahre werden ja neue Themen aufgerufen, die unbedingt Gegenstand öffentlicher Ausstellungen werden sollen. Ist Transformation ein Thema, das schon auserzählt ist, und sehen Sie da noch Bedarf? Und wenn ja, was sollte eine künftige Ausstellung darüber Ihrer Meinung nach enthalten? Worauf sollten die Macherinnen und Macher achten?
Da sehe ich großen Bedarf und auch ein großes öffentliches Interesse. Es gibt viele Geschichten zu erzählen aus der Umbruchszeit. Insbesondere die regionalen Entwicklungen durch Werksschließungen der Treuhand, die Umwandlung der LPG, die Gebietsreformen, all das sind prägende Einschnitte für die Bevölkerung. Durch den geplanten Kohleausstieg befindet sich die Lausitz permanent in einem Transformationsprozess.

Dörfer, Städte, ganze Regionen und neue Bundesländer kämpften trotz des verheißungsvollen und gewünschten Systemwechsels mit Perspektivlosigkeit und Abwanderung von Fachkräften und jungen Menschen. Der Höchststand der Arbeitslosenzahlen in Brandenburg war nicht etwa in den 1990er-Jahren erreicht, sondern im Jahr 2003 mit einer Quote von 18,8 Prozent. Erst 2019 lag die Zahl nur noch leicht über dem Bundesdurchschnitt. Ich bewundere die Menschen, die durchgehalten haben. Es geht um Respekt für die, deren Lebenssituation sich radikal verändert hat, die den Mut hatten, sich für ihre Gemeinschaft, ihre Ideen, für ihre Heimat einzusetzen, obwohl es nicht immer aussichtsreich war. Wir sollten auch die Geschichten erzählen von Personen, die schnelle Entscheidungen treffen mussten, auf politischer, wirtschaftlicher Ebene in Bund, Land und den Regionen.

Ich wünsche mir einen kritischen und couragierten Umgang mit dieser spannenden Zeit in Kulturinstitutionen. Denn es braucht Mut, Lücken zu lassen, verschiedene Perspektiven zuzulassen, Aussagen durch Einordnung und Gegenüberstellung zu erzeugen und auch Besuchende einzuladen, mit ihren Erfahrungen und Erinnerungen zur Ausstellung beizutragen. Jubiläen und Jahrestage bleiben zwar ein wichtiger Anlass zum Gedenken und vielleicht auch zum Feiern, ebenso bleiben sie ein Anlass für die Auslobung von Fördermitteln und für mehr öffentliche Aufmerksamkeit. Trotzdem sollten wir Geschichte weniger zäsural denken und erzählen und stets die Entwicklungen davor und danach einschließen. Gleichzeitig braucht in Ausstellungen nicht alles erklärt und schon gar nicht belehrend vermittelt werden. Spielerische Interaktionen bringen hier mehr. Diese fordern Besucher*innen auf, sich mit dem Thema auseinanderzusetzen und selbst Erklärungen zu finden.

Im Moment gehen viele Beteiligte und Akteur*innen der Umbruchszeit, die danach die SED-Aufarbeitung und die Diskurse der Transformationszeit prägten, in Rente. Deren Positionen werden von der nachfolgenden Generation besetzt. Das wird sehr spannend zu beobachten, welche neuen Fragestellungen und Vermittlungsmethoden sich durchsetzen werden. Wir Kulturschaffenden und Ausstellungsmacher*innen gestalten diesen Prozess mit.

Vielen Dank für das Gespräch.

Verzeichnis der Autorinnen und Autoren

Christopher Banditt
leitet den Bereich Hochschulstudien am Zentrum für Qualitätsentwicklung in Lehre und Studium der Universität Potsdam und ist assoziierter Doktorand am Leibniz-Zentrum für Zeithistorische Forschung Potsdam. In seinem Dissertationsprojekt setzt er sich mit sozialer Ungleichheit in der ostdeutschen Transformationsgesellschaft auseinander.

Dr. Marcus Böick
ist Assistant Professor in Modern German History und Fellow am King's College der University of Cambridge. Er hat zur Geschichte der Treuhandanstalt sowie des wirtschaftlichen und gesellschaftlichen Umbruchs in Ostdeutschland nach 1989 promoviert und publiziert. Weitere Forschungsinteressen liegen im Bereich Sicherheits- und Gewaltgeschichte sowie historische Organisationsforschung. Er ist Mitherausgeber des seit 2020 bestehenden Jahrbuchs Deutsche Einheit.

Dr. Jutta Braun
ist Leiterin der Abteilung „Regime des Sozialen" am Leibniz-Zentrum für Zeithistorische Forschung Potsdam. Ihre Publikations- und Forschungsschwerpunkte liegen im Bereich der Sportgeschichte des 20. Jahrhunderts, der Revolutions- und Transformationszeit in Ostdeutschland und Brandenburg sowie in der Behördengeschichte in Diktatur und Demokratie. Sie ist Vorsitzende des Zentrums deutsche Sportgeschichte.

Lara Büchel
ist wissenschaftliche Mitarbeiterin an der Universität Potsdam. In ihrem Dissertationsprojekt untersucht sie die Transformation der ostdeutschen Geisteswissenschaften mit Fokus auf den Hochschulstandort Potsdam.

Dr. Jens Gieseke
ist Leiter der Abteilung „Kommunismus und Gesellschaft" am Leibniz-Zentrum für Zeithistorische Forschung Potsdam. Seine Forschungs- und Publikationsschwerpunkte liegen im Bereich Sozialgeschichte der SED-Diktatur, Herrschaft und Gesellschaft im Staatssozialismus, DDR-Staatssicherheit und Geheimdienste im Kalten Krieg. Er ist Mitherausgeber der Buchreihe „Kommunismus und Gesellschaft".

Dr. Ronny Grundig
ist wissenschaftlicher Mitarbeiter und Koordinator am Interdisziplinären Forschungszentrum Ostseeraum der Universität Greifswald. In einem Projekt am Leibniz-Zentrum für Zeithistorische Forschung Potsdam forschte er zur Gesellschaftsgeschichte des ostdeutschen Handwerks im Zeitraum von 1980 bis 2000.

Dorothea Horas
ist wissenschaftliche Mitarbeiterin an der Universität Potsdam. In ihrem Dissertationsprojekt untersucht sie die Transformation der ostdeutschen Naturwissenschaften mit dem Schwerpunkt auf den Hochschulstandort Potsdam.

Axel-Wolfgang Kahl
ist Referent im Ministerium für Soziales, Gesundheit, Integration und Verbraucherschutz des Landes Brandenburg. In seinem Dissertationsprojekt untersucht er die Transformation der ostdeutschen Rechts-, Wirtschafts- und Sozialwissenschaften mit Fokus auf die Hochschulstandorte Potsdam und Leipzig im Vergleich.

Dr. Wolf-Rüdiger Knoll
wurde am Institut für Zeitgeschichte in München mit einer Arbeit über die Treuhandanstalt in Brandenburg promoviert. Zu seinen Forschungsschwerpunkten gehören die deutsche Wirtschaftsgeschichte nach 1945 sowie die postsozialistische Transformationsgeschichte Ostmitteleuropas.

Marius Krohn
ist Leiter des Industriemuseums Brandenburg an der Havel, wo er Ausstellungen zur DDR-, Stadt- und Regionalgeschichte realisiert hat. Er kuratierte die Ausstellung „VEB Zukunft GmbH", die 2021/22 im Industriemuseum gezeigt wurde.

Dr. Nikolai Okunew
ist wissenschaftlicher Mitarbeiter am Leibniz-Zentrum für Zeithistorische Forschung Potsdam und erforscht die Transformation von Lebenswelt und Fernsehen in den neuen Bundesländern während der Transformationszeit. Ein weiterer Forschungsschwerpunkt ist die Geschichte von Musik und Jugendsubkulturen in der DDR und anderen kommunistischen Ländern.

Florentine Schmidtmann
leitet den Bereich Sonderausstellungen am Haus der Brandenburgisch-Preußischen Geschichte (HBPG) und war Kuratorin der Ausstellung „Mensch Brandenburg! 30 Jahre, 30 Orte, 30 Menschen", die 2020/21 im HBPG gezeigt wurde.

Dr. Christoph Schulze
ist wissenschaftlicher Mitarbeiter am Moses Mendelssohn Zentrum für Europäisch-Jüdische Studien in Potsdam. Er ist Spezialist für den Bereich Erforschung des Rechtsextremismus und publiziert zu rechtsradikalen Parteien und Strömungen in Deutschland und Brandenburg.

Priv.-Doz. Dr. Anke Silomon
ist wissenschaftliche Mitarbeiterin an der Sächsischen Akademie der Wissenschaften zu Leipzig. In vielen ihrer Publikationen und Forschungen setzt sie sich mit der Evangelischen Kirche im geteilten Deutschland sowie dem Verhältnis von Staat und Kirchen in der DDR auseinander.

Dr. Jakob Warnecke
ist wissenschaftlicher Mitarbeiter am Historischen Seminar in Leipzig und wurde mit einer Arbeit zur Geschichte der Potsdamer Hausbesetzerszene promoviert. Weitere Forschungsschwerpunkte sind die Geschichte ostdeutscher Gewerkschaftsarbeit sowie rechtsextremer Bewegungen in der Transformationszeit.

Dr. Peter Ulrich Weiß
ist verantwortlich für den Bereich Historische Forschung, Publikationen und Gedenkstätten bei der Beauftragten des Landes Brandenburg zur Aufarbeitung der Folgen der kommunistischen Diktatur. Seine Publikations- und Forschungsschwerpunkte sind die Geschichte von Opposition, Revolution und Transformation in der DDR und Brandenburg, internationale Kulturbeziehungen im Kalten Krieg sowie das Archivwesen im Zeitalter der Diktaturen. Darüber hinaus untersuchte er die Transformation von Fernsehen und Lebenswelt in Ostdeutschland.

Dr. Irmgard Zündorf
ist Leiterin des Bereichs Wissenstransfer am Leibniz-Zentrum für Zeithistorische Forschung Potsdam und Koordinatorin des Studiengangs Public History an der Freien Universität Berlin. Ihre Publikations- und Forschungsschwerpunkte beziehen sich auf Themen und Fragestellungen der Erinnerungskultur und Geschichtspolitik in Deutschland nach 1945.